Reinhold Ruthe

Ich frage Jesus

Tägliche Andachten

Aussaat Verlag Neukirchen-Vluyn

ABCteam

Bücher, die dieses Zeichen tragen, wollen die Botschaft von Jesus Christus in unserer Zeit glaubhaft bezeugen.

ABCteam-Bücher erscheinen in folgenden Verlagen:
Aussaat- und Schriftenmissions-Verlag Neukirchen-Vluyn
R. Brockhaus Verlag Wuppertal
Brunnen Verlag Gießen / Bundes-Verlag Witten
Christliches Verlagshaus Stuttgart
Oncken-Verlag Wuppertal

2. Auflage 1986

Umschlaggestaltung: Gerd Meussen, Essen
Satz und Druck: BV-Druck, Witten
Einband: Verlagsbuchbinderei Werner Berenbrock, Wuppertal
Printed in Germany
ISBN 3-7615-2669-5

Vorwort

Ich frage Jesus. Unüberhörbar sagt er von sich im Neuen Testament, daß er der Weg, die Wahrheit und das Leben ist.
Er hat nicht eine Antwort, er *ist* die Antwort auf alle Fragen unseres Lebens. Er spricht im Alten und Neuen Testament zu uns durch den Mund der Propheten, der Apostel und seiner Jünger. Ihre Stimme ist seine Stimme und ihr Wort ist sein Wort.

Fragen gehören zum Wesen des Menschen. Tiere fragen nicht. Fragen klären und Fragen helfen, Probleme zu lösen. Ich frage den Steuerberater, wenn ich die Abrechnung fürs Finanzamt mache; ich frage den Arzt, wenn ich gesundheitlich Schwierigkeiten habe; ich frage den Ehe- und Lebensberater, wenn das Zusammenleben nicht mehr funktioniert.

Jeden Tag kommen Menschen zu mir in die Beratung, die Antwort auf viele Fragen suchen. Eltern haben Schulprobleme mit ihren Kindern, Kinder fühlen sich von den Eltern mißverstanden, Eheleute haben sich auseinandergelebt. Einsame meistern das Leben nicht mehr, Depressive fühlen sich von Gott und Menschen im Stich gelassen.

Täglich und stündlich müssen wir Probleme lösen und Fragen beantworten: wie wir Angst abbauen, wie wir Sorgen verkleinern, wie wir Schüchternheit unter die Füße bekommen, wie wir das Leben optimistischer meistern, wie wir das Grübeln verlernen, wie wir Rechthaberei erfolgreich bekämpfen, wie wir glücklicher und zufriedener werden.

Philosophen, Ärzte und Therapeuten haben im Laufe der Geschichte hilfreiche Antworten gegeben. Sie kommen in diesem Buch auch zur Sprache. Beispiele und Zitate aus Vergangenheit und Gegenwart sollen das Gesagte verdeutlichen.

Aber immer wieder fragen wir als Christen Jesus, wenn es um unsere Existenz und um unsere Zukunft geht.
Wir fragen Jesus, wenn es um den Sinn des Lebens geht.
Wir fragen Jesus, der nicht nur tröstet, sondern lebendiger *Trost ist.*
Wir fragen ihn, der nicht über das Leben philosophiert, sondern das *Leben ist.*
Wir fragen ihn, der nicht nur hilfreiche Denkanstöße parat hält, sondern in diese Welt gekommen ist, um zu retten und zu erlösen, was verloren ist.
In der Tat, wir fragen Jesus: Er ist die Antwort auf alle Fragen.

Wuppertal, im Herbst 1981

Als Jesus dann in die Gegend von Cäsarea Philippi gekommen war, fragte er seine Jünger: „Für wen halten die Leute den Menschensohn?" Matthäus 16, 13

Ein *neues Jahr* beginnt. Wieder liegen 365 Tage vor uns. Die Antwort, die wir auf Jesu Frage geben, ist Maßstab für das neue Jahr. In der katholischen Kirche hat ein Priesterrebell von sich reden gemacht. Sein Name ist durch seine Bücher vielen bekannt geworden: Adolf Holl. Sein bekanntestes Buch trägt den provozierenden Titel „Jesus in schlechter Gesellschaft". Sein zweites beschäftigt sich mit „Tod und Teufel".

Der Wiener Erzbischof Kardinal König mußte ihm das Recht zu lehren und zu predigen entziehen. Er schrieb folgenden Brief an ihn: „Für Sie ist Jesus ein hervorragender Mensch, der nach seinem Tode zu einem Gott gemacht wurde. Das haben andere auch schon vor Ihnen gesagt. Sie sind aber der erste Priester, der dies tut. Als Priester müssen Sie wissen, daß mit der Gottessohnschaft Jesu das gesamte Christentum steht und fällt ... Wenn Sie nicht mehr an Jesus Christus als den Sohn Gottes glauben ..., dann ist dies Ihre persönliche Entscheidung. ... Ich bitte Sie um eine klare Antwort."

Diesen letzten Satz können wir auch auf uns beziehen. *War* Jesus ein hervorragender Mensch, oder *ist* er der Sohn Gottes, der für uns sein Leben dahingegeben hat? War er lediglich ein Weisheitslehrer und ein überdurchschnittlicher Mensch, werden wir nicht jeden Tag existentielle Fragen an ihn richten. Wir werden unser Leben nicht nach ihm ausrichten. Antworten wir aber: „Du bist Christus, der Sohn Gottes, mein Herr und mein Gott", dann leben wir mit ihm. Wir vertrauen darauf, daß er Antwort auf alle unsere Fragen hat. Erst indem ich Christus anbete, lerne ich, wie anbetungswürdig er ist. Machen Sie mit?

Du bist unser Herr und Gott. Mit dir gehen wir in das neue Jahr. Wir fragen dich in den tausend Problemen des Alltags und rechnen mit deiner Antwort und deinem Beistand. Amen.

Aber der Gärtner meinte: „Laß ihn doch noch ein Jahr stehen. Ich will den Boden rundherum gut auflockern und düngen. Vielleicht trägt er nächstes Jahr Früchte."
Lukas 13, 8 u. 9

Ein *neues* Jahr hat begonnen. Annus Domini, das Jahr des Herrn. Wird es ein Jahr des Herrn oder ein selbstherrliches Jahr? Wie sagen wir: „Es ist alles drin!" Konjunktur und Rezession, Erfolg und Bankrott, Frieden und Krieg, Leben und Tod, Frucht und Fruchtlosigkeit. Es ist ohne Frage ein Jahr der Gnade. „Laß ihn doch noch ein Jahr stehen." Vom Baum ist die Rede, ein Gleichnis für den Menschen.
Als ich zur Kur in Bad Eilsen war, hörte ich im Gottesdienst eine Predigt mit folgender kleinen Geschichte: Ein Maler hatte ein Bild gemalt vom Fischzug. Fischer ziehen die Netze an Land, in denen die Fische zappeln. Unter dem Bild steht nur ein Wort: An-Fang. Der Anfang des Jahres ist in der Tat ein Fang. Der Anfang ist Tat, Frucht, Erfolg. Wer anfängt, verhält sich nicht passiv, er tritt nicht auf der Stelle. Wer ein neues Jahr im Namen Gottes *anfängt,* wird einen Fang machen, er wird Frucht bringen. „Der Weg zur Hölle ist mit guten Vorsätzen gepflastert." Vorsätze und Einsichten sind nutzlos, wenn sie nicht zur Tat werden. Der Anfang wird im Namen Jesu *gemacht,* nicht theoretisch gründlich aufgearbeitet. „Laß ihn doch noch ein Jahr stehen!" Das eine Jahr ist ein Jahr der Gnade, ein Jahr unbeschreiblicher Möglichkeiten.

Der du allein der Ewge heißt und Anfang, Ziel und Mitte weißt im Fluge unserer Zeiten: bleib du uns gnädig zugewandt und führe uns an deiner Hand, damit wir sicher schreiten. Amen.
(Jochen Klepper)

Herr, du bist unsere Zuflucht, Jahr um Jahr. Ehe die Berge entstanden und die Erde und die Welt geschaffen wurden, bist du gewesen und bist Gott von einer Ewigkeit zur anderen. Psalm 90, 1 ff.

Ein *neues Jahr* liegt vor uns. Wie gehen wir damit um? Jörg Zink schrieb: „In einer Klosterschule fragte der Direktor einst ein paar Jungen, die beim Ballspiel waren, was sie tun würden, wenn sie noch eine halbe Stunde zu leben hätten. Da gaben die meisten irgendeine geistliche oder geistlich-sein-sollende Antwort. Nur einer sagte: ‚Ich würde weiter Ball spielen.' Der wurde später ein Heiliger der katholischen Kirche: Louis de Gonzaga. Denn die erste Frucht des Vertrauens ist die Liebe zum Augenblick. Gott gibt ein neues Jahr. Warum sollten wir es nicht lieben, und sei es unsere letzte Frist?"
Das ist das Geheimnis: Ist Gott unsere Zuflucht, können wir den Augenblick genießen. Er war vor Jahrmillionen da, ist heute da und wird von einer Ewigkeit zur anderen da sein. Das gibt Geborgenheit, Zuversicht und Gewißheit. Das ist Medizin gegen alle Befürchtungen: „Was wird kommen? Ob dieses oder jenes gut geht? Ob der Konflikt einen Krieg heraufbeschwört? Ob die Vorräte reichen?" Coretta, die Frau Martin Luther Kings, sagte: „To-day ist the first day of the rest of your life" (Dieser Tag ist der erste Tag von der verbleibenden Zeit deines Lebens). Er gehört — wie alle Tage des neuen Jahres — Ihm. Darum wünschen wir uns auch nicht *einen guten Rutsch,* sondern ein Annus Domini — ein Jahr des Herrn.

Der du die Zeit in Händen hast, Herr, nimm auch dieses Jahres Last und wandle sie in Segen. Nun von dir selbst in Jesu Christ die Mitte fest gewiesen ist, führ uns dem Ziel entgegen. Amen.

(Jochen Klepper)

Sie stiegen in ein Boot und fuhren an eine einsame Stelle. Aber viele sahen sie abfahren. Markus 6, 32 u. 33

361 Tage des neuen Jahres liegen noch vor uns. Berge von Arbeit und Probleme. Und die Stille? Stille finde ich nur, wenn ich aus der Hetze herausgehe. Was hier über die Verkündigung und Seelsorge Jesu berichtet wird, ist erstaunlich. Wörtlich heißt es: „Es war ein ständiges Kommen und Gehen, so daß sie nicht einmal Zeit zum Essen hatten." Jesus lehnt es entschieden ab, sich in die Hektik hineinnehmen zu lassen. Er fährt in die Stille.

Der Japaner Toki Hiyesnewi hat versucht, den 23. Psalm in die Gegenwart zu übertragen und die Bedürfnisse des heutigen Beters zu formulieren. Er nennt ihn einen „Antistreß-Psalm". Leidenschaftlich wendet er sich gegen negativen Streß, gegen ein unsinniges Arbeitstempo und gegen die Rastlosigkeit des modernen Menschen.

„Der Herr gibt mir das Arbeitstempo an. Ich brauche nicht zu hetzen. Er verschafft mir immer wieder einige ruhige Minuten, eine Atempause, wo ich zu mir kommen kann.

Er stellt mir beruhigende Bilder vor die Seele, die mir wieder und wieder zur Gelassenheit verhelfen. Ich merke: Wenn man sich diesem Herrn anvertraut, bleibt das Herz ganz ruhig . . ."

Wo liegt der Schlüssel für die Gelassenheit des Beters? *„Der Herr* gibt mir das Arbeitstempo an", nicht mein Ehrgeiz, mein Prestige, mein Ich-muß-bei-allen-beliebt-Sein, nicht mein missionarischer Eifer, mein Wirken für den Herrn, mein aufopferungsvoller Dienst. Jesus stellt jede missionarische Strategie auf den Kopf. Fassungslos schauen die Menschen hinter ihm her. „Viele sahen sie abfahren." Jesus läßt sich nicht von der Masse das Arbeitstempo aufdrängen.

„Wer viel mähen will, muß viele Pausen zum Schärfen der Sense einlegen", sagt ein irisches Sprichwort. Ein neues Jahr mit viel Arbeit liegt vor uns. Ob wir von Jesus lernen, die stillen Zeiten zu nutzen?

Lieber Herr, mitten im Trubel führst du in die Stille. Du zeigst mir, wie ich ein arbeitsreiches Jahr meistern kann. Amen.

In der Welt habt ihr Angst, doch seid getrost, ich habe die Welt überwunden. Johannes 16, 33

Angst gehört zum Leben wie die Luft zum Atmen. Viele wollen das nicht wahrhaben. Sie schelten ihre Kinder „Angsthasen". Ähnlich unsachlich klingt die Überforderung: „Ein richtiger Junge hat keine Angst."
In der Welt hat der Mensch Angst. Angst ist von Gott in seine Geschöpfe gelegt. Er hat die Angst als Überlebensfunktion in unseren Organismus eingebaut. Angst aktiviert das sympathische Nervensystem und das Nebennierenmark. Herzschlag und Blutdruck erhöhen sich, die Durchblutung der Muskeln steigert sich, die Pupillen erweitern sich, die Haut wird blaß, die Mundsekretion hört auf. Haare stehen zu Berge, und eine Gänsehaut stellt sich ein. Es besteht jetzt volle Bereitschaft zum Handeln. Angst ist — recht besehen — ein Überlebensmechanismus. Ohne Angst könnten wir in der Welt nicht existieren.
Leider ist der Mensch aber auch in der Lage, Angst unsachlich und unangemessen zu produzieren. Er schwitzt grundlos Angst, gerät in panische Angst und kann vor Angst sterben. Angst kann jede nur denkbare krankhafte Form annehmen.
Jesus ruft uns nicht wie die überfordernde Mutter zu: „Ein richtiger Christ hat keine Angst", sondern er sagt: „In der Welt habt ihr Angst, doch seid getrost, ich habe die Welt überwunden." Jesus hat alle Ängste der Welt durchlitten und unter die Füße bekommen. Er hat panische Ängste und Todesängste besiegt. Mit ihm und in ihm sind unsere Ängste nicht ausgelöscht, doch mit ihm fühlen wir uns angstfreier.

Lieber Herr! In dieser Welt peinigen mich Ängste von morgens bis in die Nacht. Viele sind unsinnig und unnötig. Du bist der Herr meines Lebens, darum bist du auch der Herr meiner Angst. Amen.

Sei mir gnädig, o Herr, denn mir ist angst. Psalm 31, 10

Angst bedeutet *Enge.* Das lateinische Wort *angustiae* = Engpaß drückt diesen Tatbestand sehr schön aus. Auch das neutestamentliche Griechisch benutzt ein Wort, das Klemme, Engigkeit des Herzens ausdrückt. Wer aus einem Alptraum erwacht, weil ihn etwas im Halse zu beengen, ja zu ersticken droht, der hat Angst. Der Mensch kommt sich wie in die Enge getrieben vor. Solches Gefühl, nicht entfliehen zu können, kann Todesängste hervorrufen. Der französische Philosoph Sartre ist der Meinung, daß Angst „die Grundbefindlichkeit des Menschen in unserer Zeit" sei. Wie erklären wir uns das?
Eins gilt heute wissenschaftlich als erwiesen: Angst kann gelernt werden. Angst wird eintrainiert. Der ängstliche Mensch hat einen niedrigen Selbstwert. Je geringer er sich einschätzt, desto ausgeprägter sein Angstverhalten. Das Überraschende der biblischen Botschaft ist nun, daß sie das Gegenteil von Angst und Furcht in der *Liebe* sieht. „Angst ist nicht in der Liebe." Liebe ist die positive Macht, die die Angst in die Schranken weist. Darum ist die Grundbefindlichkeit des Christen in der Welt nicht Angst, sondern Geborgenheit; Gelassenheit ohne Lässigkeit; nicht Vertrauensseligkeit oder Vermessenheit, sondern Hoffnung, die in Christus gründet. „Seid getrost, ich habe die Welt überwunden!" Diese Zuversicht für uns Christen hat Lothar Zenetti ausgezeichnet formuliert: „Menschen, die aus der Hoffnung leben, sehen weiter. Menschen, die aus der Liebe leben, sehen tiefer. Menschen, die aus dem Glauben leben, sehen alles in einem anderen Licht."

Herr, in der Angst schaue ich nur auf mich und meine Schwächen. Reiß mich aus der Engstirnigkeit heraus und schenk mir den Blick auf dich. Du hast die Ängste besiegt. Amen.

Du bist mein Schirm, du wirst mich vor Angst behüten, daß ich errettet gar fröhlich rühmen kann. Psalm 32, 7

Angst ist die Achillesferse des Menschen. Angst liegt sämtlichen Lebensproblemen und Schwierigkeiten zugrunde. Angst ist daher der Schlüssel für die gesamte Psychopathologie (seelische Krankheiten). Der Amerikaner John Broadus Watson, der Begründer des Behaviorismus, hat Experimente mit Kleinstkindern durchgeführt, um die Ursache der Angst zu finden. Er stellte fest, daß besonders zwei Phänomene beim Kleinstkind Angst auslösen: ein lautes Geräusch und der Verlust der Unterlage. Schon ein Zweimonatskind zeigt hilflose Gebärden der Angst, wenn es ein starkes Geräusch hört und wenn es von der Unterlage weggeholt wird. Es hängt in der Luft. Genauer: es hat das Gefühl, in der Luft zu hängen.

Es geht um die Basis, um die Grundlage. Menschen ohne Basis haben größere Angst als andere. Besonders Platzangstkranke können solche Wahrnehmungsstörungen erleiden, daß sie das untrügliche Gefühl haben, daß der Boden wackelt.

Der Amerikaner Ericson spricht von mangelndem *Urvertrauen.* Wer nicht das Gefühl hat, sicheren Boden unter den Füßen zu haben, auf sicherer Unterlage zu ruhen, reagiert verstärkt mit Angst.

Was ist Ihre Basis? Wo ist Ihre Geborgenheit? Auf dem Bilde Dürers „Ritter, Tod und Teufel" lauern die Ängste und Mächte am Wege. Aber sie haben keine Macht mehr über den Wanderer. Er geht nicht allein durch die Welt. Die Ängste können sich wie Furien erheben. Der Herr geht mit. Christen sind eben keine kosmischen Waisenkinder. Die gehen an seiner Hand. Das ist kein Trostpflästerchen, das ist Trost.

Dein Lieb und Treu vor allem geht, kein Ding auf Erd so fest besteht; solchs muß man frei bekennen. Drum soll nicht Tod, nicht Angst, nicht Not von deiner Lieb mich trennen. Amen.

Darum bin ich guten Mutes . . . in Ängsten, um Christi willen. 2. Korinther 12, 10

Viele Ängste in unserer Welt haben mit Menschen zu tun. Paulus spricht von Ängsten in bezug auf Menschen. Es gibt unzählige Ängste voreinander. „Den wage ich nicht anzusprechen, das ist so ein hohes Tier.“ — „In der Gruppe, da sitzen nur Akademiker, da mache ich den Mund nicht auf.“ — „Wenn die alle zuhören und mich anschauen, dann kriege ich kein Wort raus.“ — „Wenn ich mich verspreche oder was Falsches sage, was werden die von mir denken?“
Für Seelsorge und Therapie gibt es einen klugen Satz von Rudolf Dreikurs, der lautet: „Angst ist die Befürchtung, in den Augen der anderen maßgeblichen Beziehungspersonen an Wert zu verlieren.“
Hier wird deutlich, daß ein Kind oder ein Erwachsener Angst hat, entwertet zu werden, vom Gegenüber nicht geliebt zu werden, von den andern übersehen, ausgelacht, lächerlich gemacht, nicht verstanden, nicht ernstgenommen zu werden. Mit anderen Worten: Angst ist eine *Beziehungsstörung*. Der Mensch schweigt lieber, als sich zu blamieren. Er vermeidet die Begegnung, um bestimmte Entwertungen abzuwenden.
Kann Jesus uns helfen? Er liebt jeden Menschen, ohne Ansehen der Person. Er spielt kein Überlegenheitsgefühl aus, keine Herrscherrolle. Angstfrei dürfen wir zu ihm Du und zu Gott Vater sagen. Angstfrei dürfen wir kommen und den Mund aufmachen. Er nimmt uns ernst, wie wir sind. Wenn wir aber zu dem Herrn aller Herren angstfrei und ohne Minderwertigkeitsgefühle kommen können, sollten wir da vor Menschen um unser Ansehen fürchten? Wer Ihm glaubt und vertraut, schaut dem Mitmenschen angstfrei ins Gesicht, sagt, was er fühlt, und hebt als Geachteter und Geliebter unseres Herrn sein Haupt.

Lieber Herr! Ich bin beschämt, daß ich vor Menschen oft mehr Angst habe als vor dir. Wenn ich dich über alle Dinge liebe, kann ich angstfrei zu jedem Menschen aufschauen. Amen.

Wer will uns scheiden von der Liebe Gottes? Trübsal oder Angst? Römer 8, 35

Der Analytiker Fritz Riemann hat ein Buch geschrieben mit dem Titel „Grundformen der Angst". Er beschreibt vier Persönlichkeitstypen, die jeweils mit der ihnen eigenen Angst auf Menschen, auf Situationen, auf das Leben und auf Gott reagieren. Jeder Charakter entwickelt seine ihm gemäße Angst.

Der Schizoide hat Angst vor Selbsthingabe, er gibt sich als der mehr unabhängige, distanzierte und kühlere Typ. Der Depressive entwickelt die gegenteilige Angst, nämlich Angst, verlassen, mißachtet und im Stich gelassen zu werden. Der Zwanghafte dagegen hat Angst vor Wandlung, vor Vergänglichkeit und Unsicherheit. Er reagiert mit Angst vor zuviel Großzügigkeit, zuviel Toleranz und Freiheit. Die hysterische Persönlichkeit wiederum hat Angst vor Unfreiheit, vor Endgültigkeit und Zwang.

Es handelt sich dabei nicht um krankhafte Persönlichkeiten, sondern um Menschen wie du und ich. In der Welt haben alle Persönlichkeiten Angst, aber jede reagiert aufgrund des individuellen Gewordenseins anders.

Diese Charaktereigenarten prägen auch den Glaubenden. Ich greife ein Beispiel heraus: Die größte Angst der zwanghaften Persönlichkeit besteht darin, die Grenze zur Sünde überschritten zu haben. Dieser Typ zieht die Grenze im Glauben unerbittlich eng. Er will perfekt und vollkommen sein. Reinheit, Sauberkeit und Gewissenhaftigkeit sind für ihn die höchsten Tugenden. Wenn er auf diesen Gebieten versagt, ist er doppelt unglücklich.

Als Christen dürfen wir wissen: Jesus kennt unsere — auch charakterlich begründeten — Ängste. Keine Ausprägung der Angst bleibt ihm verborgen. Und keine dieser Ängste kann uns von unserem Herrn trennen. Mit ihm „überwinden" wir sie, heißt es zwei Verse weiter.

Herr, du kennst mein Gewordensein und meinen Charakter. Du kennst meine speziellen Ängste. Hab Dank, daß du in dieser Welt damit fertig geworden bist. Amen.

10. Januar

Wenn mein Geist in Ängsten ist, so nimmst du dich meiner an. Psalm 142, 4

Der dänische Philosoph und Theologe Sören Kierkegaard schreibt über die Angst: „In den Grimmschen Märchen wird von einem Jungen erzählt, der auf Abenteuer ausging, um das Gruseln, die Angst, zu lernen. Wir lassen jenen Abenteurer seines Weges ziehen – ohne zu fragen, ob er etwas fand, was Angst einzuflößen vermag. Das aber ist ein Abenteuer, das jeder zu bestehen hat: daß er lerne, sich zu ängstigen; denn sonst geht er zugrunde, dadurch, daß ihm nie angst war, oder dadurch, daß er in der Angst versinkt. Wer hingegen gelernt hat, sich recht zu ängsten, der hat das Höchste gelernt."
Was aber ist diese letzte Angst, die das Höchste bedeutet? Es ist die Angst des Sünders vor dem gerechten, heiligen und zornigen Gott, der sein Richter ist. Die Furcht vor Gott beschreibt der Grieche mit *phobos*. Phobos hat mehrere Bedeutungen. Es kann panikartige Flucht bedeuten und Ehrfurcht, Achtung für einen Herrscher. Phobos ist das Bewußtsein der Allgegenwart Gottes. Sie ist der Beweggrund für einen zuchtvollen Wandel des Christen. Phobos ist die Triebfeder zur Heiligung. Angst, die zu Gott treibt, Angst, die zum Segen wird, ist in der Tat die „höchste" Angst.
Diese Angst hat etwas mit der göttlichen Traurigkeit zu tun, die zur Buße führt. Es ist keine Angst, die Verzweiflung auslöst, Verlassenheit ausdrückt und Resignation hervorruft. Es ist eine heilsame Unruhe, die Hinwendung zu Gott bewirkt.

Herr, ich danke dir für die heilsame Angst, die du schenkst. Du hast die Welt mit tausend Anfechtungen überwunden. Ich muß nicht vor Angst vergehen, denn du nimmst dich meiner an. Amen.

In der Angst rief ich den Herrn an; und der Herr erhörte mich und tröstete mich. Psalm 118, 5

Der verstorbene Bischof der hannoverschen Landeskirche, Hanns Lilje, der im 3. Reich in Haft war, hat ein Buch geschrieben, das den Titel trägt „Im finstern Tal". Eindrücklich beschreibt er, wie er mit der Angst im Gefängnis fertig wurde: „Von nun an schaute ich täglich auf zu dem Gottessohn, der sich in Gethsemane unter den schweren, heiligen Willen Gottes gebeugt und durch seinen Todeskampf der Todesangst die Macht genommen hat. Von ihm lerne ich, wie man über Zittern und Zagen hin zu diesem schweren, heiligen Gotteswillen Ja sagt . . . Mir ist bewußt, daß um mich herum mancher den gleichen Glaubenskampf kämpft. Ich weiß auch um die Gewalt der Fürbitte derer, die draußen für uns die Hände falten.
In welche Ängste der Mensch auch fällt, er kann nicht tiefer fallen als in die Hände Gottes. Meine Angst kriege ich nicht durch heroischen Kampf gegen die Angst in den Griff. Der Kampf gegen die Angst verstärkt unweigerlich die Angst."
Von nun an schaute ich täglich auf den Gottessohn! Das ist das Geheimnis, mit der Angst fertig zu werden. Der Blick auf die Gespenster der Angst ruft Panik und Beklemmung hervor. Der Blick auf die Angst hypnotisiert. Christen bejahen ihre Angst und sprechen sie aus. Der lebendige Gott erhält uns. Sein Thron ist die Antwort auf unsere Verzagtheit. Der Psalmist bestätigt, Gott läßt keinen Menschen im Stich.

Schickt er mir ein Kreuz zu tragen, dringt herein Angst und Pein, sollt ich drum verzagen? Der es schickt, der wird es wenden; er weiß wohl, wie er soll all mein Unglück enden. Amen.

(Paul Gerhardt)

Und wenn sie in Angst durchs Meer gehen, so wird er die Wellen im Meer schlagen. Sacharja 10, 11

Der *Kampf* gegen die Angst ist falsch. Das machen sich viele Menschen nicht klar. Von dem ausweglosen Kampf gegen die Angst berichtet der Psychiater und Psychotherapeut Rudolf Dreikurs. Er berichtet von Menschen, die in der Donau ertrunken waren. Die Donau hat gefährliche Strudel und Wirbel. Es ist hoffnungslos, gegen den Strudel anzukämpfen. Der Wirbel hat eine übermächtige Zugkraft, und der Mensch ist dagegen machtlos. Die Angst steigert sich zur Panik. Man schnappt nach Luft, schluckt Wasser und ertrinkt. Wer sich aber ohne Widerstand hinabziehen lasse, werde nach kurzer Zeit wieder nach oben gespült.
Der Kampf gegen die Angst ist Kampf in der falschen Richtung. – Jörg Zink hat auf dem Nürnberger Kirchentag eine Bibelarbeit über die Noahgeschichte gehalten und gesagt: „Gott sprach: ‚Und wenn du Angst hast, halte den Blick auf mich gerichtet. Vertraue mir mehr, als du deinem Boot vertraust. Und wenn ich dich rufe, dann wage den Schritt über die Bordwand und tritt auf das Wasser. Wenn du dich dem Wasser anvertraust, dann will ich bei dir sein, daß dich die Fluten nicht verschlingen. Und wenn du ans Ufer trittst, dann will ich am Ufer stehen. Am Ufer der Ewigkeit.'"
Unser Weg durch die Welt ist mit Angst gepflastert. Aber wir schauen nicht wie hypnotisiert auf die Angstmacher. Wir verlassen uns auch nicht auf die eigene Kraft. Denn dieser selbstherrliche Kampf gegen die Angst endet doch mit einer Niederlage.
Wir überlassen uns darum getrost Gottes starken Händen. Er kann die Wellen der Angst glätten. Denn er ist „bei uns alle Tage bis an der Welt Ende".

Hilf, Helfer, hilf in Angst und Not, erbarm dich mein, du treuer Gott. Ich bin ja doch dein liebes Kind trotz Teufel, Welt und aller Sünd. Amen.

(Martin Moller)

Wenn ich nun alt werde und grau, mein Gott, verlaß mich nicht. Psalm 71, 18

Ein Kurzfilm mit dem Titel „Allein in der Mansarde" handelt von einer alten Dame, die mit ihren Stofftieren Gespräche führt. Die Selbstgespräche offenbaren Sorge und Freude ihres isolierten Lebens. Sehnsüchtig wartet sie auf einen Brief ihrer Nichte. Ihre Gedanken kreisen um alle möglichen Krankheiten. Sie klagt über ausgebliebenen Besuch und macht sich Vorwürfe wegen der paar Gläser Likör, die sie sich als Trost einverleibt.
Viele alte Menschen leben allein und müssen schmerzhaft mit der Einsamkeit fertig werden. In unserer Nachbarschaft geht eine alte Dame täglich mit einem großen, gutmütigen Hund spazieren. Es klingt bitter, wenn sie sagt: „Auf Menschen ist kein Verlaß, mein Caesar ist treu wie Gold."
1950 waren es zirka 43 Prozent der über 65jährigen, 1969 waren es schon 58 Prozent und 1975 sind es inzwischen zwei Drittel dieser Alten, die allein leben müssen. Einsamkeit macht krank. Einsamkeit untergräbt den Lebenswillen. Kontakte und Gespräche sind Leben. Der Mensch – und besonders der nicht voll ausgelastete alte Mensch – lebt vom Dialog. Verlassen werden und sich verlassen fühlen ist bedrückend. Der Psalmist trifft deshalb ins Schwarze, wenn er bittet: „Verlaß mich nicht, Gott, im Alter, wenn ich grau werde." Es ist beruhigend, mit dem Stofftier zu reden oder mit einem Hund. Doch man bekommt keine Antwort. Aber es ist ungemein tröstlich zu wissen, Gott hört mich, führt mich, trägt mich und tröstet mich. Er hat jedes graue Haar auf meinem Kopfe gezählt. Menschen mögen uns verlassen, weil sie sterben oder uns den Rücken zudrehen, Gott bleibt uns ein ständiger Zuhörer und Begleiter. Wir sind nicht allein.

Herr, wenn ich an mein Alter denke, schleichen sich kummervolle Vorstellungen ein. Mein Leben steht in deiner Hand, das ist gut zu wissen. Amen.

Unsere Lebenszeit — sie währt nur siebzig Jahre, und wenn's hochkommt, sind's achtzig Jahre, und das meiste an ihr ist Mühsal und Beschwer; denn schnell ist sie enteilt, als flögen wir davon. Psalm 90, 10

Skelettfunde zeigen, daß der Mensch in der Steinzeit im Durchschnitt etwa 19 Jahre alt wurde. Bis zum Ende des 17. Jahrhunderts stieg die Lebenserwartung in Mitteleuropa auf rund 35, im 18. und 19. Jahrhundert auf 45 bis 55 Jahre an. Zur Zeit haben die Männer in der Bundesrepublik eine mittlere Lebenserwartung von 67,5 und Frauen von 73,6 Jahren. Wir sind heute soziologisch gesehen eine „überalterte", von Nichtproduzierenden überlastete Gesellschaft.

Ein Hauch von Resignation liegt über dem Altwerden. Das meiste wird als Mühsal und Beschwer erlebt. Die Jahre fliegen dahin. In der Kindheit wird das Älterwerden sehnlichst erwartet. Sind sie dann alt, so stöhnen die Menschen über jedes Jahr, das im Fluge verging.

Auf dem Kirchentag 1979 in Nürnberg konnten Besucher in der Koje 111 „Evangelische Altenhilfe" ihre Wünsche und Kommentare zum Alter auf Tafeln schreiben. Eine 16jährige schrieb: „Ich arbeite selber oft im Altersheim. Ich sehe dort, wie sehr hilfsbedürftig alte Menschen werden können. Oft weiß ich nicht, ob es sich lohnt, dafür ‚steinalt' zu werden."

Wir wünschen uns ein gesegnetes Alter. Das heißt ein Alter, das verankert ist im Glauben und im Gebet. Die Zeit fliegt. Junge Menschen können sterben, alte Menschen müssen sterben. Der Herbst des Lebens ist Reifezeit. Ob wir diese von Gott geschenkte Reifezeit akzeptieren und nutzen?

Soll ich auf dieser Welt mein Leben höher bringen, durch manchen sauren Tritt hindurch ins Alter dringen, so gib Geduld; vor Sünd und Schanden mich bewahr, daß ich mit Ehren trag all meine grauen Haar. Amen. (Johann Heermann)

Da verschied und starb er (Abraham) in gesegnetem Alter, hochbetagt und lebenssatt. 1. Mose 25, 8

Der ausgebürgerte russische Schriftsteller Solschenyzin gibt in seinem Buch „Krebsstation" folgende islamische Legende wieder: „Warum wird der Mensch hundert Jahre alt? Allah verteilte das Leben und gab jedem Tier fünfzig Jahre. Der Mensch kam als letzter an die Reihe, und Allah hatte nur noch 25 Jahre zu vergeben. Der Mensch jammerte: ‚Das ist mir zu wenig!' — ‚Na', sagte Allah, ‚dann mach dich auf den Weg, vielleicht hat jemand von den Tieren ein paar Jahre übrig und gibt sie dir ab.' Und der Mensch begegnete dem Pferd. ‚Na schön', sagte das Pferd, ‚du kannst 25 Jahre von mir haben.' Der Mensch geht weiter und begegnet dem Hund. ‚Na schön, nimm dir 25', sagte der Hund. Der Mensch trifft den Affen. Von dem bekommt er auch 25 Jahre. Dann kehrt er zu Allah zurück. Der sagt: ‚Du hast es selbst gewollt. Die ersten 25 Jahre wirst du wie ein Mensch leben. Die zweiten 25 Jahre wirst du arbeiten wie ein Pferd. Die dritten 25 Jahre wirst du bellen wie ein Hund. Und die letzten 25 Jahre wird man über dich lachen wie über einen Affen.'"

Die Behinderungen und Beschwerden nehmen im Alter zu. Ein hohes Alter ist schön und mühselig zugleich. Wohl dem Menschen, der wie Abraham die Kunst des Altwerdens gelernt hat. Ein gesegnetes Alter ist ein Alter aus Gott. Abraham wartete nicht in Zweifel und in Ungeduld. Er schaute nicht resigniert auf das Ende. Er starb hochbetagt und lebenssatt. Ein erfülltes Leben lag hinter ihm. Als „Vater des Glaubens" ist er in die Weltgeschichte eingegangen.

Deine Zusage, lieber Herr, macht uns getrost. Du hältst nicht nur deine Hand über uns, wenn wir jung und elastisch sind, du trägst uns durch Mühsal und Altersbeschwerden hindurch. Amen.

Herr, lehre uns bedenken, daß wir sterben müssen, auf daß wir klug werden. Psalm 90, 12

„Das Leben muß man das ganze Leben lang lernen, und, was dich vielleicht noch mehr erstaunen mag: Das ganze Leben lang muß man sterben lernen“, schreibt der römische Philosoph Seneca in einem Büchlein „Von der Kürze des Lebens“.
Aber kann man sterben *lernen?* Jörg Zink formuliert: „Wer das Leben ohne den Tod ansieht oder den Tod ohne das Leben, kennt weder das eine noch das andere. Einüben ins Sterben bringt am meisten Klarheit über das Leben. Einübung ins Leben ist die beste Vorbereitung auf den Tod. Denn man kann sich zwar den Tod vor Augen halten, aber man kann ihn nicht üben. Jeder geht als Anfänger in seinen Tod.“
Das Gebet des Psalms hilft zur rechten Selbsteinschätzung und zum rechten Gebrauch der Zeit. Es bewahrt davor, Werte wie Erfolg-haben, Glücklich-sein und Jungbleiben zu überschätzen. In der Tat: Wer richtig zu leben versteht, wird auch richtig zu sterben verstehen. Wer den Tod bedenkt, schöpft die Tage, Stunden und Augenblicke besser aus. Er lernt, die Grenzen der Zeit höher zu bewerten. Er lernt, seiner Leistung, seinem Einfluß und seiner Position keinen zu hohen Stellenwert einzuräumen. Und er bedenkt, daß materielle Dinge, Einfluß und Geld im Angesichte des Todes auf ein Minimum zusammenschrumpfen.
Wer in diesem Sinne alt wird und sein Leben vor dem lebendigen Gott meistert, bedenkt den Tod. Das ganze Leben eines Christen ist Zeugnis für seine Auffassung vom Tode. Können wir das von uns sagen?

Soll ich einmal nach deinem Rat von dieser Welt abscheiden, verleih mir, Herr, nur deine Gnad, laß es geschehn mit Freuden. Mein Leib und Seel befehl ich dir; o Herr, ein seligs End gib mir durch Jesum Christum. Amen. (Kaspar Bienemann)

Ehre deinen Vater und deine Mutter, damit du lange lebst in dem Lande, das der Herr, dein Gott, dir geben wird! 2. Mose 20, 12

Ein Märchen der Gebrüder Grimm schildert in eindrücklicher Weise das Verhältnis der Kinder zu den alten Eltern. „Es war einmal ein steinalter Mann, dem waren die Augen trüb geworden. Wenn er nun bei Tisch saß und den Löffel kaum halten konnte, schüttete er Suppe auf das Tischtuch, und es floß ihm auch etwas aus dem Mund. Sein Sohn und dessen Frau ekelten sich davor, und deswegen mußte sich der alte Großvater hinter den Ofen setzen, und sie gaben ihm sein Essen in ein irdenes Schüsselchen. Einmal konnte er das irdene Schüsselchen nicht festhalten, es fiel auf die Erde und zerbrach. Die junge Frau schalt und kaufte ihm ein hölzernes Schüsselchen. Wie sie da so sitzen, trägt der kleine Enkel von 4 Jahren auf der Erde kleine Brettchen zusammen. ‚Was machst du da?' fragt der Vater. ‚Ich mache ein Tröglein', antwortete das Kind, ‚daraus sollen Vater und Mutter essen, wenn ich groß bin.' Da sahen sich Mann und Frau eine Weile an, fingen endlich an zu weinen, holten sofort den alten Großvater an den Tisch und ließen ihn von nun an immer mitessen, sagten auch nichts, wenn er ein wenig verschüttete."

Das vierte Gebot ist das einzige, das eine Verheißung hat. Wer es verachtet, lädt sich einen Fluch auf anstelle eines Segens. Darum sagt Martin Luther: „Man soll ihnen (den Eltern) auch mit Werken, das heißt mit Leib und Gut solche Ehre erweisen; man soll ihnen dienen, helfen und sie versorgen, wenn sie alt, krank, gebrechlich oder arm sind. Und das alles soll man nicht bloß gerne tun, sondern mit Demut und Ehrerbietung als etwas, das für Gott getan wird."

Gib, daß ich tu mit Fleiß, was mir zu tun gebühret, wozu mich dein Befehl in meinem Stande führet. Gib, daß ich's tue bald zu der Zeit, da ich soll, und wenn ich's tu, so gib, daß es gerate wohl. Amen.

(Johann Heermann)

Graues Haar ist eine Ehrenkrone; auf dem Wege der Gerechtigkeit wird sie erlangt. Sprüche 16, 31

Der Segen der Alten ist höchstes Gut. Altersweisheit und Lebenskenntnis stehen im Alten Testament, aber auch in vielen Kulturen, hoch im Kurs.
Aus Afrika sind von einem unbekannten Verfasser folgende Worte bekannt geworden: „Selig, die Verständnis zeigen für meinen stolpernden Fuß und meine lahmende Hand. Selig, die begreifen, daß mein Ohr nichts anstrengen muß, um alles aufzunehmen, was man zu uns spricht. Selig, die zu wissen scheinen, daß meine Augen trübe und meine Gedanken träge geworden sind. Selig, die mit freundlichem Lächeln verweilen, um ein wenig mit uns zu plaudern. Selig, die niemals sagen: ‚Diese Geschichte haben Sie mir heute schon zweimal erzählt.' Selig, die es verstehen, Erinnerungen an frühere Zeiten in uns wach zu rufen. Selig, die mich erfahren lassen, daß ich geliebt, geachtet und nicht allein gelassen bin. Selig, die in ihrer Güte die Tage, die mir noch bleiben auf dem Wege in die ewige Heimat, erleichtern."
Graues Haar ist eine Ehrenkrone. Wer es respektiert und sich vor der Ehrenkrone verneigt, ist selig zu preisen, wie der Verfasser aus Afrika formuliert. Wer alte Menschen ehrt, ehrt Gott. Darum kann Martin Luther sagen: „‚Ehren' ist etwas viel Höheres als ‚lieben'. Es schließt ja nicht allein die Liebe in sich, sondern auch Zucht, Demut und Scheu einer Majestät gegenüber, die hier verborgen ist."

Komm als ein Arzt der Kranken, und die im Glauben wanken, laß nicht zugrunde gehn. Die Alten heb' und trage, auf daß sie ihre Plage geduldig mögen überstehn. Amen. (Benjamin Schmolck)

Auch bis in euer Greisenalter bleibe ich derselbe, und bis ihr grau geworden seid, will ich als Last euch tragen; ich habe es bisher getan, und ich will euch auch fernerhin tragen, ja ich will beladen bleiben und erretten.

Jesaja 46, 4

Der Biologe Prof. Illies hat sich in einem Artikel mit dem Thema befaßt „Die Biologie und das Altern". Er schreibt: „Tiere haben kein Recht auf Leben – wo eines geboren wird, steht es unter dem gnadenlosen Gesetz der Bewährung, der Anpassung und Auslese im Kampf ums Dasein. Nicht einmal mildernde Umstände gewährt der Gerichtshof der Natur: Ist ein Bein zu kurz geraten, ist Abweichung von der Norm da oder lassen die Kräfte im Alter nach, so wird das Exemplar ausgemerzt ... Es hat einen Sinn, daß der 80jährige nicht mehr alle Geräusche dieser Welt hört. Er soll nun einen Abschließungsprozeß von der Welt als Vorbereitung auf die Ablösung von ihr herstellen, soll stiller Wanderer nach innen werden, auf sich und Gott zu – er hat ein Recht darauf."
Gnadenlos ist das Gesetz unter Tieren. Gnade ist das Gesetz Gottes. Unter Tieren gibt es keine „mildernden Umstände". Kraftlose Tiere im Altern werden ausgemerzt. Kraftlose Menschen im Alter werden von Gott getragen. Er legt uns – besonders im Alter – Lasten auf, aber er trägt uns auch. Ein Tier ist gnadenlos auf sich allein angewiesen, der Mensch weiß sich in der Hand Gottes. Und wir können keinen Zentimeter tiefer fallen als in die barmherzigen Hände unseres Gottes. Mit dieser Gewißheit können wir unserem Lebensalter entgegengehen.

Hilf ferner weit, mein treuster Hort, hilf mir zu allen Stunden. Hilf mir an all und jedem Ort, hilf mir durch Jesu Wunden; damit ich sag bis in den Tod: Durch Christi Blut hilft mir mein Gott; er hilft, wie er geholfen. Amen.

(Ä. J. Reichsgräfin von Schwarzburg-Rudolfstadt)

Darum nehmt euch gegenseitig in Liebe an, wie auch Christus euch zu Gottes Verherrlichung angenommen hat. Römer 15, 7

Selbstannahme, ist das keine Gotteslästerung? Viele haben das jahrhundertelang geglaubt. Wer sich annehmen kann, wie er ist, ist glücklich. Matthias Claudius hat ein kleines Gedicht verfaßt, das diese glücklichmachende Selbstannahme charakterisiert: „Ich danke Gott und freue mich wie's Kind zur Weihnachtsgabe, daß ich bin, bin! und daß ich dich, schön menschlich Antlitz habe."
Das ist für einen lebendigen Christen eine geradezu klassische Form der Selbstannahme. Wohlweislich setzte Claudius drei Wörter über das kleine Gedicht, nämlich „Täglich zu singen". Wer nicht täglich Selbstannahme übt und „singt", wird anderen mit einem „unschönen menschlichen Antlitz" die Stimmung vermiesen.
Auch der Begründer der Transaktionsanalyse, Thomas A. Harris, schreibt in seinem Bestseller „Ich bin o. k. – du bist o. k.": „Die zentrale Botschaft Christi war der *Begriff der Gnade.* Gnade ist ein ‚vorbelastetes' Wort. Der Begriff Gnade ist nach der Interpretation von Paul Tillich, dem Vater aller ‚neuen christlichen Theologen', eine theologische Formulierung von ‚ich bin okay – du bist okay'. Es heißt nicht: Du kannst okay sein, *wenn,* oder du wirst angenommen, *falls,* sondern *du bist angenommen* – ohne jede Bedingung."
Ich bin in der Tat von Jesus angenommen, so wie ich bin – ohne wenn und aber. Ich sage ja zu mir, ohne übertriebene Eitelkeit, ohne Minderwertigkeitskomplexe. Ist es nicht eine Beleidigung Gottes, wenn wir uns nicht lieben können, wenn unsere Selbstanforderungen höher sind als die unseres Herrn?

Dein Wille ist's, o Gott, ich soll mich selber lieben. O laß mich diese Pflicht nach deiner Vorschrift üben. Und schränke selbst den Trieb, froh und beglückt zu sein, den du mir eingepflanzt, in heil'ge Grenzen ein. Amen. (J. J. Spalding)

21. Januar

Fürchte dich nicht, denn ich habe dich erlöst; ich habe dich bei deinem Namen gerufen; du bist mein.

Jesaja 43, 1

Wir sitzen während einer Mitarbeitertagung zusammen und sprechen über den Punkt der *Selbstannahme.* Einer fragt: „Schön und gut die Selbstannahme, aber wenn mich Mitmenschen und Mitchristen immer wieder verunsichern, was soll ich da machen? Die anderen machen mich unsicher, züchten Zweifel in mir und nagen an meinem Selbstwert. Ich fühle mich dann wie ein Häufchen Elend." Eine junge Mitarbeiterin sagt: „Seine Annahme ist absolut. Da gibt's kein Wenn und Aber." Und ein anderer ergänzt: „Andere Menschen dürfen mich in Frage stellen, denn ich soll gefragt und befragt werden, aber seine Annahme hat absolute Priorität." Das ist es.
Er hat uns bei unserem Namen gerufen. Wir sind sein. Nicht: wir werden vielleicht, wenn alles gut geht, wenn kein „Betriebsunfall" passiert, dereinst sein Eigentum sein. Nein, heute und hier, unzweideutig gehören wir ihm. Seine Zusage hat keine Klauseln. Seine Zusage kennt keine Bedingungen. Wir sind auch nicht unpersönlich numeriert oder in einer komplizierten Computersprache datenmäßig gespeichert. Der lebendige Gott hat uns beim Namen gerufen. Es geht weit über meinen Verstehenshorizont hinaus, aber er kennt meinen Namen, mein Schicksal, meine Ecken und Kanten, meine Stärken und meine Fehler. Er hat mich angenommen – wie ich bin. In Zweifeln, in dunklen Tagen, in Schwermut, in Anfechtungen und Versuchungen behält diese Zusage absolute Gültigkeit.

Lieber Herr, du sagst unüberhörbar zu mir, „du bist mein"! Das tröstet mich. Das macht mich gelassen. Das stärkt mich im täglichen Konkurrenzkampf. Amen.

22. Januar

Keiner kann sie mir aus den Händen reißen; denn der Vater, der sie mir gegeben hat, ist mächtiger als alle.

Johannes 10, 28 u. 29

Es geht um *Annahme*. Einer der bekannten amerikanischen Prediger der Gegenwart ist Norman Vincent Peale. In Reader's Digest fand ich einen Aufsatz von ihm, in dem ein Punkt überschrieben ist: „Erheben Sie nie Anklage gegen sich selbst. Erst letzte Woche kam ein Mann mit der Bitte um eine Unterredung zu mir. Seine Haltung war gebeugt, seine Miene niedergeschlagen und seine Stimmung mutlos. ‚Ich fühle mich fast immer deprimiert und elend. Können Sie mir helfen?' ‚Nein', sagte ich. ‚Ich kann nicht in Ihren Kopf kriechen und den Mechanismus darin umbauen. Aber vielleicht kann ich Ihnen sagen, wie Sie sich selbst helfen können . . . Warum betrachten Sie sich selbst vom Standpunkt eines Wurms statt von dem Ihres Gottes? Sie sind sein Kind. Wenn Sie für ihn wichtig sind – und das sind Sie –, woher nehmen Sie das Recht, herumzugehen und Ihre Unwichtigkeit zu beteuern?'"

Peale hat recht. Wer aus der Perspektive eines Wurms sein Leben betrachtet, kriecht auf dem Bauch durchs Leben. Wer sich als Kind Gottes sieht, weiß, daß er ein für allemal zur Gottesfamilie gehört. Die Wurmlogik zweifelt unaufhörlich den Satz an, daß sich Christus seine Kinder nicht aus der Hand reißen läßt. Der Christ mit Wurmlogik fühlt sich nicht völlig geliebt, nicht ganz gerettet, sondern immer wieder verworfen, übersehen, von Christus bestraft und zum chronischen Zweifeln verurteilt. Ich sage mit Norman Vincent Peale: „Woher nehmen Sie das Recht, Ihre Unwichtigkeit zu beteuern?"

Herr, ich danke dir, daß du mich ohne Wenn und Aber angenommen hast. Ich bin dein Kind und kein Wurm. Ich danke dir, daß du mich für unglaublich wichtig hältst. So wie ich bin, gehöre ich zu deiner Familie. Amen.

Gott liebte die Menschen so sehr, daß er seinen einzigen Sohn hergab. Nun wird jeder, der sich auf den Sohn Gottes verläßt, nicht zugrunde gehen, sondern ewig leben. Johannes 3, 16

Es geht um *Selbstannahme.* Ein therapeutischer Grundsatz lautet: „Wer sich nicht annehmen kann, kann auch den anderen nicht annehmen. Wer sich nicht liebt, kann auch den anderen nicht lieben. Wer sich nicht leiden kann, leidet auch an anderen." Besonders Ehepartner bestätigen in der Beratung diese Wahrheit. „Meine Figur ist zum Verzweifeln, mein Mann kann mich bestimmt nicht liebhaben." „Ich bin so dumm, mein Mann muß ja unzufrieden mit mir sein; ich finde mich unausstehlich, mein Mann fühlt im Hinblick auf mich sicher genauso, aber er sagt es nicht." „Ich stelle als Mann nichts dar, meine Frau wünscht sich von Herzen ganz sicher einen anderen."
Was geschieht da? Durch Selbstverneinung machen sich die Ehepartner liebesunfähig. Durch unnötige Selbstkritik blockieren sie eine *gegenseitige* Annahme. Wer sich für liebensunwürdig hält, signalisiert dem Partner innere Ablehnung, Unsicherheit und Angst. Er verweigert sich ihm, weil der Partner angeblich nichts an ihm finden kann.
Ich las in diesem Zusammenhang einen einleuchtenden Satz: „Wer sich selbst bekleckert, verbreitet keinen angenehmen Duft." Nähert sich ihm der Partner trotzdem, sieht er darin Mitleid, Egoismus oder ein Mittel zum Zweck. Die Selbstverneinung zerstört die harmonische Partnerschaft.
Kann die Tatsache, daß Christus uns achtet, lieb hat und annimmt – wie wir sind –, nicht die mangelnde Selbstannahme durchlöchern? Wenn wir fröhlich unserem Herrn danke schön sagen können, müßten wir dann nicht rundum zufrieden sein?

Lieber Herr, mir wird klar, daß ich meinen Partner nicht in Liebe annehmen kann, wenn ich ständig an mir herumkritisiere. Für eine gute Partnerschaft hast du den Boden bereitet, weil du bedingungslos ja zu mir sagst. Amen.

Wir lieben, weil Gott uns zuerst geliebt hat.
1. Johannes 4, 19

Der amerikanische Therapeut H. H. Mosak hat 14 Lebensstile entworfen, die im menschlichen Leben eine große Rolle spielen. Sie spiegeln die persönliche Weltanschauung wider, die Meinung von sich und den anderen und die Verhaltensmuster, die mit solchen individuellen Lebensentwürfen verbunden sind. Einer der 14 lautet: „Derjenige, der es nötig hat, daß ihn alle mögen, will immer allen Menschen gleichzeitig gefallen. Er ist ganz besonders kritikempfindlich und hält es für eine Niederlage, wenn er nicht ständig und überall Zustimmung findet. Er übt sich darin, in anderen Menschen genau zu erkennen, was ihnen gefallen könnte, und ändert ständig seine Meinung in dem Bestreben, allen zu gefallen. Er mißt seinen eigenen Wert an der Wertschätzung der anderen."
Wozu in aller Welt will dieser „Typ" allen gefallen, können Sie fragen. Er liebt sich nicht, er hat sich nicht angenommen. Und weil er eine so erbärmliche Meinung über sich selbst hat, kann er den Satz aus dem 1. Johannesbrief nicht nachsprechen: „Wir lieben, weil Gott uns zuerst geliebt hat." Er will und muß um jeden Preis gefallen, kann nicht nein sagen, läßt sich ausbeuten und hat ständig Angst, den liebsten Menschen zu verlieren. Die Partnerschaft wird hart strapaziert. Ehe, Liebe und Freundschaft stehen unter einem falschen Stern.
Wer sich rückhaltlos von Christus akzeptiert weiß, mag sich leiden, sagt ja zu sich und muß nicht neurotisch um die Beziehung zu Christus und um die Freundschaft des Partners buhlen. Er weiß um seinen Wert, fühlt sich von Christus geschätzt und darum auch von seinem Partner.

Herr, du akzeptierst mich, wie ich bin. Das bestärkt mich in der Überzeugung, daß ich mich nicht verrückt machen muß, um den anderen zu gefallen. Amen.

Er hat selbst dafür gesorgt, daß die Menschen vor ihm bestehen können. Er . . . will die Menschen annehmen, wenn sie sich nur auf Christus verlassen.

Römer 3, 21 u. 22

Der Schriftsteller Peter Bichsel hat eine Geschichte geschrieben, die nachdenklich macht. Folgender Abschnitt kommt darin vor: „Am Hofe gab es starke Leute und gescheite Leute, der König war ein König, die Frauen waren schön und die Männer mutig – nur Colombin war nichts. Wenn jemand sagte: ‚Komm, Colombin, kämpf mit mir', sagte Colombin: ‚Nein, ich bin schwächer als du!' Wenn jemand sagte: ‚Wieviel gibt 2 mal 7?', sagte Colombin: ‚Ich bin dümmer als du.' Wenn jemand sagte: ‚Getraust du dich, über den Bach zu springen?', sagte Colombin: ‚Nein, ich getraue mich nicht.' Und wenn der König fragte: ‚Colombin, was willst du einmal werden?', antwortete Colombin: ‚Ich will nichts werden, ich bin schon etwas, ich bin Colombin!'"

Am Hofe des Königs müssen alle etwas darstellen. Ehrgeiz, Leistung, Karrierestreben, Rivalität und Einandermessen sind gefragt. Die starken und gescheiten Leute sind nur glücklich, wenn sie andere übertrumpft haben. Der einzige, dessen Selbstbewußtsein nicht davon abhängig ist, ist Colombin. Er nimmt sich so an, wie er ist. Jeder von uns kann vor dem lebendigen Gott bestehen, und kann damit vor sich und anderen bestehen, wenn er sich auf Christus verläßt. Dieses Vertrauen auf den Herrn macht uns unabhängig von der Meinung der Menschen, macht frei von Angst und frei von der Peitsche der Leistungsanforderung. Christus hat uns angenommen, was wollen wir noch mehr? Haben wir es nötig, unseren Wert vor anderen zu beweisen?

Lieber Herr, Minderwertigkeitsgefühle und Geltungsbedürfnis sind die beiden Pole, die mangelnde Selbstannahme ausdrücken. Du sagst ja zu uns, wie wir sind, wenn wir uns auf dich verlassen. Amen.

Darum nehmet euch gegenseitig in Liebe an, wie auch Christus euch zu Gottes Verherrlichung angenommen hat. Römer 15, 7

Über den amerikanischen Präsidenten Abraham Lincoln schreibt Siegfried Fischer: „Im übrigen war er ein eher häßlicher Mann. Dessen schämte er sich aber ebenso wenig wie seiner Vergangenheit. Außerdem war er offenbar davon überzeugt, daß Gott schon wisse, was er einem Menschen antue. Jedenfalls sagte er eines Morgens zu seinem Gesprächspartner: ‚Ich habe ein Laster, anders kann ich es nicht nennen: Es ist meine Unfähigkeit, nein zu sagen. Gott sei Dank, daß er mich nicht als Frau geschaffen hat; wenn aber doch, dann hätte er mich vermutlich ebenso häßlich gemacht, wie er es jetzt tat, und niemand würde mich je in Versuchung geführt haben!'"
Was mir an diesem Mann imponiert, ist sein Humor, seine bedingungslose Selbstannahme und seine Selbstbejahung. Er schämte sich seiner Häßlichkeit nicht. Abraham Lincoln nahm sich selbst und seine Vergangenheit in Liebe an. Er spuckte nicht in den Spiegel ob seiner Häßlichkeit.
Christus kritisiert nicht an uns herum. Warum tun wir's denn? Es stimmt einfach: Wer mit sich im Krieg lebt, kann andere nicht lieben. Wer sich unleidlich findet, kann andere nicht leiden.
Können Sie sich annehmen, wie Sie sind? Können Sie uneingeschränkt ja zu sich sagen? Christus hat vorbehaltlos zu uns ja gesagt. Diese bedingungslose Bejahung ist der Maßstab für unsere Selbstannahme und unser Glück.

Ich habe vieles an mir auszusetzen, lieber Herr. Das stimmt mich unzufrieden und lieblos. Du nimmst mich an und willst, daß ich mich akzeptiere — wie ich bin. Amen.

27. Januar

Zieht euer altes Ich mit seinen Gewohnheiten aus und zieht das neue Ich an, das Gott euch schenkt. Laßt euch von Gott zu neuen Menschen machen, die nach seinem Bild geschaffen sind und seinen Willen erfüllen.

Kolosser 3, 9 u. 10

Es geht um *Bekehrung.* Und Bekehrung heißt: Herrschaftswechsel. In einer Zeitschrift fand ich ein anschauliches Bild für diesen Herrschaftswechsel. Abgebildet sind drei Kreise, die in der Mitte jeweils einen Stuhl zeigen. Auf dem Stuhl des ersten Kreises ist ein großes E abgebildet. Es steht für Ego = Ich. In dem Kreis gibt es kleine und große Punkte, die Mächte bezeichnen sollen, die dem Ich nicht unterworfen sind: Triebe, Ängste, Gewohnheiten, Stimmungen, Launen und Komplexe. Ein Kreuz, es steht für Christus, ist außerhalb des Kreises angebracht. Christus tangiert das Leben dieses Menschen nicht. Der zweite Kreis zeigt wieder den Stuhl mit dem Ich im Mittelpunkt, aber das Kreuz, sprich Christus, ist in den zweiten Kreis hineingenommen. Christus gehört zu diesem Menschen. Aber auf dem Stuhl, auf dem „Thron", sitzt nach wie vor das Ich. Der Mensch läßt Christus zwar mit dem Verstande gelten, eine Umwandlung ist aber nicht geschehen. Der dritte Kreis zeigt auf dem Thron ein Kreuz = Christus. Das Ich ist unterhalb des Stuhles angebracht und sitzt Christus zu Füßen. Die verschiedenen kleinen und großen Punkte innerhalb des Kreises sind noch da, die Triebe, die Gewohnheiten, Ängste, Stimmungen und Komplexe. Aber sie sind an den Rand gedrängt. Christus ist der Herr der Persönlichkeit geworden.

Christus ist der Herr meines Denkens, meiner Gedanken, meines Wollens und meiner Gefühle geworden. Ich habe den Ehrenplatz im Zentrum meiner Persönlichkeit an Christus abgetreten. Darum geht's.

Lieber Herr, ich kann mich nicht am eigenen Schopf aus Sünde, schlechter Gewohnheit und falschem Denken herausziehen. Wenn du mich bekehrst, bin ich umgewandelt. Herr, ziehe du mir ein neues Ich an. Amen.

Zeigt erst einmal durch eure Taten, daß ihr euch wirklich ändern wollt! Matthäus 3, 8

Es geht um Buße und *Bekehrung*. Dieser Text verdeutlicht einen Aspekt. Luther übersetzt den Vers: „Seht zu, tut rechtschaffene Frucht der Buße!" Es ist also möglich, daß die Buße nicht rechtschaffen verläuft. Lassen Sie mich das verdeutlichen.
Es kommen oft Leute in die Beratung, die ihr Problem etwa so vortragen: „Unsere Ehe ist in einer Krise. Wir haben vieles falsch gemacht. Sicher werden Sie uns sagen, wo die Fehler liegen. Wir sind zu Ihnen gekommen, weil wir einen Neuanfang machen wollen." Diese Ratsuchenden, sollte man meinen, haben ehrlich und aufrichtig vor, sich zu ändern. Nicht selten bleibt die Praxis aber hinter ihren guten Absichten weit zurück. Schon nach ein oder zwei Beratungsgesprächen wird deutlich, ob die Sinnesänderung echt ist. Wer eine Erneuerung seiner Ehe will, praktiziert kleine Schritte der Veränderung, die gemeinsam besprochen werden. Wer nicht will, findet tausend Ausflüchte, um der Sinnesänderung auszuweichen. Der Therapeut Alfred Adler pflegte zu sagen: „Viele Menschen kommen in die Therapie. Sie alle wollen gesund werden, aber nichts dafür tun. Sie leben nach der Devise: ‚Wasch mich, aber mach mich nicht naß!' Wasch mir den Pelz, aber es darf nicht wehtun!"
Buße ist Tat, Buße *ist* Sinnesänderung. Darum ruft Johannes seinen Zuhörern den Satz zu: „Zeigt erst einmal durch eure Taten, daß ihr euch wirklich ändern wollt!" Wollen wir über Buße und Bekehrung diskutieren, oder soll sie Wahrheit werden?

Lieber Herr, schenk meinem Wollen das Vollbringen. Hilf, daß ich nicht über Buße und Bekehrung wortgewandt reflektiere, sondern dir mein Leben übergebe. Amen.

Von da an verkündigte Jesus seine Botschaft: „Ändert euch! Gott will jetzt sein Werk vollenden und seine Herrschaft aufrichten!“ Matthäus 4, 17

Es geht um Buße und *Bekehrung.* Die vielleicht wichtigste der 95 Thesen, die Luther 1517 an die Tür der Schloßkirche zu Wittenberg schlug, lautet: „Wenn unser Herr und Meister Jesus Christus sagt: ‚Tut Buße‘ (Ändert euch!), so will er, daß das ganze Leben seiner Gläubigen auf Erden eine stete Buße sein soll.“
Buße tun ist also kein einmaliger Waschvorgang, der ewig vorhält, sondern geschieht täglich. Das Bilderbuchchristentum, das ein endgültig Neues zaubert in unserem Charakter, ist eine Erfindung des Teufels. So kommen immer wieder die falschen Fragen zustande. „Zweitausend Jahre hat der christliche Glaube seine Chance gehabt. Was hat sich wirklich gebessert?“
Der verstorbene Bischof der hannoverschen Landeskirche, Hanns Lilje, hat darauf einmal geantwortet: „Seit undenklichen Zeiten gibt es Wasser – und doch laufen noch immer Schmutzfinken herum.“ Liljes Satz darf nicht zur Ausrede werden. Denn „tägliche Reue und Buße“, tägliches Untertauchen und „Ersäufetwerden“, wie Luther formuliert hat, ist Bekehrung und Buße. Der Mensch stellt sich unter Gottes Herrschaftsanspruch.
Das ist Wandlung. Und so eine Umkehr bleibt nicht verborgen. Sie ändert das Sinnen und Trachten, das Denken und Handeln, das Fühlen und Wollen. Solche Buße krempelt einen Menschen um. Und selbst Katzen und Hunde müssen diese Änderung zu spüren bekommen. Der Mensch ist anders geworden, oder der Herrschaftswechsel hat nicht stattgefunden.

Herr! Du forderst Bekehrung, Sinnesänderung und Umkehr. Ich danke dir, daß ich mich nicht alleingelassen damit abplagen muß. Du schenkst Wollen und Vollbringen. Amen.

Ich sage euch: Ebenso wird im Himmel über einen einzigen Sünder, der sich bekehrt, mehr Freude herrschen als über neunundneunzig Gerechte, die der Bekehrung nicht bedürfen. Lukas 15, 7

Es geht um *Buße* und *Bekehrung!* Die Lutherübersetzung beschreibt den Vorgang noch deutlicher. „Tut Buße, denn das Himmelreich ist nahe herbeigekommen!"
Was heißt Buße tun? Das griechische Wort *metanoia* heißt Umkehr, radikale Kehrtwendung zu Gott, Rückkehr vom gottlosen Weg hin zum Vater. Die Geschichte vom verlorenen Sohn ist ein treffendes Beispiel für Buße, Umkehr und Heimkehr.
Buße tun ist eine Radikalkur. Und die tut weh. Das hat der dänische Philosoph und Theologe Sören Kierkegaard begriffen, wenn er formuliert: „Es geht mit dem Christwerden wie mit jeder Radikalkur: man schiebt sie so lange wie möglich auf." Martin Buber, der große jüdische Philosoph, hat ähnliche Erfahrungen gemacht, wenn er schreibt: „Die große Schuld des Menschen sind nicht die Sünden, die er begeht – die Versuchung ist mächtig und seine Kraft gering. Die große Schuld des Menschen ist, daß er in jedem Augenblick die Umkehr tun kann und nicht tut."
Müssen wir erst in der Tinte sitzen und keinen Ausweg mehr sehen? Müssen wir uns erst wie der „verlorene Sohn" ausweglos vergaloppiert haben und bei den Schweinen landen, um für eine Sinnesänderung bereit zu sein? Entschuldigungen haben wir immer: Wir sind zu jung oder schlecht disponiert, in Termindruck oder unter Leistungszwang. Wir wollen gern ein bißchen fromm sein, aber die Radikalkur vermeiden. Wir wollen gern fromme Gefühle sprechen lassen, aber keinen totalen Sinnes- oder Denkwandel vollziehen. Stimmt's?

Mein Herr und mein Gott! Du verlangst keine Gefühlskorrektur, sondern totale Sinnesänderung. Das fällt mir schwer. Herr hilf, daß ich mich dir mit Leib und Leben ausliefere. Amen.

Kehrt um und handelt wieder wie zu Beginn! Wenn ihr euch nicht ändert, werde ich zu euch kommen und euren Leuchter von seinem Platz stoßen. Offenbarung 2, 5

Es geht um *Buße* und *Bekehrung.* Das griechische Wort *metanoia* bedeutet: „Denkt um, oder laßt euer Denken weit hinausgehen über das, was ihr bisher gedacht habt. ... Im Metanoein des Täufers geht es um ein Denken, das den Rahmen der überlieferten bürgerlichen und kirchlichen Anschauungen sprengt", schreibt Ralf Luther im Neutestamentlichen Wörterbuch.
In der modernen Psychotherapie geht es ständig um Änderung der *Gefühle.* Carl Rogers, der Begründer der Gesprächspsychotherapie, schreibt in seinem Buch „Encountergruppen": „Ich habe mit der Zeit gelernt, immer freier Gebrauch von meinen augenblicklichen Gefühlen zu machen ... Ich achte jede Person; aber diese Achtung ist keine Garantie für eine bleibende Beziehung. Sie ist ein Interesse und ein Gefühl, das *hier und jetzt* existiert. Ich glaube, ich empfinde das so klar, weil ich nicht sage, daß es von Dauer ist oder sein wird."
Wenn meine Beziehung zum Partner, besonders zum Ehepartner, vom Gefühl abhängig ist, wird die Ehe zur Tragikomödie. Gefühle sind unzuverlässig, wetterwendisch und labil. Wer sich auf Gefühle verläßt, der ist in der Tat verlassen. Rogers hat völlig recht: Die Achtung vor einer Person „ist keine Garantie für eine bleibende Beziehung. Sie ist ein Interesse und ein Gefühl." Ändern sich die Gefühle, ändert sich die Liebe, ist es mit der Achtung vorbei. Leider.
Buße ist mehr. Sie sprengt den überlieferten kirchlichen und bürgerlichen Rahmen. Sie bezieht auch das *Denken* ein. Und wo bleiben die Gefühle? Ein geändertes Denken produziert geänderte Gefühle. Das ist gut biblisch und auch therapeutisch einwandfrei. Wer wirklich umkehrt, kann keine zweideutigen Gefühle haben.

Herr, du willst mein Denken, Fühlen und Wollen ändern. Regiere du mein Denken, so werden Gefühle und Empfindungen deinem Willen nicht zuwider laufen. Amen.

So bringt denn Früchte, die der Buße würdig sind.
Lukas 3, 8

Es geht um *Buße* und *Bekehrung*. Gestern hörten wir, daß Buße eine radikale „Denkänderung" beinhaltet und keine Gefühlskorrektur. Einige therapeutische Richtungen bewerten die Gefühle eindeutig anders als Carl Rogers, der in erster Linie *„seinen Gefühlen entsprechend handeln will"*. Die Individualpsychologie geht mit dem biblischen Denken konform, wenn sie formuliert, daß Gefühle Instrumente unseres Denkens sind. Und der in Deutschland bekannte amerikanische Seelsorger Jay E. Adams schreibt: „Der Grund der Störung liegt nicht ursächlich im Gemüt, sondern im Verhalten. Der Mensch ist nicht Opfer des fehlgesteuerten Gewissens, sondern er selbst ist es, der es verletzt hat. Er muß aufhören, dem andern die Schuld in die Schuhe zu schieben, und anfangen, für sein eigenes Fehlverhalten Verantwortung zu übernehmen . . . Es geht also nicht darum, zuerst die Gefühle ändern zu wollen und dann das Verhalten. Vielmehr zeigt uns Gott die umgekehrte Reihenfolge."
Wer seine Ziele ändern will, muß sein Denken ändern. Buße heißt, mit der gesamten Existenz eine Kehrtwendung auf Christus hin zu machen. Bekehrung ist Umkehr *zu Gott*. Wir denken und leben aus ihm, durch ihn und mit ihm. Solange wir eine verkehrte Grundrichtung haben, produzieren wir Böses im kleinen und großen. Wir denken und handeln selbstherrlich. Wir selbst machen uns zum Maßstab und nicht den lebendigen Gott. Der Schritt der völligen Kehrtwendung ist nur möglich, wenn Gott eingreift und in uns Früchte der Buße bewirkt. Ob wir das im Kern unserer Persönlichkeit wollen?

Herr, ich erkenne mein falsches Denken, daß ich dich „unter anderem" in meinem Leben haben möchte. Hilf, daß du mein ein und alles wirst. Amen.

Der Herr hat Geduld mit euch . . . Er möchte, daß alle Gelegenheit finden, von ihrem falschen Wege umzukehren. 2. Petrus 3, 9

Von Bertolt Brecht stammen die berühmten Geschichten des Herrn Keuner. Brecht hat diesem erdachten Menschen unzählige Weisheiten und moralische Sinnsprüche in den Mund gelegt. Eine Geschichte lautet: „Ein Mann, der Herrn K. lange nicht gesehen hatte, begrüßte ihn mit den Worten: ‚Sie haben sich gar nicht verändert!' ‚Oh', sagte Herr K. und erbleichte."

Es ist keine Auszeichnung, sich nicht verändert zu haben. Ein Mensch ohne Änderung und ohne Umdenken ist steril und selbstherrlich. Leider verwechseln viele Umkehr mit Charakterlosigkeit. „Er ist sich treu geblieben", sagen wir.

Christus erwartet Buße, Umkehr vom falschen Wege. Das heißt nicht: Die Verhältnisse müssen anders werden. Die Gesellschaft muß verändert werden. Die Kirche muß reformiert werden. Nein, unser Herr möchte, daß alle Gelegenheit finden, vom falschen Wege umzukehren. *Wir* müssen erneuert werden. Die Revolution beginnt bei *mir*. Niemand wirft gern sein gesamtes Lebenskonzept über den Haufen. Jesus will, daß wir unser Leben auf göttlichen Kurs bringen. Er nimmt das Steuer in die Hand. Das ist wohltuend, befreiend.

Zinzendorf hatte das begriffen, als er sagte: „Um mich habe ich mich ausgekümmert!" Ich lege alles in seine Hände: Mein Planen, meine Hoffnungen, meine Sorgen, meine Zweifel und die tausend Hindernisse im Leben.

Und noch eins: Diese Änderung ist keine fromme Eigenleistung. „Wieviele ihn aber aufnahmen, denen gab er Macht, Gottes Kinder zu werden, die an seinen Namen glauben."

Ich Betrübter komme hier und bekenne meine Sünden; laß, mein Heiland, mich bei dir Gnade zur Vergebung finden, daß dies Wort mich trösten kann: Jesus nimmt die Sünder an. Amen.

(Erdmann Neumeister)

Dankt Gott in jeder Lebenslage. Das will Gott von denen, die mit Christus verbunden sind.

1. Thessalonicher 5, 18

Es geht um das *Danken.* Kann der wirklich Emanzipierte von Herzen danken? Das aufgeblähte Gerede von der Emanzipation hat ein modernes Selbstverständnis vom Menschen produziert, zu dem die Dankbarkeit schlecht paßt. Geben und Annehmen, Schenken und Danken begründen nach der Meinung der Emanzipierten so etwas wie ein Abhängigkeitsverhältnis. Außerdem sei der Dankbare jener, der sich der Güte der anderen „verpflichtet" wisse. Sie bestehen auf einklagbaren Ansprüchen, die allein in der Freiheit des Menschen gewährleistet sind. Es wird von „Rechten" der Armen gesprochen, vom Recht der Dritten Welt, vom Recht auf frische Luft, vom Recht auf Arbeit, vom Recht auf ...

Mit der Erfüllung von Rechtsansprüchen stellt sich noch keine Mitmenschlichkeit ein. Der Dankbare gibt freiwillig; Rechte müssen eingeklagt werden.

Sprachlich hängt das Wort danken mit Huld, Güte, Gnade und Segen zusammen. Für beide, für die vorausgegangene Zuneigung wie für das freudige „Dankeschön!" benützt das Neue Testament den gleichen Namen: *Charis.* Das heißt: Dankbarkeit wird durch das Geschenk ausgelöst. Dankbarkeit erwächst aus dem, was man ungeschuldet empfängt.

Wir sind Abhängige, mit Christus verbunden, abhängig von seiner Güte und Huld. Wir sind unendlich reich von ihm beschenkt worden und werden es täglich neu. Sollen wir ihm nicht dafür danken? In Freud und Leid, in Höhen und Tiefen, in der Jugend und im Alter, in allen Lebenslagen danken wir, weil alles von ihm kommt. Oder ist das kein Grund zur Dankbarkeit?

Ich will dich all mein Leben lang, o Gott, von nun an ehren, man soll, Gott, deinen Lobgesang an allen Orten hören. Mein ganzes Herz ermuntre sich, mein Geist und Leib erfreue dich! Gebt unserm Gott die Ehre. Amen. (Johann Jakob Schütz)

Als erstes wende ich mich unter Berufung auf Jesus Christus an meinen Gott und danke für euch alle.

Römer 1, 8

Es geht um das *Danken*. In der Beratung sagte mir eine Dame resigniert: „Ich kann nicht danken, ich sehe überall nur Not und Elend. Ich könnte neidisch werden, wenn ich die Menschen höre, die für alle Kleinigkeiten danken können."

Es gibt keine geborenen Schwarzseher und Pessimisten, die erblich belastet beim schönsten Sonnenschein ein Unwetter befürchten. Pessimismus ist die Folge einer falschen Einstellung. Wer sich auf den Schatten konzentriert, kann die Sonne nicht sehen. Wer immer auf die anderen blickt, kommt sich betrogen und vernachlässigt vor. Er wird klagen und nicht danken, er wird kritisieren und nicht Gott preisen.

Luther hatte recht, als er schrieb: „Was einer hat, das sieht er nicht an. Immer ist der fremde Acker ertragreicher und hat das Vieh des Nachbarn größere Euter." Negative Augen suchen Negatives. Sie entdecken den Mangel und nicht die Freude, den Fehler und nicht das Schöne.

Paulus sagt: Als erstes danke ich. Als erstes sieht er das Positive. Was tun wir als erstes? Danken oder kritisieren, danken oder schimpfen? Wer dankt, verändert die Realität.

Christen sollten in jeder Lebenslage danken. Wer dankt – auch in wirklich kritischen Situationen –, sieht hinter der armseligen Wirklichkeit eine andere Dimension: die Hoffnung. Nicht die Tatsachen bestimmen unser Leben, sondern die Hoffnung, die Christus schenkt, die Verheißung, daß er ein neues Leben schafft.

Der ewig reiche Gott woll uns bei unserm Leben ein immer fröhlich Herz und edlen Frieden geben und uns in seiner Gnad erhalten fort und fort und uns aus aller Not erlösen hier und dort. Amen.

(Martin Rinckart)

Denn alles, was Gott geschaffen hat, ist gut. Wir brauchen nichts davon abzulehnen, sondern dürfen alles essen, wenn wir Gott dafür danken. 1. Timotheus 4, 4

Es geht um das *Danken.*
In einer Zeitschrift fand ich das Gebet eines indischen Christen: „Ich klage nicht darüber, daß hier keine elektrischen Lampen leuchten. Aber ich danke dir, mein Herr, für die glänzenden Sterne und den Mond. Ich klage nicht darüber, daß wir hier keine Wasserleitungen haben. Aber ich danke dir, mein Herr, für den sprudelnden Wasserquell und den Monsunregen. Ich klage nicht darüber, daß ich nicht in einem Bungalow wohne, aber ich danke dir, mein Herr, für die Bambuspflanzen, aus denen ich meine Hütte bauen kann. Ich klage nicht darüber, daß wir keine großen Pläne für die Zukunft haben, aber ich danke dir, mein Herr, daß wir auf dich hoffen dürfen. Ich klage nicht darüber, daß wir ungebildet und arm sind. Aber ich danke dir, mein Herr, daß du uns reich machst, andere zu lieben."
Danken ist positiv und konstruktiv. Der indische Christ entdeckt die Pluspunkte seines Lebens und verkleinert damit die Minuspunkte. Er belügt sich nicht, er wird zufriedener. Zu dieser optimistischen Lebenseinstellung können wir uns durch Danken erziehen. Denn auch „positive Augen", die in allen Lebenslagen die Sonnenseiten und nicht die Schattenseiten sehen, haben wir nicht geerbt. Christen sind nicht fehlerorientiert, Christen wissen, daß Gott das Beste mit uns vorhat. Was er geschaffen hat, ist gut. Was wir dankbar genießen können, verliert seinen Beigeschmack. Dankbarkeit verändert in der Tat unsere gesamte Lebenseinstellung.

Ihn, ihn laß tun und walten, er ist ein weiser Fürst und wird sich so verhalten, daß du dich wundern wirst, wenn er, wie ihm gebühret, mit wunderbarem Rat das Werk hinausgeführet, das dich bekümmert hat. Amen. (Paul Gerhardt)

Wer Dank als Opfer darbringt, erweist mir Ehre.

Psalm 50, 23

Der internationale Bibelübersetzer Eugen A. Nida hat in einem Buch viele biblische Begriffe in der Übersetzung anderer Sprachen wiedergegeben. Unter anderem berichtet er, wie das Wort *Dankbarkeit* bei anderen Völkern verstanden wird. Er schreibt: „Dankbarkeit ist das wirksame Gegenmittel gegen den Neid, denn sie stellt die gestörten Beziehungen zwischen den Menschen wieder her. In manchen Sprachen gibt es keine Dankesformel. Die Mossis in Ober-Volta sagen ‚Mein Kopf liegt im Schmutz.' Dieser Ausdruck kommt von der Sitte, sich zum Zeichen des Dankes tief voreinander zu verbeugen und den Kopf tatsächlich in den Schmutz zu drücken. Ein undankbarer Mensch ist eine ‚schnabelwischende Person'. Die Hühner wischen sich, wenn sie alles bis zum letzten Körnchen verschlungen haben, mit zwei oder drei heftigen Bewegungen die Schnäbel — und sind eifrig darauf aus, noch mehr Nahrung zu suchen. Die Kabba-Lakas drücken Dankbarkeit aus mit der Wendung ‚mit beiden Händen packen'. Genau das machen die Menschen, wenn sie ‚Dankeschön' sagen wollen. Sie packen einander mit beiden Händen.

Die Karré-Sprache drückt Dankbarkeit aus, indem sie sagt, ‚sich vor Gott auf die Erde setzen'. Ein dankbarer Karré geht vor die Tür seines Wohltäters."

Nida hat recht, wer dankt, ist nicht neidisch. Wer dankt, stellt gestörte Beziehungen wieder her. In der Tat: Wer Gott dankt, bringt ein Opfer dar, er pflegt eine intensive Beziehung und ehrt den Herrn aller Herren.

Was sind wir doch? Was haben wir auf dieser ganzen Erd, das uns, o Vater, nicht von dir allein gegeben werd? Amen. (Paul Gerhardt)

Alles, was ihr tut oder sagt, soll im Namen des Herrn Jesus geschehen. Um seinetwillen soll euer ganzes Leben ein Dank an Gott den Vater sein. Kolosser 3, 17

Es geht um die *Dankbarkeit.*
Der protestantische Theologe Karl Barth schrieb in einem Brief: „Im Rückblick habe ich mich über niemand und nichts ernstlich zu beklagen: Es wäre denn mein eigenes Versagen heute, gestern, vorgestern und vorvorgestern, ich meine mein Versagen in der rechten Dankbarkeit. Was bleibt mir schon übrig, als mir im Blick auf den gestrigen Tag und alle, die ihm vorangingen, und wieder im Blick auf die, die ihm noch folgen mögen, und schließlich auf jenen sicher kommenden letzten Tag unablässig vor Augen zu halten und einzuprägen: ‚Vergiß nicht, was Er dir Gutes getan hat!'"
Viele werden wahrscheinlich Karl Barth beipflichten, daß sie auch in mangelnder Dankbarkeit ihr Versagen erblicken. Dankbarkeit können wir aber üben. In der Dankbarkeit werden wir hellhörig für die tausend Wohltaten Gottes.
Wer Gottes gute, gnädige Hand über seinem Leben erkennt, wird sein ganzes Leben als Dank darbringen. *Alles,* was wir tun und lassen, ist Grund zum Danken. Unser Denken, Fühlen und Handeln bekommt eine andere Perspektive. Und der Schriftsteller Willy Kramp formuliert: „Aus Danken und Loben vor Gottes Angesicht entstehen die einzigen Werke auf dieser Welt, die nicht den Stachel des Bösen in sich tragen. Denn nur das dankende Herz ist wirklich barmherzig; nur die lobende Seele vermag Frucht zu bringen, Not zu lindern, Menschen zu wandeln."

Nun danket alle Gott mit Herzen, Mund und Händen, der große Dinge tut an uns und allen Enden, der uns von Mutterleib und Kindesbeinen an unzählig viel zu gut und noch jetzund getan. Amen.
(Martin Rinckart)

Einer von ihnen aber, als er sich geheilt sah, kehrte zurück, pries Gott mit lauter Stimme, warf sich zu Jesu Füßen auf sein Angesicht nieder und dankte ihm.

Lukas 17, 15 u. 16

Wir denken über das *Danken* nach.
Der Chefredakteur von „Hör Zu", Peter Bacher, schrieb vor einem Jahr einen Leitartikel mit dem Thema „Dankbarkeit ist ein flüchtiger Stoff". Bei ihm heißt es: „Nehmen wir zum Beispiel Christiaan Barnard, den weltberühmten, von Erfolg verwöhnten Arzt. Auf die Frage eines Reporters, warum der südafrikanische Meister denn unentgeltlich arbeiten wollte, kam Barnards Antwort: ‚Weil es mir lieber ist, daß mir ein Patient Danke sagt, als daß er mich bezahlt.' Nach dem Trommelfeuer der ‚Konfliktstrategie', der Philosophie des Neides, nach der ins Gigantische gewachsenen Anspruchmentalität — ist Dankbarkeit in der Tat selten und kostbar. Der ‚moderne Mensch' hat es nicht mehr nötig, dankbar zu sein, er hat ja für alles bezahlt!"
Dankbarkeit ist in der Tat ein flüchtiger Stoff, Undankbarkeit aber eine Pflanze, die zunehmend hochmütig ins Kraut schießt. Der „moderne Mensch" kann nicht danken, weil er sich rühmt, alles bezahlt zu haben. Christen sollten danken, und zwar „mit lauter Stimme", weil Christus *alles für uns* bezahlt hat. Er hat für uns einen Weg auf sich genommen über Leiden, Kreuz und Tod, der nicht mit einem halbherzigen Danke abgegolten ist. Einer der zehn Geheilten warf sich Jesus vor die Füße und dankte. „Die Dankbarkeit muß wie die Liebe täglich erneuert werden, sonst läuft sie Gefahr zu verkümmern", schreibt Graham Greene in seinem Roman „Der menschliche Faktor". Läuft unsere Dankbarkeit Gefahr zu verkümmern?

Sollt ich meinem Gott nicht singen, sollt ich ihm nicht dankbar sein? Denn ich seh in allen Dingen, wie so gut er's mit mir mein. Amen.

(Paul Gerhardt)

Einer aus der Gruppe kam zurück ... laut pries er Gott, warf sich vor Jesus nieder und dankte ihm.

Lukas 17, 15

Einer kehrte um und *dankte* Gott für seine Rettung. Einer von zehn Geheilten, die Jesus wieder gesund gemacht hatte. Wie reagieren wir im Leben, wenn Not vorbei, Prüfungen bestanden und Gefahren abgeklungen sind? Martin Luther hat ein treffendes Wort über die Undankbarkeit zitiert. Es lautet: „Ich hab' drei böse Hunde: Undankbarkeit, Stolz und Neid; wen diese drei Hunde beißen, der ist sehr übel gebissen."
Undankbarkeit ist wie ein gefährlicher Hundebiß. Undankbarkeit ist Unglaube und Lieblosigkeit. Oft im Leben gehen uns folgende Sätze über die Lippen: „Wir sind noch einmal davongekommen; die Krankheit ging gut vorbei; der Unfall ließ uns am Leben." Eine Sache ging gut aus. Das *Glück* war uns hold. Es rutscht uns über die Lippen: „Gott sei Dank!" Meinen wir wirklich, was wir gesagt haben? Haben wir einmal darauf geachtet, welche Worte uns anschließend einfallen? „Es war nur *Zufall,* daß mir die Lenksäule nicht den Brustkorb zerschmetterte." „Ich habe *Schwein* gehabt, daß genau in dem Augenblick ein Mensch in der Nähe war." „Fast hätte *es* mich erwischt!" Wer ist dieses geheimnisumwitterte „Es"? Was sprechen wir da gedankenlos aus, wenn wir von „Schicksal" oder von „Zufall" sprechen?
Die Geschichte der zehn Geheilten bringt eine geheime menschliche Tragik an den Tag: 90 Prozent aller Menschen verweigern Gott den Dank – für alles. Wieviele Dinge nehmen wir täglich ohne Dankeschön aus Gottes Hand? Was halten Sie von einigen Dankminuten an jedem Tag?

Ich rief zum Herrn in meiner Not: ‚Ach Gott, vernimm mein Schreien!' Da half mein Helfer mir vom Tod und ließ mir Trost gedeihen. Drum dank, ach Gott, drum dank ich dir; ach danket, danket Gott mit mir! Gebt unserm Gott die Ehre! Amen.

(Johann Jakob Schütz)

Danket dem Herrn, denn er ist freundlich. Psalm 106, 1

Es geht um das *Danken.*
Prof. Helmut Thielicke hat ein Buch geschrieben „So sah ich Afrika". Er berichtet über Eindrücke und Erlebnisse mit Schwarzen und Weißen. An einer Stelle heißt es: „Hier in der Gegend brannte vor einiger Zeit eine Eingeborenenhütte ab. Den weißen Farmer, in dessen Dienst die Leute standen, jammerte der Verlust, und er schenkte dem Familienhaupt das Geld für eine neue Hütte und das Gerät. Kurze Zeit darauf brannte das Haus des Farmers nieder. Als Brandstifter stellte sich eben dieser Mann heraus. Zur Rede gestellt, warum er das getan habe, sagte der Delinquent: ‚Mein Master gab mir als Geschenk meine Hütte wieder. Einen Grund dafür konnte ich nicht sehen. Also mußte er mir gegenüber ein schlechtes Gewissen haben. Darum habe ich mich gerächt.' Ein Engländer erzählte uns, daß es in der Bantu-Sprache kein Wort für ‚Dank' gibt. Wenn ihm — dem Afrikaner — so etwas begegnet, kann er es nicht fassen und sucht deshalb einen Hintergedanken, irgendeine dunkle Absicht, oder eben das schlechte Gewissen, von dem man sich durch Geld zu befreien sucht."
Danke sagen ist mehr als die Widerspiegelung einer guten Kinderstube. Sich bedanken ist mehr als eine eintrainierte Reflexbewegung. Wer ehrlich danken kann, kann ehrlich zu Geschenken und Wohltaten ja sagen. Können wir als Beschenkte Gott von Herzen danken? Können wir als Christen, die täglich seine Freundlichkeit erleben, aufrichtig danken?

Ich danke dir, du wahre Sonne, daß mir dein Glanz hat Licht gebracht; ich danke dir, du Himmelswonne, daß du mich froh und frei gemacht; ich danke dir, du güldner Mund, daß du mich machst gesund. Amen.
(Johann Scheffler)

11. Februar

Wir dagegen lieben, weil er uns zuerst geliebt hat.

1. Johannes 4, 19

In „Das Wichtigste für unsere Zeit" berichtet Pastor Paul Deitenbeck von einem Erlebnis in russischer Kriegsgefangenschaft. „Am Heiligen Abend 1947 schenkte mir ein Kamerad im Gefangenenlager Mikolajew etwas in Zementpapier gewickelt. Beim Auspacken fand ich eine Scheibe Brot als Weihnachtsgeschenk. Darauf lag ein Zettel mit den Worten: Ich will an andern üben, was Gott an mir getan."
Was geschah hier? Hier handelte ein Kamerad, von Beruf Pressezeichner, als gläubiger Christ. Er wollte die erfahrene Retterliebe Gottes abdanken an den Menschen seiner Umgebung.
Wer das Kreuz von Golgatha nicht als eine literarische Episode hinnimmt und den angenagelten Gott nicht als menschliche Erfindung, den kann die unbegreifliche Liebe Gottes zu uns nicht in Ruhe lassen. Er wird dankbar, übt an anderen, was Gott an ihm getan. Diese Liebe hat einen Zinzendorf in die Knie gezwungen, als er vor dem Bild des Gekreuzigten in Düsseldorf Konsequenzen für sein weiteres Leben zog. „Das tat ich für dich — was tust du für mich?" Gottes Liebe zu uns sucht Antwort. Seine Liebe zu uns verlangt ein Echo. Wer mit seinem Herzen und mit seinen Gedanken Kurs auf das Kreuz von Golgatha nimmt, kann jenes Geschehen nicht nur passiv zur Kenntnis nehmen. Wir stehen in seiner Liebesschuld. Wir denken um und tragen ab. Ob die Mitmenschen es spüren, was Er an uns getan hat?

Ach ja, wenn ich überlege, wie mit Lieb und Gütigkeit du durch so viel Wunderwege mich geführt die Lebenszeit, so weiß ich kein Ziel zu finden noch den Grund hier zu ergründen. Tausend-, tausendmal sei dir, großer König, Dank dafür! Amen.

(Ludwig Andreas Gotter)

12. Februar

Wie lange noch, Herr, willst du mich ganz vergessen, wie lange noch dein Antlitz vor mir verhüllen?

Psalm 13, 2

Wo liegt die Hilfe für *Depressionen?*
Prof. Viktor E. Frankl, der Begründer der Logotherapie, hat in einer Fernsehsendung ein Gespräch mit einem Depressiven wiedergegeben. Frankl sagte: „Darf ich Ihnen ein Beispiel bringen. Da kommt zu mir ein alter praktischer Arzt in einer schweren Depression. Zwei Jahre zuvor war seine über alles geliebte Frau gestorben. Ich habe ihn gefragt: ‚Lieber Kollege, was wäre geschehen, wenn nicht Ihre Frau, sondern Sie selbst zuerst gestorben wären?' ‚Oh, das wäre schrecklich gewesen für meine Frau', sagte er mir, ‚wie sehr sie gelitten hätte.' Und es ist mir nichts anderes übrig geblieben, als ihm zu sagen: ‚Sehen Sie, dieses Leiden ist Ihrer Frau erspart geblieben. Freilich um den Preis, daß nun Sie ihr nachtrauern müssen!' Der Mann ist wortlos aufgestanden, hat mir die Hand gedrückt und ist gegangen. Auf einmal hat sein Leiden einen Sinn bekommen, und zwar den Sinn eines Opfers."
Der Depressive fühlt sich – wie der Beter des Psalms – vergessen, im Stich gelassen und zu einem sinnlosen Leben verdammt. Der Mensch kann ohne alles mögliche leben, aber nicht ohne Sinn. Sinnlosigkeit verstärkt die Depression, und die Depression verstärkt die Sinnlosigkeit. Für den alten Arzt hat das Leben wieder einen Sinn bekommen, „und zwar den Sinn des Opfers". Wir sind nicht überflüssig und vergessen, bei unseren Angehörigen nicht, und bei Gott erst recht nicht. Nicht der lebendige Gott hat sein Antlitz verhüllt, sondern unser Antlitz kann infolge der Depression Gott nur noch schwach wahrnehmen.

Und ob es währt bis in die Nacht und wieder an den Morgen, doch soll mein Herz an Gottes Macht verzweifeln nicht noch sorgen. Amen.

(Martin Luther)

Darum, ist jemand in Christus, so ist er eine neue Kreatur; das Alte ist vergangen, siehe, es ist alles neu geworden. 2. Korinther 5, 17

Dieses Bibelwort ist für Depressive geradezu eine Anfechtung. Sie stehen in der Gefahr, an dem kleinen Wörtchen „alles" zu zerbrechen.
Ich möchte das an einem Beratungsbeispiel illustrieren. Die Frau ist 42 Jahre alt. Sie glaubt an Christus und zweifelt gleichzeitig bis in die Tiefen ihrer Seele. Sie sagt: „Ich bin unendlich müde. *Alles* ist schrecklich, *alles* ist zum Heulen, *alles* ist dunkel. Es hat *alles* keinen Zweck mehr." Sie zweifelt an ihrem Leben, an ihrem Christsein, an ihrer Liebe, an ihrer Ehe, an ihrem Frausein, an ihrer Tüchtigkeit, an allem. Sie hat zu hohe Erwartungen an sich und an Gott: Wer glaubt, bei dem muß alles anders geworden sein. Nichts ist neu geworden, alles ist beim alten geblieben – glaubt sie. Und die Folge: Sie fühlt sich von Gott verstoßen. Sie möchte für ihren Herrn aktiv werden und fühlt sich als Versager.
Was macht sie falsch? Diese Frau möchte ihren Glauben beweisen. Die neue Kreatur, der neue Mensch, die neue Existenz sind aber ein Geschenk. Der Glaube und die neue Schöpfung sind Gnade. Ein theologisches Wörterbuch formuliert es treffend: „Die Wiedergeburt (die neue Schöpfung) ist die Verleihung einer neuen Existenz." Wie die Königin von England einen Menschen in den Adelsstand erhebt und ihm den Adelstitel *verleiht,* so wird dem Christen der Adelstitel der neuen Schöpfung *verliehen.*
In Gottes Augen sind wir neu, und zwar trotz aller Schwächen, trotz aller Fehler und Mängel. Das gilt nicht nur für Depressive.

Herr, unser Gott! Wir sind neue Menschen. Du hast uns den Titel „neue Existenz" verliehen. Alle Selbstgerechtigkeit ist zwecklos. Das ist gut zu wissen. Amen.

Darum, ist jemand in Christus, so ist er eine neue Kreatur; das Alte ist vergangen, siehe, es ist alles neu geworden. 2. Korinther 5, 17

Gestern sagte ich: Der Depressive hat mit diesem Bibelwort Schwierigkeiten. Er schaut sich an und ist verzweifelt. Er klagt sich an. Sein Unvermögen, seine Inaktivität, seine Gleichgültigkeit und seine Undankbarkeit sieht er als schwere Schuld vor Gott an. In seiner Depression erkennt er gelebten Unglauben.
Während einer Evangelisation wird ein junger Mann gefragt: „Sind Sie ein Christ?" Er antwortet: „Ja, ich glaube schon." Das Gegenüber fragt wieder: *„Sind* Sie ein Christ?" Der junge Mann ist etwas verwirrt und sagt: „Nun, ich versuche einer zu sein." Der Fragesteller bleibt hartnäckig und fragt: „Haben Sie schon mal versucht, ein Elefant zu sein?" Er gibt selbst die Antwort und sagt: „Auch die ernstesten Bemühungen können einen Menschen nicht grundlegend verändern. Nur wenn wir Jesus zu unserem Leben Zutritt verschaffen, vollzieht sich in uns die Neuschöpfung. Das geschieht durch die Gnade Gottes, durch den Glauben an Christus – nicht durch unser Bemühen."
Ich habe mich nie bemühen müssen, braune Augen zu bekommen. Ich habe braune Augen. Nie habe ich mich bemühen müssen, Kind meiner Eltern zu sein. Ich bin es. Genau so ist es mit unserem Glauben. Wer an Christus glaubt, *hat* ewiges Leben, *ist* eine Neuschöpfung. Das hat mit persönlichen Versuchen und Anstrengungen nichts zu tun. Wenn der Depressive – auch der völlig Gesunde – mit letzter Kraftanstrengung das Alte, Schwächen und Inaktivität überwinden wollen, verzweifeln sie. Und warum: *Er* macht uns neu, er ist unsere Kraft. Alles andere ist Selbsterlösung.

Ohne dich, wo käme Kraft und Mut mir her? Ohne dich, wer nähme meine Bürde, wer? Ohne dich zerstieben würden mir im Nu Glauben, Hoffen, Lieben, alles, Herr, bist du. Amen.

(K. F. A. Krummacher)

15. Februar

Wenn ich ein Märtyrer würde und für Christus auf den Scheiterhaufen stiege und meinen Leib für ihn verbrennen ließe, und es wäre keine Liebe in mir, so täte ich es doch alles nur für mich, und es hätte alles keinen Sinn.

1. Korinther 13, 3

Viele Depressive verhalten sich wie *Märtyrer.* Fachleute sprechen vom „Märtyrerkomplex".
Da sagt eine Ratsuchende: „Ich habe für meine Familie *alles* getan, ich habe mich aufgeopfert von früh bis spät. Und was ist der Dank? Mein Mann geht fremd, und die beiden Kinder haben mit 18 fluchtartig das Haus verlassen. Der Sohn hat zu mir gesagt: ‚Du bist ein Masochist!' Was habe ich falsch gemacht?"
Ich frage die Dame: „Was hat Sie denn am tiefsten getroffen?" Sie antwortet: „Daß alle Familienmitglieder, aber auch alle, so undankbar sind." Was hat die Dame falsch gemacht? Sie hat *alles* getan, um ihre Angehörigen glücklich zu machen. Die Mutter schuftete mehr als eine Putzfrau. In der Nachbarschaft war sie als „Aschenputtel" bezeichnet worden. Und der Sohn nannte sie beim Auszug eine „Masochistin", also eine Leidefreudige, die Leid will, um sich dann wohlzufühlen.
Der Korintherbrief zeigt eindringlich, was an dieser Märtyrerhaltung falsch ist. Der Märtyrer, oft der Depressive, will geliebt werden. Er geht den untersten Weg, tut alles, um gemocht und geliebt zu werden. Wird er allerdings in dieser Erwartung enttäuscht, reagiert er verbittert, depressiv und zieht sich beleidigt und enttäuscht zurück. Er hat es nicht in erster Linie für die anderen getan, er hat es *für sich* getan. Diese Erkenntnis tut sehr weh, aber sie ist der erste Schritt zur Sinnesänderung.
Der echte Märtyrer kann nicht enttäuscht werden, er erwartet kein Echo und keine Dankbarkeit. Denn das wahre Martyrium ist die vollkommenste Verwirklichung des Glaubens an Christus.

Herr, wir sollen für andere da sein. Das ist dein Wille. Bewahre uns davor, daß unser Egoismus größer ist als unsere Liebe zum Nächsten. Amen.

Und wenn die Lichter verlöschen und es dunkel wird, wenn ich einsam, wenn ich krank bin und den Tod fürchte — fürchte ich doch nicht, dich zu verlieren. Denn du bist bei mir. Psalm 23, 3 u. 4

Wie werden wir mit *Depressionen* und Resignationen fertig?
Malcolm Muggeridge, der Chefredakteur und Herausgeber der satirischen Zeitschrift „PUNCH", ist bei einem Besuch in Kalkutta, wo er Mutter Teresa begegnete, zum Glauben gekommen. Er schrieb beim Weggang aus Kalkutta: „Als ich wegging, war es mir, als ließe ich alle Schönheit und alle Freude dieser Welt hinter mir." Und dabei war es ein Schauplatz der Trostlosigkeit, ein Schauplatz des Sterbens. Doch über der Trostlosigkeit, über der Resignation der Sterbenden leuchtete Hoffnung.
Mutter Teresa beginnt jeden Tag mit der Kommunion. „Hier in den Slums, im zerstörten Leib Christi, in den Kindern, sehen wir Christus und berühren ihn", schreibt Muggeridge. Das ist Hoffnung contra Resignation, das ist Leben contra Tod, das ist Sinnerfüllung contra Verzweiflung, das ist Trost contra Furcht. Wer diese Hoffnung – wie Mutter Teresa – lebt, wer sie weitergibt, wer gegen die Verzweiflung das Banner der Hoffnung aufrichtet, vergißt seine Depression. Wer zu anderen *geht* und mit*leidet,* verringert sein eigenes Leid. Im Anblick der Sterbenden schmelzen die eigenen Depressionen auf ein Minimum zusammen.
Resignation ist Sünde, ist Zielverfehlung. Das Wort bedeutet: re-signare = einen Vertrag rückgängig machen. Wer re-signiert, wer seine Signatur unter den Vertrag mit Christus rückgängig macht, gibt auf. Er zweifelt am lebendigen Gott. Wohl uns, wenn wir in der tiefsten Nacht, in der tiefsten Einsamkeit seine Hand nicht loslassen. „Denn du bist bei mir!"

Jesu, hilf siegen. Wenn alles verschwindet und ich mein Nichts und Verderben nur seh, wenn kein Vermögen zu leben sich findet, wenn ich vor Angst und vor Zagen vergeh, ach Herr, so wollst du im Grunde der Seelen dich mit dem innersten Seufzen vermählen. Amen. (Johann Heinrich Schröder)

17. Februar

Durch seine Wunden seid ihr geheilt worden.

1. Petrus 2, 24

Was ist Hilfe für den *Depressiven?*
Professor Helmut Thielicke gibt uns einen guten und bedenkenswerten Hinweis, der auch für die Seelsorge an depressiv Kranken gilt: „Da ich dazu verurteilt war, viele Monate meines Lebens als Schwerkranker und in manchmal hoffnungslosem Zustand Klinikzimmer zu bewohnen, habe ich eine merkwürdige Erfahrung gemacht. Manche wohlmeinenden Freunde brachten mir allerhand Schmunzelbücher, mich auf andere Gedanken zu bringen. Ich mochte das aber gar nicht. Ich griff lieber zu Büchern, die vom Leiden anderer Menschen und von der Art sprechen, wie sie damit fertig wurden: Außer dem Psalter und dem Hiobbuch konnten dazu etwa Dostojewskijs ‚Brüder Karamasow' oder Graf Lehndorffs ‚Ostpreußisches Tagebuch' gehören. Ertappte mich ein Besucher bei dieser Lektüre, konnte er manchmal entsetzt sein, daß ich in meinem Zustand noch etwas Schwermütiges läse. Aber es half mir und gewährte Trost. Ich brauchte sozusagen eine ‚homöopathische' Therapie, die das eigene Leid durch den Anblick fremden, ähnlichen Leides milderte und das Wort des Passionsliedes bestätigte: ‚Wunden müssen Wunden heilen.'"
Der Depressive will nicht abgelenkt und zerstreut werden. Er will nicht das Leichte und Oberflächliche. Leiden anderer sollten ihn in Anspruch nehmen. Seine eigenen Leiden werden dann kleiner. Hier bewahrheitet sich das Sprichwort: „Geteiltes Leid ist halbes Leid."
Wer sich in Christi Leiden und Sterben versenkt, wer seine Wunden bedenkt, wird geheilt. Wer Christi Kreuz, seine Wunden und seinen Tod für sich in Anspruch nimmt, erfährt Heilung.

Herr, wenn ich auf mein eigenes Leid und meinen eigenen seelischen Kummer konzentriert bin, leide ich doppelt. Wenn ich das Leid anderer teile, wird mir geholfen. Und wenn ich deine Wunden und deinen Tod glaube, werde ich gerettet. Hab Dank dafür. Amen.

18. Februar

Wenn unser Herz uns verdammt, wenn wir uns in unseren Vorwürfen gegen uns selbst verzehren, dann wissen wir — daß Gott größer ist als unser Herz.

1. Johannes 3, 19 u. 20

Der *Depressive* leidet unter großen Schuldgefühlen. Seine Vorwürfe schießen oft übers Ziel hinaus.
Der Humorist Wilhelm Busch, der selbst schwer von Depressionen heimgesucht wurde, hat daher diese Selbstvorwürfe gezielt aufs Korn genommen. „Die Selbstkritik hat viel für sich. Gesetzt den Fall, ich tadele mich, so hab' ich erstens den Gewinn, daß ich so hübsch bescheiden bin; zum zweiten denken sich die Leut', der Mann ist lauter Redlichkeit. Auch schnapp' ich drittens diesen Bissen vorweg den andren Kritiküssen; und viertens hoff' ich außerdem auf Widerspruch, der mir genehm. So kommt es dann zuletzt heraus, daß ich ein ganz famoses Haus."
Wilhelm Busch hat erkannt, was das verborgene Ziel solcher Selbstvorwürfe und Schuldgefühle ist: das Buhlen um die Gunst der anderen. Die Selbstkritik wird als Mittel zum Zweck benutzt. Der Mensch mit starken Selbstvorwürfen demonstriert, daß er „so hübsch bescheiden" ist. Er beugt sich herunter und erwartet Nachsicht, Rücksicht und Anerkennung. Er ist gründlich und nimmt alles ernst, zergrübelt und zermartert sich. Sein Gewissen funktioniert wie eine Briefwaage. Überall strahlt er übertriebene Ernsthaftigkeit aus. Gott will keine Skrupulanten, Menschen, die aus „einer Mücke einen Elefanten machen". Gott ist größer als unser Herz, Gott ist barmherziger als unsere produzierten Selbstvorwürfe. Können wir das dankbar annehmen?

Jesu, hilf siegen. Ach, wer muß nicht klagen: ‚Herr, mein Gebrechen ist immer vor mir!' Hilf, wenn die Sünden der Jugend mich nagen, die mein Gewissen mir täglich hält für. Ach laß mich schmecken dein kräftig Versühnen und dies zu meiner Demütigung dienen. Amen. (Johann Heinrich Schröder)

Die er aus Dunkel und Finsternis herausführte und deren Bande er zerriß: sie sollen dem Herrn danken für seine Güte. Psalm 107, 14

Uns beschäftigt die depressive *Traurigkeit*.
Der Schriftsteller Hans Thoma hat ein Gedicht verfaßt, das sich mit dieser Traurigkeit beschäftigt: „Ich komme, weiß nicht woher, ich bin, und weiß nicht wer, ich leb, weiß nicht wie lang, ich sterb und weiß nicht wann. Ich fahr, weiß nicht wohin: mich wundert's, daß ich fröhlich bin. Da mir mein Sinn so unbekannt, geb ich es gern in Gottes Hand – die führt es wohl so her wie hin, mich wundert's, wenn ich traurig bin."
Wenn die Depression über den Menschen fällt, färbt sich die Welt schwarz. Der Mensch fragt sich, wer den schwarzen Vorhang zerreißt.
Eine Frau sagte mir, als sie in einer depressiven Phase saß: „Ich laufe herum wie ein verrücktes Huhn." Alles wird planlos, ziellos, hoffnungslos – und vor allem haltlos. Kein Anker, kein Grund und keine Geborgenheit. Der Mensch gibt sich der Schwer-Mut hin. Ihm fehlt der Mut, das Leben leicht und froh anzupacken. Der Dank erstirbt auf seinen Lippen. Er fühlt sich allein, einsam und im Stich gelassen. Selbst der Glaube wird kraftlos, die Depression zerfetzt die letzten Fundamente. Kein „Reiß-dich-am-Riemen" und kein Akt des Willens holen den Depressiven aus der Tiefe.
Er kann nur in Riesenbuchstaben die Verheißung vor sich hinstellen: „Du bist bei mir." Gott legt uns eine Last auf, aber er hilft uns auch. Er läßt die Dunkelheit zu, aber er begleitet uns auch. Eines Tages zerreißt der dunkle Vorhang wieder, und wir können von Herzen danken für seine Güte – wie es der Text sagt.

Jesu, hilf siegen. Wenn alles verschwindet und ich mein Nichts und Verderben nur seh, wenn kein Vermögen zu beten sich findet, wenn ich vor Angst und vor Zagen vergeh, ach Herr, so wollst du im Grunde der Seelen dich mit dem innersten Seufzen vermählen. Amen. (Johann Heinrich Schröder)

Steh auf, o Herr, erhebe, o Gott, deinen Arm, vergiß die Elenden nicht! Psalm 10, 12

Der *depressive* Mensch fühlt sich oft vergessen und übersehen. Vergessen werden kann eine seelische Tragödie sein.
Zur Diagnose in der Familienberatung wird gern ein kleiner Test durchgeführt. Die Kinder werden gebeten, ihre Familie darzustellen – entweder in menschlichen Figuren oder in Tieren. Ab und zu kommt es vor, daß sich ein Kind mit schweren und auffälligen Symptomen auf dem gemalten Bild *vergißt.* Es hat sich vergessen, weil es sich vergessen vorkommt. Vergessen werden heißt: ich gehöre nicht dazu. Vergessen werden heißt: ich habe keinen Platz, keine Heimat, kein Zuhause, keine Geborgenheit in der Familie. Können wir uns vorstellen, daß solche traumatischen – das meint: die Seele verletzenden – Erlebnisse später Depressionen auslösen können?
Wer sich vergessen, nicht zugehörig und fehl am Platze fühlt, wie soll er Lebensmut bekommen? David drückt dieses depressive Verlassenheitsgefühl aus. Er fühlt sich übersehen und völlig von Gott verlassen. David glaubt, daß der lebendige Gott ihn aus den Augen verloren hat. Dieses schmerzliche und niederdrückende Verlassenheitsgefühl macht depressiv.
Eins muß jeder Christ wissen, der mit depressiven Stimmungen zu tun hat: Das Verlassenheitsgefühl ist ein *Gefühl* und keine Tatsache, eine *Stimmung* und kein Faktum. „Niemand wird sie aus meiner Hand reißen", sagt Jesus seinen Jüngern. Niemand und nichts, weder Verlassenheit, Ängste noch Depressionsgefühle werden es schaffen. Ist das nicht tröstlich?

Herr, die Gefühle der Verlassenheit und Verzweiflung können mir den Boden unter den Füßen wegreißen. Aber auch in der finstersten Nacht weiß ich, du bist bei mir. Amen.

21. Februar

Erschöpft bin ich und ganz zerschlagen. Ich schreie auf infolge des Stöhnens meines Herzens. Psalm 38, 9

Melancholie und *Depressionen* sind seelische Nöte, die einen Menschen an den Rand der Verzweiflung bringen können. Lebensfreude und Lebensmut sinken hinter den Horizont. Gerade Christen sollten wissen, wie man Melancholie und Depressionen besiegt.

Alfred Adler, der Begründer der Individualpsychologie, hatte ein erstaunliches Rezept gegen schwere Depressionen. Er pflegte seinen Patienten, die an Melancholie litten, zu sagen: „Sie können in 14 Tagen geheilt werden, wenn Sie meiner Vorschrift folgen. Suchen Sie jeden Tag etwas ausfindig zu machen, wodurch Sie einem Menschen Freude bereiten können."

Was steckt hinter der Melancholie? Adler schreibt: „Melancholie gleich einer andauernden Wut, einem Groll gegen andere. Melancholiker zeigen oft die Neigung, sich durch Bejahung von Selbstmord zu rächen, und es muß das erste Anliegen des Arztes sein, alles zu vermeiden, was ihnen als Vorwand zum Selbstmord dienen könnte. Selbst suche ich immer die ganze Spannung zu lösen, indem ich ihnen einpräge: ‚Tun Sie nie etwas, das Sie nicht mögen.' Ich glaube, daß dieser Rat an die Wurzel der Gemütsstörungen greift . . ., und ich habe bei meinen Patienten nie einen Selbstmord zu verzeichnen gehabt . . . Sobald der Patient gelernt hat, sich seinen Mitmenschen auf gleichem Fuß und im Geiste freundschaftlicher Zusammenarbeit zu nähern, ist er geheilt."

Denn wer anderen eine Freude bereitet, wer an andere denkt, hört auf, an sich selbst zu denken – die Quelle der Angst, der Sorge und des Trübsinns. Wer auf das Stöhnen seines Herzens hört, ist erschöpft und fühlt sich zerschlagen. Wollen wir aus allen Stimmungen des Herzens ein großes Geschrei machen?

Herr, oft verzehren wir uns in Selbstmitleid. Wir sind dann erschöpft und zerschlagen und drehen uns um uns selbst. Befreie uns für andere, damit sich unser Stöhnen verringert. Amen.

Dazu sprach Gott: „Laßt uns Menschen machen nach unserem Bilde, uns ähnlich, die da herrschen sollen über die Fische im Meer und über die Vögel des Himmels."
1. Mose 1, 26

Der Mensch ist Gottes *Ebenbild.*
Der Schriftsteller Erich Nossack erzählt die Geschichte eines Fisches, der in maßloser Selbstüberschätzung und Überheblichkeit seine ihm zugewiesene Rolle abschütteln will. Seine Artgenossen soll er verlassen und zwischen Tümpeln und Sand sich ergehen. Er fühlt sich zu Höherem berufen, will hoch hinaus und die Niederungen des Daseins überspringen. „Und plötzlich wußte ich", dachte der Fisch, „daß es meine eigene Spur war und daß ich eine Richtung hatte, die Richtung vom Meer weg ... Es ist meine eigene Richtung, die ich von jeher gehabt habe, nur daß ich es nicht wußte ... Die Lust treibt mich aus dem Tümpel hoch. Mit Hohn gedenke ich meiner Zweifel und ermahne mich selbst: Gebt euch Mühe, ihr armseligen Flossen! Stützt mich und helft, mich auf dem Trockenen fortzubewegen!"
Der selbstherrliche Fisch will seinen ihm aufgetragenen Beruf nicht erfüllen. Vielen Menschen ergeht es ähnlich. Sie lehnen die Rolle des Ebenbildes Gottes ab. Aber der lebendige Gott hat uns als sein Ebenbild berufen. Wir sind sein Gegenüber, seine Partner und Mitarbeiter.
Viele Menschen wollen nicht eben*bildlich,* sie wollen eben*bürtig* sein. Der Mensch will allmächtig wie Gott leben und auftreten. Alles soll machbar, alles soll beherrschbar und alles durchschaubar werden. Die Hybris, die frevelhafte Selbstüberhebung, steckt ihm tief in den Knochen. Wie der Fisch will er das Unmögliche möglich machen — und scheitert.

Herr, hilf mir, daß ich auf dem Teppich bleibe, dein Ebenbild nicht verrate durch Selbstherrlichkeit und deinen Willen in dieser Welt praktiziere. Amen.

Da schuf Gott den Menschen nach seinem Bilde: Nach dem Bilde Gottes schuf er ihn. 1. Mose 1, 27

Was ist der Mensch? Was ist seine Bestimmung? Das sind Fragen, die heute wieder deutlicher denn je gestellt werden. Ist der Mensch ein biologisches Zufallsprodukt oder das Ebenbild Gottes?
Eine amerikanische Biologin betete:
„Gott, du hast den Menschen in seiner Würde wunderbar erschaffen. Aber was ist der Mensch? Eine Anhäufung von Molekülen, von Zellen, Geweben und Organen, ein durch Regelprozesse gesteuertes System?
Ein Lebewesen also, ein Säugetier, — Homo sapiens, eine Art der zoologischen Gattung Homo?
Ja, das alles ist der Mensch, denn er ist den Gesetzen der Natur unterstellt. Das alles ist er — und doch mehr. Denn wir sind frei!
Wir hören deinen Anruf und wissen, was wir tun sollen — über allen Zwang der Naturgesetze hinaus."
Der Mensch ist mehr als ein Bündel von lebenden Zellen. Er ist Gottes Ebenbild. Indem Gott zum Menschen in der Erschaffung „Du" sagt, macht er den Menschen zu seinem persönlichen Gegenüber. Gott hat sich in seiner unendlichen Liebe einen Partner und einen Stellvertreter auf dieser Erde geschaffen. Eine unvorstellbare Würde! Ein unvorstellbarer Auftrag! Und die Frage darf uns keinen Augenblick loslassen: Sind wir seine Ebenbilder oder sind wir seine Zerrbilder? Sind wir hier seine Mitarbeiter oder seine Gegner?

Herr, du hast uns nach deinem Ebenbild geschaffen. Hilf uns, deinen Anruf zu hören und dein Ebenbild zu verwirklichen. Amen.

24. Februar

Dies ist die Geschlechtstafel Adams: Am Tage, als Gott den Adam schuf, gestaltete er ihn nach Gottes Ebenbild; als Mann und Frau schuf er sie. 1. Mose 5, 1 u. 2

Überall in der Welt werden Tierexperimente, vor allem mit Ratten, als Grundlage von Aussagen über menschliches Verhalten gemacht. Rattenforscher versteigen sich zu gewagten Aussagen, wie der Amerikaner E. Ch. Tolman: „Was ist es, was wir Rattenfanatiker zu dem Verständnis der Taten und Missetaten und der Tragödien unseres Freundes und Feindes, des homo sapiens, beizutragen haben? Die Antwort ist folgende: Ratten leben im Käfig, sie töten einander nicht in Kriegen, sie erfinden auch keine Maschinen zur Zerstörung ... Und sobald ich kann, werde ich auf jenen Ast zurückklettern, dort neben ihnen sitzen ohne Scham. Ich werde verächtlich all die törichten, auf der anderen Seite viel zu komplizierten Exemplare der Gattung ‚Mensch' betrachten, die ich tief unter mir sehe, wie sie kämpfen und streiten und überall großes Unheil anrichten."

Viele Fachleute, die inzwischen äußerst kritisch die Tierexperimente unter die Lupe nehmen, sprechen bereits von der *Rattenebenbildlichkeit* des Menschen. Das ist bittere Ironie im Hinblick auf die Vergleichende Verhaltensforschung. Die Ratte kann nicht unser Maßstab sein. Tiere verfügen über ein gewaltiges Instinktreservoir, der Mensch ist das instinktärmste Wesen, das über die Erde geht.

Der Mensch ist ein Geistwesen, das Tier ein Instinktwesen. Der Mensch kann sich an Gott orientieren und als Statthalter und Gottes Mitarbeiter die Erde gestalten. Er kann Gottes Bild auf dieser Erde verkörpern oder als Zerrbild seine Schöpfung ruinieren. Der lebendige Gott stellt uns vor die Wahl.

Vater im Himmel! Wir sind dein Ebenbild und nicht das Ebenbild der Ratte. Als dein persönliches Gegenüber tragen wir Verantwortung für diese Erde. Handle du durch uns. Amen.

25. Februar

Mit ihr (mit der Zunge) preisen wir den Herrn und Vater, und mit ihr fluchen wir den Menschen, die doch nach Gottes Bild geschaffen sind. Jakobus 3, 9

Ein Wort des Gottes Amon-Re von Theben an einen Herrscher, nämlich Amenophis III., der ca. von 1410 bis 1360 vor Christi Geburt lebte, lautete: „Du bist mein geliebter Sohn, aus meinen Gliedern hervorgegangen, mein Ebenbild, das ich auf die Erde gegeben habe. Ich habe dich die Erde in Frieden beherrschen lassen."
In vielen Herrschaftsmythen der Völker wird allein der König als Gottes Ebenbild auf Erden angesehen und verehrt. Nach dem Schöpfungsbericht der Bibel ist aber nicht ein König, sondern der Mensch Gottes Ebenbild auf Erden.
Der Theologe Professor Jürgen Moltmann schrieb einen Artikel über die Ebenbildlichkeit des Menschen und nannte ihn: „Alle Menschen sind Könige." Schwarze und Weiße, Männer und Frauen, Reiche und Arme sind Gottes Ebenbilder auf dieser Erde.
Menschen sind die einzigen Wesen, die den Ruf des Schöpfers hören können, die antworten und ihr Leben verantworten können. Eine unvorstellbare Würde. Wir Menschen sind seine Beauftragten und seine Mandatsträger. Wir werden dieser Berufung gerecht, wenn wir den Menschen dienen und sie nicht verfluchen.
Ein Mensch, der verantwortungslos lebt, ist weder Gottes Partner noch Gottes Mandatsträger. Er pfeift auf Gottes Ebenbild. Nach seinem Bilde leben, heißt: verantwortlich leben. Denn wir sind seine Hände, seine Füße, seine Zunge und sein Kopf auf dieser Erde.
Entsprechen wir diesem Bild? Oder leben wir selbstherrlich und selbstsüchtig vor uns hin? Sind wir seine Teilhaber oder seine Schmarotzer?

Vater im Himmel! Du hast uns mit unvorstellbarer Würde ausgestattet. Wir sind deine Mandatsträger, deine Partner und Teilhaber auf dieser Erde. Hab' Dank für diese Auszeichnung. Amen.

Da schuf Gott den Menschen nach seinem Bilde . . . und segnete sie mit den Worten: „Seid fruchtbar und mehret euch, füllt die Erde an und macht sie euch untertan und herrscht über die Fische im Meer und über die Vögel des Himmels . . .“ 1. Mose 1, 27–28

Von Lothar Zenetti stammt ein aufrüttelndes Gedicht zu unserem Thema:

Wir verseuchen das Wasser
wir verpesten die Luft
wir verräuchern die Lungen
wir verbrauchen das Herz.
Wir verwerten die Werte
wir verwalten das Heil
wir verplanen das Morgen
wir verehren – Gott.

Ein bissiges Gedicht und eine Provokation für alle Menschen, die sich Christen nennen. „Wir verwalten das Heil, wir verehren – Gott.“ Auf dem Papier sind wir seine Ebenbilder. Mit Worten verehren wir Gott – und schänden die Natur. Wir leben aus Gott – und beuten rücksichtslos die Natur aus. Es ist 5 Minuten vor 12 Uhr auf unserem Planeten. Der lebendige Gott erwartet von uns, daß wir uns die Erde „untertan“ machen, aber nicht sie ausbeuten und zerstören. Daß wir nicht nur das „Heil verwalten“, sondern für Stadt und Land, für Berg und Tal, für Luft und Wasser, für Pflanzen und Tiere Verantwortung tragen. Sind wir ein Segen oder ein Fluch, Gottes Mitarbeiter oder Gottes Gegner auf dieser Erde? Sind wir seine Sachwalter oder seine Ausbeuter?

Lieber Vater im Himmel! Was unseren Planeten Erde angeht, so haben wir als Christen versagt. Wir sind nicht deine Sachwalter, sondern leben als Ausbeuter. Weck' in uns die Verantwortung für die Schöpfung. Amen.

27. Februar

Wie wir das Bild des irdischen Adam an uns getragen haben, so werden wir auch das Bild des himmlischen Christus an uns tragen. 1. Korinther 15, 49

In der Tat, die weltweiten Greuel, die schändlichen Verbrechen und Untaten des Menschen spiegeln alles andere als ein *Ebenbild* Gottes wider.
Und Thielicke hat in seinem Buch „Wie die Welt begann" diese kreatürlichen Schwächen nicht unterschlagen. Er schreibt: „Das Tier und der Mensch, die Walfische, die Spatzen und der homo sapiens sind miteinander an dem *gleichen sechsten Schöpfungstag* erschaffen. Ich meine, es sei ein großer Trost, daß die Bibel nicht so tut, als ob wir Tugendbolde, gemalte Heilige und Idealfiguren der Humanität seien. Daß Gott uns keineswegs nur als Bewohner der ‚Bel-Etage' der Schöpfung, als Bewohner des Herrschaftsstocks der Gewissen- und Vernunftbesitzer versteht, sondern daß er auch um unsere Keller, um die finsteren Abgründe unseres Wesens weiß."
Die Bibel beschreibt den Menschen in seiner Rebellion gegen Gott, sie nennt ihn böse von Jugend auf, schuldig und verloren. Aber die Bestimmung zum Ebenbild bleibt. Unter allen Kreaturen nimmt der Mensch eine Sonderstellung ein. Er allein besitzt Humor, schöpferische Intelligenz und Geist. Er ist die Krone der Schöpfung, er ist Gottes Meisterstück. Die Sünde hat das „Meisterstück" entfremdet, wir sind das Bild des irdischen Adam.
Aber Gott hat beschlossen, das Bild neu zu gestalten, und zwar in Jesus Christus. Er ist unser Vorbild, Gottes lupenreines Ebenbild. Wer sich auf ihn einläßt, wird Gottes Ebenbild hier und heute widerspiegeln.

Vater im Himmel! Ich bitte weder um Gesundheit noch um Krankheit, weder um Leben noch um Tod, sondern darum, daß du über meine Gesundheit und über meine Krankheit, über mein Leben und meinen Tod verfügst zu deiner Ehre und zu meinem Heil. Gib mir, nimm mir, aber mache meinen Willen dem deinen gleich. Amen. (Blaise Pascal)

28. Februar

Wir alle aber, die wir mit unverhülltem Angesicht die Herrlichkeit des Herrn widerspiegeln, werden dadurch in sein Ebenbild umgestaltet von Herrlichkeit zu Herrlichkeit, weil der Herr des Geistes da am Werk ist.

2. Korinther 3, 18

Wir sind Gottes *Ebenbild.*
Ein Wissenschaftler unserer Tage hat ein Buch geschrieben mit dem Titel „Die zweite Schöpfung". Er schildert die Welt im Jahre 2000. Er sieht den Menschen auf dem Weg zur zweiten Schöpfung. Er kann den Höhenflug verfehlen und zur Bestie werden.
„Jetzt, da wir uns der zweiten Schöpfung nähern, finden wir unsere Möglichkeiten, in jeder der beiden Richtungen (Engel oder Bestie) weiterzugehen, außerordentlich vergrößert. Entweder entscheiden wir uns vorwärtszugehen oder aufwärts, einer schöneren Zukunft entgegen, oder wir ziehen uns auf die Bestialität zurück, beim Absturz in einen Abgrund, in den sich kein Tier wagen würde."
Die „zweite Schöpfung" ist der maßlose Hunger des Menschen nach Eben*bürtigkeit* und nicht nach Ebenbildlichkeit Gottes. Er will mehr als Gottes Bild und Gottes Gleichnis sein. Er will die Macht wie der lebendige Gott. Er beeinflußt die Erbmasse, verändert die genetischen Codes und „schafft" neue Lebewesen, die es bisher nicht gab. Diese „schöpferischen" Möglichkeiten sind ernstzunehmende Produkte der „zweiten Schöpfung", wie Albert Rosenfeld schreibt.
Wir sind geschaffen, Gottes Bild in unserem Wesen, in unserem Handeln, in unserem Denken und Leben widerzuspiegeln. Wir als Ebenbilder sind keine Abziehbildchen und billigen Kopien unseres Gottes. Unser Ebenbild braucht eine Neugestaltung. Der Entwurf liegt vor: Jesus von Nazareth, der vollkommene Entwurf des Ebenbildes Gottes. Er starb für uns, damit jegliche Rebellengesinnung ein Ende hat. Wer Christus annimmt, wird durch den Herrn des Geistes in sein Ebenbild umgestaltet.

Lieber Vater im Himmel! In Jesus kennen wir das Ideal deines Ebenbildes. Hilf, daß wir an ihn glauben und durch ihn in sein Ebenbild umgestaltet werden. Amen.

29. Februar

Nicht vom Brot allein soll der Mensch leben, sondern von jedem Wort, das durch den Mund Gottes ergeht.

Matthäus 4, 4

Ich habe heute eine beliebige Illustrierte durchgeblättert und die Anzeigen überflogen. Für und gegen alles gibt es Mittel und Präparate: Unsere Zähne sind *geschützt* vor Karies, Verdauungsstörungen werden *reguliert,* eine Wirkstoffkosmetik *glättet* Falten und Krähenfüße an Hals und Augenlidern, Frischzellen *regenerieren* und schaffen mehr Leben, mehr Jahre und größeres Glück. Verschleimte Bronchien und quälender Hustenreiz werden *gestillt* durch ein wirksames Elixier, *schlank* werden wir durch XYZ und erhalten eine ideale Figur. Von Schmerzen im Kopf, im Zahn, im Ohr *befreit* uns die Tablette, Konzentrationsfähigkeit und Denkvermögen *steigert* ein Vitaminpräparat mit zweiunddreißig Aufbaustoffen, schlechte Schulnoten *verhindert* eine biologische Aufbaunahrung und ein wunderwirksames Präparat *heilt* Artrose.

Die Liste ist unvollkommen. Von Kopf bis Fuß wird der Mensch gereinigt, entschlackt, geschützt, befreit, reguliert, geglättet, schlank gemacht, gesteigert, gefördert und wieder an Haupt und Gliedern geheilt. Berauschen wir uns nicht an einer grandiosen Selbsttäuschung? Betreiben wir nicht eine vollendete Symptomkosmetik? Ein Präparat für jedes Problem: ob Müdigkeit oder Wetterfühligkeit, Flecken, Runzeln, Zahnfleischbluten, Depressionen, Blähungen, Schuppen und Verstopfung. Der Markt bietet stets Mittel an. Aber der Mensch lebt nicht nur von tausend Mittelchen, Präparaten und Vitaminen, vom Brot, von den Produkten dieser Erde, er lebt — und dieses Wort ist wörtlich zu nehmen — vom Worte Gottes. Gottes Wort heilt, reguliert, befreit und verjüngt, aber nicht nur für ein paar Jährchen. Sein Wort ist kein Make-up für unser Leben, sondern Basis, Inhalt und Zukunft.

Herr, wir halten Ausschau nach tausend Mitteln und Pülverchen, die unsere Lebensqualität verbessern sollen. Dein Wort ist Leben, heilt und befreit. Wir danken dir. Amen.

Da schuf Gott den Menschen nach seinem Bilde . . . und segnete sie mit den Worten: „Seid fruchtbar und mehret euch, füllt die Erde an und macht sie euch untertan und herrscht über die Fische im Wasser und über die Vögel des Himmels . . .“ 1. Mose 1, 27 u. 28

Wir sind Gottes *Ebenbild.*
Jede Zeit hat ihre besonderen Krisen. Und jeder Zeit stellt Gott besondere Aufgaben. Die Krise der Gegenwart ist eine „ökologische Krise“. Das Leben auf diesem Planeten ist bedroht. Menschen, Pflanzen, Tiere und alle Lebewesen in ihrem Aufeinanderangewiesensein und in ihrer Beziehung zur Natur sind aufs höchste gefährdet. Der Mensch hat in der Tat rücksichtslos geherrscht und die Schöpfung mißachtet.
Der Erlöser der Welt ist in erster Linie für den Menschen gekommen, aber auch die gesamte Schöpfung soll in sein Erlösungswerk einbezogen werden. Darum forderte auf der Weltkirchenkonferenz in Evanston ein australischer Biologe die Teilnehmer auf: „Es ist Zeit zu erkennen, daß die Befreiungsbewegung letztlich eine einzige Bewegung ist, die die Befreiung der Frau, des Mannes, der Wissenschaft und Technik, des Tieres, der Pflanze und auch die Befreiung der Luft und der Ozeane, der Wälder, Wüsten, Berge und Täler einschließt.“
Wir sind als Christen Mit-Glieder der Natur. Der lebendige Gott zieht jeden von uns zur Verantwortung. Wir tragen als Gottes Ebenbilder und als seine Mandatsträger auf diesem Planeten die Verantwortung für Selbstvernichtung und Selbstzerstörung. Unsere Gewissenlosigkeit gegenüber der Schöpfung ist Sünde. Innenweltverschmutzung und Umweltverschmutzung sind darum unser Thema. Wehe, wenn wir die Hände in den Schoß legen und die Fürsorge den andern überlassen!

Lieber Vater im Himmel! Dein Auftrag ist konkret: Wir sollen uns die Erde untertan, aber sie nicht kaputt machen, wir sollen herrschen, aber nicht zerstören. Wir dürfen sie in Anspruch nehmen, aber nicht ausbeuten. Amen.

Die Ehe soll von allen geachtet werden; Mann und Frau sollen sich gegenseitig treu sein. Gott wird alle verurteilen, die Unzucht treiben und Ehebruch begehen.

Hebräer 13, 4

Wir denken über die *Ehe* nach.
Die Zeitschrift „Stern" veröffentlichte 1978 eine Umfrage des Allensbacher demoskopischen Institutes zur Frage der Ehe. Eine der gestellten Fragen lautete: „Halten Sie die Einrichtung der Ehe grundsätzlich für notwendig oder für überholt?" Wie sehr die Institution Ehe angezweifelt wird, machen die Ergebnisse deutlich. 46 Prozent der jungen Männer im Alter von 16—19 Jahren und 32 Prozent der Frauen im Alter von 20—29 Jahren hielten die Einrichtung für überholt. Der Hamburger Theologieprofessor Helmut Thielicke kommentiert dieses Ergebnis in der gleichen Zeitschrift und meint, daß man heute mit Skepsis an die Ehe gehe, weil man im eigenen Umfeld viele gescheiterte Ehen erlebe; daß man heute bei erheblich größerer Lebenserwartung als früher Skepsis zeige, sich für ein halbes Jahrhundert an einen Menschen zu binden; daß der Lustgewinn als Selbstzweck eine enorme Steigerung erfahren habe; daß die ichbezogene Konzentration auf Selbstverwirklichung und Selbstbeglückung das eigentliche Grundübel sei.
Die Ehe ist Gottes Schöpfung. Die Bibel erklärt kompromißlos: „Die Ehe soll von allen geachtet werden." Wer die Ehe zerstören will, tastet eine Grundordnung Gottes an. Er verurteilt alle, die die Ehe leichtfertig aufs Spiel setzen. Christen können ein Zeichen setzen, weil ihre Ehen in Gott geschlossen und aus ihm gelebt werden. In der Tat: Gesunde Ehen sind das Fundament für ein gesundes Volk.

Herr, du hast die Ehe gestiftet und willst, daß diese Zweierbeziehung von allen Menschen geachtet wird. Wir bauen auf deine Liebe, die unserer ehelichen Zuneigung Kraft und Ausdruck verleiht. Amen.

Darum verläßt der Mann Vater und Mutter und hängt seinem Weibe an, und sie werden ein Leib. 1. Mose 2, 24

In der *Ehe*beratung spielt ein Problem wiederholt eine Rolle: Die Ablösung von den Eltern. Viele junge Eheleute pflegen eine zu enge Beziehung zu ihren Eltern. Entweder ist der Mann ein Muttersöhnchen, oder die Frau hängt so an zu Hause, daß eine seelische Abnabelung nicht stattgefunden hat.

In meinen Vorträgen über Ehe- und Erziehungsfragen werde ich nicht müde zu zeigen, daß der Ehepartner Platz Nr. 1 beanspruchen sollte. „Erst kommt der Lebenspartner, dann kommen die Kinder."

Nach statistischen Erhebungen dauerte eine Ehe im Jahre 1890 ca. 31 Jahre. Die Eheleute waren ein Leben lang damit beschäftigt, Kinder aufzuziehen. Lediglich *ein Jahr* ihres Lebens verbrachten sie damals ohne Kinder. 1979 sehen die Verhältnisse grundlegend anders aus. Die Ehedauer ist im Durchschnitt auf 45 Jahre heraufgerückt. Die Zeit, die Eheleute ohne Kinder verbringen, beträgt im Durchschnitt *20 Jahre*. Sind die Kinder aus dem Haus, verarmen viele Ehen. Man hat sich kaum noch etwas zu sagen. Die Scheidungsziffer ist in dieser Altersspanne sehr hoch.

Was haben die Eheleute falsch gemacht? Viele Mütter haben ihre Kinder an die *erste Stelle* gerückt. Befriedigung und Freude erhalten sie nicht in erster Linie aus der ehelichen Beziehung.

Die Bibel nimmt zu diesem Thema eindeutig Stellung. Männer und Frauen, die eine Ehe eingehen, werden ihre Eltern *verlassen*. Die Betonung liegt auf „verlassen". Auch Jesus hat dieses Wort aufgegriffen und bestätigt. Der Verselbständigungsprozeß muß früh beginnen. Die Ablösung ist von Gott gewollt.

Herr, du setzt klare Maßstäbe für Ehe und Familie. Du willst, daß wir als Eheleute beieinander bleiben, bis der Tod uns scheidet. Hilf, daß wir die Reihenfolge beachten, die du gebietest. Amen.

Und Gott der Herr sprach: „Es ist nicht gut, daß der Mensch allein sei, ich will ihm eine Gehilfin machen, die um ihn sei." 1. Mose 2, 18

Es geht um *Liebe* und *Ehe*.
In Billy Grahams Zeitschrift „Entscheidung" fand ich einen kurzen Beitrag über die Erschaffung der Frau. Der Verfasser, Matthew Henry, schreibt: „Gott schuf die Frau aus der Rippe des Mannes; er formte sie nicht aus seinem Kopf, damit sie über ihm stünde; er bildete sie auch nicht aus seinen Füßen, daß er dächte, er könnte sie unterdrücken. Gott schuf die Frau aus der Seite des Mannes, damit sie ihm ebenbürtig werde; er gestaltete sie aus der Rippe unter seinem Arm, damit er sie beschütze, nahe seinem Herzen."
In Luthers Übersetzung verbindet sich für uns das Bild der emsig den Mann und Pascha umsorgenden und umhegenden Gattin. Genauer müßte man übersetzen: „Ich will ihm eine Hilfe machen, die ihm entspricht als sein Gegenstück!" Das meint Ehe und Partnerschaft: zwei Menschen als ebenbürtige Gegenüber. Keine Überlegenheit, keine Unterdrückung.
Ehe ist Partnerschaft – und ein Partner ist nach der Übersetzung ein „Teilhaber" und ein „Mitspieler". Gott will keine einsamen Menschen. Aber auch das andere gilt, was Peter Horton schreibt: „Das Erste, was ich meinem Lebenspartner schuldig bin, ist die Kunst, mit mir selber allein zu sein, sonst degradiere ich ihn zu meinem Unterhalter." Ehepartner sind Gegenstücke und Ergänzungen, Gehilfen der Freude. Menschen, die sich brauchen und beglücken, aber die nicht sklavisch aneinander kleben. Sind wir solche Gehilfen der Freude?

Herr, ich danke dir, daß wir auf Ehe und Partnerschaft angelegt sind. Du willst keine Einsamkeit. Schenk' uns deine Liebe, daß wir uns ein Leben lang glücklich machen können. Amen.

Du sollst deinen Nächsten lieben wie dich selbst; ich bin der Herr! 3. Mose 19, 18

Es geht um *Ehe* und *Partnerschaft.*
Dieser Satz aus dem 3. Buch Mose, der sich wie ein roter Faden durch Altes und Neues Testament zieht, ist der Schlüssel für eine harmonische Ehe und Partnerschaft. Professor Helmut Gollwitzer kommentiert diesen Gedanken: „Jeder findet seinen Reichtum nicht in sich selbst, sondern im andern. Jeder hat seine Lust nur, damit er dem anderen zur Quelle der Lust wird. Der Egoismus – ich brauche den andern für mich, für mein Glück – ist die Kraft des Eros; und die Erkenntnis: Ich werde nur glücklich durch das Glück des andern, ist die Weisheit des Eros."
In der partnerschaftlichen Ehe, die ausdrücklich Gottes Wille ist, werden Geben und Nehmen, Bejahen und Bejaht-werden, Schenken und Beschenkt-werden, Annahme und Angenommen-sein, Befriedigen und Befriedigt-werden, Ernst-nehmen und Ernst-genommen-werden, Bestätigen und Bestätigt-werden, Achten und Geachtet-werden, Gelten und Gelten-lassen praktiziert.
Selbstliebe und Nächstenliebe sind unteilbar. Jeder gibt dem anderen das Maß an Zuwendung und Liebe, das er für sich selber anstrebt. Der Dichter Novalis hat recht: „Zur Ehe taugst du nur, wenn du mit dir selbst glücklich verheiratet bist."
Der Text im 3. Buch Mose macht deutlich, daß diese eheliche Liebe eine vertikale Beziehung haben muß: „Ich bin der Herr!" Eine christliche Ehe führen heißt: In die gleiche Richtung zu sehen und zu gehen. Eheleute, die gemeinsam nach dem Willen ihres Herrn fragen, werden auch gemeinsam nach ihren gegenseitigen Wünschen fragen.

Du bist der Herr unseres Lebens, du bist der Herr unserer Ehe. Und weil du unser Zusammenleben bestimmst, können wir auch harmonisch und glücklich zusammen leben. Amen.

Herzen hat seine Zeit, aufhören zu herzen hat seine Zeit.
Prediger Salomo 3, 5

Es geht um die *Ehe,* um Liebe und Zärtlichkeit.
In „Die Zeit" las ich von der Symbolfigur der „Grünen", Baldur Springmann, einem Altbauern aus Norddeutschland, ein treffendes Zitat über Erotik, über *Herzen,* wie die Bibel es nennt: „Auch mit 67 ist die Liebe zu meiner Frau noch Erfüllung. Dann speist man. Früher fraß man. Sex ist machen, Erotik (Herzen) hingegen Zusammenklang, das ist wie ein gemeinsames Lied. Und wenn unsere Ziele erfüllt sind, braucht niemand auf Urlaub zu gehen, er ist zu Hause und am Arbeitsplatz glücklich und zufrieden!"
Im Urtext heißt die Bibelstelle: „Es gibt eine Zeit für Umarmungen und eine Zeit, sich von ihnen freizuhalten." Das Wort *Herzen* ist weitaus inniger und tiefer. Denn das Herz ist das Zentrum unserer Persönlichkeit, das Zentrum unseres Denkens und Fühlens. Das Herz bestimmt die Leitmelodie unseres Lebens. Es bestimmt den Tenor unserer ehelichen Beziehungen. Ob unsere Kinder diese Umarmungen erleben als ein Zeichen, daß Mann und Frau innig und herzlich miteinander verbunden sind?

Baldur Springmann hat diese eheliche Zärtlichkeit mit Worten gemalt: „Erotik (Herzen) ist hingegen Zusammenklang, der ist wie ein gemeinsames Lied." Wie lautet ein Aufkleber an vielen Autos: „Rettet die Zärtlichkeit!" Christliche Eheleute wissen: Sich herzen ist keine überflüssige Begleitmusik. Gottes Forderung, ein Leib zu sein, wird nur erreicht, wenn sich beide Herzen der Eheleute auf ein gemeinsames Lied geeinigt haben.

Herr, du hast die Ehe gestiftet und Zärtlichkeit gewollt. Hab Dank dafür. Du willst, daß wir Zeit dafür haben und uns beglücken. Amen.

Du sollst dir kein Gottesbild anfertigen, noch irgend ein Abbild weder von dem, was oben im Himmel, noch von dem, was unten auf der Erde ist. 2. Mose 20, 4

Es geht um *Ehe* und *Partnerschaft.*
Der Schriftsteller Max Frisch beschreibt in seinem Roman „Stiller" die Beziehung zwischen der Titelfigur Stiller und seiner Frau Julika. Julika ist unglücklich über ihre Ehe und faßt ihren Kummer in Worte: „Ich habe in letzter Zeit auch über vieles nachgedacht . . . nicht umsonst heißt es in den Geboten: ‚Du sollst dir kein Bildnis machen!' Jedes Bildnis ist Sünde. Es ist genau das Gegenteil von Liebe, siehst du. Ich weiß nicht, ob du's verstehst. Wenn man einen Menschen liebt, so läßt man ihm doch jede Möglichkeit offen und ist bereit, zu staunen, wie anders er ist, wie verschiedenartig. Ich kann dir nur sagen: Immer redest du dich in etwas hinein — du sollst dir kein Bildnis machen von mir!"
Liebe heißt: Den anderen nehmen, wie er ist. Wer seinen Partner aus Gottes Hand nimmt, darf sich kein Traumbild von ihm machen. Wer seinen Partner in ein Wunschschema preßt, mißachtet und beleidigt ihn. Keiner hat ein Recht, den anderen verändern zu wollen. Stiller hat es versucht. Seine Ehe ist gescheitert. Er flieht nach Amerika, besorgt sich einen anderen Paß und schlüpft in das Kostüm eines Amerikaners. Flucht ist aber keine Lösung.
Das 2. Gebot, das selbstverständlich den lebendigen Gott meint, wenn es uns aufruft, „kein Gottesbild anzufertigen", gilt auch für den Ehepartner. Wer seine Wünsche und Lieblingsvorstellungen in den anderen hineinsieht, betreibt Götzendienst. Tun wir das auch?

Herr, wir alle haben Wunschvorstellungen und Bilder von unserem Lebenspartner. Du sagst, daß es Sünde ist. Du zeigst uns die wahre Liebe, du liebst uns, wie wir sind. Amen.

Sie (die Liebe) deckt alles zu, sie glaubt alles, sie hofft alles, sie erträgt oder erduldet alles. Die Liebe hört niemals auf. 1. Korinther 13, 7 u. 8

Es geht um *Liebe* und *Ehe.*
Es war im Jahre 1517. Im Gefängnis zu Antwerpen saß Jan Rubens. Er war wegen Ehebruchs zum Tode verurteilt worden. Das war damals möglich. Eines Tages erhielt er einen Brief von seiner Frau, die er betrogen hatte. Sie schrieb: „Mein lieber und sehr geliebter Mann, ich vergebe Euch jetzt und immer. Ihr seid in so großem Kampf und Ängsten, daraus ich Euch gern mit meinem Blute erretten würde. Könnte da überhaupt Haß sein, daß ich eine kleine Sünde gegen mich nicht vergeben könnte, verglichen mit soviel Sünden, wofür ich alle Tage Vergebung bei meinem himmlischen Vater erflehe? Ich werde mit ganzer Kraft Gott für Euch bitten und mit mir unsere Kinder. Das weiß Gott. Geschrieben zu Köln am 1. April, nachts zwischen zwölf und eins."
Kraft ihrer Fürbitte kam Rubens nach zwei Jahren Haft wieder frei. Das Ehepaar siedelte sich in Siegen an. Dort wurde ein weiterer Sohn geboren, der später weltberühmte Maler Peter Paul Rubens.
Für den Christen ist Ehebruch kein Scheidungsgrund. „Die Liebe deckt alles zu, sie erträgt und erduldet alles!" Und warum? Weil Christus die personifizierte Liebe ist. Gott liebt den Sünder. Seine „Liebe hört niemals auf". Wollen wir als Ehepartner unbarmherziger und liebloser handeln? „Liebende leben von der Vergebung", so heißt ein Buchtitel von Manfred Hausmann. Vergebung heilt die schrecklichsten seelischen Wunden. Können wir uns gegenseitig so vergeben?

Herr, deine Liebe ist unendlich und schrankenlos. Du hast uns vorgelebt, wie wir miteinander umgehen sollen. Wir danken dir, daß deine Liebe niemals aufhört. Amen.

Wißt ihr denn nicht, daß euer Körper der Tempel des heiligen Geistes ist? Gott hat euch seinen Geist gegeben, der jetzt in euch wohnt. 1. Korinther 6, 19

Mein *Leib* ist mir zur Verfügung gestellt. Ich bin Treuhänder meines Leibes.
Professor Ernst Lange beschreibt das treffend in einem seiner Bücher: „Ein Mann ist als Bote in einem großen Betrieb angestellt. Da er viele Wege zu erledigen hat, stellt ihm der Betrieb ein Dienstfahrzeug zur Verfügung. Nach einer Weile zeigt sich, daß der Mann sein Fahrzeug nicht pflegt, sondern rücksichtslos kaputtfährt und verkommen läßt. Man wird es ihm also wieder wegnehmen, aber nicht nur das. Man wird ihn entlassen. Denn wie kann einer ein brauchbarer Bote sein, der so mit seinem Dienstfahrzeug umgeht. Mein Leib ist das Gefährt meines Lebens. Ich habe ihn empfangen. Darum hat er Anspruch auf Erhaltung und Pflege ... Wenn ich mein ‚Dienstfahrzeug' zerstöre, bin ich als ‚Bote' unbrauchbar und werde entlassen."
Wir sind seine Boten, unterwegs für ihn. Er hat uns einen Leib als „Dienstfahrzeug" zur Verfügung gestellt. Wollen wir es verkommen lassen? Gott hat uns ein unbeschreibliches Kapital zur Verfügung gestellt. Wir können damit arbeiten. Es gehört ihm. Ich glaube, daß mein Herr nicht kleinlich ist und mir meine „Privatfahrten" nicht mit dem Rotstift vorrechnet. Aber wenn ich mein „Dienstfahrzeug" mißbrauche und sein Eigentum mutwillig schrottreif fahre, handele ich wie der Bote, der sich gegen seinen Arbeitgeber stellt. Lebe ich auf eigene Faust, vertreibe ich den Heiligen Geist aus meinem Leben.

Herr, ich bin Treuhänder meines Leibes, den du mir zur Verfügung gestellt hast. Hilf, daß ich nicht treulos deinen Tempel verkommen lasse. Amen.

Gott hat euch als sein Eigentum erworben. Macht ihm also mit eurem Körper Ehre. 1. Korinther 6, 20

Es geht um unseren *Leib.*
Ein Kollege schenkte mir den Abzug eines fingierten Briefes der Firma „Schöpfer & Sohn". Er spricht für sich. Angefertigt wurde er in der Abteilung „Mahnungen". Er lautet: „Sehr geehrtes Geschöpf! Sie erhielten von uns: Einen Leib, funktionstüchtig, komplett ausgestattet mit hohem künstlerischen Wert in der Einzelanfertigung, ein Leben, überaus kostbar, eine größere Menge an Verstand und Gefühl, einen ausgeprägten Willen samt Anleitung, zum Gebrauch mehrere hochwertige Begabungen und Fähigkeiten; eine ausreichende Menge an Urvertrauen, Unmengen Rohstoffe und Energie, seelische Kräfte wie Freude, Liebesfähigkeit etc. Sie erhielten außerdem eine komplette Anleitung zum Gebrauch dieser Lieferung. Ihre bisher ausgebliebenen Gegenleistungen haben die Schulden in eine unglaubliche Höhe getrieben. Bedenken Sie bitte die zusätzlichen Mahnkosten (Krankheit usw.) und die Schadenersatzforderungen für alles durch Sie entstandene Unheil wie Mißtrauen, Neid, Boshaftigkeit, Streit, Verletzungen etc. Mit freundlichem Gruß, Ihr Schöpfer."
Die „Mahnung" spricht für sich. Wir leben drauflos, ohne die Gebrauchsanleitung ernst zu nehmen. Die Bibel ist die „Gebrauchsanweisung" unseres Schöpfers. Weil wir den funktionstüchtigen Leib nicht als *sein Eigentum* betrachten, haben wir die „Schulden in eine unglaubliche Höhe getrieben". Sehen wir den „Mahnkosten" ruhig entgegen?

Lieber Herr, mein Leib ist in der Tat eine hervorragende Einzelanfertigung. Gib mir das Wollen und das Vollbringen, dein Eigentum als Tempel deines Heiligen Geistes vor Unheil zu bewahren. Amen.

11. März

Wißt ihr nicht, daß euer Körper ein Stück von Christus ist?
1. Korinther 6, 15

Es geht um unseren *Leib.*
Vor Jahren besuchten uns im CVJM Hamburg fünf junge Mormonen. Ein Kreis junger Leute wollte sich mit ihnen auseinandersetzen. Alle fünf gehörten einer Volleyballmannschaft an, die hervorragendes Können zeigte. Sie stellten sich so vor, daß einer nach dem anderen aufstand, seinen Namen sagte und seine Größe erwähnte. Keiner von ihnen war unter 1.80 m lang. Neugierig fragten wir, warum sie das für so erwähnenswert hielten. Und dann klärten sie uns auf über das gesunde Volk der Mormonen. Kein Mormone raucht, trinkt Alkohol, Tee und Kaffee. Sie nehmen das Bibelwort ernst, daß ihr Körper ein Stück von Christus ist. Nach dem Glauben der Mormonen erging im Jahre 1833 eine direkte Offenbarung von Gott an Joseph Smith – ihren Begründer. Dieses Wort spricht in aller Form gegen Wein, gegen Alkohol in jeder Form, gegen „starke Getränke". Der Mormone glaubt, daß diese Dinge den Körper „unrein" machen. Sie sind fest davon überzeugt, daß sie im Durchschnitt gesünder sind, weniger Krankheiten haben und das gesamte Leben besser meistern können. Sie behaupten: „Wenn jemand den Tempel Gottes verdirbt, den wird Gott verderben."
Die Mormonen demonstrierten uns, was es heißt, wenn Menschen ihren Leib als ein Stück von Christus betrachten. Ob Gott uns in diesen „Sektierern" biblische Denkanstöße vermitteln will?

Herr! Wir gehen mit unserem Leib ausgesprochen selbstherrlich um. Wir danken dir, daß unser Körper ein Stück von dir ist. Amen.

Ich zerschlage meinen Leib und mache ihn mir dienstbar, um nicht, nachdem ich als Herold andere zum Kampf aufgerufen habe, mich selbst als untüchtig zu erweisen. 1. Korinther 9, 27

Es geht um unseren *Leib.*
Machen wir Gott Ehre, wenn wir unsere Gesundheit ruinieren, wenn wir Lungenkrebs, Emphyseme, Bronchitis, Herz- und Kreislauferkrankungen fördern, indem wir intensiv rauchen?
Die neuesten Befunde in aller Welt bestätigen, daß Rauchen *Rauschgiftsucht* ist. Experten des amerikanischen Gesundheitsministeriums stellen klar: Nikotin ist eine starke Suchtdroge.
Der erste offizielle Report in den USA über Rauchen (1964) ging von drei Annahmen aus, die heute alle widerlegt sind: Rauchen ist nur eine schlechte Angewohnheit, aber keine Sucht; es entwickelt sich keine Toleranz; sozialschädliches Verhalten erwächst nicht.
Nikotin ist nicht nur ein Suchtstoff, sondern auch ein Gift. Sechzig Milligramm, auf einmal verabreicht, wirken tödlich. Die durchschnittliche Zigarette enthält 20–30 Milligramm, davon atmet der Raucher ein bis zwei ein. Der Dauerraucher leidet an chronischer Vergiftung. An den Tagen, wo er nikotinärmere Zigaretten raucht, muß er mehr rauchen.
Unser Körper ist ein Tempel des Heiligen Geistes. Paulus diszipliniert seinen Leib, um ihn in der Gewalt zu haben. Wollen wir dem Heiligen Geist eine geschwächte Behausung anbieten? Wir wollen Gott mit unserem Leibe preisen!

Herr, beim Rauchen wissen wir es heute ganz genau, daß wir unseren Körper ruinieren. Hilf, daß wir unseren Leib wie einen Tempel behandeln. Amen.

Aber unser Körper ist deshalb noch lange nicht für die Unzucht da, sondern für den Herrn, der auch der Herr über unsern Körper ist. 1. Korinther 6, 13

„Mein Bauch gehört mir!" Damit gingen tausende von Frauen auf die Straße, um Abtreibung gutzuheißen. „Mein Leib gehört mir!" sagt der Raucher und will jedem, der es hören will, sagen, daß nur er selbst für seinen „Selbstmord mit Zeitzünder" verantwortlich ist.
Die Bibel ist anderer Meinung: Unser Körper gehört Gott! Wer Gott gehört, gehört ihm mit Leib und Leben. Das ist die Konsequenz.
Eine britische Studie kam zu dem Schluß, jede Zigarette verkürze das Leben um fünfeinhalb Minuten – pro Schachtel also ca. anderthalb Stunden. Und die Medizinische Fakultät Harvard rechnet bei starken Rauchern mit vierundzwanzigmal höherem Lungenkrebsrisiko, neunzehnmal höherem Emphysemrisiko, zwei- bis dreimal höherem Herzinfarktrisiko als bei Nichtrauchern, ferner mit häufigerem Auftreten von Mund-, Lippen-, Kehlkopf-, Bauchspeicheldrüsen- und Harnblasenkrebs. Rauchen führt also mutwillig Krankheiten herbei. Zugegeben, es gibt viele Faktoren, die uns krank machen und uns vergiften. Jeden Tag werden neue Gifte und Krebserreger in Speisen gefunden.
Ist das eine Entschuldigung? Wenn wir bewußt Gottes Wort ignorieren, wenn wir die angeführten Argumente als lächerlich abtun, wenn wir uns über bewußte Selbstzerstörung hinwegsetzen, wie wollen wir Gott ehren? Wird unser Handeln nicht zum gelebten Unglauben? Ist unsere Gleichgültigkeit nicht eine Beleidigung Gottes?

Herr, du hast uns als dein Eigentum erworben. Wir können nicht mehr rücksichtslos über uns verfügen. Hilf, daß wir die Erkenntnis in die Tat umsetzen. Amen.

14. März

Er wird unseren schwachen, vergänglichen Körper verwandeln . . . Denn er hat die Macht, alles seiner Herrschaft zu unterwerfen. Philipper 3, 21

Welche Einstellung haben wir zu unserem Körper?
Rauchen ist *ein* krankmachender Faktor, mit dem wir unsern Leib, den Tempel des Heiligen Geistes, systematisch und mutwillig ruinieren.
Frau Antje Huber, Bundesminister für Jugend, Familie und Gesundheit, nannte haarsträubende Zahlen. Jedes Jahr sterben in der Bundesrepublik 140 000 Menschen an den Folgen des Rauchens. Dagegen gab es „nur" etwa vierhundert Drogentote im Jahre 1978. Diese Zahl ist in aller Munde. Ist es nicht seltsam, daß die „Raucher-Opfer" keine Schlagzeilen machen? Und doch ist es so, daß eine Stadt wie Wolfsburg, Bremerhaven oder Darmstadt im Laufe eines Jahres ausgerottet wird.
Noch ein Vergleich: In den Schreckensjahren der Französischen Revolution starben ca. 100 000 Menschen eines gewaltsamen Todes. Diese hunderttausend Todesopfer sind noch nach nahezu zwei Jahrhunderten eine bittere Erinnerung an die Parole „Freiheit, Gleichheit, Brüderlichkeit". Die Rauchertoten übergehen wir stillschweigend. Stimmt es da eigentlich, daß 88 Prozent aller Deutschen „Gesundheit" auf Platz 1 ihrer seelischen Hitliste setzen? Ist der Wunsch Nr. 1 echt? Oder lügen wir uns in die eigene Tasche?
Wer mutwillig seinen Körper ruiniert, beleidigt seinen Schöpfer. Auch unser Leib ist seiner Herrschaft unterworfen. Soll er ein Tempel der Unehre werden? Leib und Leben sind ein Stück der Visitenkarte unseres Glaubens.

Du unser Herr! Wir leben wie die Heiden und machen mit deinem Eigentum, was wir wollen. Vergib, daß wir dein Geschenk so gering achten. Amen.

15. März

Bringt eure Leiber als ein lebendiges, heiliges und Gott wohlgefälliges Opfer dar: das sei euer vernünftiger Gottesdienst. Römer 12, 1

Es hat sich herumgesprochen, daß seelische Probleme, psychische Konflikte und Störungen des vegetativen Nervensystems die verschiedensten Krankheiten und Leiden — ja selbst den Tod — zur Folge haben können. Fachleute glauben, daß von 100 Menschen, die heute wegen Herzbeschwerden, Kopfschmerzen, Abgeschlagenheit, schlechten Schlafs, Magenbeschwerden, Verstopfung, depressiver Verstimmungen, Licht-, Lärm- und Wetterempfindlichkeit, Zyklusstörungen, Schwindel und allergischer Beschwerden den Arzt aufsuchen, etwa 60 Prozent keine speziell organischen Schäden aufweisen. Härte, Einsamkeit, Angst, Enttäuschung, Ehrgeiz, Eifersucht und Mißtrauen haben den Krankheiten den Weg geebnet.
Die meisten der Krankheiten sind „hausgemacht". Eine falsche Denk- und Lebensweise hat sie heraufbeschworen. Kommt das davon, daß wir biblische Grundwahrheiten ignorieren? Liegt es daran, daß wir unseren Leib Gott vorenthalten? Daß wir ihn rücksichtslos in den Dienst egoistischer Interessen stellen? Wir bringen unseren Leib nicht als wohlgefälliges Opfer dar, sondern behandeln ihn wie einen Supermarkt, aus dem wir herausholen, was uns Spaß macht. Und wir zwingen unsern Gliedern unchristliche Verhaltensmuster auf: Wir ärgern uns, hassen, können nicht vergeben und vergessen, reagieren beleidigt und gekränkt und machen uns damit krank. Gott will uns ganz, auch unsern Leib. Das hält Paulus für einen vernünftigen Gottesdienst.

Mein Herr und mein Gott. Ich bekenne dir, daß ich immer wieder in den Fehler verfalle zu glauben, der Leib gehöre nur mir. Gib, daß dein Geist meine Glieder regiert. Amen.

16. März

Ihr seid das Licht der Welt! Eine Stadt, die oben auf einem Berge liegt, kann nicht verborgen bleiben.

Matthäus 5, 14

Vor Jahren sprach ich auf einer Predigertagung. In einer Arbeitssitzung bekamen alle den Auftrag, aus der Bergpredigt *ein* Wort auszuwählen, daß dem Betreffenden viel bedeutete und zu dem er einige Gedanken äußern möchte. Zwei Brüder hatten zufällig das Wort gewählt: „Ihr seid das Licht der Welt." Aber beide deuteten aus dem persönlichen Glaubensleben den Text ganz verschieden. Der eine sagte: „Für mich als Prediger gibt es nichts Schöneres zu wissen: Ich *bin* das Licht der Welt. Ich muß nicht krampfhaft strahlen und Helligkeit erzeugen. Ich *bin* Licht." Und der andere sagte aus seinem Erleben: „Dieses Wort ist für mich jeden Tag die größte Anfechtung in meinem Dienst. Ich möchte Licht sein und befürchte, Rücklicht, Stopplicht und schlechtes Licht zu sein."

Es geht nicht darum, die beiden ganz persönlich geäußerten Erfahrungen theologisch zu analysieren. Beide Aussagen haben ihre Bedeutung. Jünger Jesu sind Licht. Wenn sie dem Licht der Welt nachfolgen, muß dieses Licht in der Umgebung zu sehen sein. „Es ist unmöglich, daß der Mensch in die Sonne schaut, ohne daß sein Gesicht hell wird", schrieb ein frommer Denker. Licht ist das erste Schöpfungshandeln Gottes. „Es werde Licht." Licht ist lebensnotwendig, so wie die Finsternis lebenstötend ist – ohne Licht kein Leben. Das macht Jesus klar. Jünger Jesu sind lebensnotwendig für diese Welt. „Genauso muß auch euer Licht vor den Menschen leuchten, damit sie eure guten Taten sehen und euren Vater im Himmel preisen", Mt 5, 16. Wie ein Scheinwerfer die Blikke nicht auf sich selbst zieht, sondern auf den angestrahlten Gegenstand, so werden die Menschen durch das Reden und Tun der Christen auf den Vater im Himmel aufmerksam. Sind wir solche Scheinwerfer?

Ich bin das Licht, ich leucht euch für mit heilgem Tugendleben, wer zu mir kommt und folget mir, darf nicht im Finstern schweben. Ich bin der Weg, ich weise wohl, wie man wahrhaftig wandeln soll. Amen. (Johann Scheffler)

Lebt nun auch als Menschen, die im Licht stehen! Aus dem Licht kommt lauter Güte, Gerechtigkeit und Wahrhaftigkeit. Epheser 5, 8 u. 9

Christen sind das *Licht* der Welt.
Der Schriftsteller Uwe Johnson hat einen Artikel geschrieben mit der Überschrift: „Die guten Leute." Ohne viel Federlesens reißt er den sogenannten guten Leuten die Maske vom Gesicht. Er schreibt: „Die guten Leute essen von den Früchten, die ihre Regierungen für sie in der Politik oder auf den Märkten Asiens ernten. Die guten Leute wollen einen guten Kapitalismus, einen Verzicht auf Expansion durch Krieg, die guten Leute wollen das sprechende Pferd; was sie nicht wollen, ist der Kommunismus. Die guten Leute wollen eine gute Welt; die guten Leute lernen nichts dazu. Die guten Leute hindern nicht die Arbeiter, mit der Herstellung des Kriegswerkzeugs ihr Leben zu verdienen, sie halten nicht die Wehrpflichtigen auf, die in diesem Krieg ihr Leben riskieren, die guten Leute stehen auf dem Markt und weisen auf sich hin als die Besseren. Die guten Leute sollen das Maul halten. Sollen sie gut sein zu ihren Kindern, auch Fremden, ihren Katzen, auch fremden, sollen sie aufhören zu reden von einem Gutsein, zu dessen Unmöglichkeit sie beitragen."
Die guten Leute gibt es städteweise. Sie sind gut mit dem Kopf, mit der Zunge, in der Theorie. Sie kritisieren und beschimpfen alles und wissen alles besser. Auch unter Christen ist diese Krankheit verbreitet. Sie leben nicht als Menschen, die im Licht stehen. Denn „aus dem Licht kommt lauter Güte, Gerechtigkeit und Wahrhaftigkeit". Christen sollen ihren Glauben nicht hochhalten wie eine Lampe und rufen: „Schaut, was wir für eine schöne Lampe haben!" Christen sollen auch nicht die Lampe beschreiben. Sie sollen vielmehr das Licht ihres Glaubens in die Welt hineinhalten, damit es die Welt erleuchtet.

Wir sind der Widerschein deines Lichtes, lieber Herr. Je intensiver du uns erleuchtest, desto heller wird es um uns her. Amen.

18. März

Jesus sprach weiter zu den Leuten: „Ich bin das Licht der Welt." Johannes 8, 12

Auch das andere gilt: Wir sind das *Licht* der Welt. Darüber können wir meditieren. Zur Meditation oder zur Innerung können Gegenstände, Bilder und Sinnbilder benutzt werden. Friso Melzer schreibt: „So kann die Kerze als das Licht, das einzige Licht im Raum, zum Sinnbild für Christus und seine Sendung werden. Die leuchtende Kerze als Gegenstand der Innerung verlangt einen Raum, der dunkel ist, oder zum mindestens in Dämmerung getaucht. Man hängt ein dunkles Tuch hinter die Kerze an die Wand . . . Die Übung mit der Kerze ist eine Grundübung. Sie ist leichter zu vollziehen als jede andere Übung . . ."
Wer beharrlich übt, kann zur Erfahrung gelangen, die sich etwa in diesen Sätzen aussprechen läßt: „Dort steht die Kerze. Sie leuchtet und vertreibt die Finsternis. Sie verschenkt sich und nimmt dabei ab. Still gibt sie sich hin. Sie dient und opfert sich. Sie leuchtet als das eine Licht. So weist sie hin auf den einen, der von sich gesagt hat: ‚Ich bin das Licht der Welt.' Auch Er hat sich geopfert — für mich."
Meditation will uns still machen. In der Kerze erkennen wir das Sinnbild Christus als das Licht der Welt. Wir sind der Widerschein Seines Lichtes. Er hat uns hell gemacht und entzündet. Ist Er in uns als das Licht, werden wir leuchten.

Durch dein Opfer ist in meinem Herzen Licht geworden. Dafür danke ich dir. Mach du auch mich zu einem Menschen, der wie diese Kerze nichts will als dienen; als leuchten mit dem Licht, das ihm gegeben ist, als dienend leuchten und darin sich still hingeben und selbst verzehren. Amen.

19. März

Nicht wahr? Wenn du dem Hungrigen dein Brot brichst und unglückliche Obdachlose in dein Haus aufnimmst, dann wird dein Licht wie das Morgenrot hervorbrechen.

Jesaja 58, 7 u. 8

Wir sind *Licht* und *Salz* der Welt.
In einem Gedicht wird die Raumfahrt einer harten Kritik unterzogen. Es heißt darin: „Willst der Erde du entfliehen, schwerelos zum Kosmos ziehen, willst du echtes Leben suchen, mußt den Flug zum Mars du buchen! Laß den Erdenstaub zurück, in Himmelsfernen liegt das Glück. ... Seid umschlungen, Illusionen! Kümmern uns noch Inflationen, wenn wir auf der Venus wohnen? Muß den Hunger man besiegen, wenn wir in die Sonne fliegen? Sammelt Brot ihr für die Welt? Brüder, überm Sternenzelt löst sich in der Stratosphäre alle Erdennot und Schwere. Und das Denken sich nicht lohnt, lebt man erst mal hinterm Mond."
Wenn man alle Hungernden der Welt hintereinander antreten läßt, dann geht die Schlange der Hungernden 25 mal um die ganze Erde. Auch eine Art Erdumkreisung. Wie groß muß die Geduld Gottes sein, daß er sich diese brutale Lieblosigkeit gefallen läßt. Aber wir wollen nicht andere verantwortlich machen. Wer dem Hungrigen sein Brot bricht, zündet ein Licht an. Wer einen Obdachlosen aufnimmt, der macht die Dunkelheit hell. Jede Tat im Namen Jesu ist ein Leuchtzeichen in der menschlichen Finsternis. Christen sind keine frommen Selbstversorger. An ihrem Licht, das sie weitergeben, können sich viele erwärmen. Sind wir solche Leute?

Herr, Licht sein bedeutet Aktivität und Handeln in deinem Namen. Hilf, daß ich deiner Berufung nicht ausweiche. Amen.

Ihr seid das Salz der Erde. Wenn aber das Salz fade geworden ist, womit soll es seine Salzkraft zurückerhalten? Matthäus 5, 13

Es geht um unsere *Salzkraft* als Christen.
Auf der Weltkirchenkonferenz in Uppsala sagte André Dumas: „Die Kirche ist nicht der Arzt am Krankenbett der Gesellschaft, der die Symptome untersucht, Rezepte verschreibt, dann von Zeit zu Zeit Besuche macht, um sein Urteil abzugeben: Befinden verbessert, gleichbleibend, unheilbar. Wir sind in der Gesellschaft, wir träumen mit ihr, wir sind krank mit ihr, wir kämpfen mit ihr oder geben uns auf mit ihr. Die Christen stehen nicht abseits, sie sind weder über noch unter, sondern in den technischen und sozialen Revolutionen unserer Zeit."
Christus hat der kleinen Schar seiner Gefolgsleute eine große Aufgabe in dieser Welt gegeben. Sie sind das Salz der Erde. Salzkörner lösen sich in der Suppe auf und verschwinden spurlos. Und doch: Der Geschmack der Speise ist verändert. So nimmt Gott eine Handvoll Menschen und streut sie in die weite Welt hinein: in Fabriken, Schulen, Kirchen, Büros und Regierungsbehörden. Durch ihr Dasein halten sie die Frage nach dem lebendigen Gott lebendig. Sie sind das Gewissen ihrer Umgebung. Mitten *in* der Welt, aber nicht *von* der Welt. Mitten *im* Strom, aber nicht *mit* dem Strom. Mitten *in* der Masse, aber nicht *mit* der Masse. Christen sind nicht abseits stehende Kritiker, sondern Kämpfer – mitten im Gewühl.

Ihr seid das Salz der Erd! Nur dafür sollt ihr leben, daß ihr der Fäulnis wehrt, weil Gott euch Kraft gegeben. Amen. (Petrus Stein)

Salz ist etwas Gutes; zeigt in eurem Leben Wirkungen, wie sie vom Salz ausgehen. Haltet untereinander Frieden.
Markus 9, 50

Sind wir das *Salz* der Erde?
Der ehemalige Präsident des Evangelischen Kirchentages, Heinz Zahrnt, schrieb über die Salzwirkung der Christen: „Die Eigenschaft des Salzes besteht bekanntlich darin, nicht eine Speise zu verwandeln und zu verfremden, sondern den ihr eigenen Geschmack hervorzubringen, indem es sich selbst auflöst. So sollen auch die Christen als das Salz der Erde die Welt nicht verchristlichen oder gar verkirchlichen – die Vorstellung von einer geschlossenen christlichen oder gar kirchlichen Welt ist ein Alptraum: Damit wäre die Welt gründlich versalzen. Vielmehr sollen die Christen als das Salz der Erde den Menschen zu dem ihr eigenen Geschmack verhelfen, zu ihrer göttlichen Bestimmung, daß sie das werden, was sie von ihrem Ursprung her sind: Menschen, Erde, Welt – mit einem Wort: Gottes gute Schöpfung."
Die Bergpredigt ist die große Antrittsrede Jesu, seine Regierungserklärung. Er bereitet seine Jünger auf ihren „Beruf" vor. Sie sollen Salz und Licht in der Welt sein. Einen Auftrag hat Zahrnt formuliert, der anders ist: Fäulnis abzuwehren. Salz hat Dauer verleihende Kraft. Gerhard Valentin formuliert: „Der Herr hat uns das Salz genannt auf Erden und das Licht; es liegt nicht mehr in unserer Hand: wollen oder nicht."
Ihr seid Salz nicht für euch selbst. Ihr werdet ungenießbar, wenn ihr mit euch selbst beschäftigt seid, mit eurer Selbsterhaltung und eurer Selbstverwirklichung. Salz will Leben schützen und würzen. Sind wir dazu in der Lage?

Das A und das O ist, daß wir mit dir verbunden sind, lieber Herr. Dann werden wir Salz sein, ob wir wollen oder nicht. Amen.

Denn aus dem Herzen kommen böse Gedanken hervor: Mordtaten, Ehebruch, Unzucht, Diebstahl, Verleumdungen und Lästerungen. Das sind Dinge, die den Menschen verunreinigen. Matthäus 15, 19—20

Wie steht es um den *Menschen?* Jesus stellt klar, woher die Berge von Problemen in der Weltgeschichte kommen. Dr. George A. Lundberg, Professor für Soziologie an der Universität von Washington, schrieb ein Buch mit dem Titel: „Kann die Wissenschaft uns retten?" An einer Stelle heißt es: „Die Wissenschaft versorgt uns nur mit einem Auto und mit einem Chauffeur. Sie sagt uns nicht, wohin wir fahren sollen. Der Wagen und der Chauffeur werden uns mit gleicher Leistungsfähigkeit entweder ins Hochland oder in den Graben fahren."
Und Billy Graham schreibt in seinem Buch „Entscheidung für Jesus": „Das wilde Universum mag noch gezähmt werden; aber die innerste Welt eines Menschenlebens mit seiner Unwissenheit, Vorurteil, Bitterkeit, Unbeständigkeit, Leidenschaft und Sünde – wer wird die zähmen?"
Das entscheidende Problem in der heutigen Welt sind nicht technische Probleme, die können wir lösen, nicht die Atombombe, die können wir ins Meer werfen, nicht der Umweltschmutz, den könnten wir mit vereinten Kräften meistern, und nicht der Hunger in der Welt, der könnte durch gemeinsame Anstrengung aller Menschen beseitigt werden. Das entscheidende Problem ist das menschliche Herz. Böse, machthungrige, unfriedfertige, egoistische und gemeinschaftsfeindliche Gedanken hindern den Menschen daran, die anstehenden Probleme zu lösen. Das mörderische menschliche Herz ist schuld, daß wir's nicht schaffen. Aber ein erneuertes Herz, ein Herz, das von Gottes Geist gesteuert wird, kann die Aufgaben meistern.

Du, Herr, hast selbst in Händen die ganze weite Welt, kannst Menschenherzen wenden, wie dir es wohl gefällt. Amen. (Paul Gerhardt)

Wenn also jemand in Christus ist, so ist er eine neue Schöpfung. 2. Korinther 5, 17

Wir denken über den *Menschen* nach. In welchem Verhältnis steht bei einem Kind Gottes der *neue* Mensch zum *alten* Adam? Auf diese Frage hat der pommersche Missionsfreund Pastor Görcke eine kurze, aber treffende Antwort gegeben. Er traf einen Bauern, der ihm von früher her bekannt war. Diesen fragte er nach seinem Vater, der Adam hieß: „Wie ist es, lebt Ihr alter Vater noch?" – „Ja", war die Antwort des Bauern, „leben tut der alte Adam noch, aber die Wirtschaft hat er abgegeben. Er hat abgedankt."

Menschen in Jesus Christus sind neue Kreaturen, neue Schöpfungen. Allerdings, der „alte Adam" lebt noch. Er hat zwar abgedankt, aber er redet hier und da noch ein Wörtchen mit. Er hat zwar die Wirtschaft aus der Hand gegeben, aber es fällt ihm schwer, sich ganz zur Ruhe zu setzen. Er steckt seine Nase überall hinein. An jeder Ecke hat er seine Hand im Spiel. Er redet mit, aber er hat kein Recht und keine Macht mehr, das Heft in die Hand zu nehmen.

Christen sind Menschen, die in Christus Jesus sind. Christen sind keine Idealisten, denn sie wissen um die Sünde. Christen sind keine Optimisten, denn sie wissen vom Teufel. Christen sind keine Pessimisten, denn sie wissen von Gott. Christen sind Realisten, die mit Jesus rechnen und darum mit dem alten Adam täglich abrechnen.

Erneuere mich, o ewigs Licht, und laß von deinem Angesicht mein Herz und Seel mit deinem Schein durchleuchtet und erfüllet sein. Amen.

(Johann Friedrich Ruopp)

Wer zu Christus gehört, ist ein neuer Mensch geworden. Was er früher war, ist vorbei, und etwas ganz Neues hat begonnen. 2. Korinther 5, 17

Es geht immer wieder um uns *Menschen. Wir* bestimmen die Geschicke der Welt, *wir* plündern unseren Planeten. *Wir* fördern oder lindern den Hunger in der Welt, *wir* machen Krieg oder Frieden. Wenn man von den „Linden" kommend die Humboldt-Universität in Ostberlin betritt, wird der Blick gleich in der Eingangshalle gefangen durch das in goldenen Lettern dort eingegrabene, berühmte Wort von Karl Marx: „Die Philosophen haben die Welt nur verschieden interpretiert; es kommt aber darauf an, sie zu verändern." Heute bewegt die in dieser These angemeldete Forderung weit über den Raum sozialistischer Gesellschaftsordnung hinaus viele junge Menschen.

Wie verhalten sich die „Änderung der Welt" und die „Veränderung des Menschen" zueinander? Was muß im Vordergrund stehen: die Erneuerung des einzelnen oder die Erneuerung der Welt? Müssen nicht zunächst die Strukturen bekehrt werden, wie viele meinen, auch im kirchlichen Bereich? Müssen wir nicht kaputtmachen, was uns kaputtmacht? Mit dieser Frage steht und fällt das rechte Verständnis vom Menschen.

Unmißverständlich sagt der Neutestamentler Professor Günter Klein: „Wo die Herzen die gleichen bleiben, wechseln die Zustände allenfalls ihre Masken. Daher lehrt uns Jesus das Grauen nicht vor dem, was von der Außenwelt in den Menschen hineingelegt wird, sondern vor dem, was an Bosheit aus ihm hinausgelangt. Und die Verhältnisse? Die lernen das Tanzen, wo begnadigte Sünder ihnen den Dienst aufkündigen."

Wer zu Christus gehört, ist ein neuer Mensch geworden. Kein lupenreines Musterexemplar! Wie sagt der Text: „Ein Neues hat begonnen!" Und dieses begonnene Neue im Menschen bringt die Verhältnisse zum Tanzen.

Herr, du allein bist der vollkommene neue Mensch, wir gehören dir, und du beginnst in uns ein Neues. Amen.

Freuet euch vielmehr darüber, daß eure Namen im Himmel eingeschrieben stehen. Lukas 10, 20

Was ist der *Mensch?* Eine Fehlkonstruktion, eine Ameise in einem riesigen Ameisenhaufen, ein Körnchen Sand auf der Oberfläche der Erde oder eine Nummer?
Im Jahre 1920 erschien Jewgenij Samjatins Zukunftsroman vom numerierten Menschen. Es führte den bezeichnenden Titel „Wir". Es waren die Aufzeichnungen von Dr. D – 503, Konstrukteur eines Weltraumschiffes. „In mustergültig ausgerichteten Viererreihen", schrieb D – 503 an einer Stelle, „marschierten die Nummern im Takt zu den feierlichen Klängen, hunderte, tausende, alle in blaugrauen Uniformen, mit goldenen Abzeichen auf der Brust – die uns vom Staat gegebene Nummer, die wir tragen."
50 Jahre später geht die Numerierung des Menschen ihrer Perfektion entgegen. Sie ist Voraussetzung für die Errichtung von Datenbänken. Der Mensch ist ja schon vielfach numeriert, bei Finanzamt, Sparkasse, kommunalen Versorgungsbetrieben, wo immer er zahlen muß. Doch jetzt bekommt er eine Nummer, damit er betreut werden kann. So will es der Sozialstaat. So hat seit dem 1. Januar 1973 jeder eine Rentenversicherungsnummer.
Wie leicht kann der Mensch zur Nummer herabgewürdigt werden. Die Datenbank registriert Schwächen, Behinderungen, Erkrankungen, seelische und geistige Defekte.
Gott sei Dank ist es bei Gott anders! Wir sind seine Mitarbeiter, seine Ebenbilder und seine Statthalter. Welch eine Würde! „Freut euch, daß eure Namen im Himmel angeschrieben sind." Gott behandelt uns nicht wie eine Nummer, speichert nicht unsere Schwächen, Lücken und Mängel. Gott registriert uns nicht, Gott liebt uns.

O Wunderliebe, die mich wählte vor allem Anbeginn der Welt und mich zu ihren Kindern zählte, für welche sie das Reich bestellt. O Vaterhand, o Gnadentrieb, der mich ins Buch des Lebens schrieb. Amen. (Johann Gottfried Herrmann)

Zieht den neuen Menschen an, den Gott nach seinem Bild geschaffen hat. Dann könnt ihr recht und heilig leben, wie Gott es will. Epheser 4, 24

Es geht um den *neuen Menschen.* Dr. Karl Otto Horch, Verfasser vieler Jugendbücher und jahrelanger Chefredakteur einer CVJM-Zeitschrift, schrieb einmal über die Erfahrung eines Buchhändlers, der beklagte, daß sich viele Menschen beim Bücherkauf nach den Umschlaghüllen richten und Titel bevorzugen mit dem Aufdruck: „Neu — soeben erschienen." Das Eigenschaftswort „neu" gehört zu den Zauberformeln unserer Tage. *Neue* Gedanken sind gefragt, *neue* Mode, *neue* Plattenhits, *neue* Modelle werden bevorzugt.

Was bedeutet das Wörtchen „neu"? Sein Gegensatz ist „alt", dessen Gegenüber also „jung". Heißt „neu" sein also „jung" sein? In einem Wörterbuch steht: Im eigentlichen Sinn ist neu „soeben erst entstanden".

Und das Werden des neuen Menschen? Es hat nichts mit ruheloser Geschäftigkeit zu tun und mit besonderer Reformfreudigkeit. Im Gegenteil: Es setzt das „Sich-erneuern" voraus. Menschen, die Christus Macht geben über ihr Leben, sind in der Lage, neu zu werden. Selbst der Entwurf des neuen Menschen ist nicht unser Produkt. Gott ist der Schöpfer, der Architekt und der Handelnde. Gott ist der Maßstab und das Maß, er verleiht uns den rechten Zuschnitt. Gott will uns nicht ein neues Kleid verschaffen und eine neue Fassade. Er will, daß wir neu werden — und zwar innen und außen. Darum ist die Bekehrung keine Renovierung, sondern ein Neuwerden von Grund auf. Sie ist ein Geschenk und keine fromme Leistung, Gnade und keine eigene Anstrengung.

Vertreib aus meiner Seelen den alten Adamssinn und laß mich dich erwählen, auf daß ich mich forthin zu deinem Dienst ergebe und dir zu Ehren lebe, weil ich erlöset bin. Amen.

(Ludwig Andreas Gotter)

So bringt jeder gute Baum gute Früchte. Matthäus 7, 17

Was ist der *Mensch*? Wie wird er gut?
Der Berliner Theologe Heinrich Vogel schrieb über ein Gespräch mit dem indischen Guru Vinoba Babe: „Vinoba Babe ist ein indischer Asket und Wanderprediger, der den indischen Subkontinent durchwanderte, um reiche Landbesitzer dazu zu bringen, mit Armen das Land zu teilen. Einige Missionstheologen besuchten und fragten ihn: ‚Wie kann nach Ihrer Meinung der Egoismus des Menschen überwunden werden?' Vinoba Babe antwortete: ‚Der Mensch ist gut, die Verhältnisse machen ihn schlecht!' Professor Vogel sagte zu ihm: ‚Der Mensch ist, obwohl er schlecht ist, von Gott geliebt.' Er antwortete: ‚Wie kann denn Gott lieben, was nicht gut ist?'"
Atheisten und viele religiöse Menschen stimmen in der Grundvoraussetzung überein, daß der Mensch gut ist und nur die Verhältnisse geändert werden müssen. Aber stimmt das? Ist es nicht vielmehr so, daß zuerst des Menschen Egoismus überwunden werden muß? Noch einmal Professor Vogel: „In einer Zeit, in der die Umstrukturierung des Evangeliums in unsere Ideen und Ideale die radikale Verkündigung der Gnade Gottes in der Rechtfertigung des Gottlosen um Christi willen zu einem raren Wunder werden läßt, kann nicht scharf genug daran erinnert werden, daß nicht die guten Früchte den guten Baum erbringen, sondern der gute Baum die guten Früchte!"
Der Christ wird nur aus dem Glauben gut. Nicht die neuen Verhältnisse machen einen neuen Menschen, sondern der von Christus erneuerte Mensch schafft neue Verhältnisse. Der neue Mensch verdankt seine neue Existenz einer Erneuerung durch seinen Herrn. Er lebt aus dem Glauben, er lebt aus Gott! Auf diese Weise bringt der gute Baum auch gute Früchte.

Wenn du uns erneuerst, sind wir neu, Herr. Wenn du uns gut machst, bringen wir gute Früchte. Dir sei Dank. Amen.

Das Sinnen und Trachten des Menschenherzens ist böse von Jugend auf. 1. Mose 8, 21

Was ist der *Mensch?*
Nach dem Kriege hat einer der bedeutendsten Mathematiker und Wissenschaftler unseres Jahrhunderts, Albert Einstein, das Hauptproblem unserer Welt ins rechte Licht gerückt. Einstein sagte: „Das wahre Problem der Menschheit liegt in den Herzen und Gedanken der Menschen. Es ist nicht ein physikalisches Problem. Es ist einfacher, die Zusammensetzung des Plutoniums zu ändern als den boshaften, ichbezogenen Geist eines Menschen. Ich fürchte nicht so sehr die Explosivkraft der Bombe, vielmehr die Macht der Bosheit des menschlichen Herzens, seine Explosionskraft für das Böse."
Das Übel in der Welt ist kein physikalisches Problem. Physikalische Probleme sind lösbar. Das Problem des Menschen ist auch nicht politischer, soziologischer und psychologischer Natur. Politik, Soziologie und Therapie können verbessern, können Übel verkleinern und die Macht der Bosheit eindämmen. Aber das Herz des Menschen können sie nicht neu machen. Der Keim zu neuer Bosheit, zu Krieg, Streit, Mißtrauen, Haß, Neid, Eifersucht und Überheblichkeit sitzt im Wesen der menschlichen Persönlichkeit. Darum kann allein Gott den neuen Menschen schaffen. Er knüpft nicht an Restbestände des alten Menschen an; im Glauben an Gott schafft er den neuen. Er schenkt neue Herzen und eine neue Gesinnung.

Nun, Herr, verleih mir Stärke, verleih mir Kraft und Mut; denn das sind Gnadenwerke, die dein Geist schafft und tut; hingegen meine Sinnen, mein Lassen und Beginnen ist böse und nicht gut. Amen.
(Ludwig Andreas Gotter)

Wundere dich nicht, daß ich zu dir gesagt habe: Ihr müßt von oben her (oder: von neuem) geboren werden.
Johannes 3, 7

Billy Graham schrieb in seinem Buch „Entscheidung": „Ein Marxist, der vor einiger Zeit im Hydepark in London sprach, zeigte auf einen Mann in Lumpen. Er schrie: ‚Der Kommunismus kann diesem Mann einen neuen Anzug anziehen.' Ein Christ, der in der Nähe stand, zeigte auf den Mann und schrie: ‚Jesus kann einen neuen Mann in den Anzug stecken.' Das ist der Unterschied zwischen Kommunismus und Christentum.
Christus kam ‚im Fleisch', um neue Männer und Frauen zu machen, eine neue Gesellschaft, eine neue Rasse von Menschen. Sie werden nicht einfach nur verbessert, wenn sie zu Jesus kommen; er zieht ihnen nicht nur einen neuen Anzug an. Jesus Christus schafft einen neuen Menschen. Er gibt ihnen ein neues Herz. Sie werden durch den Geist Gottes erneuert. Das ist es, was ‚wiedergeboren werden' meint."
Heute muß unmißverständlich gesagt werden: Die soziale, politische und nationale Erneuerung beginnt mit dem Neuwerden des einzelnen. Wenn wir uns verändern, verändert sich die Umgebung. Wenn wir mit Jesus ernst machen, und das ist die Revolution von oben, bleibt dieser Ernst nicht ohne Reaktion. Wenn die Revolution von einzelnen um sich greift, verwandelt sich die Gesellschaft. Erwarten wir von der Gesellschaft, den anderen, dem Staat, der Kirche und den Eltern die Veränderung oder fangen wir bei uns an? *Ihr* müßt von oben her geboren werden . . ., nicht die anderen.

Schaff in mir, Herr, den neuen Geist, der dir mit Lust Gehorsam leist' und nichts sonst, als was du willst, will; ach Herr, mit ihm mein Herz erfüll. Amen.
(Johann Friedrich Roupp)

30. März

Die Liebe ist langmütig, ist gütig (oder: freundlich); die Liebe ist frei von Eifersucht (und Neid).

1. Korinther 13, 4

Wir wollen ab heute einige Tage über die *Liebe* nachdenken. Die Liebe, von der hier die Rede ist, ist keine Allerweltsliebe. Sie ist nicht von Sympathie, schönen Haaren, einer idealen Figur, einer angenehmen Stimme und von Charaktereigenschaften abhängig.

Das griechische Wort *agape* (Liebe) beinhaltet die größte aller Tugenden. Sie verkörpert die charakteristische Tugend des christlichen Glaubens überhaupt. Die griechische Sprache ist sehr ausdrucksstark. Sie kennt allein vier verschiedene Ausdrücke für Liebe. Das Wort *agape* kommt allein im Neuen Testament als Hauptwort 120mal und als Verb 130mal vor. Die Agape-Liebe fordert den ganzen Menschen. Sie erstreckt sich nicht nur auf den Nächsten, auf geliebte Menschen, sie bezieht die ganze Menschheit mit ein und vor allen Dingen den Feind.

Die Agape-Liebe ist mehr als ein *Gefühl*. Sie ist eine *Gesinnung*. Die Agape-Liebe läßt sich nicht von Gefühlen und Neigungen beherrschen. „Diese christliche Liebe – *agape* – ist nicht nur gefühlsmäßige Erfahrung, die wir ungewollt und ungesucht machen, sondern ein wohlüberlegtes Prinzip des Verstandes und eine bewußte Eigenschaft des Willens. Sie ist in Wirklichkeit die Kraft, den unliebenswürdigen und unsympathischen Menschen zu lieben. Christliche Liebe – *agape* – ist daher *unüberwindliches Wohlwollen, unbesiegbarer guter Wille*", schreibt der englische Theologe William Barclay. Diese Agape-Liebe ist für den natürlichen Menschen unmöglich. Die Vollkommenheit dieser Liebe ist Christus selbst. Wer an ihn glaubt, wer aus ihm lebt und denkt, dessen Liebe ist „langmütig, ist gütig (oder: freundlich)". Brauchen Sie und ich nicht solche Gesinnung?

Herr, dein Leiden, Leben und Lieben ist vollkommene agape. Ohne dich kommt es bei uns zu unzähligen Beziehungsstörungen. Mit dir bricht eine völlig andere Gesinnung an. Herr, gestalte uns um! Amen.

Du sollst deinen Nächsten lieben wie dich selbst: Ich bin der Herr! 3. Mose 19, 18

Es geht um *Liebe.* Sie ist ein unerschöpfliches Kapital. Der fundamentale Satz des Alten und Neuen Testaments hat auch für die *seelische* Gesundheit eines Menschen grundlegende Bedeutung. Warum? Dale Carnegie beschrieb in seinem Buch „Sorge dich nicht – lebe!" den verstorbenen Dr. Frank Loope aus Seattle in Washington, der über die Grenzen seines Landes bekannt wurde, weil er einen „Briefclub" gründete, der unzähligen Menschen Freude in das Leben Kranker, Bettlägeriger und Eingeschlossener brachte. Er selbst hatte 23 Jahre lang ein schweres Leiden – Arthritis – und konnte sich nur unter starken Schmerzen im Bett bewegen. Carnegie wörtlich: „Wie ging es zu, daß dieser bettlägerige Kranke seinem Leben so viel abgewann? Brachte er das durch Klagen und Kritisieren zuwege? ... Er legte sich Listen mit den Namen anderer Kranker an und heiterte sowohl sie wie sich selbst auf, indem er ihnen fröhliche, Mut einflößende Briefe schrieb. Ja, er organisierte einen Briefclub für Kranke und Leidende und veranlaßte sie, einander zu schreiben. Schließlich gründete er noch eine jetzt über ganz Amerika verbreitete Gesellschaft, die er den ‚Bund der Eingesperrten' nannte. Von seinem Bett aus schrieb er durchschnittlich 1400 Briefe im Jahr und brachte Freude in das Leben Tausender von Kranken."
Er war kein „egozentrisches Häuflein Krankheit und Verdrießlichkeit", wie George Bernhard schrieb, sondern ein Mensch, der seelisch gesundete, weil er Freude brachte und andere Menschen liebte. Wir können aber nicht Liebe produzieren wie kleine Brötchen. Unsere Liebesbatterie ist schnell leer. Wir brauchen jemand, der uns auflädt. Christus hat nicht Liebe, er *ist* die Liebe. Wer aus ihm lebt, ist an diesen Liebesstrom angeschlossen.

O Herr, verleih, daß Lieb und Treu in dir uns all verbinden, daß Hand und Mund zu jeder Stund dein Freundlichkeit verkünden, bis nach der Zeit den Platz bereit' an deinem Tisch wir finden. Amen.

(Friedrich Spitta)

Vertrau auf den Herrn und tu das Gute . . . so wird er dir geben, was dein Herz begehrt. Psalm 37, 3 u. 4

Liebe üben ist auch ein leib-seelisches Fitness-Programm. Ein Drittel all derer, die zum Nervenarzt laufen, könnten sich wahrscheinlich selbst helfen, wenn sie nur eins täten: sich für andere einsetzen. Gutes tun ist nicht nur ein Glaubensgebot, sondern es ersetzt viele Päckchen Valium. „Eine gute Tat ist eine solche, die ein Lächeln der Freude auf das Antlitz eines anderen zaubert", so hat es der Prophet Mohammed gesagt. Das Lächeln der Freude strömt zurück, und der Mensch hat sich nicht mehr in erster Linie im Auge.
Wie sagte der Schweizer Psychologe und Psychiater C. G. Jung: „Etwa ein Drittel meiner Patienten leiden nicht an einer klinisch definierbaren Neurose, sondern an der Sinnlosigkeit und Leere ihres Daseins." Sie kreisen um sich selbst, um ihre Wehwehchen und ihre egozentrischen Wünsche.
Der Direktor des Psychological Service Center in New York, Henry C. Link, kommentiert: „Keine andere Entdeckung der modernen Psychologie hat in meinen Augen eine solche Bedeutung wie der wissenschaftlich erbrachte Beweis, daß es nötig ist, sich selbst aufzuopfern und in Zucht zu halten, um Selbsterfüllung und Glück zu finden."
Die Bibel sagt es ähnlich: „Vertrau auf Gott und tu das Gute, so wird er dir geben, was dein Herz begehrt." Eine großartige Verheißung! Reizt das nicht zum Ausprobieren? Wer möchte nicht haben, was das Herz begehrt? Unter einer Voraussetzung: „Vertrau auf den Herrn." Setz dein Leben auf eine Karte – auf Jesus Christus, und du wirst stark, Liebe zu schenken, die dich glücklich und zufrieden macht. Wollen wir noch mehr?

Ach zünde deine Liebe in meiner Seele an, daß ich aus innerm Triebe dich ewig lieben kann und dir zum Wohlgefallen beständig möge wallen auf rechter Lebensbahn. Amen.

(Ludwig Andreas Gotter)

Jener wollte sich aber rechtfertigen und sagte zu Jesus: „Ja, wer ist denn mein Nächster?" Lukas 10, 29

Liebe ist Nächstenliebe. Eine andere Fassung des Gleichnisses vom barmherzigen Samariter, aus dem der Bibelvers genommen ist, fand ich in einem Themenheft für die Bundeswehr. Alfred Salomon schreibt da: „Es fuhr einer von Siegen hinab nach Bonn. In einer unübersichtlichen Kurve überholten ihn 4 junge Leute. Sie drückten ihn von der Fahrbahn. Er prallte gegen einen Baum. Sie fuhren unbekümmert weiter und ließen ihn halbtot unter den Trümmern liegen. Wenige Minuten darauf kam ein Pfarrer in seinem Auto vorbei. Er mußte zum Unterricht. Er sah den Schrotthaufen im Straßengraben. Doch er sagte sich: Auf dieser befahrenen Straße kommen noch andere. Die mögen helfen! Und fuhr vorbei. Nach ihm kam der Schriftleiter eines kirchlichen Blattes. Der war noch eiliger dran. Darum fuhr er auch vorbei. Ein Gastarbeiter aber war unterwegs. Er stoppte, verband den Verunglückten, packte ihn in seinen Wagen und fuhr ihn zum nächsten Motel. Dort bezahlte er auf 3 Tage im voraus und sicherte dem Wirt zu, daß er auch für alle weiteren Kosten aufkomme. Wer von allen hatte den Sinn seines Lebens begriffen? Der im Menschen den Menschen sah!"
Der fromme Gesetzeslehrer „rechtfertigte" sich. Im Psychologendeutsch nennen wir das heute: er rationalisierte, er wehrte eine unangenehme Forderung mit einer rhetorischen Frage ab. Liebe ist Tat und keine Rationalisierung. Liebe hat Vorfahrt und stellt die Mitmenschen in den Vordergrund. Termine, Verabredungen und Geschäfte kommen später. So sollte es sein. Leider spielen Eile und Hetze der Liebe einen Streich in unserem Leben. Gibt Jesus heute den Ton an, können die Akzente der Liebe besser gesetzt werden. Oder?

Gib, daß deiner Liebe Glut unsere kalten Werke töte, und erweck uns Herz und Mut bei entstandner Morgenröte, daß wir, eh wir gar vergehn, recht aufstehn. Amen. (Christian Knorr von Rosenroth)

3. April

Liebe freut sich nicht über die Ungerechtigkeit, freut sich vielmehr mit der Wahrheit. 1. Korinther 13, 6

Die *Liebe* ist der Schlüssel der christlichen Botschaft. Liebe ist das eigentliche Abzeichen der Christen.

Die größte Herausforderung für das Christentum besteht weltweit gegenwärtig im revolutionären Sozialismus. Es sind nicht die ökonomischen Leistungen, die faszinieren, sondern die Ideologie. Darum hat Bertold Brecht in seinem Lehrstück „Die Maßnahme" formuliert: „Wer für den Kommunismus kämpft, muß die Wahrheit und nicht die Wahrheit sagen, Versprechen halten und Versprechen nicht halten, sich in Gefahr begeben und Gefahr vermeiden. Wer für den Kommunismus kämpft, hat von allen Tugenden nur eine: daß er für den Kommunismus kämpft."

Die Wahrheit des Kommunismus ist eine andere als die des Christen. Ein Beispiel mag das verdeutlichen. Im Jahre 1892 entstand in einer russischen Provinz eine schwere Hungersnot. Lenin verweigerte damals einer Hilfsaktion zugunsten der hungernden Bevölkerung jede Unterstützung mit der Begründung, eine Hilfe in der Hungersnot würde nur das System stützen und verlängern, das beseitigt werden müsse. In den Augen der Marxisten wäre praktizierte christliche Nächstenliebe eine erzreaktionäre Handlung gewesen. Nicht der Mensch steht im Mittelpunkt des Denkens. Die Wahrheit hat einen doppelten Boden, und die Liebe ist reaktionär. Wenn es um die Gesellschaft geht, kann der Kommunist Unrecht tun, die Wahrheit leugnen, lügen und Versprechungen brechen. Das sind für Christen unannehmbare Grundsätze. Die Liebe aus Christus freut sich nicht der Ungerechtigkeit, verleugnet nicht die Wahrheit, sondern setzt sich mit der ganzen Existenz dafür ein, daß Wahrheit Wahrheit bleibt, Unrecht Unrecht genannt und Not gelindert wird, ob sie Kommunisten oder Christen, Schwarze oder Weiße trifft.

Liebe, die du Kraft und Leben, Licht und Wahrheit, Geist und Wort, Liebe, die sich ganz ergeben mir zum Heil und Seelenhort: Liebe, dir ergeb ich mich, dein zu bleiben ewiglich. Amen. (Johann Scheffler)

Alles, was ihr einem von diesen meinen geringsten Brüdern getan habt, das habt ihr mir getan.

Matthäus 25, 40

Nächstenliebe ist das Hauptcharakteristikum eines Christen. Sie kann praktisch durch nichts eingeschränkt werden.

In den heiligen Schriften des Buddhismus findet sich eine Erzählung von einem ehrwürdigen Mann, der Frau und Kind verläßt, um in der Einsamkeit ein frommes Leben zu führen. Die Frau erfährt, in welchem Wald er sich aufhält, nimmt ihr Kind und trifft ihn, als er gerade am Fuß eines Baumes seine Mittagsruhe hält. Dreimal hält sie ihm ihr Kind hin und fleht ihn an: „Sieh doch deinen kleinen Sohn, Asket – ernähre mich!" Doch der Fromme hört und sieht sie nicht. Da legt sie schließlich das Kind zu seinen Füßen nieder und geht fort mit den Worten: „Dies ist dein Sohn, Asket – ernähre ihn!" Als sie merkt, daß er das Kind weder anblickt noch zu ihm spricht, kehrt sie wieder um, nimmt ihr Kind und geht mit ihm fort. Diese Erzählung schließt mit der Feststellung, daß Buddha, der Erhabene, mit dem himmlischen Auge, das ungehörige Betragen der Frau scharf getadelt habe. Den Mann aber, „der von aller Anhänglichkeit frei" war, nennt er einen rechten Brahmanen.

Uns stockt der Atem. Buddha lobt den rechten Brahmanen. Hier wird der fundamentale Unterschied zur christlichen Lehre und zum christlichen Leben deutlich. Christus hätte diesen hartherzigen Mann keinen „rechten Christen" genannt. Jesus erzählt im Gegenteil die Geschichte vom barmherzigen Samariter und tadelt die Frommen, die ihren Gottesdienst und kirchliche Amtsgeschäfte wichtiger nehmen als die tätige Liebe.

Nachfolge Jesu ohne Nächstenliebe ist Perversion der Liebe. Was wir dem Nächsten tun und getan haben, das tun wir Ihm. Machen wir uns das klar?

Herr, du bist die vollkommene Liebe. Ohne dich ist unsere Liebe Stückwerk. Mit dir werden wir glaubhafte Zeugen. Amen.

Die Liebe sei ungeheuchelt! Römer 12, 9

Wie sieht *wahre Liebe* aus?
In „Das Beste aus Reader's Digest" las ich eine kleine Begebenheit. „Freunde von uns hielten in Arkansas auf der Landstraße vor einer Bude mit Wassermelonen, an der stand: ‚Fünf Stück für einen Dollar.' Der Bauer legte ihnen jedoch für ihren Dollar sechs Melonen in den Kofferraum.
Als unsere Freunde ihn auf seinen Irrtum aufmerksam machten, erwiderte er: ‚Ich gebe immer sechs. Ich könnte auch gleich sechs für einen Dollar verkaufen, aber so finden alle, ich sei ein netter Kerl.'"
Wie finden Sie die Haltung des Bauern? Verhält er sich liebenswürdig, berechnend, klug oder raffiniert? Was will er bezwecken? Ist das die zitierte „ungeheuchelte" Liebe? Oder stecken hinter der ungeheuchelten Art nicht auch eine Portion Egoismus und Eitelkeit? Ja, wir müssen uns als Christen die Frage stellen: Gibt es überhaupt eine reine, ungeheuchelte Liebe? Ist Liebe ohne Hintergedanken, ohne Nebengedanken, ohne Absichten und Nebenabsichten überhaupt möglich? Was will denn der Verkäufer mit seiner Liebenswürdigkeit *bezwecken?* Müssen wir uns auch vorteilhafter geben, als wir sind? Fühlen wir uns sonst nicht genügend geachtet?
Aber auch das andere gilt, wie es Paulus im Korintherbrief klar zum Ausdruck gebracht hat: Liebe, Weisheit und Wissen bleiben auf dieser Erde Stückwerk. Die *reine* Liebe ist personifiziert in Gott, in Jesus Christus. Wir sind und bleiben in der Liebe nur ein schwaches Abbild unseres Herrn. Wir bejahen dieses Stückwerk, wie wahrscheinlich auch der Bauer seine Liebe mit Hintergedanken voll akzeptiert.

Liebe, hast du es geboten, daß man Liebe üben soll, o so mache doch die toten, trägen Geister lebensvoll. Zünde an die Liebesflamme, daß ein jeder sehen kann: wir, als die von einem Stamme, stehen auch für einen Mann. Amen.

(Nikolaus L. Graf von Zinzendorf)

Wer zu mir kommt und meine Worte hört und nach ihnen tut . . . Er gleicht einem Mann, der, als er ein Haus bauen wollte . . . und die Grundmauern auf den Felsen legte. Lukas 6, 47—48

Es geht um *Nachfolge,* um Hören und Tun.
Nehmen wir an, Sie sind schwer krank und hören von einem bedeutenden Arzt, der bei Ihrer Krankheit große Erfolge zu verzeichnen hat. Eines Tages machen Sie sich zu ihm auf. Sie nehmen eine anstrengende Bahnfahrt auf sich und landen im Vorzimmer dieses bedeutenden Mannes. Im Vorzimmer sitzt eine unfreundliche Dame, die Sie unhöflich und kalt empfängt und alle nur denkbaren schlechten Gefühle in Ihnen weckt. Sie sind so enttäuscht von der Begrüßung durch die unfreundliche Dame, daß Sie das Haus des berühmten Mannes verlassen und heimreisen. Was, glauben Sie, werden Ihre Angehörigen und Bekannten sagen, wenn Sie unverrichteter Sache heimkehren? Sie machen Ihnen – mit Recht – Vorwürfe. Warum? Es wäre wirklich nicht zu verstehen, wenn Sie auf die Hilfe des Arztes verzichtet hätten, nur weil in seinem Vorzimmer eine Ihnen unsympathische Dame saß.
Handeln nicht viele, die zu Jesus wollen, ähnlich? Wer zu ihm kommen will und sich von seinem „Personal" abgestoßen fühlt, benutzt eine schlechte Ausrede. Auch Christen haben ihre Fehler, Schwächen und unangenehmen Eigenarten. Das verleitet dann manchen zu der Ausrede: „Wenn das Bodenpersonal Gottes attraktiver wäre, würde ich mich zum lebendigen Gott aufmachen."
Glauben Sie nicht an die Christen — das wird auch in der Bibel an keiner Stelle verlangt —, sondern glauben Sie an Jesus Christus selbst! Bleiben Sie nicht im Vorzimmer, sondern gehen Sie weiter. Wer *kommt, hört* und *tut* — das sind die entscheidenden Tätigkeitswörter — der handelt klug.

Du bist das Licht der Höhe, du bist der Jesus Christ, der Fels, auf dem ich stehe, der diamanten ist. Der nimmermehr kann wanken, der Heiland und der Hort, die Leuchte der Gedanken, die leuchten hier und dort. Amen. (Ernst Moritz Arndt)

7. April

Schmecket und sehet, wie freundlich der Herr ist.

Psalm 34, 9

Nachfolge ist Tat und nicht in erster Linie komplizierte Gedankenarbeit.
Der Begründer der analytischen Psychologie, der Schweizer Carl Gustav Jung, ein Schüler und Mitarbeiter Sigmund Freuds, hat einmal von der Erfahrung gesprochen, die Realität Gottes zu finden. Er sagte: „Niemand kann diese Dinge wirklich verstehen, es sei denn, er hätte sie selbst erfahren. Ich bin daher selbst viel mehr daran interessiert, Wege zu zeigen, um zu einer solchen Erfahrung zu kommen, statt daran, intellektuelle Formeln auszubrüten, die aus Mangel an Erfahrung notwendigerweise ein leeres Wortgeklingel bleiben müssen. Das ist es auch, warum unser Herr seine Jünger mit dem einfachen Wort ‚Kommt!' berief. Und warum seine Nachfolger ihrerseits sagten: ‚Schmecket und sehet!'"
Nachfolge Jesu ist Aktivität. Menschliche Weisheit genügt nicht. Nachfolge ist Tat. Sie will geglaubt, gelebt und geschmeckt werden. Zum Beispiel im Abendmahl. Erfahrungen kann man nur sammeln, wenn man sich auf den Weg macht. Von Nachfolge kann man nur sprechen, wenn man mit Jesus unterwegs ist. Diskussionen über Glauben und Nachfolge, über den Wert und Unwert, sind nützlich, doch das Praktizieren ist notwendig. „Schmecket und sehet!" Treffsicherer kann man es nicht sagen. Alle Sinne sind beteiligt, nicht nur der Verstand. Die Welt kann sich nur ändern, wenn wir uns verändern. Die Welt kann nur umgewandelt werden, wenn wir uns umwandeln.

Lieber Herr Jesus: Ich will für dich arbeiten, aber das kostet meine Zeit. Mach' mich frei von der Zeit! Ich will deine Wege gehen, aber das kostet meine Ziele. Mach' mich frei von meinen Zielen. Ich will deinen Willen tun, aber das kostet meine Wünsche. Mach' mich frei von meinen Wünschen. Ich will dir ganz gehören, aber das kostet meine Bindungen. Mach' mich frei von meinen Bindungen! Ich will dein Eigentum sein, aber dann gehört mir nichts mehr. Mach' mich frei von mir selbst. Amen.

(Peter Jonas)

8. April

So aber, weil du lau bist und weder heiß noch kalt, will ich dich aus meinem Munde ausspeien.

Offenbarung 3, 16

Nachfolge und Lausein sind zwei Paar Stiefel.
Eines Tages kam ein Klient in meine Beratung und sagte: „Ich glaube, ich bin ein bißchen ein Trinker." Ich sagte ihm: „Halten Sie sich selbst für einen Alkoholiker?" Er sagte kurz und prägnant: „Nein! Ich trinke zwar, aber ein Säufer bin ich auf keinen Fall." Er hielt sich ein bißchen für einen Trinker, aber nicht für einen Alkoholiker. Ist das nicht ein Widerspruch? Ist das nicht eine grobe Selbsttäuschung? In der Tat.
Stellen Sie sich bitte vor, Sie sind eine Patientin beim Frauenarzt, und er würde Ihnen sagen: „Sie sind ein bißchen schwanger." Wie würden Sie reagieren? Fragen Sie nicht sofort zurück: „Bin ich nun schwanger, oder bin ich nicht schwanger?" Können Sie sich vorstellen, wenn einer sagt: „Sie sind ein bißchen tot?"
Entweder – oder. Wir sind das eine, oder wir sind das andere. Darum können wir nicht sein:
ein bißchen christlich und ein bißchen weltlich,
ein bißchen gläubig und ein bißchen ungläubig,
ein bißchen für Christus und ein bißchen gegen Christus.
Wir entscheiden uns für ihn – mit all unseren Fehlern und Schwächen, mit allen Niederlagen und Rückfällen –, oder wir stehen mit dem Rücken zu unserem Herrn. Die Bißchen-Christen, die Lauen, die weder heiß noch kalt sind, die auf beiden Schultern tragen und keine Entscheidung treffen–, das sind die, die Gott zuwider sind. Ein hartes Wort!

Allein zu dir, Her Jesu Christ, mein Hoffnung steht auf Erden, ich weiß, daß du mein Tröster bist, kein Trost mag mir sonst werden. Amen.

(Konrad Hubert)

Ich aber will mich auf nichts berufen als auf das Kreuz unseres Herrn Jesus Christus. Galater 6, 14a

Im Mittelpunkt der Passion steht das *Kreuz.*
Professor Thielicke schreibt in seinem Buch „Das Bilderbuch Gottes": „Kürzlich war ich in New York in dem riesigen Palast der Vereinten Nationen, in dem die maßgebenden Führer der Völker zusammenkommen, wenn es einmal kriselt. Und in dem sie nach Fluchtwegen vor neuen Kriegen suchen. Ich bat einen der Ordner, mir die Kapelle zu zeigen, die sich in diesem Hause befinden sollte. Er antwortete: ‚Ach, sie meinen wohl den Meditationsraum?' Offenbar soll man also dort nicht beten, sondern nur meditieren, sich sammeln. Dieser Meditationsraum war auch danach. In einem völlig leeren, völlig weißen Raum ohne jeden Schmuck und ohne jedes Symbol standen einige Stühle. Die vordere Wand, jener Teil des Raumes also, wo in den Kirchen der Altar zu stehen pflegt, war von Scheinwerfern grell angestrahlt. Und was wurde dort angestrahlt: nichts — nothing."
Verlorene Leute wollen einer verlorenen Welt Rettung bringen. Leute im Anblick des „Nichts" wollen anderen Menschen raten, wollen Völkern einen Weg zeigen. Das ist unmöglich. Wie will man der Welt einen Inhalt geben, wenn das eigene Leben nur Leere widerspiegelt. Für Menschen, die sich selbst als Maßstab nehmen, ist das Kreuz eine Torheit. Sie wollen eine Welt retten, ohne selbst gerettet zu sein. Wer auf eine kahle Wand blickt, kann keinem Menschen helfen.
Wer sich auf das Kreuz beruft, rettet sich selbst und andere. Das Kreuz ist mehr als ein Symbol, es ist eine Gotteskraft.

Herr, vor deiner unbegreiflichen Liebe, die bis ans Kreuz ging, kann ich nur anbetend still werden. Dein Kreuz ist meine Rettung. Amen.

Weil er am Kreuz gestorben ist, ist die Welt für mich tot und bin ich tot für die Welt. Galater 6, 14b

Im Mittelpunkt der Passion steht das *Kreuz.* Es ist nicht nur ein Marterpfahl. „Die schlimmste, scheußlichste und grausamste Todesstrafe, die es gibt, ist der Kreuzestod. Der Begriff Kreuz muß nicht nur vom Leib römischer Bürger, sondern auch von ihren Gedanken ferngehalten werden", sagte Cicero seinen Landsleuten im alten Rom. Das ist eine Seite.

Ausgerechnet ein jüdischer Theologe, Pinchas Lapide, schreibt über das Kreuz: „Gleicht der Pfahl des Kreuzes nicht einem Pfeil, der, in der Erde wurzelnd, jäh zum Himmel weist – wie das Gebot der Gottesliebe, das die volle Selbsthingabe fordert? – Und gleicht der Querbalken, der unparteiisch nach rechts und links deutet, nicht jener schrankenlosen Nächstenliebe, die weder reich noch arm, schwarz noch weiß, weder Jude noch Christ kennt, sondern einzig und allein Menschenbrüder, die im gemeinsamen Vater-Gott die beste Gewähr für Sinn und Hoffnung unseres Lebens finden?"

In der Tat, am Kreuz offenbart sich Gottes totale Selbsthingabe. Das Kreuz offenbart, was Christus auf seine Schultern geladen hat. Pinchas Lapide hat recht: Das ist schrankenlose und klassenlose Nächstenliebe. Das Kreuz Christi ist der Schnittpunkt der Wege Gottes in unserem Leben. Es stirbt einer an uns, durch uns, aber auch für uns, – damit wir leben können. Wer das glaubend faßt, *weiß* es gewiß, daß die Welt mit ihren Reizen, Kräften und Mächten kein Anrecht mehr auf den Menschen hat. Die Welt ist tot für ihn.

Nun, was du, Herr, erduldet, ist alles meine Last; ich hab es selbst verschuldet, was du getragen hast. Schau her, hier steh ich Armer, der Zorn verdienet hat. Gib mir, o mein Erbarmer, den Anblick deiner Gnad. Amen. (Paul Gerhardt)

Denn das Wort vom Kreuz ist für die, welche verloren gehen, eine Torheit, für die aber, welche gerettet werden, für uns, ist es eine Gotteskraft. 1. Korinther 1, 18

Im Mittelpunkt der Passion steht das *Kreuz*. Kreuz und Auferstehung haben den Lauf der Weltgeschichte verändert. Und zwar grundlegend. Am Kreuz scheiden sich die Geister. Die einen halten es für eine Torheit, für ein Ärgernis. Im Griechischen steht das Wort *skandalon*. Wenn man Tiere fangen will, muß man Fallen stellen. Und dieses Fallenstellen heißt in der griechischen Sprache *skandalon*. Ein Skandalon ist also ein Fallstrick.
Fallen wir darüber ins Leben, oder fallen wir darüber in den Tod?
Eine der ersten Darstellungen des Gekreuzigten, die uns erhalten geblieben sind, stellen einen Mann dar, der mit rohen Strichen gezeichnet ist und einen Eselskopf trägt. Darunter sind die Worte zu lesen: „Alexander betet seinen Gott an." Man wollte damit einen Christen verspotten. Für viele ist Gott am Kreuz eine ausgesprochene Eselei. Für menschliche Vernunft ist das Wort vom Kreuz ein Märchen. Unsere Weisheit ist da am Ende. Für den Glaubenden aber ist der Tod Jesu eine Gotteskraft. Christus siegt durch Tod und Ohnmacht.
Wie ist das mit uns? Hat sich am Kreuz Ihr und mein Schicksal entschieden? Wird uns das Kreuz zum Skandal, zum Fallstrick? Oder ist es unsere Rettung?

O Lamm Gottes, unschuldig am Stamm des Kreuzes geschlachtet, allzeit funden geduldig, wiewohl du warest verachtet: all Sünd hast du getragen, sonst müßten wir verzagen. Erbarm dich unser, o Jesu. Amen. (Nicolaus Decius)

Im Gehorsam gegen Gott ging er den Weg der Erniedrigung bis zum Tod. Er starb den Verbrechertod am Kreuz. Philipper 2, 8

Im Mittelpunkt der Passion steht das *Kreuz.* Alle christlichen Meditationslehrer haben über die Meditation des Kreuzes gesprochen.
Friso Melzer rät, ein Kreuz mit schwarzer Tusche auf ein weißes Blatt Papier zu malen. Die Maße etwa: 10 cm der Längsbalken, 7 cm der Querbalken. Wer in der Stille meditiert, kann zu unterschiedlichen Erfahrungen kommen. Melzer gibt einige Erfahrungen wieder: „Das Kreuz steht vor meinem Wege. Es hält mich auf ... Dabei geht mir plötzlich auf, daß das Kreuz ja überhaupt ein Ärgernis ist. Es ist das Ärgernis der Welt überhaupt ... Wie sollte es anders sein, wenn Gott von oben herab (senkrechte Linie) durchkreuzt, was bei uns Wert hat (waagerechte Linie) ... Plötzlich hatte es menschliche Dimensionen, eine hochaufgerichtete Gestalt mit ausgebreiteten Armen ... Ich konnte nach dieser Stunde so beten, wie seit langer Zeit nicht mehr ... Zuerst habe ich kniend das Kreuz betrachtet und die Hände zusammengelegt ..."
Meditation ist eine Lebenshilfe für den Glaubenden. Alle ihre Techniken dienen dazu, die Botschaft des lebendigen Christus tiefer zu erfassen. Das Kreuz verdeutlicht mir die totale Hingabe und den totalen Gehorsam unseres Herrn. Das Kreuz ist die Unterwerfung des Sohnes unter den Willen des Vaters. Er erniedrigte sich bis zum Tode. Das Kreuz zeigt, was wir verdient haben. Das Kreuz zeigt, wie lieb uns Jesus hat. Es gibt keine Einsamkeit, keine Verlassenheit und Verzweiflung, die Christus am Kreuz nicht kennengelernt hat. Für uns.
Können wir das Kreuz meditieren, ohne im Kern unserer Existenz getroffen zu werden?

Drum sag ich dir von Herzen jetzt und mein Leben lang für deine Pein und Schmerzen, o Jesu, Lob und Dank, für deine Not und Angstgeschrei, für dein unschuldig Sterben, für deine Lieb und Treu. Amen.
(Justus Gesenius)

Dabei wollen wir Jesus nicht aus den Augen lassen. Er hat uns den Weg des Vertrauens geöffnet und bringt uns auch ans Ziel. Er hat das Kreuz auf sich genommen und sich nichts aus diesem schändlichen Tod gemacht.

Hebräer 12, 2

Im Mittelpunkt der Passion steht das *Kreuz*. Es ist das Zentrum der christlichen Botschaft. Das Kreuz zeigt, wer die Menschen sind.

Da hat vor einigen Jahren ein Buch Furore gemacht mit dem frechen Titel: „Gottesvergiftung". Geschrieben wurde es von Tilmann Moser, der radikal und unerbittlich mit dem Herrn aller Herren abrechnet, der angeblich sein Leben, Denken, Fühlen und Wollen vergiftet hat. Alle Fehlentwicklungen, Ängste und Unfreiheiten schiebt er Gott in die Schuhe. „Ich dachte, du wärst tot, begraben, zumindest aber vergessen oder wärst mir gleichgültig geworden." Seine vor Wut und innerer Verbitterung angefüllte Abrechnung schließt mit dem Satz: „Meine Augen lernen sehen, seit du mir nicht mehr den Horizont verdunkelst." Für Moser ist das Kreuz eine innere Versklavung, Gottesvergiftung und ein Horizontverdunkelung.

Am Kreuz scheiden sich die Geister. Ausgerechnet der heidnische Hauptmann, ohne die geringste christliche Beeinflussung aufgewachsen, gibt unter dem Kreuz ein beachtenswertes Zeugnis ab: „Wahrlich, dieser Mensch ist Gottes Sohn gewesen." Tilmann Moser dagegen, der von Kind auf mit christlichen Vokabeln groß wurde, mausert sich zum radikalen Christusgegner.

Das Kreuz fordert auch heute dieses Entweder–Oder: Skandal oder Gotteskraft, Quatsch oder Rettung, Gottesvergiftung oder ewige Gesundung. Sie und ich stehen vor dem Kreuz. Sie und ich müssen Stellung beziehen. Das Kreuz bringt uns zum Ziel, wie es der Hebräerbrief ausdrückt.

Du, unser Herr und Gott! Für uns hast du an unserer Statt Leid, Schuld und Tod erduldet. Deine Liebe ist unbeschreiblich. Darum ist dein Tod am Kreuz unsere Gotteskraft. Amen.

Durch das Blut, das der Sohn am Kreuz hingab, hat Gott Frieden zwischen sich und der Welt wiederhergestellt.
Kolosser 1, 20

Im Mittelpunkt der Passion steht das *Kreuz.* Es ist das Zentrum des christlichen Glaubens. Kreuze sind wieder in Mode. Wer demonstrieren oder provozieren will, trägt ein Kreuz. Er trägt es in Gold, Bronze, Silber oder aus Holz. Man trägt das Kreuz wie ein Amulett, wie einen Schutzschild gegen das Böse. Man trägt es gedankenvoll und gedankenlos, gleichgültig und nachdenklich.
Jede Partei hat ihr Zeichen. Jeder Staat hat seine Fahne. Auch die Christen haben ein Zeichen, ihre Fahne ist ihr Kreuz. Es symbolisiert eine grausame Hinrichtungsart im alten Rom. Und doch ist das Kreuz für den Christen mehr. Warum?
„Er trug unsere Krankheit und lud auf sich unsere Schmerzen. Er ist um unserer Missetat willen verwundet und um unserer Sünde willen zerschlagen. Die Strafe liegt auf ihm, auf daß wir Frieden hätten." Das ist die Botschaft vom Kreuz. Der Friede zwischen Gott und uns ist wiederhergestellt. Gott am Galgen – und zwar unseretwegen. Wer sich ohne Leistung und christliche Kraftmeierei beugt, um die Tat Christi am Kreuz *für sich* geschehen zu lassen, der gehört zu den Geretteten. Die sehen im Kreuz nicht ein schönes Halsgehänge, sondern den Marterpfahl, den Christus für uns erlitten hat. Das Wort vom Kreuz ist keine dogmatische Lehrformel, die wir kommentarlos schlucken müssen, sondern eine Tat Gottes, die die Welt – und mein Leben – verändert hat.

Nun, ich danke dir von Herzen, Herr, für die gesamte Not: für die Wunden, für die Schmerzen, für den herben, bittern Tod; für dein Zittern, für dein Zagen, für dein tausendfaches Plagen, für dein Angst und tiefe Pein will ich ewig dankbar sein. Amen.
(Ernst Christoph Homburg)

Alle haben ja gesündigt und ermangeln des Anrechtes auf die göttliche Herrlichkeit, so werden sie umsonst durch seine Gnade gerechtfertigt. Römer 3, 23—24

Wir bedenken *seine Passion.* Wir sind begnadigt. Es gibt bei uns ein Sprichwort, das sich eingebürgert hat: „Was nichts kostet, ist nichts wert."
Dietrich Bonhoeffer, ein Mann der Bekennenden Kirche, der im Konzentrationslager von den Nazis umgebracht wurde, hat das begriffen und beginnt sein Buch „Nachfolge" mit folgenden Worten: „Billige Gnade ist der Todfeind unserer Kirche. Unser Kampf geht heute um die teure Gnade. Billige Gnade heißt Gnade als Schleuderware, verschleuderte Vergebung, verschleuderter Trost und verschleudertes Sakrament; Gnade als unerschöpfliche Vorratskammer der Kirche, aus der mit leichtfertigen Händen bedenkenlos und grenzenlos ausgeschüttet wird; Gnade ohne Preis, ohne Kosten . . . Billige Gnade ist Predigt und Vergebung ohne Buße, ist Abendmahl ohne Bekenntnis. Billige Gnade ist Gnade ohne Nachfolge, Gnade ohne Kreuz, Gnade ohne den lebendigen, Mensch gewordenen Christus."
Wir werden umsonst gerechtfertigt. Die Gnade ist kostenlos. Das stimmt. Sie wird jedem angeboten, aber nicht nachgeworfen. Selbst Ärmste und Asoziale können sie in Anspruch nehmen. Auch angesammeltes geistliches Kapital ist nicht nötig. Lediglich ein Herz, das ernst macht und ernst machen will.
Gottes Gnade verpflichtet den, der sie empfängt. Sie ist immer verbunden mit dem, der am Kreuz sein Leben für die Menschen gab. Teuer ist die Gnade darum, weil sie Gott das Leben seines Sohnes gekostet hat. Wer diese Gnade empfangen hat, kann nicht schweigen. Er muß sie anderen weitervermitteln.

Solang ich noch hienieden bin, so ist und bleibet das mein Sinn: Ich will die Gnad in Jesu Blut bezeugen mit getrostem Mut. Amen. (Christian Gregor)

Was wollt ihr mir geben? Ich will ihn euch verraten.

Matthäus 26, 15

Wir denken über die *Passion* Jesu nach. Auf dem Weg zum Kreuz bleibt Jesus nichts erspart.

Der Schriftsteller Friedrich Dürrenmatt hat ein unter die Haut gehendes Bühnenstück geschrieben mit dem Titel „Besuch der alten Dame". Im Fernsehen lief es unter dem Titel „Der Besuch". Die Geschichte spielt im Kleinstädtchen Güllen, wo die Millionärin Zachanussian nach Jahrzehnten als alte Dame wieder aussteigt, um sich an ihrem ehemaligen Geliebten, der sie sitzengelassen hat, zu rächen. Eine ganze Stadt läßt sich mit Geld bestechen, um einen angesehenen Bürger und Stadtverordneten über die Klinge springen zu lassen. Selbst ehemalige Freunde und gute Bekannte werden schwach. Das Geld übt eine geheime Faszination auf die wohlanständigen Bürger aus. Neue Stiefel, Fernsehapparate, neue Büroeinrichtungen und Anzüge verfehlen ihre Wirkung nicht. Ohne Ausnahme wenden sich alle von ihm ab, der Richter und Polizeipräfekt, der Lehrer und der Pfarrer. Um einen Judaslohn sind sie bereit, einen Menschen preiszugeben. Die Begehrlichkeit der sogenannten anständigen Bürger Güllens geht buchstäblich über Leichen. Hat Dürrenmatt übertrieben? Hat er das käufliche menschliche Herz falsch eingeschätzt? Wir halten Judas für einen Lumpen. Wahrscheinlich war er's auch. Und wir? Sind wir bestechlich? Bertold Brecht hat scharf geurteilt: „Erst kommt das Fressen, dann die Moral." Die anständige Gesinnung löst sich in Nebel auf, wenn der Mensch bestochen wird. Der Mensch ist käuflich, eine vernichtende Aussage über den Menschen.

Einer der engsten Vertrauten Jesu verrät ihn. Das ist auch Passion, Verrat an Jesus. Ihn ausliefern um des eigenen Vorteils willen. Sind wir besser? Ist unsere Gesinnung edler? Wahrscheinlich werden wir es entrüstet von uns weisen, den Herrn aller Herren so schmählich zu verraten, wie es Judas getan hat.

Wir verurteilen Judas, Herr, und übersehen, wie wir dich täglich preisgeben. Wenn du uns nicht hilfst, werden wir zu Verrätern. Amen.

Denn euch ist in eurem Christenstand die Gnade zuteil geworden, nicht nur an Christus zu glauben, sondern auch um seinetwillen zu leiden. Philipper 1, 29

Die *Passion Jesu* ist einmalig und einzigartig. Wir können sie nicht nachvollziehen.
An einem Karfreitag wachte der Gefangene Juanito Pering zitternd vor Schrecken auf: Er hatte einen Traum gehabt. Christus war ihm erschienen und hatte seine blutigen Hände hilfesuchend nach Juanito ausgestreckt. Die Zellengenossen legten dem Verstörten den Traum aus: Juanito sei die Freiheit verheißen worden, er müsse aber ein Gelübde ablegen. Und der damals 27jährige tat einen Schwur: „Wenn ich entlassen werde, lasse ich mich jeden Karfreitag kreuzigen, solange ich lebe." Alljährlich am Karfreitag kommen gut 15 000 Gläubige und Touristen nach Panga, um Juanitos Kreuzigung mitzuerleben. Mittlerweile ist er auf den Philippinen zur lebenden Legende geworden. Um 10 Uhr morgens ist es soweit: Juanito schleppt sein schweres Kreuz zur Kreuzigungsstätte, begleitet von „römischen Soldaten". Einer von ihnen, der beste Freund des Fanatikers, treibt mit je 2 Schlägen Nägel durch Juanitos Handflächen tief ins Holz des Kreuzes. Der Gequälte schreit auf und erleidet in der Viertelstunde, die er am Kreuz hängt, Höllenqualen.
Juanito Pering wird in seiner Heimat als Heiliger verehrt. Blutige Selbstpeinigungen gehören auf den Philippinen zur Tagesordnung.
Das ist mißverstandene Passion, mißverstandener Karfreitag. Christus ist *für* uns hingerichtet und gefoltert worden. Sein Werk können wir nicht durch Selbstpeinigung und Werkgerechtigkeit verbessern. Mitleiden kann zum Christenstand gehören, aber um Seines Namens willen und wenn es uns auferlegt wird.

Herr, stärke mich, dein Leiden zu bedenken, mich in das Meer der Liebe zu versenken, die dich bewog, von aller Schuld des Bösen uns zu erlösen. Amen.
(Christian Fürchtegott Gellert)

Wir glauben an den, der unseren Herrn Jesus Christus von den Toten auferweckt hat, der um unserer Übertretungen willen in den Tod gegeben und um unserer Rechtfertigung willen auferweckt worden ist.

Römer 4, 24—25

Seine *Passion* ist eine Passion für *mich.*
Der Hamburger Bischof Dr. Hans-Otto Wölber besuchte den Maler Otto Kokoschka am Genfer See, der der Hauptkirche St. Nikolai ein Bild geschenkt hatte. Die Zeitung „Die Welt" brachte einen Beitrag Wölbers über den Besuch bei einem der prominentesten Maler unserer Zeit. „Aber unser Gespräch durchzieht noch ein ganz anderes Thema. Ich frage: ‚Warum haben Sie diese Kreuzigung Karfreitag 1972 gemalt?' Kokoschka: ‚Ich hatte eine schwere Lungenentzündung und wußte nicht, was wird. Aber als ich wieder zurecht gekommen war, da habe ich eben eine Kreuzigung gemalt . . . Es ist doch ein kleines Leben wie eine Motte, ein kurzer Flug, sie verbrennt im Licht. Man müßte 200, 300 Jahre leben.' In der Diskussion sagte einer aus der Runde, der dieses so menschliche Leben am Kreuz unterstreichen will, nebenher: ‚Für alle gestorben.' Kokoschka protestiert: ‚Was heißt für die Menschheit? Kann man das greifen, Menschheit? Ich habe doch ein Interesse daran — für mich.'"
In gesunden Tagen stehen wir in Gefahr, das Bekenntnis „Für uns gestorben" so dahin zu plappern, ohne letzten existentiellen Bezug. In Krankheit und den Tod vor Augen, geht es uns wie Kokoschka: Das fast 2000 Jahre alte Geschehen füllt sich mit Leben. Golgatha ist nicht nur ein historisches Datum, Golgatha ist mehr als eine herzergreifende Geschichte. Auf Golgatha ging es um *meine* Rettung und *mein* Leben. Kokoschka hat ehrlich und ohne Egoismus Christi Tat für sich in Anspruch genommen. Wie sagte er: „Ich habe doch ein Interesse daran — für mich!" Können wir das auch sagen?

Wenn endlich, Herr, mich meine Sünden kränken, so laß dein Kreuz mir wieder Ruhe schenken. Dein Kreuz, dies sei, wenn ich den Tod einst leide, mir Fried und Freude. Amen.

(Christian Fürchtegott Gellert)

19. April

Gibt es aber keine Auferstehung der Toten, so ist auch Christus nicht auferweckt worden. 1. Korinther 15, 13

Wenn *Ostern* ein Irrtum wäre? Nicht auszudenken!
In dem Roman von Guy Thorne „Als es dunkel war" schildert der Verfasser die ungeheure Verwirrung, die in der gesamten Kulturwelt entsteht, als der tatsächlich wissenschaftliche Beweis geliefert zu sein scheint, daß das Kernstück des Christentums, die Auferstehung Jesu, eine Lüge sei. Ein an den Ausgrabungen in Palästina beteiligter Forscher gibt vor, das wahre Grab Christi gefunden zu haben mit der Inschrift: „Ich, Joseph von Arimathia, stahl den Leichnam Jesu und verbarg ihn in diesem Grabe!" Die Fälschung wird nach vielen Monaten aufgedeckt, aber in der Zwischenzeit hat die Entdeckung des angeblichen Grabes entsetzliche Wirkungen ausgelöst. Die schon vorher in Fiebern glühende Menschheit wird förmlich wahnsinnig. Der Glaube an eine höhere Welt, der, wenn auch verborgen und oft geleugnet, doch noch in den Herzen der Menschen schlummert, verschwindet endgültig, und damit verschwinden alle Hemmungen. Die Bestie erwacht, alle Ordnungen lösen sich, einer betrügt den anderen, die Hölle wird Wirklichkeit auf Erden.
Ohne Ostern würde die Sinnlosigkeit triumphieren. Ostern ist ein Freudenfest. Ostern macht unser Leben reich. Der Tod ist besiegt. Gott hat ihn in Jesus Christus bezwungen. Ostern wirft ein helles Licht in die Finsternis, die mit Leid, Sterben und Tod des Menschen verbunden ist. Der größte Feind des Menschen hat seine schlimmsten Schrecken verloren. Tod und Grab sind nicht das letzte. Der Christ weiß: Das Schönste kommt noch.

Jesus lebt! Nun ist der Tod mir der Eingang in das Leben. Welchen Trost in Todesnot wird er meiner Seele geben, wenn sie gläubig zu ihm spricht: „Herr, Herr, meine Zuversicht!" Amen.

(Christian Fürchtegott Gellert)

20. April

Nun aber ist Christus von den Toten auferweckt worden, und zwar als Erstling der Entschlafenen.

1. Korinther 15, 20

Ostern – das revolutionäre Geschichtsereignis.
Billy Graham schildert in seinem Buch „Entscheidung für Jesus" eine Begebenheit aus der Schlacht von Waterloo. „In England erzählt man die Geschichte, wie die Nachricht vom Sieg bei Waterloo empfangen wurde. Die Nachricht wurde von einem langsam segelnden Schiff an die Südküste Englands gebracht und dann von Signalflaggen abgenommen und durch das Land nach London signalisiert. Als die Botschaft Winchester erreichte, begann der Mann auf der Kathedrale sie durch Winkzeichen zu signalisieren ‚Wellington besiegt –!' Und in dem Augenblick wallte der Nebel so dick, daß er das Signal den Blicken verbarg. Diese traurige und unvollständige Nachricht ging nach London, und Tausende beugten sich im Schmerz. ‚Wellington besiegt!' Wie schrecklich. Aber nach einer Weile lichtete sich der Nebel, und der Mann auf der Kathedrale fuhr mit seiner Botschaft fort: ‚Wellington besiegt den Feind!' Und großer Jubel herrschte überall im Lande. Sie hatten nicht auf die ganze Nachricht gewartet. So ähnlich war es an jenem denkwürdigen Tag, als die Jünger den Herrn sterben sahen. Sie warteten nicht auf die gesamte Nachricht, die am Ostermorgen kam. Sie hieß nicht ‚Christus besiegt', sondern sie hieß ‚Christus besiegt den Feind!' Welch enorme Kraft haben diese Worte, wenn wir sie nur glauben wollen."
Ostern ist das Hauptfest aller christlichen Feste. Hier geht es um einen entscheidenden Sieg, der für jeden Menschen auf der Erde von Bedeutung ist: Ohne Ostern wäre alles mit dem letzten Pulsschlag ein für allemal zu Ende. Nun ist in Christus Sinn und Ziel der Geschichte, Sinn und Ziel unseres Lebens. Krieg und Krankheit, kleine und große Kümmernisse und der Tod sind immer nur Vorletztes. Daß Christus siegt, bleibt ewig ausgemacht.

Jesus lebt, mit ihm auch ich! Tod, wo sind nun deine Schrecken? Er, er lebt und wird auch mich von den Toten auferwecken. Er verklärt mich in sein Licht; dies ist meine Zuversicht. Amen.

(Christian Fürchtegott Gellert)

21. April

Ist aber Christus nicht auferweckt worden, so ist unsere Predigt leer und nichtig und leer auch euer Glaube.
1. Korinther 15, 14

Das höchste Fest der Kirche ist zweifellos *Ostern*.
Pfarrer Paul Deitenbeck, einer der führenden Männer der Bekenntnisbewegung „Kein anderes Evangelium", sprach auf dem Gemeindetag unter dem Wort in Dortmund 1973. Unter anderem sagte er: „Nach einer Osterpredigt kam ein Gemeindeglied ins Gespräch mit der Pfarrfrau und sagte zu ihr: ‚Ich bin ganz betroffen von der Predigt Ihres Mannes. Ich habe den Eindruck gewonnen, daß Ihr Mann tatsächlich glaubt, daß Jesus lebt.' Nebenbei gesagt, ich war nicht der Prediger. Wenn wir alle, die wir in dieser Halle sind, auch mit solcher Betroffenheit, ja mit Gewißheit, heute nachmittag wieder heimfahren könnten – was wäre das wunderbar! ‚Ohne den auferstandenen Christus ist die ganze Kirche Null Komma nichts!', hat ein Professor gesagt. So radikal gilt das, meine Freunde. Nicht nur die ganze Kirche, auch unser persönlicher Dienst in der Gemeinde und unser Zeugnis an den Menschen wären tatsächlich ohne die Auferstehung Jesu Null Komma nichts, denn was nützt uns ein *gewesener Heiland,* und wenn er noch so beispielhaft gelebt hätte. Es bliebe im Grunde doch beim alten Lied. Was nützte uns ein Jesus, dessen Gebeine im Grab vermodert wären?"
Ostern hat die Weltgeschichte revolutioniert. Christus ist die Mitte allen Geschehens, im Himmel und auf Erden. In ihm laufen alle Fäden der Geschichte zusammen. An ihm muß unser Schicksal vorbei. Der lebendige Glaube an ihn löst unsere Probleme für Vergangenheit, Gegenwart und Zukunft. Wäre Christus nicht auferstanden, bliebe unser Leben ein einziges Fragezeichen. Es bleibt es auch, wenn er nicht für uns auferstanden ist.

Wir danken dir, Herr Jesu Christ, daß du vom Tod erstanden bist und hast dem Tod zerstört sein Macht und uns zum Leben wieder bracht. Halleluja.
(Thomas Hartmann)

Jeder nun, der sich vor den Menschen zu mir bekennt, zu dem werde ich mich bekennen; wer mich aber verleugnet vor den Menschen, den werde auch ich vor meinem himmlischen Vater verleugnen. Matthäus 10, 32

Nachfolge ist ein offenes Bekenntnis.
In einer Illustrierten fand ich folgenden Beitrag mit der Überschrift „Religion geht vor Fahrplan": „Der Bus der Linie 19 in der schottischen Stadt Glasgow ist überfüllt. Es ist 7.45 Uhr. Plötzlich hält der Omnibus auf offener Strecke. Die Passagiere erleben ein seltsames Schauspiel. Der Busfahrer steigt aus, breitet einen kleinen Teppich auf dem Straßenpflaster aus und kniet darauf nieder. Er verneigt sich gegen Osten und versinkt für Minuten ganz in seinem Gebet. Nazir Ahmed ist einer von über 300 Gastarbeitern. Sie alle stammen aus Pakistan und sind Mohammedaner. ‚Fünfmal täglich bete ich zu Allah, das erste Mal nachts um drei. Die nächsten beiden Gebete fallen in meine Dienstzeit. Ich muß also den Omnibus anhalten, um meiner Glaubenspflicht nachzukommen.'"
Ohne Bekenntnis kann der christliche Glaube seinen Konkurs anmelden. Glaube will praktiziert sein. Karl Marx hat einmal erwogen, im Jugendbund der Gemeinde tätig zu werden, Friedrich Engels hatte die Absicht, im CVJM zu arbeiten, Lenin war beeinflußt von der ersten Religionsschule, Stalin war auf einem Priesterseminar. Tschou En-Lai studierte mitten im christlichen Abendland, in Göttingen. Was wäre aus der Weltgeschichte unter Umständen geworden, wenn diese Männer lebendigen Glauben praktiziert hätten?
Was wollen wir? Bekennen oder Kompromisse schließen? Bekennen oder uns den Verhältnissen anpassen? Bekennen oder mit dem Strom schwimmen? Bekennen!

So laßt uns denn dem lieben Herrn mit unserm Kreuz nachgehen und wohlgemut, getrost und gern in allem Leiden stehen. Wer nicht gekämpft, trägt auch die Kron' des ewgen Lebens nicht davon. Amen.
(Johann Scheffler)

23. April

Er sagte zu ihnen: „Kommt, folgt mir nach!"

Matthäus 4, 19

Nachfolge ist Bewegung. Nachfolge ist Muskelarbeit und Engagement.

Auf einem Vortrag vor evangelischen und katholischen Gemeinden anläßlich des Sennetreffens sagte der katholische Schriftsteller Josef Redding zu diesem Thema: „Wie wir uns überhaupt, glaube ich, von der Vorstellung trennen müssen, daß Nachfolge Christi Hineingehen in eine Stille bedeutet, in eine entspannende Ruhe, so wie sich mancher den verheißenen Himmel als eine Art Neckermann-Strandaufenthalt mit ständigen Verlängerungswochenenden vorstellt."

Billy Graham sagte über die Nachfolge: „Manche sagen, die Welt habe das Christentum ausprobiert und es hätte ebenfalls versagt. Die Tatsache, daß die Welt keine sittlichen Fortschritte gemacht hat, ist nicht der Fehler des Christentums. Es liegt vielmehr an seiner mangelhaften Anwendung."

Viele haben die Nachfolge Christi als mangelhaft empfunden, aber sie haben sie nicht ausprobiert. Sie halten sie für zu schwierig und lassen das Problem ruhen. Nachfolge und Umkehr bedeuten das volle Ausmaß der Änderung: wirtschaftliche Änderung, soziale Änderung, nationale Änderung, internationale Änderung — alles beruhend auf persönlicher Änderung. Es gibt eine Front, die sich durch jedes Herz und durch jedes Haus zieht. Es ist nicht die Front der Rasse, der Religion, einer Klasse oder Hautfarbe, sondern des Gehorsams oder Ungehorsams. Schauen wir nur fromm in uns hinein? Oder — folgen wir nach?

Komm, Herr Jesu, zieh' uns voran und mach' uns Bahn, gib' deine Türen aufgetan. Amen.

(Albert Knapp)

Er selbst aber, der Gott des Friedens, heilige euch durch und durch. 1. Thessalonicher 5, 23

Wir denken über *Nachfolge* nach.
Vor einiger Zeit lernte ich einen jungen Pfarrer aus dem Ruhrgebiet kennen. Johnny Jaworski, ein singender und dichtender Pfarrer. Er hat eine Langspielplatte herausgebracht, die den bezeichnenden Titel trägt: *Runderneuert.* Auf dem Plattenumschlag ist ein Autoreifen zu sehen. Runderneuert, das heißt, außen neu gemacht. Das Profil ist verändert.
Christsein ist mehr als die Erneuerung der Fassade. Heiligung meint mehr als ein neues Profil. Der Gott des Friedens will uns durch und durch heiligen. Keine Oberflächenpolitur, kein schöner Firnis, kein elegantes Furnier. Kennen wir das nicht bei billigen Möbeln? Sie sehen gut aus, aber sie sind lediglich mit einer hauchdünnen Schicht des edlen Materials verarbeitet. Jesus will keine furnierten Christen, keine runderneuerten. Das verleitet zur Heuchelei. Sie halten nicht stand wie ein runderneuerter Reifen.
Der lebendige Gott will keine Blender, die ihr Leben zur Schau stellen, er will Menschen, die sich ihm ganz hingeben. Heiligung heißt: Ich gehöre ihm *ganz.* Alle Sinne, alle Glieder, Gedanken und Gefühle, Wille und Verstand sind sein Eigentum. Wir sind von ihm beschlagnahmt – und zwar durch und durch, das meint der Text. Darf ich Sie und mich fragen: Hat der lebendige Gott uns total in Beschlag genommen? Welche Bereiche behalten wir für uns? Vor welche Gebiete hängen wir das Schild „Betreten verboten"? Wo möchten wir uneingeschränkt wir selbst sein? Was fällt uns am schwersten, dem lebendigen Gott auszuliefern?

Herr, ich nenne dir die Sperrgebiete meines Lebens, die ich liebend gern für mich behalten hätte. Heilige sie, durchdringe sie! Amen.

25. April

Die Arbeiter fragten: „Sollen wir hingehen und das Unkraut ausreißen?“ Matthäus 13, 28

Wir sind *Zeugen* Jesu Christi und keine Säuberungsbeamte.
Das Wort Säuberungsaktion ist für viele Menschen ein Schreckgespenst. Bei Säuberungsaktionen in der Vergangenheit sind schon Millionen Menschen umgekommen. In den dreißiger Jahren dieses Jahrhunderts hat Stalin in der Sowjetunion gesäubert. Vermutlich sind es Millionen gewesen, die umgebracht wurden. Die Kirche im Mittelalter hat über die Inquisition Millionen Menschen als Unkraut vernichtet. Unzählige Hexen wurden verbrannt, als Unkraut deklariert und beseitigt. Die Judenverfolgungen des Dritten Reiches unter Hitler sind uns noch in bitterer Erinnerung. Der „gute arische Weizen“ wurde stehengelassen und das „jüdische Unkraut“ rücksichtslos ausgejätet und vernichtet.
Im Gleichnis vom Unkraut und Weizen gibt Jesus klare Antwort: Das Unkraut bleibt bis zur Ernte stehen! Wir haben kein Recht, die Unzuverlässigen, die Fruchtlosen, Unnützen, Bösen und Fremden auszubooten. Wir leben miteinander und füreinander. Wir gehören zusammen. Christen sind keine Richter, sondern Zeugen, seine Botschafter und nicht sein Säuberungskommando. Das Gleichnis macht deutlich: Richten, Scheiden und Säubern ist Sache unseres Herrn. Wir werden nicht müde, zu säen, einzuladen, zu bezeugen und zu sammeln. Wir sind aufgerufen, auszuteilen und nicht auszureißen.

So gib dein Wort mit großen Scharen, die in der Kraft Evangelisten sein; laß eilend Hilf uns widerfahren und brich in Satans Reich mit Macht hinein. O breite, Herr, auf weitem Erdenkreis dein Reich bald aus zu deines Namens Preis. Amen.

(Karl Heinrich von Bogatzky)

Wir wollen nicht den Menschen gefallen, sondern Gott, der unsere geheimsten Gedanken kennt.

1. Thessalonicher 2, 4

Nachfolge oder Anpassung – das ist die Frage.
Der türkische Psychologe Muzafer Sherif konnte mit Hilfe eines Experimentes demonstrieren, daß die Macht der Gruppe so stark ist, daß sich der einzelne sogar in seinen Beobachtungen von ihr beeinflussen läßt. Sherif nützte dabei die Tatsache, daß das menschliche Auge nie stillsteht, sondern stets kleine, subjektiv kaum wahrnehmbare Bewegungen macht. Projiziert man nun in einem völlig verdunkelten Raum einen kleinen Lichtpunkt an eine Wand, so meint der Betrachter, der helle Fleck bewege sich hin und her. Läßt man die Versuchspersonen das Ausmaß dieser Scheinbewegungen schätzen, ergibt sich etwas Überraschendes. Solange sie allein im Raum sind, nennen sie einen Wert, auf dem sie – nach einigen Korrekturen – beharren. Sind aber noch andere Versuchspersonen im Raum, so tendieren allmählich alle Anwesenden dazu, sich auf einen Mittelwert zu einigen.
Offenbar neigt der Mensch dazu, sich dem Urteil anderer anzupassen. Ohne es zu merken, will er gefallen. Er paßt sich an.
Genau damit beschäftigt sich die Therapie. Verdeckte Wünsche und uneingestandene Absichten kommen ans Licht. Wer den Menschen gefallen will, heult mit den Wölfen und paßt sich der Mehrheit an. Er schwimmt in der Masse mit und beruft sich auf die anderen. Seine persönliche Verantwortung schrumpft.
Wer Gott gefallen will, liefert sich ihm aus. Gottes Maßstäbe sind aber nicht die Maßstäbe der Mehrheit. Er erwartet von uns, daß wir gegen den Strom schwimmen können und ihm allein verantwortlich sind. Das heißt Nachfolge.

Lieber Vater im Himmel! In der Nachfolge wollen wir dir gefallen und nicht den Menschen. Daß du unsere Gedanken kennst, muß uns wichtiger sein, als daß Menschen gute Gedanken über uns hegen. Amen.

27. April

Ich will dich segnen, und du sollst ein Segen werden.

1. Mose 12, 2

Arbeit, Leistung und Leistungsgesellschaft müssen sich den Maßstab Gottes gefallen lassen.

Es gibt ein fragwürdiges Sprichwort, das heißt: „Sich regen bringt Segen." Wühler und Leistungsanbeter wären also gesegnet? Die es als Christen zu etwas gebracht haben, sind die Gesegneten? Die Bibel sagt nein. Heute stehen wir vor der Tatsache, daß der Götze „Leistung" sein Zepter in den sozialistischen Volkswirtschaften genauso schwingt wie in den kapitalistischen. Von Wladiwostok bis Los Angeles gilt das Glaubensbekenntnis: Dem Tüchtigen gehört die Welt. In Ost und West frißt die industrielle Revolution ihre Kinder. Der Götze „Leistung" geht über Leichen.

Präsident Dr. Schober vom Diakonischen Werk in Deutschland sagte: „Nach dem Willen Gottes ist der Mensch weder eine faule Drohne, die andere für sich arbeiten läßt, noch ist er ein Arbeitstier, dessen Wert nur an seiner erbrachten Arbeitsleistung gemessen werden darf."

Dem Abraham wurde das oben zitierte Wort gesagt. Auch er ging manchen eigenmächtigen Weg, wenn er sich *regte.* Es ging dann böse aus. Aber in dem Augenblick, als er sich von Gott führen ließ, wurde er zum Segen. Das ist der springende Punkt. Er wurde zum Segen für andere. Gesegnete Menschen sind keine Egoisten, sondern Wegweiser Gottes. Ob man gesegnet ist, erkennt man nicht an dem, was man hat, sondern an dem, was man weitergeben kann. Der Mensch, der aus Gott lebt und in seinem Namen arbeitet, kann es — menschlich gesehen — zu was bringen, aber er sieht nicht sein Prestige, sondern Gott und den Nächsten. Stimmen Sie dieser Kurskorrektur zu?

Alles ist an Gottes Segen und an seiner Gnad gelegen über alles Geld und Gut. Wer auf Gott sein Hoffnung setzet, der behält ganz unverletzet einen freien Heldenmut. Amen. (Nürnberg 1676)

Hat also noch jemand einen Grund, vor Gott stolz zu sein? Bestimmt nicht. Und warum nicht? Weil es vor Gott nicht auf die eigenen Leistungen ankommt, sondern auf das bedingungslose Vertrauen. Römer 3, 27

Arbeit und Leistung in der Perspektive Gottes – darum geht es.
Der Japaner Toki Hiyesnewi hat versucht, den 23. Psalm in die Gegenwart zu übersetzen und die Bedürfnisse des heutigen Beters zu formulieren. Bei ihm heißt es: „Der Herr gibt mir das Arbeitstempo an. Ich brauche nicht zu hetzen. – Er verschafft mir immer wieder einige ruhige Minuten, eine Atempause. Ich merke: Wenn man sich diesem Herrn anvertraut, bleibt das Herz ganz ruhig. – Obwohl ich eine Überfülle an täglichen Verpflichtungen habe, so brauche ich doch nicht nervös dabei zu werden. – Seine stille Gegenwart befreit mich von aller Nervosität. – Oft, mitten im Gedränge, gibt er mir ein ermutigendes Erlebnis. Das ist, als ob mir einer eine Erfrischung darreicht. – Darüber hinaus macht es mich einfach froh zu wissen, daß ich meinem Herrn auf der Spur bin und daß ich alle Zeit bei ihm daheim sein darf."
Negativer Streß und Arbeitstempo, Leistungsdruck (von innen und außen) beunruhigen Leib und Seele. Aber mein Wert hängt bei Gott nicht davon ab. „Der Herr gibt das Arbeitstempo an." Gott hat die Zeit geschaffen, von *Hetze* hat er nichts gesagt. Unsere Time-is-money-Ideologie ist Götzendienst. Unser Herz wird ruhig, weil der Herr unseren falschen Ehrgeiz stoppt. Hauptsache, die Hauptsache bleibt die Hauptsache. Wer sich auf Jesus verläßt, wird ruhig; die Angst, Motor aller Neurosen, klingt ab.

Herr, ich will aus dir leben. Mein Arbeitstempo und meine Zeit bestimmst du. Leistung und Arbeit sind wichtige Nebensachen. Du sollst die Hauptsache bleiben. Amen.

Wir wissen ganz sicher: Gott nimmt einen Menschen nur an, wenn er sich auf Jesus Christus verläßt. Die Leistungen, die einer aufgrund des Gesetzes vollbracht hat, zählen bei ihm nicht. Römer 3, 28

In unserer Leistungsgesellschaft werden *Arbeit* und *Leistung* vergötzt. Christen lassen sich anstecken. Darum sind klare Regeln hilfreich.
Der ehemalige Leiter der Bodelschwinghschen Anstalt in Bethel, Pastor Alex Funke, äußerte sich zum Leistungsdenken: „Die Evangelische Kirche von Westfalen hat ihren Kirchenkreisen und Gemeinden als Thema für 1978 aufgegeben: ‚Fromm sein heute.' Es wäre für diese Besinnung verhängnisvoll, wenn sie auf der Leitlinie verläuft: Laßt uns *frommer* werden! Dann käme zu all den Leistungsanforderungen diese hinzu: ‚Auch im Leben vor und mit Gott *habt ihr, die Christen, etwas Beachtliches zustande zu bringen!* Damit hätten wir dem sola gratia (allein aus Gnaden) den Laufpaß gegeben."
Der Kerngedanke Luthers – allein aus Gnaden – würde verraten und preisgegeben, würden wir die Leistung überbewerten. Gott nimmt Menschen an, die sich auf Jesus Christus verlassen und nicht auf ihre Leistung, ihre Zeugnisse und auf ihre Tüchtigkeit. Mir klingt noch ein Wort meines Hamburger Bischofs, Dr. Witte, im Ohr: „Ein Mensch, der immer christlicher werden will, wird immer ungeistlicher und pharisäerhafter. Christ sein heißt: Christi sein – nicht mehr und nicht weniger."
Wer mit seinen Leistungen glänzen will – und wären sie noch so edel –, kann bei Gott damit nicht landen. Das Sprichwort „Hast du was, dann bist du was" mag im Kapitalismus, nicht aber vor dem lebendigen Gott gelten. Können wir diese Regel wirklich akzeptieren?

Gott hat dir Christum, seinen Sohn, die Wahrheit und das Leben, sein liebes Evangelion aus lauter Gnad gegeben; denn Christus ist allein der Mann, der für der Welt Sünd gnug getan, kein Werk hilft sonst daneben. Amen. (Johann Walter)

Er aber entgegnete einem von ihnen: „Freund, ich tue dir nicht Unrecht; bist du nicht um einen Denar mit mir eins geworden? Habe ich etwa nicht das Recht, mit dem, was mein ist, zu machen, was ich will?"

Matthäus 20, 13—15

Was sagt Gott zur *Arbeit* und *Leistung* im Leben eines Christen!

Eine freche Charakterisierung unserer Leistungsgesellschaft lautet: „Das ist eine Gesellschaft, in der es weniger darauf ankommt, was einer leistet, sondern darauf, was er sich leisten kann." Man zeigt, was man hat.

In der Perspektive Gottes werden Leistung und Arbeit mit anderen Augen gesehen.

Johannes Busch, Leiter der Bodelschwinghschen Anstalten in Bethel, schreibt zu dem Gleichnis der Arbeiter im Weinberg: „Gott zahlt auch. Ihr dürft ihn euch tatsächlich wie einen Arbeitgeber vorstellen. Er beutet niemanden aus. Bei ihm bekommt jeder soviel, daß er leben, gut leben kann. Bei ihm hat selbst der Letzte noch Platz. Und am Ende, wenn Zahltag ist, geht es bei Gott erst recht großzügig zu. Jeder bekommt seinen vollen Lohn. Jeder so viel, daß er gut leben kann und nicht zu sorgen braucht. So ist das bei Gott: ‚Schaffst du viel, bekommst du genug. Schaffst du wenig, bekommst du auch genug. Denn du bist Gott viel wert, so oder so — glücklicher Mensch!'"

Bei dieser Lohnberechnung würde unsere Gewerkschaft zum Generalstreik aufrufen. Sie fordert: „Gleichen Lohn für gleiche Arbeit." Gott aber sieht auf den Menschen, nicht auf die Stechuhr. Ob arm oder reich, klug oder nicht klug, begabt oder nicht begabt, gesund oder krank, mit hoher oder niedriger Intelligenz — Gott entlohnt alle gleich. Ist uns das ein Dorn im Auge oder ein Hinweis, unsere Leistungsanforderungen zu überprüfen?

Lieber Vater im Himmel! Unser Denken kreist um die Tatsache: Für die entsprechende Arbeit den entsprechenden Lohn! Deine Entlohnung ist in der Tat gerechter. Hilf mir, daß ich nicht kleinlicher bin als du. Schenke mir etwas von deiner Güte. Amen.

Ihr wißt ja, daß eure Arbeit nicht vergeblich ist im Herrn. 1. Korinther 15, 58

J. H. Thomas, englischer Arbeitsminister vor etwa dreißig Jahren, erzählte einmal folgende Geschichte zum 1. Mai: „Drei Arbeiter schnitten Steine, die zum Bau eines Gotteshauses in Lancashire bestimmt waren. Ich fragte den ersten: ‚Was machst du da?' Er sagte: ‚Ich schneide Steine.' Ich fragte den zweiten: ‚Und du?' Er sagte: ‚Ich verdiene einen Schilling pro Stunde.' Und schließlich fragte ich den dritten: ‚Was tust du da?' Er antwortete: ‚Ich baue ein Gotteshaus.'"
Wir können aus verschiedenen Gründen arbeiten: Weil wir Spaß an einer Tätigkeit haben; weil wir einen Job brauchen, um Geld zu verdienen; weil wir mithelfen wollen, eine neue menschenwürdigere Gesellschaft zu bauen; oder weil wir Menschen durch unsere Tätigkeit helfen möchten. Und wir können zudem als Christen je an unserer Stelle mitarbeiten, um unter seinen Augen treu und gewissenhaft unsere Pflicht zu tun.
Unsere Einstellung zum lebendigen Gott beeinflußt unser Reden, Denken und Handeln im täglichen Arbeitsprozeß erheblich. Wie wir mit Menschen, Material, Geld und Zeit umgehen, die Verantwortung vor Gott prägt unser Gewissen. Aber auch die Mitarbeit im Betriebsrat und die verantwortliche Mitbestimmung sind Selbstverständlichkeiten des mündigen Christen, der Nächstenliebe im Arbeitsprozeß nicht den anderen überläßt. Macht sich unser christlicher Glaube in Arbeit und Beruf wirklich bemerkbar?

Laß mich in dir tun meine Werke gleichwie ein Kind von guter Art, in deines Vaters Gegenwart: Die gebe mir Mut, Trost und Stärke bei meinem Werke. Amen. (Gerhard Tersteegen)

Er wird jedem Menschen den Lohn geben, der seinen Taten entspricht. Den einen gibt er das ewige Leben — es sind die, die unermüdlich das Gute tun und nach Anerkennung bei Gott streben. Die anderen dagegen trifft Gottes schwerer Zorn — es sind die, die nur an sich selber denken. Römer 2, 6—8

Wir suchen für *Arbeit* und *Leistung* den rechten biblischen Maßstab. Hart geht die Bibel mit „falschem Ehrgeiz" ins Gericht. William Barclay schreibt über diesen griechischen Begriff: „*Eritheia* ist ein Wort, dessen Bedeutung ein getreues Abbild der menschlichen Natur ist. . . . Eritheia war ursprünglich ein achtbares Wort mit der Bedeutung von *arbeiten für Lohn.* Dann begann es zu entarten. Es gewann die Bedeutung einer Arbeit, die man nur ausschließlich um des Lohnes willen tut; eine Arbeit, die nur eine Frage kennt: Was bekomme ich dafür? Zweitens erreichte es die endliche Bedeutung von *selbstsüchtigem Ehrgeiz,* dem Ehrgeiz, der keinen Begriff von Dienst hat, dessen ewiges Ziel Profit und Macht ist."
In Schule, öffentlichem Leben und Beruf ist der *falsche Ehrgeiz* eine Krankheit. Ehrgeiz wird in unserer Gesellschaft — auch in unserer Kirche — viel zu hoch bewertet. Der Ehrgeizige kämpft, um den Konkurrenten, der ihm auf den Fersen sitzt, abschütteln zu können. Der Ehrgeizige kann viele Mittel und Wege benutzen. Er kann *moralische* Überlegenheit, *körperliche* Überlegenheit und Intelligenz als Mittel zum Zweck einsetzen. Der falsche Ehrgeiz richtet sich gegen die anderen. Er ist asozial und gemeinschaftsfeindlich. Wie übersetzt Menge? Die „gemeine Selbstsucht" ruft Gottes „schweren Zorn" hervor. Wieviel falschen Ehrgeiz investieren wir in Arbeit, Leistung und Beruf?

Herr, gegen unseren falschen Ehrgeiz richtet sich dein schwerer Zorn. Vergib uns unseren Egoismus und bestärke uns, allein deine Anerkennung zu suchen. Amen.

Ich bin der Weinstock, ihr seid die Reben. Wer mit mir verbunden bleibt wie ich mit ihm, der wird reiche Frucht bringen. Aber ohne mich könnt ihr nichts vollbringen.

Johannes 15, 5

Es geht um unsere *Arbeit* und um unsere *Leistung* als Christ. Wie lauten die Maßstäbe?

In den 50er Jahren konnte man in der Erntezeit über den Straßen der DDR Transparente sehen mit der Aufschrift: „Ohne Gott und Sonnenschein bringen wir die Ernte ein." Der selbstherrliche Mensch propagiert selbstherrliche Sprüche. Diese Transparente sind heute verschwunden.

Nach dem biblischen Schöpfungsbericht ist der Mensch dazu berufen, die geschaffene Welt „sich untertan zu machen". In Verantwortung vor Gott soll der Mensch das Erschaffene verwalten und als Beauftragter Gottes damit umgehen. Der Mensch ist zur *Ausgestaltung,* nicht zur *Ausnutzung* der Welt berufen. Er ist nicht Schöpfer der Erde, sondern Haushalter und Verwalter der Welt. Er ist Gottes Mitarbeiter. Er aber will mehr sein. Der Turmbau zu Babel ist dafür ein lebendiger Beweis. Ziel ist: „*Wir* wollen uns einen Namen machen!" Die Arbeit ist nicht mehr Gehorsam Gott gegenüber, sie steht im Dienst der *Ruhm-* und *Geltungssucht.* Arbeit und Leistung werden zum Angriff auf Gottes Herrschaft. Der Mensch tut so, als ob er Gott selbst wäre. Unser Herr will keine *selbstherrliche* Arbeit und Leistung, keine egoistische Selbstverwirklichung, unser Tun soll aus ihm, durch ihn und mit ihm geschehen.

Der Weinstock ist dafür treffendes Symbol. Ohne Christus können wir Karriere machen, aber keine Frucht bringen, wir können technische Höchstleistungen auf die Beine stellen, aber keine Frucht schaffen. Frucht ist Segen der Arbeit – aus Ihm. Was streben Sie an?

Wir sind die zarten Reben, der Weinstock selbst bist du, daran wir wachsen, leben und bringen Frucht dazu. Hilf, daß wir an dir bleiben und wachsen immer mehr; dein guter Geist uns treibe zu Werken deiner Ehr! Amen. (Johann Mühlmann)

Er berief nun zehn seiner Knechte, gab ihnen zehn Pfunde und sagte zu ihnen: „Macht Geschäfte, während ich verreist bin." Lukas 19, 13

Es geht um *Arbeit* und *Leistung.* Entscheidend ist, und das sagt uns der Text, daß wir in *seinem Namen* „Geschäfte machen" und nicht auf eigene Rechnung.
Erhard Eppler hat im „Deutschen Allgemeinen Sonntagsblatt" einen Artikel geschrieben mit dem Titel „Lob der Leistung". Bei ihm heißt es: „Es ist ein Kurzschluß, im Namen der Lebensqualität das Nullwachstum zu fordern ... Während bisher Lebensqualität im Guten wie im Bösen eine Funktion des Wachstums war, muß jetzt Wachstum zu einer Funktion der Lebensqualität werden ... Lebensqualität ist nicht möglich ohne Leistung. Beim Leistungsbegriff selbst muß sich der Akzent verlagern auf das, was unmittelbar den Menschen dient."
Jeder wuchert mit seinen Gaben und Fähigkeiten. Gott erwartet, daß wir nicht die Hände in den Schoß legen. Er erwartet von seinen „Knechten", seinen Mitarbeitern, daß sie Geschäfte machen, daß sie zupacken, daß sie etwas leisten. Im Evangelium wird dem, der seine Goldstücke vergräbt, Schlimmes angedroht, und dem, der damit wuchert, Großes verheißen. Schon um die beschworene Lebensqualität des anderen, unseres Nächsten, der Alten, der Kinder, der Kranken, der Schwachen, aber auch der Gesunden zu heben, um gesündere Luft und eine weniger verschmutzte Umwelt zu gewährleisten, müssen Leistung und „Geschäft" gefordert werden. Allerdings Leistung für Gott, in seinem Namen, und das heißt, auch für den Nächsten, für die Mitmenschen. Stellen wir uns die Frage: Arbeiten wir in seinem Auftrag oder nur für unsere Brieftasche?

Herr, du hast uns Fähigkeiten gegeben; du erwartest, daß wir damit arbeiten. Du willst, daß wir uns nicht kaputtmachen; daß wir etwas leisten, die Leistung aber nicht vergötzen. Amen.

Was hat ein Mensch davon, wenn er die ganze Welt gewinnt, am Ende doch sein Leben verliert? Ein verlorenes Leben kann man durch nichts zurückkaufen.

Matthäus 16, 26

Für viele ist *Arbeit* ein Fetisch, also ein Gegenstand, dem man inbrünstige Verehrung angedeihen läßt.
Von Heinrich Böll stammt die nachdenkliche Geschichte „Der Tourist und der Fischer". In einem Hafen, an einer westlichen Küste Europas, liegt ein ärmlich gekleideter Mann in seinem Fischerboot und döst. Ein Tourist fragt ihn, warum er nicht ausfahre. „Weil ich heute schon ausgefahren bin." Er habe für morgen und übermorgen genug, sagt der Fischer. Der Tourist sagt: „Stellen Sie sich mal vor, Sie würden nicht nur heute, sondern jeden Tag zweimal oder viermal ausfahren. Sie würden spätestens in einem Jahr ein Motorboot kaufen können, in zwei Jahren ein zweites Boot und in drei Jahren vielleicht einen Kutter." Er könne ein Kühlhaus bauen, vielleicht eine Fischräucherei und später eine Marinadenfabrik. „Und was dann?" fragt der Fischer leise. „Dann", sagt der Fremde, „dann können Sie beruhigt hier im Hafen sitzen, in der Sonne dösen – und auf das herrliche Meer blicken." – „Aber das tue ich ja jetzt schon", sagt der Fischer.
Karriere und Streben nach Erfolg sind für viele ein starker Antrieb. Sie schuften und rackern sich ab, um es eines Tages schön zu haben. Sie wollen zwar nicht „die ganze Welt gewinnen", aber sie verlieren ihr Leben. Arbeit und Leistung werden zur Sucht. Sie haben Geld gescheffelt, aber ewiges Leben kann kein Mensch davon zurückkaufen. Selbstsüchtige Arbeit und selbstsüchtige Leistung sind auf das Diesseits gerichtet. Das ewige Leben ist verloren. Soll über unseren Todesanzeigen auch eines Tages stehen: „Nur Arbeit war sein Leben ..."?

Herr, ich danke dir, daß du klare Maßstäbe setzt: Leben aus dir hat absolute Vorfahrt. Sorg' du bei mir dafür, daß ich bei allen Lebens- und Berufsplänen dir den ersten Platz einräume. Amen.

Dienet dem Herrn mit Freuden, kommt vor sein Angesicht mit Frohlocken. Psalm 100, 2

Es geht um *Arbeit* und *Leistung*, heute um den täglichen Kleinkram. Hausfrau sein ist ein Beruf, ihre Arbeit kein häuslicher Spaziergang.

In dem Gebetbuch „Herr, segne dieses Chaos" haben Jo Carr und Imogene Sorley „Stoßgebete für Hausfrauen" zusammengestellt, die das tägliche Einerlei und die Alltagssorgen zum Inhalt haben. Eins lautet im Auszug: „Herr, mir reicht's. Der ewige Kleinkram macht mich verrückt.

Der Wasserhahn tropft, Herr. Der Junge hat wieder die Bücher vergessen. Es ist unmöglich, alles zugleich zu schaffen, denn, während ich bügle, sammelt sich schmutzige Wäsche.

Ich wollte, du hättest mich zu einem großen, klar umrissenen Auftrag berufen. Denn dazu berufst du mich – zu beten, während der Wasserhahn tropft, meinem Nächsten zu dienen trotz Hühneraugenpein, Wasserhähne zu reparieren – und Humor genug zu bewahren. Auf die Perspektive kommt's an. Ich kann's schaffen. Amen."

„Dienet dem Herrn mit Freuden!" Leicht gesagt, wenn es um „große Aufträge" geht, wenn wir für Entscheidendes berufen werden, wenn wir Wesentliches meistern sollen. Der freudige Dienst entgleist zum trotzigen Dennoch, wenn die hundertfältigen Alltagskümmernisse, der wiederkehrende Trott und der nie bewältigte Schmutz und Staub den Jubel dämpfen.

Wer Gott liebt, hat in der Tat eine andere Perspektive seiner Arbeit. Wer Gottes Angesicht sucht, dem wird das tägliche Einerlei erträglich.

Ja, Herr, segne das Chaos mit dem täglichen Kleinkram. Vergib, wenn sich Lustlosigkeit breit macht, und hilf, daß wir dir mit Freuden dienen, an welchen Plätzen auch immer. Amen.

Behandelt die Menschen so, wie ihr selbst von ihnen behandelt werden wollt — das ist der Inhalt des Gesetzes und die Lehre der Propheten. Matthäus 7, 12

Beherzigen Sie diesen biblischen Kardinalsatz, dann sind Ihre Ehe oder Ihre Partnerschaft im Gleichgewicht.
In der Eheberatung werde ich oft gefragt, wenn nur ein Partner erscheint und der andere nicht will, ob es überhaupt sinnvoll sei, eine Ehetherapie zu beginnen. Viele Eheleute können sich nicht vorstellen, daß die Änderung eines Partners die Dynamik der Ehe verändert.
Schauen Sie sich beispielsweise ein Mobile an, das an der Decke hängt. Fische oder Schwäne aus Stoff hängen an dünnen Fäden, die sich in völligem Gleichgewicht bewegen. So wie Sie ein Teil verändern, verändert sich die Gesamtkonstruktion.
Meine Aktionen rufen unweigerlich Reaktionen hervor. Der Partner wird verblüfft sein, seine Erwartungen erfüllen sich nicht mehr. Wenn ich möchte, daß mein Partner nett zu mir ist, sollte ich der erste sein, der nett zu ihm ist. Ist er nicht nett, mache ich ihm keinen Vorwurf, sondern versuche, ihn zu verstehen, wie ich ihm helfen kann. Offensichtlich ist er der Unglücklichere und braucht meine Hilfe.
Verstehen und Helfenwollen können zur Lösung der Konflikte beitragen. Ich darf den anderen nicht erziehen und verändern wollen. Der ganze Katalog von Bosheiten: Rache, Beleidigtsein, Gekränktsein, sich gedemütigt, sich unverstanden und mißachtet fühlen, entspringt meiner falschen Einstellung.
Nur wenn ich Positives schenke, kann ich Positives erwarten. Nur wenn ich mich ändere, kann der andere nicht bleiben wie er ist.
Jesus macht uns mit diesem Wort darauf aufmerksam, daß jede Korrektur einer ehelichen oder partnerschaftlichen Veränderung bei mir beginnt.

Lieber Herr! Leider weiß ich immer sofort, was der andere falsch gemacht hat und was er zur Verbesserung der Partnerschaft beitragen kann. Gib mir die Einsicht und die Kraft, meine falschen Gedanken und Ansichten zu ändern. Amen.

Wenn dich einer um etwas bittet, dann gib es ihm, und wenn einer dir etwas wegnimmt, dann fordere es nicht zurück. Behandelt jeden so, wie ihr selbst von ihm behandelt sein wollt. Lukas 6, 30 u. 31

Es gibt vier irrige Ziele, die in Ehe, Partnerschaft und Familie eine gute Harmonie blockieren. Wie sehen diese Ziele aus, die wir zum Teil alle unbewußt und unverstanden verfolgen? *Erstes* Ziel: Entschuldigung für eigene Mängel („Hätten meine Eltern mich kooperativer erzogen, könnte ich heute mit meinem Partner besser umgehen."); *zweites* Ziel: Aufmerksamkeit erregen („Nur wenn ich beispielsweise durch Weinen, Schmollen, Beleidigtsein und Empfindlichkeit auf mich aufmerksam mache, werde ich beachtet."); *drittes* Ziel: Überlegenheit („Nur wenn ich moralisch besser bin, klüger bin, vieles besser weiß und besser kann, fühle ich mich in der Partnerschaft anerkannt."); *viertes* Ziel: Rache („Weil du mir dieses oder jenes angetan hast, werde ich mich rächen, ich werde es dir heimzahlen!").
Bitte überprüfen Sie sich, inwieweit bei Problemen und Auseinandersetzungen diese vier Ziele im Spiel waren. Mit diesen Praktiken verstoßen wir gegen die Gemeinschaft und gegen Gottes Gebot. Wir haben nur uns und unser Wohlergehen im Auge. Es fehlt an gegenseitiger Achtung. Ich setze mich auf Kosten des anderen durch. Jesus versteht unter Partnerschaft: Behandelt jeden so, wir ihr selbst von ihm behandelt sein wollt. Wollen wir den biblischen Grundsatz leben, ist es wichtig, daß wir nicht bei anderen die irrigen Ziele herausfinden wollen, sondern nur unser eigenes Verhalten überprüfen. Wir sind nicht zum Richter über den anderen bestimmt, zum Ankläger und Kritiker.

Lieber Herr! In jedem Konflikt verfolgen wir egoistische Ziele und kämpfen mit unseren Mitteln. Öffne uns die Augen, daß wir Konstruktives beisteuern und Vorwürfe unterlassen. Denn wer schenkt, der empfängt. Amen.

Warum erwartet ihr eine Belohnung von Gott, wenn ihr nur die liebt, die euch auch lieben? Das tun sogar die Menschen, die nicht nach Gott fragen. Warum erwartet ihr eine Belohnung, wenn ihr nur die gut behandelt, die euch auch gut behandeln? Lukas 6, 32 u. 33

Wir haben gestern über die vier irrigen Ziele im partnerschaftlichen Verhalten gesprochen. Woran erkennen wir, um welches falsche Ziel es sich handelt? Antwort: An der Reaktion des Partners wird deutlich, was ich im Schilde führe.
Der Mann möchte beispielsweise mit seiner Frau an einem Abend eine spontane Einladung annehmen. Die Reaktion der Frau lautet: „Unsere Kinder haben mich heute so geärgert, daß ich nicht in der richtigen Stimmung bin, die Einladung anzunehmen." (Ziel 1: Entschuldigung für eigene Mängel.) Der Mann ist verärgert und setzt sich lustlos hinter die Zeitung. Entscheidend ist, daß die Frau erkennt, daß sie sich bei der Auseinandersetzung des ersten Zieles bedient hat. Sie schiebt die Kinder vor und trägt für die Ablehnung der Einladung nicht die eigene Verantwortung. Sie wälzt die Schuld auf die Kinder ab.
Was widerspricht der biblischen Forderung? Fühlt der Mensch sich einer Aufgabe nicht gewachsen, sucht er nach dem *Sündenbock*. Der Schuldige ist der andere. Die Folge ist, der beschuldigte andere wird sich rächen oder kann sich beleidigt abwenden.
Wie anders hätte der Abend verlaufen können, wenn sie den Vorgang nicht so wichtig genommen und wenn sie im Inneren entschieden hätte, sich über die Auseinandersetzung mit den Kindern hinwegzusetzen. Denn ich allein habe es in der Hand, wie ich mich entscheide. Entscheide ich mich positiv, habe ich auch positive Gefühle. Entscheide ich mich negativ, sind meine Emotionen destruktiv. Ich habe es in der Hand, wie mir zumute ist, und ob der andere mich verletzen kann.

Lieber Herr! Oft entschuldige ich mich damit, daß ich anderen die Schuld zuschiebe. Ich will es mir leicht machen und erschwere die Beziehung untereinander. Hilf, daß ich gut handle, auch wenn der andere nicht gut zu mir ist. Amen.

Denn auch er ist gut zu den undankbaren und schlechten Menschen. Werdet barmherzig, so wie euer Vater barmherzig ist. Lukas 6, 35 u. 36

Ehe und Partnerschaft funktionieren, wenn wir sie nach biblischen Prinzipien gestalten.
Wir saßen im Gespräch zusammen, ein Theologieprofessor und drei Eheberater. Da die Gattin des Theologen auch Eheberaterin war, kamen wir schnell auf theologische Aspekte der Beratung. Und da sagte der Professor einen Satz, den ich mir aufgeschrieben habe: „Der Verzicht auf Rechtfertigung ist der erste Schritt zur Heiligung." Rechtfertigung ist *der* zentrale Begriff in der Theologie. Und im Zwischenmenschlichen spielt er eine ähnliche Rolle. Der Abwehrmechanismus der Rationalisierung entspricht genau der Rechtfertigung. Der Partner geht hin und entschuldigt sich. Er sucht nach einer Ausrede. Er kann die Unbarmherzigkeit des Partners nicht ertragen. Er muß den Angriff des anderen abschwächen und hat das Gefühl, seine Mängel zu verstecken. Er kann Vorwürfe, Kritik und Unbarmherzigkeit nicht stehen lassen. Er mißtraut seinem Wert, er hat das Gefühl, sich verteidigen oder anklagen zu müssen. „Der Verzicht auf Rechtfertigung ist der erste Schritt zur Heiligung." Jesus Christus liebt uns – wie wir sind. Er rechtfertigt uns, er läßt uns so recht sein – wie wir sind. Fühlen wir uns von Jesus geliebt, müssen wir nicht unbarmherzig reagieren. Stellen wir unseren Wert nicht in Frage, können wir auf alle lieblosen Reaktionen verzichten. Das ist der erste Schritt zur Heiligung. Heilig ist, was Gott zugehört. Heiligung ist praktizierter Glaube.

Herr, wenn ich mich von dir uneingeschränkt geliebt weiß, muß ich mich nicht verteidigen und rechtfertigen, weder vor dir noch vor irgendeinem Menschen. Das befreit. Amen.

11. Mai

Liebe deinen Nächsten wie dich selbst.

Matthäus 22, 39

Mit diesem Satz zeigt uns die Bibel ein *Grundgesetz* zwischenmenschlichen Verhaltens.

Auf einem Fortbildungslehrgang erzählte die amerikanische Therapeutin Maria Pappas von ihrem Schwiegervater, den sie immer als ausgeglichen und in sich harmonisch erlebt habe. Eines Tages hätte sie ihn gefragt: „Schwiegervater, wie machst du das, daß du immer so ruhig und ausgeglichen bist?" Er habe geantwortet: „Ich erlaube mir nicht, mich über den anderen zu ärgern."

Das ist in der Tat das Geheimnis guter zwischenmenschlicher Partnerschaft. Mache *ich* „aus einer Mücke einen Elefanten", muß *ich* mich wahrscheinlich ärgern. Genauer: Ich *will* mich auch ärgern.

Ärger ist aber das Ergebnis meiner Einstellung. Ärger ist das Ergebnis eines falschen Denkens. Mein Vorwurf macht den anderen zum Schuldigen, und schon ist das Gebot verletzt: Liebe deinen Nächsten wie dich selbst. Zum Ärgern gehören immer zwei. Lasse ich mich zum Ärgern provozieren, wird unter der Hand ein Streit daraus. Die Gemüter erhitzen sich, und die partnerschaftliche Liebe wird mit Füßen getreten.

Ich entscheide darüber, ob ich ruhig oder unruhig, zornig oder nicht zornig, häßlich oder nicht häßlich sein will. Nicht der andere ist an meiner Verärgerung schuld, sondern ich mit der Deutung des Geschehens. Wie sagte der Schwiegervater: „Ich erlaube mir nicht, mich über den anderen zu ärgern." Das heißt nicht, daß wir anfallende Probleme unter den Teppich kehren sollen. Die falsche Deutung verursacht falsche Emotionen. Neues und Altes Testament machen deutlich, daß wir über Liebe und Ärger und damit über Partnerschaft oder Zwietracht entscheiden.

Lieber Herr! Du hast oft Grund, dich über uns zu ärgern. Du tust es nicht. Gib, daß wir dir nacheifern und mit unserem Partner barmherziger sind. Amen.

Verzeiht, dann wird Gott euch vergeben. Schenkt, so wird Gott euch beschenken. Ihr werdet mit demselben Maß gemessen werden, das ihr bei andern anlegt.

Lukas 6, 37 u 38

Gott hat den Menschen zur Partnerschaft in dieser Welt berufen. Ohne Nächstenliebe verfehlen wir unser Menschsein. Partnerschaft ist Füreinander-Einstehen.
Das macht folgende kleine Geschichte deutlich: Ein Weiser bittet Gott darum, einmal Himmel und Hölle sehen zu dürfen. Gott erlaubt es ihm und gibt ihm den Propheten Elia als Begleiter mit. Zuerst führt Elia den Weisen in einen großen Raum, in dessen Mitte auf einem Feuer ein Topf mit einem köstlichen Gericht steht. Aber die Gäste sehen alle blaß und mager aus, die Stiele ihrer Löffel sind so lang, daß sie das herrliche Essen nicht in den Mund bringen können. Als die beiden Besucher wieder draußen sind, fragt der Weise den Propheten, welch' seltsamer Ort das denn gewesen sei. Es war die Hölle.
Darauf führt Elia den Weisen in einen zweiten Raum, der gleich aussieht. In seiner Mitte brennt auch ein Feuer und kocht ein köstliches Essen. Leute sitzen herum mit langen Löffeln in der Hand, aber sie sind alle gut genährt, gesund und glücklich: Sie benutzen die langen Löffelstiele, um sich *gegenseitig* zu essen zu geben. Es war der Himmel.
Diese Tischgemeinschaft in Himmel und Hölle ist ein anschauliches Beispiel für gelungene und mißlungene Partnerschaft. Partnerschaft ist Kooperation, ist Füreinander-Einstehen, ist Verzeihen und Beschenken. Dieses harmonische Zusammenspiel kann der Himmel auf Erden sein. Miteinander gelingt es leichter, schwierige Aufgaben zu lösen. Das Essen in der Hölle ist ein Beispiel für Selbstsucht und Egoismus. Die Menschen verhungern lieber, als sich gegenseitig zu verzeihen und zu beschenken. Partnerschaft bedeutet helfen und sich helfen lassen, geben und nehmen. Partnerschaft bedeutet, den andern wie sich selbst zu lieben.

Lieber Herr! Du hast uns zum Füreinander-Dasein geschaffen und nicht zum egoistischen Alleingang. Hilf, daß wir unserem Nächsten Partner sind. Amen.

Mancher teilt mit vollen Händen aus und bekommt immer noch mehr; ein anderer spart über Gebühr und wird nur ärmer. Sprüche 11, 24

Es geht um den zwischenmenschlichen Umgang.
In meiner Heimat gibt es ein treffendes Sprichwort, das ich oft von meiner Mutter auf plattdeutsch gehört habe: „Wä wat upn Tiun hängt, kanner ok wat runner halen" (Wer etwas auf den Zaun hängt, kann auch wieder etwas runter holen). Wer gibt, der empfängt, wer schenkt, bereichert. Ein weltliches Sprichwort drückt es so aus: „Wer gut schmiert, der gut fährt."
Liebe ist kein Perpetuum mobile, ein Ding, das ganz von allein läuft. Liebe muß aufgefrischt, Liebe muß erneuert, Liebe muß gepflegt werden. Viele verwechseln Liebe mit einem Gefühl, das man hat: Wer Liebesgefühle hat, ist reich, wer keine hat, ist arm dran. Stimmte das, ginge es unglaublich ungerecht auf der Welt zu. Die einen zählten zu den Kapitalisten der Liebe, die anderen zu den Bettlern der Liebe. Gott sei Dank – und das ist wörtlich zu verstehen – sieht die Realität anders aus. Wer Liebe mit vollen Händen austeilt, bekommt immer mehr – wer mit Liebe spart, wird immer ärmer. Liebe ist kein wetterwendisches Gefühl. Liebe ist eine Gesinnung, die wir wie eine Batterie aufladen können. Wer sie wirklich verströmt, wird überreichlich belohnt. Wer im zwischenmenschlichen Umgang rechnet und mit gleicher Liebesmünze zurückzahlt, wird immer ärmer.
Auch für den partnerschaftlichen Umgang gilt: „Wer kärglich sät, wird kärglich ernten" und „Wer mit vollen Händen austeilt, bekommt immer mehr". Das Erfreuliche dieses Liebeswortes ist: Wir können das Wort selbst ausprobieren.

Herr, deine Regeln für einen guten Umgang untereinander sind so einfach. Vergib, daß wir uns so schwertun, vergib, daß wir deine Wahrheit nicht vertrauensvoller ausprobieren. Amen.

Er aber, der Gott des Friedens, heilige euch durch und durch, und euer Geist ganz samt Seele und Leib müsse bewahrt werden unversehrt, unsträflich auf die Ankunft unseres Herrn Jesus Christus. 1. Thessalonicher 5, 23

Es geht um die *Einheit* des Menschen nach Leib, Seele und Geist.
Martin Luther hat versucht, die Dreiteilung mit Hilfe eines Bildes aus dem Kult des Alten Testamentes zu demonstrieren. Danach verhalten sich Leib, Geist und Seele wie die drei Teile des Heiligtums in Israel: „Das erste hieß Sanctum Sanctorum, das Allerheiligste. Darin wohnt Gott, und darin ist kein Licht. Das andere Sanctum, das Heilige. Darin stand ein Leuchter mit sieben Armen und Lichtern. Das dritte heißt Atrium, Vorhof. Der lag draußen unter dem offenen Himmel im Sonnenlicht. In diesem Bilde ist der Christenmensch abgebildet. Sein Geist ist Sanctum Sanctorum, das Allerheiligste, Gottes Wohnung im Dunkel des Glaubens ohne Licht. Seine Seele ist das Sanctum, das Heilige. Im Sanctum sind sieben Leuchter. Das sind beispielsweise der Verstand, das Unterscheidungsvermögen, das Wissen, die Erkenntnis der leiblichen und sichtbaren Dinge. Die Glieder sind das Atrium; sie sind sichtbar für alle, so daß man sehen kann, was der Mensch tut und wie er lebt."
Geist ist hier nicht Verstand, sondern die *Mitte der Person*, von der her der ganze Mensch bestimmt wird. Der Geist ist für Luther die Stelle, wo es um die Ausrichtung des Menschen für oder gegen Gott, also um Glauben oder Unglauben geht. Der Friede Gottes soll über die Mitte der Person den Menschen total beschlagnahmen und für die Ewigkeit bewahren. Es gibt keine Heiligung von Teilen. Sein Friede erreicht uns ganz oder gar nicht.

Herr, dein Wort stellt klar, daß ich Teile meiner Persönlichkeit nicht gegen dich aussparen kann. Regierst du die Mitte meiner Person, kommt mein ganzer Mensch mit Leib, Seele und Geist zu deinem Frieden. Amen.

Fürchtet euch nicht vor denen, die nur den Körper, aber nicht die Seele töten können. Fürchtet euch vor Gott, der Leib und Seele ins ewige Verderben schicken kann.
Matthäus 10, 28

Was ist der Mensch? Welche Bedeutung haben Leib, Seele und Geist?
Der Theologe Ernst Lange hat versucht, beispielhaft die Einheit von Leib, Seele und Geist zu entfalten: „Ich bin mehr als Leib. Ich stehe in einem mittelalterlichen Dom, ich sehe die ‚Uta von Naumburg' oder die ‚Synagoge' in Straßburg. Sie sind zu Stein erstarrtes Warten auf Gott. Und doch weiß ich: Das stimmt nicht. Es fehlt der Leib. Ich stehe vor einem Zeitungskiosk, vor der großen Schönheitskonkurrenz der Titelbilder, der schimmernden Parade wohlgeformten, wenigbekleideten Fleisches. Und doch weiß ich: Das stimmt nicht. Es fehlt der Geist. Der Mensch ist Leib und doch zugleich mehr als Leib. Er ist *leibhaftiger* Geist, *leibhaftiges* Gemüt, *leibhaftiges* Reden und Denken und Lieben und Beten und Lachen und Weinen und Ich-sagen. Er ist *Person.*"
Es ist falsch zu sagen: Ich *habe* einen Leib. Ein Auto kann ich *haben,* eine Uhr und ein Taschentuch. Leib *ist* man. Es gibt kein Lebendigsein ohne den Leib. Man kann den Leib nicht von der Ganzheit des Menschen abheben, um die „reinen Teile", um „Seele und Geist" zurückzubehalten. Menschsein heißt Leib-sein, Menschsein heißt Seele-sein, Menschsein heißt Geist-sein. Die *Person* ist mehr als Geist, Seele und Leib. Sie ist der Mittelpunkt, den der Friede Gottes, der Geist Gottes, durch und durch heiligt, in Beschlag nimmt und gestaltet.

Herr, du bist der Friede für mein ganzes Menschsein nach Leib, Seele und Geist. Gib, daß ich dir ohne Abstriche gehöre. Amen.

16. Mai

Von ihm (Christus) her wird der ganze Körper durch Sehnen und Adern versorgt und zusammengehalten. So wächst er, wie Gott es will. Kolosser 2, 19

Es geht um die *Einheit* von Leib, Seele und Geist. Im täglichen Sprachgebrauch wird der Mensch gern in Teile zerlegt. Seelische Vorgänge und Körperkrankheiten werden streng getrennt. Das Krankenhaus ist dafür ein einleuchtendes Beispiel. „Auf Station 7 liegen die Magenkranken. Station 11 ist die Abteilung für Lungenkranke. Der Flügel des Hauses ist für Herzkrankheiten reserviert. In Haus 3 sind die Geisteskranken untergebracht."

Teile des Menschen werden behandelt. Auf den ersten Blick ist das einleuchtend. Auf den zweiten Blick wird das Problem komplizierter. Herz, Lunge, Atmung und Gemüt beispielsweise sind keine selbständigen Funktionen. Die Teile, die wir künstlich trennen, gehen nahtlos ineinander über.

Ich greife eine beliebige Krankheit heraus und lasse einen der bedeutendsten deutschen Psychosomatiker, Artur Jores, sprechen: „Asthmatiker sind Menschen, die sich bemühen, ihr Leben nach einem ganz hohen Standard auszurichten in bezug auf Sauberkeit, Anständigkeit, Moral, Ehrlichkeit usw. und die extrem darunter leiden, wenn ihre mitmenschliche Umwelt und sehr oft auch sie selbst nicht nach diesen Maßstäben leben ... Gleichzeitig besteht aber bei diesen Menschen eine schwere innere Opposition dagegen, daß diese Welt so ist, wie sie ist, daß es in ihr Schmutz und Unsauberkeit gibt."

Der Arzt behandelt die *körperliche* Seite des Asthmatikers. Und wer kümmert sich um die Aspekte, die Professor Jores anspricht? Christus will alle Dimensionen unseres Lebens durchdringen. Er regiert den Kopf und beeinflußt sofort alle Organe — bis hin zur Atmung.

Herr, über Leib, Seele und Geist, die wir so gern auseinanderdividieren, soll dein Friede walten. Meine Gesamtexistenz gehört dir. Heilige du sie durch und durch. Amen.

Denn ebenso, wie der Leib ohne Geist tot ist, ebenso ist auch der Glaube ohne Werke tot. Jakobus 2, 26

Der Mensch ist eine *Einheit* nach Leib, Seele und Geist. Kein Glied, kein Organ und kein Teil des Individuums, die wir künstlich herausheben, können für sich bestehen. Die Individualpsychologie Alfred Adlers hat am deutlichsten diesen Aspekt betont. *Individuum* heißt das Unteilbare. Der Mensch ist ein unteilbares Ganzes. Und das heißt: Jedes menschliche Geschehen kann als Ausdruck der ganzen Person verstanden werden. In jedem Verhalten begreifen wir die „Individualität", die einmalige Persönlichkeit. Adler kennzeichnet das so: „Die dringendste Aufgabe der Individualpsychologie besteht darin, diese Einheit in jedem Menschen zu beweisen, in seinem Denken, Fühlen, Handeln, in seinem sozialen Bewußtsein wie Unbewußtsein . . . Diese Einmaligkeit nennen wir Lebensstil des Individuums."
Dieses Konzept über die Einheit des Menschen entspricht uneingeschränkt dem biblischen Denken. Wird die Einmaligkeit des Menschen, sein Lebensstil, aus dem Geiste Gottes konzipiert, regiert der Friede Gottes die Individualität dieses Menschen, werden *alle* Organe (Leib und Geist und Seele) von ihm geheiligt. Bewußtes und Unbewußtes, Denken, Fühlen und Handeln tragen den Stempel göttlichen Geistes. Sofern der Geist Gottes nicht unseren Lebensstil durch und durch geheiligt hat, wird die gesamte Persönlichkeit eine eigenwillige und selbstherrliche Bewegungsrichtung widerspiegeln. Denn wir gehören unserem Herrn ganz oder gar nicht.

Gott locket mich; nun länger nicht verweilet! Gott will mich ganz; nun länger nicht geteilet! Fleisch, Welt, Vernunft, sag immer, was du willt, meins Gottes Stimm mir mehr als deine gilt. Amen.
(Gerhard Tersteegen)

Denn unser Leben wird jetzt vom Geist Gottes bestimmt und nicht mehr von unserer eigenen Natur. Wenn jemand nach seiner Natur lebt, wird er ganz von seinen eigensüchtigen Wünschen beherrscht. Römer 8, 4 u. 5

Der Mensch ist eine *Einheit* aus Leib, Seele und Geist. Unser Lebensstil, also die unverwechselbare Einmaligkeit unserer Persönlichkeit, spiegelt sich in allem Tun und Lassen wider.
Da leidet ein Ratsuchender, ein gläubiger Mann, unter einem „zerstörerischen Versündigungswahn", wie er es nennt. Sobald er wach ist und ins Leben tritt, quälen ihn Versündigungsgefühle. Beim Blick in die Zeitung suchen ihn „weltliche Gelüste" heim, auf der Straße überfallen ihn „unkeusche Gedanken", und auf dem Fernsehschirm „erdrückt ihn die platte Diesseitigkeit". Er arbeitet nur mit halber Kraft, seine Versündigungsgefühle haben seine Gesundheit, seine Beziehungs- und Liebesfähigkeit untergraben.
Der Geist Gottes hat diesen Mann nicht durch und durch geheiligt. Es scheint so, als wäre er gewissenhafter und im Glauben treuer als andere Menschen. Im tiefsten Grunde kann er Gottes Geist für sich nicht in Anspruch nehmen. *Er* will gewissenhafter, frommer, sauberer, heiliger und sündloser sein. Er leidet, weil *er* die Heiligung erzwingen will. Der *ganze* Mensch liegt in seinem Glauben und in seinem Leben schief. Die Lebensstilkorrektur ist auch eine Glaubenskorrektur. Hat der lebendige Gott sein Leben geheiligt, und gibt er dem Geiste Gottes Raum, brechen seine unbewußte Überlegenheit und sein Versündigungswahn zusammen. Die falsch programmierte Eigenleistung und Werkgerechtigkeit sind überflüssig. Christus bestimmt unser Leben.

Höchstes Gut der Güter, Ruhe der Gemüter, Trost in aller Pein! Was Geschöpfe haben, kann den Geist nicht laben: du vergnügst allein. Was ich mehr als dich begehr, meine Freude in dir hindert, meinen Frieden mindert. Amen. (Gerhard Tersteegen)

Da bildete Gott der Herr den Menschen aus Erde vom Ackerboden und blies ihm den Lebensodem in die Nase; so wurde der Mensch zu einem lebenden Wesen.

1. Mose 2, 7

Es geht um die *Einheit* des Menschen nach Leib, Seele und Geist. Die Griechen hatten einfach unrecht, wenn sie behaupteten, daß der Leib das Grab der Seele sei. Der Leib ist *nicht* zweitrangig. Ohne den Leib können Geist und Seele nicht existieren. Der ganze Mensch *ist* Leib, *ist* Seele, *ist* Geist. So darf man auch folgendes nicht auseinanderreißen: das Heil und das Wohl, das Eigentliche und das Uneigentliche, das Wesentliche und das Unwesentliche. Das ist falsches Denken. Wir teilen den Menschen künstlich auf.
Greifen wir auf das Schöpfungsgeschehen des Menschen zurück. Ohne den Lebensodem Gottes ist er kein Mensch. Aus Vergänglichem, aus Erde, wird der Mensch gebildet. Aus Staub und Geist wird der Mensch zum „lebenden Wesen". Kein Mißverständnis: Der Mensch erhält nach biblischem Verständnis durch das Einhauchen des Lebensatems nicht eine Seele in seinen Körper. Er wird vielmehr zu einem lebenden Wesen. Immer meint das Wort „Seele" die von Gott den Menschen gegebene Lebendigkeit, die nicht nur auf die physische Existenz begrenzt werden kann. Jetzt wurde er ein einheitliches, lebendiges, ganzheitliches Wesen und keine Schöpfung aus mehreren Grundbestandteilen. Leider spielt uns unser Denken immer wieder einen Streich. Wir reden oft einer *geistfeindlichen Leiblichkeit* und einer *leibfeindlichen Geistigkeit* das Wort. Sind wir in der Tat der Meinung, Teile unserer Existenz in der Nachfolge unseres Herrn auszuklammern?

Herr, wir möchten gern mit dem Herzen fromm sein und mit unseren Gliedern machen können, was wir wollen. Du deckst diesen Irrtum auf. Dein Geist will vom Scheitel bis zur Sohle unser Leben durchwirken. Herr, komm in uns wohnen! Amen.

Solange ich Schweigen übte, verzehrte sich mein Leib, weil es unaufhörlich in mir schrie; denn bei Tag und Nacht lag schwer auf mir deine Hand. Psalm 32, 3 u. 4

Der Mensch ist eine *Einheit* nach Leib, Geist und Seele. Auch David weiß um diese unauflösliche Beziehung. Glaubensprobleme sind auch Leibprobleme. Ist unser Glaube gestört, sprechen die Organe. Fachleute sprechen vom „Organdialekt".
Der Theologe Adolf Allwohn hat diesen Gesamtzusammenhang so umschrieben: „Biblisch begründet ist unsere Seelsorge nur dann, wenn sie heilende Lebenshilfe wird, denn die Lebenshilfe, die Jesus gewähren will, ist ein Heilen im umfassenden Sinne. Vor Christus sind nämlich im Gegensatz zu unserer gewöhnlichen Meinung alle Menschen in ihrer Ganzheit nach Leib, Seele und Geist krank, denn sie sind alle Sünder und dem Tode verfallen . . . Krank sind alle, die mit ihren Sorgen, Ängsten und Verärgerung nicht fertig werden, die der Traurigkeit und der Schwermut verfallen sind, die den Anfechtungen und der Verzweiflung erliegen. Wer möchte von sich wohl behaupten, daß er im angegebenen Sinne nicht krank sei?"
Sind wir mit Gott eins, leben wir mit ihm und uns im Frieden. Leben wir auf Konfrontationskurs, „verzehrt sich mein Leib". Sünde und Unfriede sind nicht nur Probleme des Geistes, die sich störungsfrei und isoliert in winzigen Hirnzellen abspielen. Weil Leib, Seele und Geist eine Einheit sind, wird der Mensch *total* in Mitleidenschaft gezogen. Kopf, Blut, Kreislauf, innere und äußere Organe reagieren. Bekennen vor Gott *und* den Menschen macht frei, entspannt und entlastet. Wer schweigt, setzt Leib, Seele und Geist unter Druck.

Ich gebe dir, mein Gott, aufs neue Leib, Seel und Herz zum Opfer hin; erwecke mich zu neuer Treue und nimm Besitz von meinem Sinn. Es sei in mir kein Tropfen Blut, der nicht, Herr, deinen Willen tut. Amen. (Johann Jakob Rambach)

21. Mai

Nichts ist gesund an meinem Leib ob deinem Zürnen, nichts heil an meinen Gliedern ob meiner Sünde.

Psalm 38, 4

Leib, Geist und Seele sind übergangslos miteinander verbunden. Die Medizin spricht von Psychosomatik, von der Wechselwirkung von Leib und Seele. Sie spricht von psychosomatischen Krankheiten, das sind Krankheiten, die *seelisch bedingt* sind.
Der evangelische Theologe Allwohn überschreibt in seinem Buch „Evangelische Pastoralmedizin" ein Kapitel „Die Glaubensstörungen des Kranken". Er schreibt darin: „Glaubensstörungen und seelische Störungen gehen Hand in Hand; sie sind ineinander verwoben. Von seelischen Erkrankungen muß auf Erschütterungen in der Beziehung zu Gott geschlossen werden ... Mit Herz- und Kreislauferkrankungen sind in vielen Fällen depressive Verstimmungen verbunden, die nicht selten von verdrängten Affekten wie Aufregung, Spannung und Aggressivität begleitet sind. Die meisten Hochdruckkranken leben in einem chronischen Zustand der Aggression, die aber um der sozialen Anpassung willen unterdrückt wird. Sie lassen sich unter Druck setzen und wagen nicht, ihre Ansprüche geltend zu machen. Geschieht dann ein Ausbruch, so beladen sie sich mit schweren Selbstvorwürfen. Weil sie ständig an sich halten müssen, werden Neid- und Feindseligkeitsgefühle erweckt." Diese von Allwohn angeführten Beispiele sind typisch für den Zusammenhang von körperlichen Leiden, Unfriede in den Gliedern und Sünde. Friede mit Gott, Friede im Herzen und Friede und Harmonie in den Gliedern werden von uns als lebendiges Wechselspiel erfahren.

Herr, viele Krankheiten haben etwas mit meiner Lebenseinstellung zu tun. Deck' meine konkrete Sünde auf, damit ich deinen Frieden an Leib, Geist und Seele widerspiegele. Amen.

22. Mai

Meine Missetaten schlagen mir über dem Haupt zusammen . . . Ich bin gekrümmt, tief niedergebeugt. Erschöpft bin ich und ganz zerschlagen, ich schreie auf infolge des Stöhnens meines Herzens. Psalm 38, 5—7

Wir haben gestern über den Zusammenhang von körperlichen Leiden und Sünde gesprochen. Was können der Herz- und Kreislaufkranke und der Bluthochdruckkranke konkret tun?

Wir hörten, daß „verdrängte Affekte" und „Aggressivität" den Blutdruck steigern, daß Jähzornausbrüche Selbstvorwürfe heraufbeschwören und daß Schweigen Neid- und Feindseligkeitsgefühle verstärkt. Seelsorgerlich ist es falsch, Zorn und Aggression bewußt herauszulassen oder herauszuschreien, um damit eine Befreiung zu bewirken. Jähzorn und Aggression stehen in direktem Zusammenhang mit Sünde und falschem Denken. Warum habe ich nicht den Mut, mit meinem Chef oder dem Partner zu reden, die mich bedrücken? Wer Probleme herunterschluckt, schlägt leicht zurück. Oder er schlägt sich selbst und wird krank. Christus hat eindeutig geboten: „Wenn aber dein Bruder sündigt, so gehe hin und weise ihn zurecht unter vier Augen" (Matth. 18, 15). Ein amerikanischer Seelsorger formuliert das eindeutig: „Ob du nun verletzt worden bist, oder ob du deinen Partner verletzt hast: Du bist dran, den ersten Schritt zur Versöhnung zu tun. Immer bist du an der Reihe!"

Es geht nicht um Strafe, um Rechtfertigung, um Angriff, um Überlegenheit — es geht um *Versöhnung*. „Gehe *zuerst* hin und versöhne dich mit deinem Bruder." Es ist grundfalsch zu denken: „Er hat mir Unrecht getan, er soll den ersten Schritt tun!" Wer verdrängt und herunterschluckt, wird aggressiv, depressiv, neidisch und feindselig. Wir bezahlen unsere Sünde mit Unfriede in den Gliedern.

Herr, du willst, daß Leib und Seele gesund sind. Gib, daß wir im Zwischenmenschlichen deine Maßstäbe befolgen und vor seelischen Fehlhaltungen bewahrt bleiben. Amen.

Meine Gebeine sind wie von Brand durchglüht; mein Herz ist versengt und verdorrt wie Gras, so daß ich sogar vergesse, Speise zu genießen. Psalm 102, 4 u. 5

Herzkrankheiten sind das große Thema unserer Zeit. Mindestens um das 50fache sind Herz- und Kreislaufkrankheiten seit 1948 gestiegen.
Der Arzt und Christ Joachim Bodamer kommentiert das so: „Die Fähigkeit des Mannes von heute, so zu leben, zu arbeiten und zu genießen, als ob er ein Herz aus Kunststoff oder an Stelle dieses wunderbar gebauten, lebendigen Organs eine hydraulische Pumpe hätte, ist beklemmend. Das technische Bewußtsein entfremdet den Menschen aus seinem eigenen Organismus; denn immer strebt er nur nach sachlichen Zielen, greifbaren Resultaten und entfernt sich so von seinem Zentrum, dem Herzen als leiblichem Organ und seelischer Sphäre. Das Herz ist zum bloßen Erfolgsorgan degradiert worden. Das Herz ist aber mehr als nur ein höchst kompliziert und sinnreich arbeitendes Pumporgan: es ist auch das seelische Zentrum des Menschen, und man muß es wörtlich nehmen, daß die großen Gedanken aus dem Herzen kommen."
Das Herz ist das entscheidende personale Zentrum des Menschen, das die Forderungen Gottes beantwortet. Das Herz ist die Lebensmitte, und der Herr sieht darum das Herz an. Es ist die Zivilisationskrankheit schlechthin, daß das Herz „zum Erfolgsorgan degradiert" wurde. Fachleute sehen einen unlösbaren Zusammenhang zwischen seelischen Konflikten, der Angina pectoris und dem Herzinfarkt, der Sklerose der Kranzarterien und dem Tod. Das Herz ist der Ort, wo Gottes Geist wirkt. Wer sich ihm öffnet, der wird seinen Herzmuskel schonen. Leib und Seele sind eine Einheit. Herz und Kreislauf werden davon profitieren.

Herr, mein Herzmuskel rebelliert, wenn mein Herz verdorrt. Ich trage an Leib und Seele die Folgen, wenn deine Stimme in meinem Herzen erstirbt. Amen.

Herr, laß mein Ende mich wissen und welches das Maß meiner Tage ist! Laß mich erkennen, wie vergänglich ich bin . . . Meine Hoffnung geht auf dich allein.

Psalm 39, 5 u. 8

Ohne Hoffnung wird unser Leben *sinnlos.*
Ernest Hemingway, der Autor des Buches „Der alte Mann und das Meer", sagt zu seinem Freund Hotchner: „Was, glaubst du, passiert einem Menschen, der ins 62. geht? Wenn er merkt, daß er nie mehr die Geschichten und Bücher schreiben wird, die er sich selbst versprochen hat? Daß er auch alles andere, das er sich in den guten Zeiten erhofft hat, nicht mehr durchführen kann?"
In dem genannten Buch hat Hemingway auf den Sinn des Lebens eine Antwort versucht. Das Buch und das Schicksal des alten Mannes sind eine Antwort: „Was liegt einem Mann am Herzen? Daß er gesund bleibt, daß ihm die Arbeit gut von der Hand geht, daß er im Kreis seiner Freunde ißt und trinkt, daß er im Bett seinen Spaß hat."
Wie Hemingway denken viele. Aber ist das der Sinn des Lebens? Hemingway hat seine eigenen Grundsätze befolgt. Als eine unheilbare Krankheit sich anmeldete, ihm die Arbeit nicht mehr von der Hand ging, er im Kreise der Freunde nicht mehr essen und trinken konnte, schoß er sich eine Kugel durch den Kopf. Schluß, wenn es mit dem Spaß vorbei ist. Was bleibt? In seiner wunderbaren Erzählung ist es ein blank genagtes Skelett eines großen gefangenen Fisches. Die Haie triumphieren. Ein unsinniges Leben.
Christen dagegen leben vom Ende her. Sie beten: Laß uns erkennen, wie vergänglich wir sind. Aber unsere Hoffnung steht auf Ihm allein. Unser Ende ist ein Neuanfang, der letzte Atemzug der Beginn eines neuen — ewigen Lebens. Diese Gewißheit kann in jede Stunde unseres Lebens hineinstrahlen. Diese Gewißheit gibt unserem Leben Ziel und Sinn. Können Sie ohne diesen Sinn leben?

Herr, du bist unsere Hoffnung und damit der Sinn unseres Lebens. Wir schauen nicht in eine finstere Zukunft, du bist unsere Zukunft. Amen.

25. Mai

Da sagte David zu Gath: „Mir ist sehr bange! Wir wollen aber lieber in die Hand des Herrn fallen, denn sein Erbarmen ist groß." 2. Samuel 24, 14

Ist unser Leben *sinnlos* und eine Fahrt ins Nichts?
In einer surrealistischen Erzählung von Friedrich Dürrenmatt „Der Tunnel" wird das Schicksal einiger Menschen beschrieben, die im Zug ins Erdinnere fahren. Ein 24jähriger Student sitzt im Zug. Merkwürdig, dieses Mal endet der Tunnel nicht mehr. Der Zug rast immer schneller abwärts dem Erdinneren zu. Zusammen mit dem Zugführer arbeitet sich der junge Mann bis in den Maschinenraum vor. „210", sagte er. „Ich glaube nicht, daß Sie es bei dieser Geschwindigkeit schaffen, hinaufzukommen in die Wagen über uns." Der Zugführer stürzte auf das Schaltbrett und kam blutüberströmt neben dem jungen Mann zu liegen, dessen Schultern er umklammerte: „Was wollen wir tun?", schrie der Zugführer durch das Tosen dem 24jährigen ins Ohr. „Was sollen wir tun?" „Nichts", antwortete der andere unbarmherzig, ohne sein Gesicht vom tödlichen Schauspiel abzuwenden. „Nichts. Gott ließ uns fallen, und so stürzen wir denn auf ihn zu."
Dürrenmatts surrealistische Erzählung ist ein Gleichnis für die bedrohte Existenz des Menschen, der dem Fall ins dunkle Nichts preisgegeben zu sein scheint. Der Mensch fällt nicht ins Nichts, sondern durch das Nichts hindurch in die Hand Gottes. Das Nichts ist nicht das letzte Wort über den Menschen. Der Christ weiß, er kann niemals tiefer fallen als in die offene Hand Gottes. Dürrenmatt formuliert: „Gott ließ uns fallen. Und so stürzen wir denn auf ihn zu."
David will lieber „in die Hand des Herrn fallen", als seinen Feinden ausgeliefert sein. Es ist gut und tröstlich zu wissen: Das Sinnlose ist nicht das Letzte. Am Ende des dunklen Tunnels steht der lebendige Gott.

Du, Herr, stehst am Anfang und am Ende unseres Lebens. Wir kommen aus deiner Hand und fallen in deine Hand. Dank sei dir dafür, daß die Fahrt unseres Lebens nicht sinnlos ist. Amen.

Ich bin der Weg und die Wahrheit und das Leben.

Johannes 14, 6

Wovon lebt der Mensch? Was gibt dem Dasein *Sinn?*
In seinem Roman „Krebsstation" beschreibt Alexander Solschenizyn einen Mann Jefrem, einen ungeschlachten Burschen, der durch den Krankensaal geht und alle Menschen fragt, wovon sie denn nun leben. Schwierige Frage! „Von der Luft", meint einer. „Von Wasser und vom Essen", ein anderer. „Vom Arbeitslohn oder von der Qualifikation", meinen wieder andere. Jefrem gibt sich nicht zufrieden. „Von der Heimat", meint einer, „daheim ist alles leichter." Jefrem fragt nun den Funktionär, der gerade ein Hühnerbein abnagt. „Darüber kann doch kein Zweifel sein", erwidert der ohne Zögern, „die Menschen leben von der Ideologie und den gesellschaftlichen Interessen."
Reicht das aus? Was ist der Sinn des Lebens? Wofür, wozu leben wir? Das Tier kann eine solche Frage nicht stellen. Jefrem, in Solschenizyns Roman, hat es erfahren: die einen leben in den Tag hinein, die anderen machen sich ständig Gedanken. Die einen klammern sich an die Heimat, an die Arbeit, an Essen und Trinken, die anderen an eine Ideologie. Ist das alles, wenn der Tod auf der „Krebsstation" ständiger Begleiter ist?
Jesus gibt uns in dem oben genannten Wort eine umfassende Antwort auf den Sinn unseres Lebens. Fragen wir nicht nach dem besten Weg, nach dem einzigen sinnvollen Weg? Fragen wir nicht nach der Wahrheit, an die wir uns im Leben halten sollen? Jesus will uns nicht eine Wanderkarte in die Hand drücken mit lohnenden Zielen, er will uns keine beeindruckende Weisheit vermitteln, er bietet sich uns selbst an: Er ist *der* Weg, *die* Wahrheit und *das* Leben. Wer mit ihm, aus ihm und in ihm lebt, hat den Sinn des Lebens gefunden. Von ihm können wir leben.

Du bist alles, Herr, was ich in meinem Leben suche und brauche. Du bist nicht ein Weg, sondern der Weg, nicht irgendeine Wahrheit, sondern die Wahrheit und nicht ein x-beliebiges Leben, sondern das Leben. Amen.

Ohne Glauben aber kann man Gott unmöglich wohlgefallen; denn wer sich Gott nahen will, muß glauben, daß es einen Gott gibt. Hebräer 11, 6

Der englische Philosoph Aldous Huxley hat in seinem Buch „Ends and means" offen gesagt, was ihn dazu getrieben hat, den *Sinn* des Lebens und Gott in Frage zu stellen. Er schrieb: „Ich hatte bestimmte Gründe dafür, nicht zu wünschen, daß das Leben einen Sinn hat. Deshalb unterstellte ich, daß es keinen hat, und war so ohne jede Schwierigkeit in der Lage, schlüssige Beweise für diese Annahme zu erbringen. Für mich, und zweifellos für die meisten meiner Zeitgenossen, war die Philosophie der Sinnlosigkeit im wesentlichen ein Instrument der Befreiung. Die Befreiung, die wir ersehnten, war gleichzeitig die Befreiung von einem bestimmten Sittenkodex, weil er unsere sexuelle Freiheit einschränkt."
Huxley gibt unmißverständlich zu verstehen, wie Weltanschauungen zustande kommen und Lehrmeinungen über den Nihilismus und die Welt entstehen. Für unsere persönlichen Wünsche und Freiheiten suchen wir eine Grundlage. Für unsere Vorurteile suchen wir Beweise. Wer schrankenlose Freiheit will, erfindet „schlüssige Beweise". Wer ohne Gott und Bindung leben will, wird für seine These einleuchtende Gründe parat haben. Ohne Gott zimmern wir uns ein Leben zurecht, das nur auf die privaten Wünsche abgestellt ist. Unsere und nicht seine Maßstäbe geben dann den Ton an. Und plötzlich wird alles sinnlos und ein Haschen nach Wind. Hektik und Betriebsamkeit nehmen zu. Wir müssen uns zerstreuen. *Alles,* sagt der Prediger, wird plötzlich sinnlos und leer. Alle Anstrengungen und Leistungen sind Schläge in den Wind. Wollen wir das?

Weil du da bist, Herr, ist unser Leben kein Haschen nach Wind. Weil du da bist, bekommt alles einen Sinn, Freud und Leid, Jugend und Alter, Arbeit und Vergnügen. Hab Dank dafür. Amen.

Denn Christus ist nicht in ein von Menschenhänden hergestelltes Heiligtum eingegangen, . . . sondern in den Himmel selbst, um jetzt uns zum persönlichen Heil vor dem Angesichte Gottes zu erscheinen. Hebräer 9, 24

Die „Offensive junger Christen" in Bensheim lud zum „Tag der Himmelfahrt Christi" mit folgendem Text ein: „Wir wollen uns gemeinsam auf das weltumspannende Ziel der Machtergreifung Jesu ausrichten."
In der modernen Theologie wird der Himmel in Frage gestellt. Professor M. Metzger formulierte: „Wir lassen uns von niemand, auch nicht von irgendeinem Apostel vorschreiben, wie unser Hoffnungskatechismus auszusehen hat . . . der Himmel ist weder droben noch sonstwo. Er ist überhaupt nirgends."
Was wir Christen nachvollziehen können, hat Alois Albrecht gut beschrieben: „*Christ* fuhr gen Himmel, aber keineswegs in die Höhe. Denn wer da meint, der Himmel sei oben, versteht ihn als Raum wie die Welt oder das All oder die Atmosphäre. Himmel aber ist Gott selber.
Christ fuhr gen Himmel, aber keineswegs von den Menschen. Denn wer da meint, der Himmel sei jenseits, versteht nicht seine Nähe, mit der er in allem gegenwärtig ist und es am Leben erhält. Gott ist der Quell des Lebens."
Himmelfahrt bedeutet: Jesus tritt seine Herrschaft an. Jesus ist der Herr, der Kyrios. Kyrios ist aber die griechische Übersetzung des hebräischen Wortes Adonai. Und das ist der Titel des lebendigen Gottes. Himmelfahrt ist der Schlußpunkt unter das Heilsgeschehen Gottes — für uns.

Auf Christi Himmelfahrt allein ich meine Nachfahrt gründe und allen Zweifel, Angst und Pein hiermit stets überwinde. Denn weil das Haupt im Himmel ist, wird seine Glieder Jesus Christ zur rechten Zeit nachholen. Amen. (Josua Wegelin)

Der Sohn Gottes hat uns einen Sinn in unser Leben gegeben, daß wir ihn erkennen, den Wahrhaftigen, und in ihm in Wahrheit erfunden werden. 1. Johannes 5, 20

Was ist der *Sinn* des Lebens?
In seinem Büchlein „Ich frage nach dem Sinn des Lebens" schreibt Helmut Gollwitzer:
„Ein junger Mann – so war vor einiger Zeit in Zeitungen zu lesen – kommt auf einen Platz inmitten Londons, er bringt einen Kanister Benzin mit, übergießt sich und verbrennt sich. Man findet einen Zettel bei ihm, auf dem steht, er habe keine Lust mehr. Es sei doch alles sinnlos ... Er gibt auf, er will auch nicht weitermachen, wenn nicht einer ihm sagen kann, wozu? Wie kann ich leben ohne sinnvolles und also sinngebendes Wozu? ... Leben, das für mich sinnlos war, ist für andere keineswegs sinnlos. Für andere ist das Leben voller Hoffnung. Ich kann helfen, daß anderen die Hoffnung des Lebens nicht genommen wird."
Wozu leben wir? Wozu sind wir auf der Welt? Das Tier wird getrieben, der Mensch muß fragen. Sinnlosigkeit heißt: Nicht gebraucht werden, nicht geliebt werden, einsam um sich selbst kreisen.
Wer sich Christus ausliefert, kann nicht in der Einsamkeit und Isolation bleiben. Er macht sich auf den Weg. Er folgt ihm nach und geht zu den anderen. Er fühlt sich geliebt und will die Liebe weitergeben. Er fühlt sich getragen und will anderen tragen helfen. Er erfährt Hoffnung und will für andere Hoffnung sein. Sinnlosigkeit verkehrt sich in Sinn. Ein bisher wertloses Leben wird wertvoll.

Du gibst meinem Leben Sinn, Herr. Das Heute und Morgen bekommen Profil. Und meine Zukunft bist du. Amen.

Wer sich auf den Sohn verläßt, wird ewig leben. Wer nicht auf den Sohn hört, wird niemals das Leben finden.
Johannes 3, 36

Hat unser Leben *Sinn?*
Viktor E. Frankl, der Begründer der Logotherapie, ein in Deutschland viel zu wenig bekannter Psychotherapeut und Psychiater, antwortete einem Verzweifelten, der an der Sinnfrage zu zerbrechen drohte:
„Was ich sagen will, ist etwas Ähnliches, wie es Franz Werfel einmal gesagt hat: ‚Durst ist der sicherste Beweis für die Existenz von Wasser.' Wie könnte der Mensch Durst empfinden, wenn es kein Wasser gäbe, und wie könnte der Mensch nach dem Sinn des Lebens auch nur fragen, wenn es ihn wirklich nicht gäbe."
Nicht wenige halten die Frage nach dem Sinn für Unsinn. Sie hinterfragen alles, auch die Frage nach dem Sinn. Nirgendwo sehen sie Antwort, nirgendwo Beweise. Skepsis und Skeptizismus als Prinzip haben sich weltweit breitgemacht. Skepsis ist seit Jahren zum Modewort geworden. Skepsis bedeutet in Wirklichkeit: *Sich der Wahrheit stellen.* Das Wort Skepsis ist für viele aber ein Synonym für Unglauben. Sie halten Skepsis für einen permanenten Zweifel. Der wahre Skeptiker stellt sich der Wahrheit. Er wagt es mit Christus, der uns einen Sinn in unser Leben gegeben hat. Er stellt sich der Wahrheit, die in Christus personifiziert ist. Warum gehen wir kein Experiment mit der Wahrheit ein? Warum erweisen wir uns nicht als handfeste Skeptiker? Warum verzweifeln wir an uns selbst, wo doch Millionen Menschen vor uns und neben uns sich auf den Sinn des Lebens in Christus eingelassen haben?

Du, Herr, bist die Antwort auf Sinnlosigkeit und Verzweiflung. Der Horizont wird hell, weil du mit uns gehst. Amen.

Alle eure Sorge werfet auf ihn; denn er sorget für euch.
1. Petrus 5, 7

Frau Wiese hat Tag und Nacht Schmerzen in der gesamten Schulterpartie. Sie sucht einen Orthopäden auf, der ihr sagt, sie sei vom Hals abwärts in Armen, Schultern und im Rückgrat verspannt. Sie verhielte sich, als müsse sie Zentnerlasten tragen. Entmutigt klagt sie: „Wenn das so weitergeht, breche ich unter der Last zusammen." Der Orthopäde antwortet: „Es hilft nichts, Sie müssen Ihre seelischen Beschwerden abschütteln. Das eigentliche Übel sitzt im Kopf. Den ganzen Ballast Ihrer Familie haben Sie sich auf den Buckel geladen."
Stimmt. Sie muß ihre Mutter pflegen, ihr Mann ist Alkoholiker, ein Kind geht zur Sonderschule. Das Geld reicht nie, und ihre Verantwortung wächst ihr über den Kopf. Sie hat keinen Menschen, mit dem sie ihr Leid teilen kann. Frau Wiese braucht Ent-lastung, braucht jemanden, der ihr die Sorgen abnimmt. Sie betet, aber die Gebete kleben an der Zimmerdecke.
Viele Christen verhalten sich wie geübte Bumerangwerfer. Der geschickt geworfene Bumerang kommt ja an die Stelle des Abwurfs zurück. Viele Christen werfen in der Tat ihre Probleme Jesus vor die Füße. Aber im Handumdrehen haben sie sie wieder am Hals. Sie drehen sich im Bett um und grübeln schon wieder über die Dinge, die sie eben loswerden wollten. Was tun Sie? Sie trauen Jesus einiges zu, aber nicht alles. Sie glauben, daß er befreit, aber vertrauen mehr auf die aktive Selbstbeteiligung. Sie wollen uneingeschränkt die Hände im Spiel behalten. Den Überblick wollen Sie nicht verlieren.
Warum haben wir nicht den Mut, unser gesamtes Sorgenpaket dem Herrn abzuliefern? Halten wir seine Fürsorge für eine windige Sache?

Lieber Herr! Viele Sorgen will ich allein meistern. Ich erkenne, daß das Unglaube ist. Vergib, daß ich dir so wenig zutraue. Amen.

Du sorgst und mühst dich um so viele Dinge, aber nur eins ist notwendig ... Lukas 10, 41—42

Der griechische Philosoph Sokrates (499—469 v. Chr.) befand sich einst mit einer Gruppe von Schülern in Piräus, dem geschäftigen Hafenviertel von Athen. Dort sahen sie, wie ungeheure Mengen der verschiedensten Waren aus Schiffen geladen wurden. Nachdem sie eine Weile dem lebhaften Treiben zugesehen hatten, strich sich Sokrates vergnüglich mit der Hand den langen Bart und sagte zu seinen Schülern: „Wie viele Dinge gibt es doch auf unserer bunten Welt, die ich nicht brauche!"

Sokrates ist zu beneiden. Was würde er heute sagen, zweitausendfünfhundert Jahre später? Das Angebot an Gütern und Dienstleistungen aller Art ist unvergleichlich größer geworden. Wir hängen mitten drin in der Luxusgesellschaft, der Konsum- und Wohlstandsgesellschaft. Konsumterror und Konsumzwang gehen nicht spurlos an uns Christen vorüber.

Aber bitte, kein Mißverständnis! Nicht der Wohlstand ist das Problem, sondern die Art, wie wir uns selbstsüchtig an ihn klammern. Jesus sagt unmißverständlich: *Eins* ist not. *Alle* anderen Dinge sind zweitrangig. Komfort, Konto und Karriere sind erstrebenswert und angenehm — zweifellos. Die Dinge sind schön, aber nicht notwendig. Sie sind lebenswert, aber nicht *das* Leben. Ist das nicht verrückt: Tausend Dinge beunruhigen uns, ungezählte Probleme machen uns Sorgen. Wir zerbrechen uns den Kopf um die dümmsten Kleinigkeiten. Nur eins macht uns keine Not: die ewige Rettung.

Dein Lieb und Treu vor allem geht, kein Ding auf Erd so fest besteht; solchs muß man frei bekennen. Drum soll nicht Tod, nicht Angst, nicht Not von deiner Lieb mich trennen. Amen. (Leipzig 1597)

2. Juni

Bin ich auch elend und arm: der Allherr wird für mich sorgen. Meine Hilfe und mein Retter bist du.

Psalm 40, 18

Es geht um die *Sorge.*
Der amerikanische Psychotherapeut und Eheberater Albert Ellis, Begründer der Rational-emotiven Therapie, hat sich eingehend mit irrtümlichen Lebensauffassungen des Menschen beschäftigt und etliche brauchbare dagegengestellt. Eine davon lautet: „Sehen Sie ein, daß eigentlich alle Ihre Sorgen nicht durch äußere Gefahren, die vorkommen können, sondern dadurch entstehen, daß Sie sich selbst einreden: ‚Wäre es nicht furchtbar, wenn diese Gefahr einträte?' Anstatt sich über irgend etwas ständig zu sorgen, sollten Sie sich dazu zwingen, Ihre Katastrophe erzeugenden Sätze zu untersuchen und sie in eine realistischere Auffassung ändern: ‚Es wäre eine empfindliche Plage oder eine schlechte Sache, wenn diese Gefahr aufträte. Aber es wäre *nicht* furchtbar, es wäre *keine* Katastrophe, und ich könnte damit fertig werden.'"
Ellis hat recht, viele Sorgen werden von uns aufgebauscht. Dahinter steckt die klare psychologische Erkenntnis: Nicht die Tatsachen bestimmen unser Leben, sondern unsere *Meinung* von den Tatsachen. Wer eine Riesensorge sieht, deutet sie als riesengroß.
Neben der psychologischen Hilfe haben wir Christen die Chance, unsere Probleme und Sorgen auf Christus abzuladen. Christus ist – ohne Übertreibung – der Schuttabladeplatz der Welt. Wer allerdings alles selbst meistern will und muß, braucht keinen Erlöser. Wer nicht abladen will, behält seinen Klotz am Bein. Und jeder weiß: Sorgen drücken, Sorgen machen krank. Wir können es in der Tat einfacher haben: Der Allherr wird für uns sorgen. Er ist unsere Hilfe und Rettung.

Herr, du willst, daß wir nicht belastet durchs Leben laufen. Wir preisen deinen Namen, daß du uns die Lasten abnimmst! Amen.

Darum sage ich euch: Sorget nicht um euer Leben ... Nach solchem allen trachten die Heiden ... Darum sorget nicht für den andern Morgen, denn der morgende Tag wird für das Seine sorgen. Matthäus 6, 25—34

Jesus hält nichts von der *Sorge*. Wer sich sorgt, ist ein Heide. Ist das nicht überspitzt?
Der Bestseller-Autor Dale Carnegie hat ein Erfolgsbuch geschrieben: „Sorge dich nicht — lebe!" Im Vorwort schreibt er: „Mir wurde klar: Was hier nottat, war ein Lehrbuch zur Überwindung von Sorge und Selbstquälerei. Auch diesmal machte ich mich zunächst auf die Suche und ging auf die große New Yorker Volksbibliothek in der Fifth Avenue. Dort stellte ich zu meinem Erstaunen fest, daß der Katalog nur 22 Eintragungen unter dem Titel ‚worry' enthielt. Dafür waren unter dem Schlagwort ‚Würmer' nicht weniger als 189 Bücher verzeichnet. *Beinah neunmal soviele Bücher über Würmer wie über die Sorgen der Menschen!* Erstaunlich, nicht wahr? Da das Sich-sorgen nun einmal zu den schwersten Belastungen des Menschen gehört, sollte man doch annehmen, daß jede höhere Schule und Universität im Lande Vorlesungen über das Thema ‚Hört auf, euch zu sorgen!' veranstalten müsse."
Sich Sorgen machen scheint zu den Selbstverständlichkeiten des menschlichen Lebens zu gehören. Sie werden hingenommen. Nein, Jesus ist anderer Ansicht. *Sich sorgen ist heidnisch.*
Wir vertrauen auf unsere Vorsorge und nicht auf seine Fürsorge. Steckt in uns allen nicht eine gehörige Portion Heidentum?

Auf, auf, gib deinem Schmerze und Sorgen gute Nacht, laß fahren, was das Herze betrübt und traurig macht; bist du doch nicht Regente, der alles führen soll, Gott sitzt im Regimente und führet alles wohl. Amen. (Paul Gerhardt)

Seht euch die Vögel an! Sie säen nicht, sie ernten nicht, sie sammeln keine Vorräte — aber euer Vater im Himmel sorgt für sie. Und ihr seid doch viel mehr wert als alle Vögel. Matthäus 6, 26

Gehören *Sorge und Vorsorge* nicht zum menschlichen Leben?
Es gibt eine schöne Sammlung von Gebeten (Gebete aus der Arche), die Tieren in den Mund gelegt wurden. Das Gebet der Ameise lautet: „Herr, man tut mir Unrecht. Ich sammle, und ich lege Vorräte an. Habe ich denn nicht das Recht, ein wenig die Frucht meiner Arbeit zu genießen, ohne mitansehen zu müssen, wie irgendein zirpender Bummelant meine Speicher ausräumt? Etwas ist an deiner Gerechtigkeit, was ich kaum verstehe. Wenn ich es wagen darf, einen Rat zu geben. Ich bin noch nie jemandem zur Last gefallen und schlage mich ganz gut durch. Da soll man zu diesem unverbesserlichen Mangel an Vorsorge gewisser Leute ewig von neuem sagen: Amen?"
Die Ameisen — aber auch viele Menschen — haben Schwierigkeiten mit der Bergpredigt, mit der Sorge und Vorsorge. Sie wollen keinem zur Last fallen. Unabhängigkeit ist gut, aber Abhängigkeit ist eine Grundbedingung des Menschen. Wer keinem zur Last fallen will, trägt er die Lasten der anderen mit?
Jesus preist die Unbekümmertheit der Vögel. Sie leben in den Tag hinein und treiben keine Vorratswirtschaft. Jesus ist kein Phantast: Wir planen das Morgen — aber sorglos. Darum geht es. Wir kosten den heutigen Tag aus, als gäbe es kein Morgen. Wir machen uns nicht selbst verrückt. Warum? Wir sind mehr als die Vögel, sagt Jesus.

Löse, Herr, alsdann mein Denken von den Sorgen, die mich kränken. Laß mich deine Wunder schauen, deinen Worten ganz vertrauen. Amen.

5. Juni

Ich will jubeln und fröhlich sein ob deiner Gnade.

Psalm 31, 8

Es geht um die *Sorg-losigkeit.*

In einem schottischen Bauernhaus trägt ein alter Ofen den Sinnspruch: „Von allen Sorgen, die ich mir machte, sind die meisten nicht eingetroffen. Aber jedes Lachen, das meine Freunde uns brachten, hat mein Leben eine Woche jünger und gesünder gemacht."

In Amerika wird jedes Jahr eine „Keep-smiling-Woche" veranstaltet. In Rußland hat man den 1. April zum „Tag des Lachens" erklärt. Im Mittelalter war es in den Kirchen üblich, am Ostertag eine fröhliche Geschichte oder einen lustigen Witz zu erzählen, um das „Osterlachen" hervorzurufen. Das Jubeln des Osterglaubens sollte im Lachen zum Ausdruck kommen. In früheren Jahrhunderten kannte man in der katholischen Kirche nicht 7, sondern 8 Hauptsünden. Die 8. war die Traurigkeit und das Nicht-Fröhlichsein. Sie wurde als Quellsünde bezeichnet. Vom afrikanischen Christen können wir Europäer etwas lernen, was Lachen, Sorglosigkeit und Fröhlichkeit betrifft. Über unseren Gottesdiensten und Bibelstunden lastet in der Regel der Mehltau einer unfrohen und freudlosen Stimmung. Gott hat den Menschen das Lachen geschenkt. Er ist ein Wesen, das lachen kann. Er ist das einzige Wesen der Erde mit dieser Begabung. Das Lachen ist dort beheimatet, wo Gott seine Liebe ausstreut.

Vom Text her möchte ich sagen: Freude, Jubel und Sorglosigkeit sind da beheimatet, wo Gott uns Menschen gnädig ist und wir glaubend seine Gnade in Anspruch nehmen. Wir sind Begnadete! Können wir auch begnadet sorglos sein?

Abend und Morgen sind seine Sorgen; segnen und mehren, Unglück verwehren sind seine Werke und Taten allein. Wenn wir uns legen, so ist er zugegen; wenn wir aufstehen, so läßt er aufgehen über uns seiner Barmherzigkeit Schein. Amen.

(Paul Gerhardt)

Wer kann sein Leben durch Sorgen auch nur für einen Tag verlängern? Wenn ihr nicht einmal so eine Kleinigkeit zustandebringt, warum quält ihr euch dann mit Sorgen um andere Dinge? Lukas 12, 25 u. 26

Die meisten *Sorgen* produzieren wir selbst. „Erhebst du ein Problem zum Problem, so bekommst du ein Problem", sagen die Psychologen. Eine bittere Wahrheit.
Ein Kind hat seine erste Sechs in Mathematik geschrieben. Die Mutter sagt: „Schrecklich! Jetzt fängt der Junge auch an und kann nicht rechnen. Das hat er von mir geerbt!" Alle Aufmerksamkeit richtet sich von nun auf das Problem Mathematik.
Wenn Sie nicht mehr schlafen können und nur noch auf das Ticken des Weckers achten, wird das Ticken unerträglich. Wenn Sie auf Ihre Sorgen schauen, vergrößern sich Ihre Sorgen. Wenn Sie auf Jesus schauen, erhalten Sie eine andere Perspektive.
„Wer ständig in den Abgrund schaut, stürzt hinein", hat Nietzsche gesagt. Kein Christ sollte sich Sorgen und Probleme auf den Hals laden. Keinem Menschen gelingt es, dadurch sein Leben zu verlängern.
Der Sprachforscher Eugen A. Nida schreibt: „Sorge trifft das Innerste der menschlichen Persönlichkeit. Die Mossis in Westafrika sagen, daß ‚Sorge' ein ‚verdorbenes Herz' bedeute. Ihre Nachbarn, die Bambaras, beschreiben die Sorge als ein ‚Schwarzwerden der Augen'. Umgekehrt macht das Glück die Augen ‚weiß'."
Jesus will nicht, daß wir uns mit Sorgen quälen, daß wir ein verdorbenes Herz haben, sondern möchte, daß wir ihm alles vor die Füße werfen, was uns beschwert. Wir können es üben.

Herr, deine Anteilnahme an meinem persönlichen Leben ist unvorstellbar. Du hältst beide Hände auf, um meine Sorgen und Probleme zu übernehmen. Vergib, wenn ich dir zwar alles sage, dir aber nicht alle Sorgen überlasse. Amen.

Denn welche der Geist Gottes treibt, die sind Gottes Kinder. Römer 8, 14

Pfingsten – Fest des Geistes, Ausgießung des Geistes. Der dänische Philosoph Sören Kierkegaard zeichnete zur Zeit der Pferdekutschen ein einprägsames Bild, das die Leitung durch den Heiligen Geist verdeutlichen sollte: Es war ein reicher Mann, der kaufte sich für viel Geld ein paar ausgezeichnete Pferde, die er selbst fahren wollte. Es vergingen zwei Jahre, und die schönen Pferde hätte niemand wiedererkannt. Die Augen waren matt, und der Gang war ohne Haltung und Straffheit. Sie waren launisch und störrisch geworden und trotz des guten Futters abgemagert. Da ließ der reiche Mann den Kutscher des Königs kommen, der fuhr sie einen Monat lang, und es gab in der ganzen Gegend kein Paar Pferde, das den Kopf so stolz erhoben hätte. Woran lag das? Der reiche Mann kutschierte, ohne selbst Kutscher zu sein, der königliche Kutscher dagegen fuhr sie nach dem Verstand eines begnadeten, tüchtigen Kutschers.
Im Klartext: Es macht einen Unterschied, wer die Zügel führt, wer den Menschen leitet. Ob wir in Do-it-yourself-Methode unser Schicksal gestalten, oder ob wir dem Herrn aller Herren die Leitung unseres Lebens übertragen.
Warum „läuft" die Sache des Evangeliums so zähflüssig, obschon die Möglichkeiten der Verbreitung noch nie so günstig waren? Es fehlt der „Kutscher des Königs", wie Sören Kierkegaard formuliert hat. Dieser Heilige Geist ist ein kraftvoller Antrieb, der das Menschenherz von innen erfaßt, wenn wir uns seinem Einfluß stellen. Pfingsten wird es auch bei uns, wenn wir uns zur Verfügung stellen. Es macht einen erheblichen Unterschied, wer die Zügel führt und uns treibt.
Wollen wir Weg und Kurs, Aktivität und Passivität, Irrwege und Abwege selbstherrlich bestimmen oder uns der guten Leitung durch den Heiligen Geist anvertrauen?

Komm, o komm, du Geist des Lebens, wahrer Gott von Ewigkeit, deine Kraft sei nicht vergebens, sie erfüll uns jederzeit; so wird Geist und Licht und Schein in dem dunklen Herzen sein. Amen.

(Heinrich Held)

Oder wisset ihr nicht, daß euer Leib ein Tempel des Heiligen Geistes ist? 1. Korinther 6, 19

Pfingsten ist die Ausgießung des Heiligen Geistes. Es ging vor fast 2000 Jahren dramatisch zu. Die Umstehenden hielten die Jünger für betrunken. Der Heilige Geist hatte sie ergriffen.
Bischof Dietzfelbinger schrieb einen Beitrag unter dem Thema: „Chemische Pfingsten!" Es heißt da: „Wir sind eine Generation, die ohne Drogen, Pillen, Betäubungs-, Stimulierungsmittel kaum noch existieren kann ... Was Menschen zur Flucht in den Rausch treibt, ist häufig fehlende, verweigerte, enttäuschte Liebe. So suchen Ungezählte bewußt oder unbewußt nach neuen Wegen des Heils –, und auch die Droge bietet sich als Religionsersatz an ... Die Pfingstgeschichte darf nicht verloren gehen, die Ausgießung des Heiligen Geistes nicht durch ein verzweifeltes ‚Chemisches Pfingsten' ersetzt werden."
Wer zu Drogen greift, flieht vor der Wirklichkeit. Wer sich unter die Leitung des Heiligen Geistes stellt, gestaltet die Wirklichkeit im Namen Jesu.
Pfingsten ist Ergriffensein durch den Heiligen Geist, High-sein eine Wirkung von Drogen. Drogen vermitteln einen faulen Frieden, lähmen unsere Aktivität der Nächstenliebe. Der Heilige Geist befreit und befriedet und aktiviert zum Dienst am anderen. Bitten wir um seinen Geist?

Ich bin, Herr, zu dir gekommen, komme du nun auch zu mir. Wo du Wohnung hast genommen, da ist lauter Himmel hier. Zieh in meinem Herzen ein, laß es deinen Tempel sein. Amen.

(Benjamin Schmolck)

Der Stellvertreter wird kommen. Er ist der Geist der Wahrheit, der vom Vater kommt. Ich werde ihn zu euch senden, wenn ich beim Vater bin, und er wird als Zeuge für mich eintreten. Und auch ihr werdet meine Zeugen sein. Johannes 15, 26 u. 27

Johannes beschreibt hier *Pfingsten.* Menschen werden „begeistert", mit Gottes Geist begabt.
Professor Helmut Thielicke beschreibt das Ereignis so: „Ich versuche an einem simplen Bilde zu verdeutlichen, was hier passiert ist: Wir alle haben schon einmal einen Dom mit bunten Glasfenstern besichtigt. Oft sind darauf biblische Geschichten dargestellt: auch Eva, die Propheten, Maria unter dem Kreuz, die Frauen am Grabe Jesu. Solange wir nur von außen um die Kirche herumgehen, sehen wir von alledem nichts. Die Fenster wirken schwarz und eintönig. Sobald wir aber den Innenraum betreten, leuchten sie in der Fülle ihrer Farben auf. Sie ‚predigen' sozusagen die alten Geschichten ... So ist es mit dem Heiligen Geiste: Er führt uns in den Innenraum des Geschehens, wo die Fenster leuchten. Hier hören wir auf, bloße Zuschauer, Zaungäste und ‚Außen'-Seiter zu sein ... Ich kann diesem Blick nun nicht mehr ausweichen. Ich bin gefragt, ob ich darauf eingehen oder ob ich streiken oder ob ich im alten Trott weitermachen will."
Ohne den Heiligen Geist sind wir in der Tat Außenseiter, Zuschauer und Zaungäste. Lassen wir uns auf Christus ein, werden wir „begeistert", werden wir Zeugen. Pfingsten heißt: eine inspirierende Kraft gewinnt in unserem Leben Gestalt, der „Beistand" und „Tröster", jener dynamische Geist nimmt uns in Anspruch. Zeugen sind Leute, die Erfahrungen mit Jesus weitersagen. Pfingsten ist kein Strohfeuer des Geistes, das zwei Festtage anhält. Wenn es Pfingsten bei uns geworden ist, hat Gottes Geist von uns Besitz ergriffen.

Wir bitten, Herr, um deinen Geist, daß du uns deine Kraft verleihst! Daß wir das Alte neu verstehen und uns in Gottes Nähe sehen. Wir bitten, Herr, um deinen Geist. Amen. (Dieter Trautwein)

Wie lange noch soll ich Sorgen hegen in meiner Seele, Kummer im Herzen tragen Tag für Tag? Psalm 13, 3

Wie werden wir mit *Sorgen* fertig?
In seinem lesenswerten Buch „Keine Angst vor Krebs" schrieb Professor Julius Hackethal ein Kapitel, das sich mit der Krankheitsvorbeugung gegen Krebs befaßt. Sein Strategieprogramm umfaßt einige Punkte, die sich besonders auf seelisches Wohlbefinden, ein Optimum an Lebensfreude und Leistungsfähigkeit beziehen. Eindrücklich beschreibt er in seinem 28. Leitsatz, was er unter *Seele* versteht: „die Summe aus Fühlen x Können. Keine Seele hat = wer nur kann, aber nichts fühlt, wer nur fühlt, aber nichts kann. Fühlen x Können durch Sichbefinden. Gesundheit = Sich wohl befinden, Krankheit = Sich unwohl befinden."
Sorgen und Kummer sind nicht nur verursacht, nicht nur von draußen. Viele Sorgen und Kümmernisse werden in unserer Seele gehegt und gepflegt. Davon weiß David ein Lied zu singen. *Wir selbst* sind dafür verantwortlich. Wir selbst untergraben unsere Gesundheit, unsere Lebensfreude, unseren Optimismus und unsere Vitalität. Wir *machen* uns krank. Die Betonung liegt auf „wir" und auf „machen". Wir selbst zermartern unsere Seele. Schaue ich auf mich und meine Probleme, fühle ich mir selbst meinen seelischen Puls und horche ich verspannt und verkrampft in mich hinein, so entdecke ich tausend Sorgen und Kümmernisse.
Der Psalmist weiß eine Antwort aus der krankmachenden Nabelschau: „Doch nein, ich vertraue deiner Gnade. Jauchzen soll mein Herz ob deiner Hilfe!" (Vers 6). Auf die Blickrichtung kommt es an. Selbstmitleid schafft Leid. Gottvertrauen schafft zufriedene und gelassene Leute.

Lieber Herr, gib mir einen kräftigen Anstoß, wenn ich mich in Sorgen und Probleme verbeiße. Lenke mein Herz und meine Seele auf dich. Amen.

11. Juni

Sorget nichts, sondern in allen Dingen lasset eure Bitten im Gebet und Flehen mit Danksagung vor Gott kund werden. Philipper 4, 6

Der schon zitierte Professor Julius Hackethal beschreibt in „Keine Angst vor Krebs“ eine sogenannnte *Eubios-Strategie* zur Krankheitsvorbeugung und „zur Erreichung eines Maximums an seelischem Wohlbefinden“. Eubios ist ein Wort, das aus dem Griechischen abgeleitet ist, und bedeutet soviel wie seelisches und körperliches Wohlbefinden.

Ein Fehler, der seelisches Unwohlsein heraufbeschwört, ist für Christen der offene oder versteckte Vorwurf gegen den lebendigen Gott: *Du,* Herr, bist für meine Sorgen und meinen Kummer verantwortlich. *Du* willst mich quälen. *Du* willst mich bedrücken. *Du* läßt mich im Stich und hast mich vergessen! *Du* bist schuld.

Was ist die Folge? So unglaublich es klingen mag: Ich kultiviere meine Sorgen. Ich verhalte mich wie ein kleines Kind, das bei strengem Frost ohne Handschuhe draußen herumläuft, sich die Hände blau frieren läßt und schmollt: *Du,* böse Mutter, bist schuld, daß ich blau gefroren bin.

Das Wort aus dem Philipperbrief ist eine christliche Eubios-Strategie gegen falsches Denken, gegen seelischen Kummer, gegen selbstverursachte Unzufriedenheit. Sündenbockdenken verschlimmert die eigene Situation. Es ist pessimistisch und destruktiv. Danksagung befreit. Danksagung verkleinert die Sorgen. Danksagung verstärkt meine positiven Gefühle, lenkt Herz und Gefühle von Befürchtungen ab. Wir haben es weitgehend selbst in der Hand, ob wir uns von Kummer und Sorgen auffressen lassen.

Lieber Herr, du richtest unsere Blicke auf das Positive. Du zeigst uns, wie wir Angst, Sorge und Kummer durch Danksagung abbauen können. Amen.

Deswegen sage ich euch: Macht euch keine Sorgen um euer Leben . . . Wer von euch vermöchte aber mit all seinen Sorgen der Länge seiner Lebenszeit auch nur eine einzige Spanne zuzusetzen? Matthäus 6, 25 u. 27

Es geht um das *Sorgen.*
Der Amerikaner Dale Carnegie schrieb unter vielen andern ein Buch mit dem Titel „Sorge dich nicht, lebe!“ Ich halte die 23. Auflage aus dem Jahre 1972 in Händen. In diesem Buch behandelt er die wohl bedrückendsten Probleme der heutigen Menschen: Sorge, Angst und Aufregung.
An einer Stelle schreibt Carnegie: „Kürzlich reiste ich mit meinem Freund nach Philadelphia. Wir suchten einen berühmten Spezialisten auf ... Was für Ratschläge, glaubt ihr, hatte er an der Wand seines Wartezimmers hängen? – Hier sind sie: Die Wiederaufbaukräfte, welche am besten entspannen, sind: gesunde Religiosität, Schlaf, Musik und Lachen. Habt Vertrauen zu Gott – lernt gut schlafen, erfreut euch guter Musik, gewinnt dem Leben seine komischen Seiten ab – und Gesundheit und Glück wird euer sein.
Die erste Frage, die jener Arzt meinem Freund stellte, war: ‚Was für Gemütsaufwallungen haben Ihre Zustände herbeigeführt?‘ Er warnte meinen Freund ernstlich, sich innerlich nicht zu zerquälen. Leicht könne er sich noch weitere Krankheiten zuziehen: Herzleiden, Magengeschwüre oder Zuckerkrankheit. ‚Alle diese Krankheiten sind miteinander verwandt, sind Vettern 1. Grades.‘ Sie sind alle der Sorge und Aufregung entsprungen.“
Die Bibel hat die leib-seelischen Zusammenhänge gut charakterisiert. „Sorge im Herzen kränkt“, heißt es schon in den Sprüchen Salomos. Und was kränkt, macht krank. Und in Jesus Sirach heißt es: „Sorgen machen alt vor der Zeit.“ Wie sagte Carnegie? Vertrauen auf Gott befreit von Sorgen.

Bevor die Sonne sinkt, will ich das Sorgen lassen.
Mein Gott, bei dir bin ich zu keiner Stund vergessen.
Amen. (Christa Weiß – Kurt Rommel)

So hört ihr nun nicht auf eure Zauberer und Beschwörer (Tagewähler). Jeremias 27, 9

Heute ist der 13. Juni. Die Zahl 13 ruft in vielen Menschen ein ungutes Gefühl hervor. Sie wird als Unglückszahl gefürchtet und gemieden.
Als ich im Sommer 1952 heiraten wollte, sagte mein zuständiger Pfarrer in Löhne, daß ich am 13. Juni heiraten könne, da wäre mit Sicherheit die Kirche frei, denn an einem Unglückstag – an einem 13. – würde niemand in Löhne zum Traualtar schreiten. Zudem sei es ein Freitag, der auch zu fürchten sei. Ich habe am 13. geheiratet, und es war ein Freitag. Bis heute habe ich diese Entscheidung nicht bereut.
Die Bibel betont ohne Einschränkung: Wir sollen auf abergläubische Vorurteile, auf Unglückszahlen und auf Horoskopaussagen nicht hören. Warum ist das so? Wer toten Zahlen Glauben schenkt und sich von ihrem bösen Einfluß in Bann schlagen läßt, begibt sich in okkulte Abhängigkeit. Er liefert sich Kräften aus, die seine Seele tyrannisieren. Wer auf bestimmte Tage, Sprüche, Weisheiten und okkulte Praktiken schwört, wird *hörig*. Er liefert Gefühle, Gedanken und Vorstellungen unkontrollierbaren „Zauberern" aus, die sein Leben programmieren.
Als Christ weiß ich, daß der lebendige Gott Himmel und Erde, die Gestirne und ihr geheimnisvolles Kräftespiel geschaffen hat. Er herrscht über Tag und Nacht, über Sommer und Winter, über alles Geschaffene, über Tod und Leben und erst recht über tote Zahlen.

Mein Herr und mein Gott! Du regierst Sonne, Mond und alle Gestirne. Alle Macht und alle Mächte unterstehen dir. Und da sollte ich mich durch Unglückszahlen ins Bockshorn jagen lassen? Ich vertraue dir. Amen.

Denn diese Völker, deren Land du einnehmen wirst, hören auf Zeichendeuter und Wahrsager; dir aber hat der Herr, dein Gott, so etwas verwehrt. 5. Mose 18, 14

Der *Aberglaube* ist eine weit verbreitete Religion. Er ist so alt wie die Menschheit, und selbst in unserem aufgeklärten Zeitalter schimmert er überall durch. Das beste Beispiel ist der Start der Apollo-Raum-Rakete 13. Der Start ging glatt vonstatten, und „Bild am Sonntag" schrieb: „13 war eine Glückszahl." Drei Tage später, nach dem Mißgeschick der Apollo-13-Astronauten, jonglierten Redakteure von verschiedenen Zeitungen abermals mit der magischen Zahl. Auf der Frontseite einiger Zeitungen stand unter einem dpa-Foto die Bildunterschrift: „Der Monitor beweist es. Start von Apollo 13 um 13.13 Uhr Ortszeit." Die 13 ist also doch eine Unglückszahl.
Darum fehlt in vielen Hotels diese Zimmernummer, und in Flugzeugen wird der Sitzplatz 13 anders numeriert. Der Aberglaube hat sich tief eingenistet. Als fehlorientierter Glaube ist er unausrottbar.
Aberglaube heißt: andere Götter und Mächte ergreifen von uns Besitz. Das 1. Gebot macht aber deutlich, daß neben dem lebendigen Gott böse Geister, Zauberkräfte und zweifelhafte Zauberer und Beschwörer in unserem Leben keinen Raum beanspruchen dürfen.
Haben wir als Christen mit abergläubischen Praktiken und Vorstellungen gebrochen, oder fürchten wir uns noch vor Unglückszahlen, klopfen beschwörend aufs Holz, lassen uns besprechen und anblasen und lesen nebenbei im Horoskop?

Du allein bist der Herr! Ich will auf dich hören, auf dein Wort und nicht auf Glücks- oder Unglückszahlen, nicht auf magische Zeichen und Zaubersprüche. Du bestimmst mein Leben und nicht irgendwelche Mächte. Amen.

Es soll sich niemand in deiner Mitte finden . . ., der einen Wahrsagegeist befragt oder sich an die Toten wendet; denn ein jeder, der sich mit solchen Dingen befaßt, ist für den Herrn ein Greuel. 5. Mose 18, 10—12

In dem Buch „Rückkehr aus der Zukunft" gibt Horst Knaut Zahlen wieder, die die weltweite Verbindung von Aberglauben und Okkultismus verdeutlichen. Da heißt es: „Ist es paradox oder ist es typisch, daß nicht weniger als zwanzig Millionen Europäer in unseren Tagen dem Okkultismus huldigen, mehr als drei Millionen Bundesbürger ihm ergeben sind und hinter ihm nochmals fünf bis zehn Millionen stehen, die mit den Geheimwissenschaften sympathisieren, sich bei ihnen ‚rückversichern' wollen?"
Hätten Sie gedacht, daß es in der Bundesrepublik Deutschland rund zehntausend Gesundbeter und Hexenbanner gibt . . . und 32 Prozent unserer Mitbürger überzeugt sind, daß man die Zukunft vorhersagen kann? . . . und daß die Bundesrepublik jährlich rund 30 Tonnen *Asa Foetida* (Teufelsdreck gegen Verhexung) aus Ostasien importiert?
Emanuel Geibel hat recht: „Glaube, dem die Tür versagt, steigt als Aberglaub' ins Fenster. Wenn die Gottheit ihr verjagt, kommen die Gespenster."
Aberglaube und christlicher Glaube sind zwei Welten; Magie, Geheimwissenschaft, Wahrsagerei, Spiritismus und Astrologie stehen der Offenbarung Gottes diametral gegenüber. Wer diese Kräfte befragt, schlägt die Antworten Gottes in den Wind. Wer jenen Mächten mehr vertraut, ist dem Herrn ein Greuel. Gott duldet keine Kompromisse. Halten wir unseren Herrn nicht für zuverlässig? Brauchen wir zusätzliche Gewißheiten?

Jesus Christus herrscht als König, alles wird ihm untertänig, alles legt ihm Gott zu Fuß. Aller Zunge soll bekennen, Jesus sei der Herr zu nennen, dem man Ehre geben muß. Amen.
(Philipp Friedrich Hiller)

16. Juni

Wendet euch nicht an die Totenbeschwörer und an die Wahrsager; sucht sie nicht auf, damit ihr nicht durch sie verunreinigt werdet: ich bin der Herr, euer Gott.

3. Mose 19, 31

Das aufgeklärte 20. Jahrhundert hat keineswegs magisch abgerüstet. Die Okkultismuswelle hat sehr viele Länder erfaßt. Was sind die Hauptbeweggründe, sich mit abergläubischen Praktiken zu beschäftigen?
Professor Tobias Brocher, ein führender Psychologe, erklärte dazu im „Spiegel“: „Wenn unsere Gesellschaft, einschließlich der Regierungen und der Industrie, den Größenwahn aufgeben würden, daß Menschen alles vollbringen können, omnipotent (allmächtig) sind, dann wäre uns geholfen. Wir müssen die Allmachtsphantasien einschränken. Dann würde eine Art Wissen entstehen, daß menschliche Möglichkeiten beschränkt sind. Bisher wird immer die Idee propagiert, als ob wir Menschen in der Lage wären, die Welt vollkommen zu beherrschen. Die Enttäuschung darüber trägt nun dazu bei, daß die Menschen umsomehr nach magischen Qualitäten suchen.“
Der Mensch will sein wie Gott – allmächtig, omnipotent. Er will Krankheiten bannen, den Tod verjagen, Unglück abwehren, Naturgewalten beherrschen und allwissend sein. Liebe, Glück, Geburt und Tod will er in den Griff bekommen. Wo der lebendige Gott als der Herr der Welt in die Ecke gestellt, sein Herrschaftsanspruch Gestirnen, Kräften und Mächten übertragen wird, da verfällt der Mensch dem Aberglauben, dem Afterglauben, dem Irrglauben. Er will seine Wünsche und Triebe befriedigen und die okkulten Mächte in seinen Dienst zwingen. Wo stehen wir? Wir haben doch in Ihm genug?

Weiß ich den Weg auch nicht, du weißt ihn wohl, das macht die Seele still und friedevoll. Ists doch umsonst, daß ich mich sorgend müh, daß ängstlich schlägt mein Herz, seis spät, seis früh. Amen.

(Hedwig von Redern)

Du hast es dir sauer werden lassen mit deinen vielen Ratgebern: Laßt sie doch hertreten, daß sie dich retten, die Himmelsvermesser, die Sterngucker, die nach den einzelnen Neumonden feststellen werden, was dich treffen wird! Fürwahr, sie werden der Spreu gleichen, die das Feuer verzehrt hat. Jesaja 47, 13 u. 14

Der Mensch sucht Ratgeber und läßt sich das einiges kosten. Ein Heer von Astrologen steht bereit. Sie behaupten: „Unser Schicksal steht in den Sternen. Die Sterne lügen nicht." Über achtzig Zeitschriften bringen gegenwärtig Wochenhoroskope. Nach der Statistik lesen über zwanzig Millionen Menschen ihr Horoskop in der Zeitung, fünfzehn Millionen glauben daran und acht Millionen richten sich danach. Circa fünfzig Millionen Mark geben Leser in der Bundesrepublick jährlich für astrologische Literatur aus.

Die Behauptung, daß Planeten den Tierkreis beherrschen, ist — astronomisch gesehen — Geschwätz. Die Planeten gehören zu unserm Sonnensystem. Der Strahl eines Fixsterns dagegen, der heute auf unsere Netzhaut trifft, ist vielleicht schon einige tausend Jahre unterwegs. Davon ahnten die Astrologen in Babylonien und Griechenland nichts, als sie die Astrologie begründeten.

Woher aber kommt der Massenwahn? Ungezählte haben kein Vertrauen in die Zukunft. In Liebe, Beruf und für gesellschaftliche Pläne wollen sie klare Antworten haben. Aber die Sterne regieren nicht unser Leben, sondern Gott der Herr.

Astrologie ist Mißtrauen gegen Gott. Die Bibel sagt kategorisch nein dazu. William Penn schrieb: „Die Menschen müssen sich entscheiden, sich von Gott regieren zu lassen, oder sie verdammen sich dazu, von Tyrannen beherrscht zu werden."

Jesu, hilf siegen und laß mich nicht sinken; wenn sich die Kräfte der Lüge aufblähn und mit dem Scheine der Wahrheit sich schminken, laß doch viel heller dann deine Kraft sehn. Steh mir zur Rechten, o König und Meister, lehre mich kämpfen und prüfen die Geister. Amen. (Johann Heinrich Schröder)

Wenn sich ferner jemand an die Totenbeschwörer und die Wahrsager wendet, um Götzendienst mit ihnen zu treiben, so will ich mein Antlitz gegen einen solchen Menschen kehren. 3. Mose 20, 6

Eine andere Form des Okkultismus ist der *Spiritismus,* die Lehre vom Verkehr mit Geistern. Der Spiritismus hat sich zur Aufgabe gemacht, die Weiterexistenz der menschlichen Seele nach dem Tode nachzuweisen. Über Medien, Mittelspersonen, soll mit Geistern Verbindung aufgenommen werden.
Etwa im Jahre 1847 wurde mit Klopflauten und Spukerscheinungen der Schwestern Fox in Amerika das Zeitalter des modernen Spiritismus eingeläutet. Der Spiritismus ist die größte pseudoreligiöse Sekte. Der Weltverband der Spiritisten zählt mindestens 70–80 Millionen „Gläubige" in der Welt. In Brasilien haben Macumba und Kardéc-Spiritismus zusammen 40 Millionen Anhänger. In England gibt es über hundert spiritistische Kirchen. Und die Stadt Zürich soll über 400 Zirkel verfügen mit circa 20 000 Anhängern.
Der Mensch will hinter die Kulissen schauen. Er will Gott in die Karten blicken. Er ruft die Geister, die ihm raten und Botschaften aus der anderen Welt senden. Wer Tote befragt und Geister beschwört, ist dem Herrn ein Greuel. Er wendet sein Antlitz gegen diesen Menschen. Die Bibel ist eindeutig. Gottes Herrschaftsanspruch ist unantastbar. Die Geister der Spiritisten und der Geist Gottes sind schärfste Gegensätze. Wollen wir aus Neugier die Güte unseres Herrn aufs Spiel setzen?

Herr, du hast uns deinen Heiligen Geist verheißen, der uns tröstet und beisteht. Er wird uns in alle Wahrheit führen. Das ist unsere Gewißheit. Wir danken dir, daß wir keine weiteren Geistkontakte benötigen. Amen.

Jeder kann sehen, wohin der menschliche Eigenwille führt. Seine Auswirkungen sind Unzucht, Verdorbenheit und Ausschweifungen, Götzendienst und Zauberei.

Galater 5, 19 u. 20

Aberglaube ist Glaube an *Götzen*. Im Holländischen erinnert der Name *overgelopf* an einen Überglauben, an ein Zuvielglauben. Der abergläubische Mensch ist zuerst um sein Glück besorgt und auf seine Sicherheit konzentriert. Er will nicht Gott gehorchen, sondern seine Wünsche durch Aberglauben verwirklichen.

Einige Beispiele vom Sport. Vom einstigen „Bomber der Nation", Gerd Müller, weiß man, daß er immer erst den rechten und dann den linken Stiefel schnürt. Franz Bekkenbauer wechselt nach jeder Niederlage die Sockenfarbe. Uli Hoeneß und Heinz Flohe legten großen Wert darauf, als letzte ins Stadion zu laufen. Bei den Olympischen Spielen in München 1972 wurde eine Untersuchung über Maskottchen durchgeführt. 30 Prozent aller Spieler besaßen Maskottchen. Von Hufeisen, die Glück bringen, und vierblättrigen Kleeblättern ganz zu schweigen. Professor Helmut Thielicke kennzeichnet diesen Aberglauben so: „Ich will Ihnen gern meine Meinung sagen. Wer nicht an Gott glaubt, der weiß nicht mehr um den väterlichen Hintergrund der Welt. Für den löst sich alles in ein Getriebe blinder Kräfte und sinnloser Zufälle auf. Darum wird ihm auch die Welt sehr unheimlich. Sie wird geradezu feindlich. Und sehen Sie: Gegen diese unheimliche Welt, zu der Sie kein Vertrauen haben, müssen Sie sich versichern. Darum die Maskottchen."

Müssen wir uns auch abergläubisch absichern oder wissen wir um den väterlichen Hintergrund der Welt?

Du weißt den Weg ja doch, du weißt die Zeit, dein Plan ist fertig schon und liegt bereit. Ich preise dich für deiner Liebe Macht, ich rühm die Gnade, die mir Heil gebracht. Amen. (Hedwig von Redern)

Als ich nämlich hinblickte, sah ich plötzlich einen Sturmwind von Norden daherfahren und eine gewaltige Wolke und zusammengeballtes flackerndes Feuer, von Lichtglanz rings umgeben, und mitten aus ihm blickte etwas hervor wie der Schimmer von Glanzerz. Hesekiel 1, 4

Der *Aberglaube* geht seltsame Wege. Erich von Däniken, vielgeschmähter und vielgelesener Entdecker angeblicher Besuche von fremden Planeten, hat vom NASA-Projektleiter Josef F. Blumrich Schützenhilfe bekommen. Zunächst wollte Blumrich an Hand der Bibel die Unhaltbarkeit der Behauptung beweisen, daß Hesekiel ein Raumschiff beschrieben haben könnte. Nun hat er seine Meinung geändert. Wörtlich schreibt F. Blumrich: „Die Geschichte ist aus der Sicht eines Raumfahrt-Ingenieurs in sich geschlossen. Alle Konstruktionsmerkmale deuten auf eine sehr erfahrene Projektionsentwicklungsgruppe. Es ist eine hochwertige Ingenieursarbeit." Ein solches Triebwerk sei unserer gegenwärtigen Triebwerkstechnologie um etwa 20—30 Jahre voraus.
Willkürlich wird der genannte Text umgedeutet. Die Menge-Bibel überschreibt diesen Abschnitt „Die Erscheinung der Herrlichkeit Gottes. Die Lichtwolke und der Licht- und Feuerwagen mit den vier Cherubinen." Erich von Däniken und der NASA-Projektleiter Josef F. Blumrich sprechen von einem „außerirdischen Raumschiff".
Hesekiel warf sich nach dem Bibelbericht auf die Erde und hörte eine Stimme, die mit ihm redete. Wir sollten den Versuch Hesekiels, die Herrlichkeit und Erscheinung Gottes in Worte und Bilder zu fassen, ernster nehmen. Wo der lebendige Gott auf ein atomgetriebenes Raumschiff reduziert wird, schneiden wir ihm die Ehre ab.

Majestätisch Wesen, möcht ich recht dich preisen und im Geist dir Dienst erweisen. Möcht ich wie die Engel immer vor dir stehen und dich gegenwärtig sehen. Laß mich dir für und für trachten zu gefallen, liebster Gott, in allem. Amen.

(Gerhard Tersteegen)

Tue das, so wirst du leben. Lukas 10, 28

Spurgeon berichtet von einem Prediger, der über den Text gepredigt habe: „Der Träge bratet nicht, was er auf der Jagd gefangen hat." Der Redner lehnte sich aufs Kanzelbrett und sagte: „Nicht wahr, meine Brüder, das war ein fauler Strick! Er ging auf die Jagd und fing nach langer Mühe einen Hasen, war aber zu faul, ihn zu braten. Aber ihr seid auch nicht besser als dieser Mann. Ihr hört, daß ein fremder Prediger in die Stadt gekommen ist. Ihr spannt den Wagen an, ihn zu hören. Aber wenn ihr die Predigt gehört habt, dann lernt ihr nichts daraus. Wenn ihr nämlich eine Predigt gefangen habt, kommt das Braten der Predigt. Steckt den Spieß des Gedächtnisses durch von einem Ende zum andern, drehet ihn auf dem Bratenwender des Nachdenkens und auf dem Feuer eines warmen, aufrichtigen Herzens. So wird die Predigt zubereitet zur geistlichen Speise."

Zuhören ist eine gute Sache. Aber beileibe nicht alles. Die Bereitschaft, für die Botschaft offen zu sein, ist ein erster Schritt. Denn Hören allein macht nicht selig. Eine Handvoll Evangelisten vom Typ Billy Grahams könnten das arrangieren.

Jesus sagt: „Tue das, so wirst du leben." Er sagt nicht: Bewältige das mit deinem Verstande, halte das für wahr, laß dir das mal durch den Kopf gehen. Er sagt: Tu das! Und genau an der Stelle versanden die meisten Predigten. Wir fangen einen Hasen, wie Spurgeon sagt, und lassen ihn verkommen. Gott schenke uns seinen Heiligen Geist, der uns keine Ruhe läßt – bis wir gehorchen.

Es ist ja, Herr, dein Gschenk und Gab mein Leib und Seel und was ich hab in diesem armen Leben. Damit ichs brauch zum Lobe dein, zu Nutz und Dienst des Nächsten mein, wollst mir dein Gnade geben. Amen. (Martin Schalling)

Wir haben geglaubt und erkannt, daß du bist der Heilige Gottes. Johannes 6, 69

Ich las eine Andacht im Kreis der Mitarbeiter des Diakonischen Werkes zu Beginn des neuen Tages vor. Im Text hieß es: „Wir werden ihn erkennen, wenn wir ihn von ganzem Herzen lieben." Ein Mitarbeiter meldete sich nach der Andacht spontan und sagte: „Das ist falsch. Erst wenn wir ihn erkannt haben, können wir glauben. Gott hat sich in Christus offenbart. Wenn Christus uns nicht den Glauben schenkt, können wir nicht glauben."
Und doch ist die Bibel voll von Beispielen, die uns ermuntern, zu glauben, zu gehen, zu prüfen, zu probieren. Wer glaubt, wer *vertraut,* wer sich ausliefert, wer sich auf den lebendigen Gott einläßt, der *erfährt,* daß Gott sich ihm offenbart, der *erkennt,* „daß du der Heilige Gottes bist" – wie Petrus bekennt. Übrigens, mit Menschen ist es genau so. Wer darauf wartet, bis er den Ehepartner bis in die letzten Winkel seines Herzens durchschaut und erkannt hat, bevor er ihn lieben kann, wird nie lieben. Je mehr wir den andern lieben, je mehr wir uns ihm anvertrauen, je mehr wir ja zu ihm sagen, desto mehr erkennen wir ihn. Wer glaubt, erkennt, wer liebt, erlebt Wunder, wer sich anvertraut, dem schließt sich der Partner auf.
Abraham hat es überzeugend erfahren. Er wird uns als Vorbild des Glaubens hingestellt. Er glaubte blindlings. Er vertraute rückhaltlos. Er ließ sich wider besseres Wissen, gegen tausend aufkommende Zweifel, gegen viele einleuchtende Vernunftgründe auf den lebendigen Gott ein. Abraham *ging,* das ist entscheidend. Was tun wir?

Unzählige Fragen und Probleme, lieber Herr, möchten wir zu gern erst von dir beantwortet haben, bevor wir gehen, bevor wir glauben. Aber du rufst uns zum Glauben und schenkst uns die Erkenntnis. Amen.

23. Juni

Nicht jeder, der ständig meinen Namen im Munde führt, wird in Gottes neue Welt kommen, sondern nur die, die auch tun, was mein Vater im Himmel will.

Matthäus 7, 21

In der Schweiz erlebte ich eine amerikanische Kindertherapeutin, die mit Familien die Schwierigkeiten und falschen Verhaltensweisen der Beteiligten herausarbeitete. Wenn die irrigen Ziele offengelegt waren, wurden neue Umgangspraktiken besprochen. Die Beteiligten selbst oder auch die Therapeutin machten Vorschläge. Es fiel mir auf, wieviel Zeit sie darauf verwendete, genau festzustellen, ob auch alle Beteiligten bereit waren, neue Arrangements einzuhalten. Sie fragte dann konsequent jedes Familienmitglied: „Wollen Sie es *tun,* was wir besprochen haben?" Sagte jemand, daß er es *probieren* wolle, lehnte sie entschieden ab. Mir wurde klar, daß es um ein Tun und nicht um ein Probieren geht.
„Der Weg zur Hölle ist mit guten Vorsätzen gepflastert." Wer den Namen Jesu im Munde führt, muß deshalb noch lange nicht seinen Willen praktizieren. Eine Diskussion über Jesus hat mit Nachfolge wenig zu tun. Der Schritt von der Einsicht zur Praxis ist weiter, als wir glauben. Die Therapeutin lehnt das Probieren ab. Und warum? Probieren ist ein Versuch, den ich jederzeit abbrechen kann. Ehe auf Probe ist Ehe auf Zeit, ist Ehe ohne Verbindlichkeit. Sind die Kosten zu hoch, gebe ich auf. Mit dem Probieren drücke ich meine Zweifel aus. Ich habe kein großes Zutrauen zu den Vereinbarungen.
Und im Glauben? Ich habe Angst vor den Konsequenzen. Will ich Gottes Willen tun, muß ich auf vieles verzichten. Der Probierer hält sich ein Hintertürchen offen. Es bleibt dabei, Gottes neue Welt steht nur dem Täter offen.

Mein Herz hängt treu und feste an dem, was dein Wort lehrt. Herr, tu bei mir das Beste, sonst ich zuschanden werd. Wenn du mich leitest, treuer Gott, so kann ich richtig laufen den Weg deiner Gebot. Amen. (Kornelius Becker)

Wohl dem, der nicht wandelt im Rat der Gottlosen . . ., sondern hat Lust am Gesetz des Herrn . . . was er macht, das gerät wohl. Psalm 1, 1—3

Wie macht man das: *Lust* am Gesetz des Herrn bekommen? Das ist die entscheidende Frage. Der Psychotherapeut Viktor E. Frankl hat einen menschlichen Irrtum schonungslos unter die Lupe genommen. Er hat gezeigt, daß Lust, Selbstverwirklichung und Freude niemals erreicht werden, wenn der Mensch sie willentlich und bewußt anstrebt. Von Frankl stammt der prägnante Satz: „Wer Lust anstrebt, dem vergeht sie." Er meint die sexuelle Lust. Die Deutung gilt aber im gleichen Maße für „Lust am Gesetz des Herrn". Wer Lust haben will, wer sich befiehlt: „Du mußt jetzt Lust am Gesetz des Herrn haben", dem vergeht sie. Wer aber hingeht und das Gesetz liest, das Wort Gottes hört und *tut,* der wird erfahren, daß die Lust sich einstellt.

Der katholische Moraltheologe Josef Pieper beschreibt das so: „Wer nichts und niemanden liebt, kann sich unmöglich freuen . . . Freude ist die Antwort, daß einem Liebenden zuteil wird, was er liebt." Was Menschen *lieben,* beglückt sie. Wenn wir das Gesetz des Herrn *lieben,* werden wir Lust am Gesetz des Herrn empfangen. Das ist die Reihenfolge. Hier beginnt die Kurskorrektur. Wollen wir wirklich Lust erleben, müssen wir *handeln.* Der Text sagt es unmißverständlich: Was er *macht,* „das gerät wohl". Jörg Zink hat diese Bibelstelle so übertragen: „Glücklich, wer Gottes Weisungen in sein Herz nimmt . . . Glück und Gelingen liegen über seiner Arbeit." Glaube ist Tat und kein intellektuelles Rechenexempel. Fragen wir uns noch, warum wir keine Lust am Gesetz des Herrn haben?

Herr, Lust ist in der Tat eine Folge des Gehorsams deinem Wort gegenüber. Gib, daß wir dein Wort leben; du schenkst uns die Lust an deiner Botschaft. Amen.

25. Juni

Denn ich habe Lust an Gottes Gesetz nach dem inwendigen Menschen. Römer 7, 22

Wer Lust oder Interesse hat, an Menschen oder Sachen, dem gelingen seine Bemühungen. In der Erziehungsberatung ist das ein tägliches Problem. Eltern beschweren sich über ihre Kinder, die lust- und interesselos auf bestimmte oder alle Schulfächer reagieren. Oft werden die Kinder dann unter Druck gesetzt. Und der Erfolg? Die Kinder blockieren. Sie leisten Widerstand und reagieren mit Faulheit und Konzentrationsstörungen. Die Arbeit gerät nicht. Die Leistungen werden immer schwächer. Zwang erzeugt Gegenzwang; Druck erzeugt Gegendruck. Wer mit Lust und Liebe Klavier spielt, mit Freude turnt und mit Hingabe zeichnet, dem „gerät wohl, was er macht".
Im Glauben ist es ähnlich. Wer *Lust* am Gesetz des Herrn hat, dem fällt es leicht, die Gebote Gottes ernst zu nehmen und sein Wort zu lieben. Wer sich ständig zwingen und überwinden muß, leistet mit Leib, Seele und Geist Widerstand. Sein Glaubensleben gerät nicht. Er liegt mit sich und dem lebendigen Gott im Kampf. Woran liegt das?
Wer mit halbem Herzen dabei ist, erntet Lustlosigkeit. Wer die „Gottlosen" meidet, die mit dem Rücken gegen Gott stehen, kann sich ungeteilter seinem Herrn zur Verfügung stellen. Sofort werden sich Lust und Interesse an Gottes Wort verstärken. Lust ist also eine Sache der ungeteilten Zuwendung. Können wir das von uns sagen?

Herr, oft habe ich keine Lust, dein Wort zu tun. Ich möchte tun, was ich will, und nicht deinem Willen gehorchen. Nimm du mein Denken, Wollen und Handeln in Anspruch. Amen.

26. Juni

Eure Rede sei vielmehr ‚ja ja — nein nein'; jeder weitere Zusatz ist vom Übel. Matthäus 5, 37

In einer Meditation aus Polen, einem kommunistisch regierten Land, heißt es bei K. Malinski: „Wenn du nicht einverstanden bist mit dem, was man dir sagt, dann mach keine höfliche Miene, sondern sage, was du darüber denkst; wenn du siehst, daß man nicht offen ist, dann lächle nicht ironisch, sag es dem ins Gesicht. Du willst es nicht tun? Es steht dir frei. Nur, nenne eine solche Haltung beim richtigen Namen und gib vor dir selbst zu, daß es Feigheit ist; versuche sie nicht als christliche Liebe zu tarnen. Es ist auch deine Schuld, daß deine Vorgesetzten so sind; es ist auch deine Schuld, daß sie nicht die Wahrheit über sich selbst wissen."
Und was resultiert aus dieser Unehrlichkeit und Heuchelei? Wer dem anderen zum Munde redet, wird nicht ernst genommen. Adenauer soll gesagt haben: „Wenn zwei immer einer Meinung sind, ist einer überflüssig."
Jesus weiß, warum er in seiner Antrittsrede diese Entschiedenheit fordert. Er will keine Wischiwaschi-Christen. Er will keine Jainsager und feigen Anpasser. Er wünscht sich Bekenner, die klar Stellung beziehen. Haben Sie den Mut, Zivilcourage aufzubringen! Haben Sie den Mut, Ihre Meinung unverblümt zu sagen! Haben wir unser Image im Auge, geben wir nach, nehmen wir Rücksicht und hängen wir unser Fähnchen nach dem Wind? Unser Herr erwartet, daß wir ja oder nein sagen.

Lieber Herr! Wenn du unser einziger Maßstab bist, fallen wir auf keinen heuchlerischen Schwindel herein. Wir sagen ja oder nein, weil du uns hältst und trägst. Amen.

27. Juni

Sagte ich Ja und dachte Nein? Gott ist mein Zeuge, daß ich euch gegenüber stets aufrichtig bin.

2. Korinther 1, 17—18

Nicht *nein* sagen können ist eine Schwäche, um nicht zu sagen eine Krankheit. Nein sagen können muß man lernen. Woran liegt es nun aber, wenn Menschen quer durch die Bildungsschichten und quer durch alle christlichen Gemeinden sich mit dem Neinsagen schwertun?
In „Das Beste" fand ich eine plausible Erklärung. *„Lernen Sie, nein zu sagen!* Warum sagen wir immer wieder ja? Vor allem aus zwei Gründen: Zum einen befürchten wir, daß eine Weigerung einen schlechten Eindruck macht, zum anderen schmeichelt die Bitte um Hilfe unserem Ego und vermittelt uns ein gewisses Machtgefühl. Wenn Sie wirklich nein sagen wollen, tun Sie es prompt und unumwunden. Antworten wie ‚Ich weiß noch nicht' oder ‚Das möchte ich mir erst überlegen' erwecken falsche Hoffnungen. Nein sagen ist kein Grund für Schuldgefühle."
Der Schreiber hat recht. Wir sagen nicht nein, weil wir um unser Ansehen fürchten. Wir möchten als zuvorkommend und hilfsbereit angesehen werden. Es schmeichelt unserer Eitelkeit. Und der Erfolg? Anschließend sind wir wütend auf uns, verurteilen unsere Nachgiebigkeit und Schwäche.
Darum nimmt Paulus so deutlich zu der Frage des Ja- und Neinsagens Stellung. Christen sollen eindeutig und nicht zweideutig sein. Christen sollen klar und nicht unwahr sein.
Sind Sie auf *Ihren Ruf* bedacht, dann wird es Ihnen immer wieder schwerfallen, nein zu sagen. Schauen Sie auf ihn und nicht auf Ihre Wirkung, dann können Sie nein sagen, wenn das nötig und richtig ist.

Lieber Herr, ich möchte ja so gern beliebt sein und das Gefühl haben, daß mich alle mögen. Diese Selbstsucht macht es mir schwer, nein zu sagen. Gib mir die Entschiedenheit, dir zu gefallen. Amen.

28. Juni

Er aber wollte sich selbst rechtfertigen und sprach zu Jesus ... Lukas 10, 29

Es geht um *Verantwortung*. Selbst in frömmsten Kreisen kann sie kleingeschrieben werden. Sich rechtfertigen, die Schuld auf andere abschieben, unterläuft sogar dem frommen Pharisäer und Schriftgelehrten.
Für die Persönlichkeitsbildung sind drei Faktoren maßgebend: Erbeinfluß, Umwelteinfluß und eigenes, kreatives Verhalten. Für unsere Erbanlagen sind wir nicht verantwortlich; den Einfluß unserer Welt können wir dämpfen, ihm widerstehen oder ihm erliegen; in unsere Hand aber ist es gegeben, die ureigenen Kräfte aufzurufen, die wir zur Gestaltung unseres Lebens brauchen. Nehmen Sie ein beliebiges Beispiel: Wissen Sie, daß Wilma Rudolph, eine der schnellsten Läuferinnen, als junges Mädchen kindergelähmt im Rollstuhl saß? Im täglichen harten Training wurden die Beine geschult, die Muskeln beansprucht und die Gelenke strapaziert. Schließlich konnte Wilma ohne Krücken gehen, dann konnte sie laufen, und sie steigerte ihre Fähigkeit bis zur Höchstleistung. Sie schob die Schuld nicht den Eltern, den Ärzten, dem Schicksal oder gar Gott in die Schuhe. Als gläubige Christin vertraute sie ihrem Herrn, der ihr Mut gab, ihr Leben verantwortlich in die Hand zu nehmen. Sie wich nicht der Verantwortung aus und suchte nicht Ausflüchte. Sie begriff: Dieser Schicksalsschlag ist eine Herausforderung.
Paulus schrieb hinter Kerkermauern seine „Freudenepistel", den Philipperbrief; Cervantes schrieb dort seinen „Don Quichote" und Sir Walter Raleigh seine „Weltgeschichte". Wer sich rechtfertigt, wie der Schriftgelehrte, steckt den Kopf in den Sand und drückt sich vor Verantwortung.

Herr, es ist so bequem, sich zu entschuldigen und nach passenden Ausreden zu suchen. Du willst, daß wir uns stellen und vor dir Rechenschaft ablegen. Zeig uns die vielen Fallstricke der Entschuldigung. Amen.

Jeder von uns wird Gott für sein eigenes Tun Rechenschaft ablegen müssen. Römer 14, 12

Es geht um *Verantwortung.*
Von einem Schweizer Pädagogen wird berichtet, er habe morgens seine Schüler etwa so begrüßt: „Guten Morgen, meine zukünftigen Herren Richter, Ärzte, Pfarrer, Kranführer, Kaufleute und Tagediebe." Er sah in seiner Arbeit mehr als Wissensvermittlung. Er sah die Kinder als zukünftige Verantwortliche an. Er sprach sie als Menschen an, die später einmal und jetzt schon ihren Kopf hinhalten, die sich nicht drücken, sondern Entscheidungen treffen.
Wer die Verantwortung auf andere abschiebt, auf die Gesellschaft, auf die Eltern, auf die Kinder, auf die Verhältnisse und Umstände, handelt verantwortungslos — auch vor Gott. Wer sich ändert, wird die Gesellschaft verändern. Die Revolution sollte bei mir beginnen. Wer die Verantwortung abschiebt, weiß immer, was die anderen falsch gemacht haben.
Der Text macht unmißverständlich deutlich, daß uns Gott für unser *eigenes Tun* zur Rechenschaft zieht. Was zählt, sind meine Taten, meine Stellungnahmen, meine Entscheidungen und selbstverständlich auch meine Versäumnisse. Die sogenannten sozio-kulturellen Einflüsse, die kapitalen Sünden der Gesellschaft und die verflixte Umwelt klammert Gott aus. Er ist sicherlich kein Ignorant, der die Ergebnisse der modernen Humanwissenschaft für Unfug hält, aber wir sollten ihm nicht mit einem abgegriffenen Alibi kommen. Der lebendige Gott fragt *mich,* nicht meinen Partner, meine Mutter, meinen Vater oder tausend andere, hinter denen ich mich verstecken möchte.

Lieber Herr, wir möchten uns gern mit wissenschaftlich einleuchtenden Entschuldigungen aus der Affäre ziehen. Du forderst mich und sonst niemanden. Ich danke dir, daß ich in allem Tun und Lassen dich habe. Amen.

Haltet nur den Herrn Christus in euren Herzen heilig und seid allezeit bereit, euch gegen jedermann zu verantworten. 1. Petrus 3, 15

In den letzten 10 bis 15 Jahren wurde das Thema *Verantwortung* stiefmütterlich behandelt. Es paßte nicht in die pädagogische und psychologische Landschaft. Selbst Christen und Theologen schwammen zum Teil auf der antiautoritären Welle.
Mir klingt noch der Vorwurf eines Theologen im Ohr: „Hören Sie auf mit dem ständigen Verantwortungsblabla!" Wenn wir Lustgewinn und Selbstverwirklichung groß schreiben, gehört die Verantwortung in die Rumpelkammer.
Was heißt Verantwortung? Friso Melzer formuliert in seinem Wörterbuch: „Das Wort ist ein Wort aus der Rechtssprache gewesen. Der Angeklagte hat dem Ankläger Rede und Antwort zu stehen. Die Vorsilbe ant entspricht sprachgeschichtlich dem griechischen anti = gegen. Die Antwort, die in der Verantwortung steckt, ist also eine Gegenrede: Mich trifft ein Wort und ruft mich zum Gegenwort. Der Höherstehende ruft den Untergebenen zur Verantwortung. Das ist ein personhafter Vorgang, der sein Urbild darin hat, daß Gott den Menschen ruft: ‚Kain, wo ist dein Bruder Abel?' Verantwortung lebt und wirkt zwischen Personen."
Wir sind keine unabhängigen Einsiedler auf dieser Welt. Menschen leben von und in der Gemeinschaft und Christen erst recht. Um zwei Achsen kreist ihr Leben: „Haltet den Herr Christus in euren Herzen heilig und seid allezeit bereit, euch gegen jedermann zu verantworten." Wie ein roter Faden zieht sich der Kardinalsatz durch Altes und Neues Testament: „Wir sollen Gott über alle Dinge und unseren Nächsten wie uns selbst lieben." Wer Christus heilig hält, das heißt, sich von ihm in Beschlag nehmen läßt, kann den Nächsten nicht fallen lassen.

Lieber Herr, nimm du mich total in Beschlag, dann ist garantiert, daß ich mich jederzeit bereit finde, mich dem Nächsten gegenüber zu verantworten. Amen.

Ich schätze mich glücklich, König Agrippa, daß ich mich heute wegen aller Beschuldigungen, welche die Juden gegen mich erheben, hier vor dir verantworten darf. Apostelgeschichte 26, 2

Dieses Bibelwort macht klar: Verantwortung ist ein *zwischenmenschlicher* Vorgang und keine Frage der *Selbst*verantwortung.

Zu den vielen therapeutischen Richtungen, die heute hoch im Kurs stehen, gehört die Gestaltpsychotherapie. Ihr Begründer, Frederick S. Perls, vertritt den Standpunkt der Selbstverantwortung und schreibt: „Ein sehr mißbrauchtes Wort – Verantwortung. Verantwortung bedeutet die Fähigkeit zu antworten. Nun haben wir aus dieser Verantwortung die Idee der Verpflichtung gemacht, und das ist Größenwahn und Allmachtsdünkel. Verantwortung bedeutet einfach: ‚Ich bin ich, ich habe genommen und entfaltet in mir, was ich sein kann.' Mit anderen Worten, Verantwortung ist die Fähigkeit, vollverantwortlich für sich selbst und für niemanden sonst zu sein. Das ist, glaube ich, das grundlegende Merkmal des reifen Menschen."

Verantwortung für andere sieht er als „Größenwahn und Allmachtsdünkel" an. Selbstverantwortung ist nach F. S. Perls das Kennzeichen des reifen Menschen.

Erhebe ich den Menschen zum Maß aller Dinge, ist Selbstverantwortung die letzte Konsequenz. Ich bin mir selbst der eigentliche Mittelpunkt. Rigoros wird die zentrale biblische Aussage „Wir sollen Gott über alle Dinge lieben und unseren Nächsten wie uns selbst" auf den Kopf gestellt. Christen fühlen sich Christus *und* dem Nächsten gegenüber verpflichtet. Sie fühlen sich in die Pflicht genommen. Diese Verantwortung ist für uns Christen unverzichtbar.

Lieber Herr, das Wort der egoistischen Selbstverantwortung streichst du in meinem Vokabular. Unmißverständlich weist du mich an dich und den Nächsten. Ich danke dir, daß du mich in die Pflicht nimmst. Amen.

2. Juli

Denn ich habe euch in meinem Herzen, . . . wenn ich das Evangelium verantworte. Philipper 1, 7

Bestimmt Christus die Geschicke unseres Lebens, richtet er unsere Blicke auf den Neben-, Vorder- und Hintermann, auf den nahen und fernen Nächsten. Unser Geschick ist mit dem Geschick des Mitmenschen verflochten. Wir sind uns gegenseitig verpflichtet.
Der Amerikaner Eric Berne hat das in dem Titel seines Bestsellers auf eine saloppe Kurzformel gebracht: „Ich bin o. k. – du bist o. k." An einer Stelle heißt es: „Ich bin ein Mensch. Du bist ein Mensch. Ohne dich bin ich kein Mensch, denn nur durch dich wird die Sprache möglich, und nur durch die Sprache wird das Denken möglich. Du hast mich wichtig gemacht, darum bin ich wichtig. Wenn ich dich entwerte, entwerte ich mich selbst. Das ist das Prinzip der Lebensanschauung: Ich bin o. k. – du bist o. k.! . . . Diese Grundanschauung erfordert, daß wir füreinander verantwortlich sind, und diese Verantwortung ist der äußerste Anspruch, der allen Menschen gegenüber gleichermaßen erhoben wird."
Verantwortung charakterisiert eine Ich-Du-Beziehung. Ohne den anderen gibt es keine Antwort und damit keine Ver-antwortung. Wer Gott liebt, kann den Mitmenschen nicht ausklammern. Wenn ich auf den anderen nicht höre, gerate ich in die Isolation. Einsamkeit, Kontaktschwierigkeiten und Alleinsein haben auch etwas mit Verantwortungslosigkeit zu tun. Ich bin nicht bereit, die Anforderungen des Nächsten zu hören, ich bin nicht bereit zu antworten, ich bin nicht bereit, mich vom Mitmenschen in die Pflicht nehmen zu lassen. Paulus verantwortet das Evangelium nicht vor sich selbst. Er hat die Philipper im Herzen und vor Augen. Wer auf das Evangelium hört, hört um so mehr auf den Mitmenschen.

Vater im Himmel, wir danken dir für die Menschen um uns her. Wir sind in der Tat o. k., wenn wir dich über alle Dinge lieben und den Nächsten wie uns selbst. Amen.

Wer Gott tadelt, soll's der nicht verantworten?

Hiob 40, 2

Verantwortung vor dem lebendigen Gott und Verantwortung vor dem Nächsten, das sind die zwei Pfeiler, in die unser Leben gespannt ist. Doch liebend gern schieben wir die Verantwortung ab.

Professor Viktor E. Frankl, Begründer der Logotherapie in Wien, schrieb zu diesem beliebten Versteckspiel: „Namentlich eine vulgarisierte Tiefenpsychologie spielt dem neurotischen Leser willkommene Alibis in Hülle und Fülle in die Hände. Schuld an allem sind nur noch die Komplexe. Er ist dann für nichts mehr verantwortlich. Aber wie weise antwortete mir einmal eine schizophrene Patientin auf meine Frage, ob sie sich etwa *nicht* wie willensfrei vorkomme, mit der Bemerkung: ‚Wissen's, Herr Doktor, i' bin willensfrei, wenn i' will, und wann i' nett will, bin i' net willensfrei.'"

Andere Ausreden sind die *Vererbung* und das *Unbewußte*. Alfred Adler bezeichnete die Vererbung als Zufluchtsstätte der Unwissenheit. Auf die Vererbung wird vieles abgeschoben, wofür wir nicht die Verantwortung tragen wollen. Mit der Mottenkiste „Unbewußtes" gehen wir ähnlich um. Nicht ein lebengestaltendes Ich, sondern ein zweifelhaftes Es treibt, zieht, quält, verführt und lenkt uns. Selbst auf Gott schieben wir die Verantwortung. „*Du* hast mich so geschaffen. *Du* bist für meine Krankheit verantwortlich." Aber Christus fragt mich nicht nach begründeten Entschuldigungen, sondern nach *meiner* Verantwortung.

Lieber Herr, den Anteil der Faktoren Vererbung, Umwelt und Unbewußtes kennst du in meinem Leben besser als ich. Du forderst meine Verantwortung und nicht meine Entschuldigungen, meine Entscheidungen und nicht meine Ausreden. Amen.

4. Juli

Wer seine Hand an den Pflug legt und sieht zurück, der ist nicht geschickt zum Reiche Gottes. Lukas 9, 62

Christen schauen in die Zukunft und nicht in die *Vergangenheit.* Christen leben vom Morgen und nicht vom Gestern. Das Vergangene ist vergangen.
Der Amerikaner Dale Carnegie, dessen Bücher Millionenauflagen erreichten, schrieb an einer Stelle über Dinosaurierspuren, die er vom Peabody-Museum der Yale-Universität gekauft hat. In seinem Garten hat er die Abdrücke dieser Riesen aus der Vorzeit, die in Stein und Schiefer gut erhalten sind, untergebracht. Bei Carnegie heißt es: „Selbst ein Vollidiot würde nicht im Traum daran denken, 180 Millionen Jahre zurückzugehen, um diese Spuren zu ändern. Und doch wäre es kein bißchen törichter, als sich zu sorgen, weil man keine 180 Sekunden zurückgehen und das ändern kann, was da geschah. Dies aber und nichts anderes tun viele von uns. Selbstverständlich vermögen wir allerlei zu tun, um die *Folgen* dessen, was vor 180 Sekunden geschehen ist, abzuschwächen. Ändern können wir das Geschehen nachträglich nicht mehr."
Es ist eine Unsitte und schlechte Gewohnheit, wenn wir verbissen im Gestern wühlen. „*Wenn* ich die Vorfahrt richtig beachtet *hätte, wäre* der Unfall . . ." Wenn und hätte sind Vokabeln, die unsere Unzufriedenheit verstärken und den Blick nach vorn verbauen.
Wer mit Christus lebt, ist die Last der Vergangenheit in jeder Weise los. Christus richtet unsere Herzen und Sinne auf das Morgen. Er *ist* die Zukunft. Wer zurückblickt, dreht ihm den Rücken zu. In der Beratung sagen wir gern den Klienten: „Die Dinge von Gestern sind Museum. Konzentrieren Sie sich auf das Gestern, kommen Sie nicht vorwärts!"

Herr, entlaste uns vom Zergrübeln des Gestern und befreie uns für die Zukunft deines Reiches. Amen.

Er hat aber seinen Geschöpfen die Hoffnung gegeben, daß sie eines Tages vom Fluch der Vergangenheit erlöst werden. Sie sollen dann nicht mehr Sklaven des Todes sein.
Römer 8, 20 u. 21

Es geht um unsere *Vergangenheit*. Zurückschauen bringt in der Regel nichts ein.

Es gibt ein eindrückliches Theaterstück von John Osborne mit dem Titel „Blick zurück im Zorn". Eine beliebte Form des Zurückschauens ist das *Nachtragen*. Eltern, Ehepartner, Chefs und Kinder tragen nach. Längst vergessene Geschehnisse werden aus der Mottenkiste herausgeholt. Bosheiten, die schon vergeben waren, werden wieder aufgewärmt. Lieblosigkeiten, die überwunden wurden, erstrahlen in neuem Glanze. Alte Sündenregister werden leidenschaftlich aufgeblättert. Solche zwischenmenschlichen Verhaltensmuster sind menschlich, wirken aber zerstörerisch. Wer zurückschaut, lebt in der Vergangenheit.

Christen leben im Heute, im Jetzt. Sie schauen nach vorn und nicht nach hinten, in die Zukunft und nicht auf Fehler in der Vergangenheit.

Die Bibel sagt es uns unmißverständlich: „Wir werden vom Fluch der Vergangenheit erlöst." Die Vergangenheit ist passé. Wer neu beginnen will, wer sich ändern will, läßt das Gestern gestern sein. Jede Partnerschaft – auch die zwischen Gott und den Menschen – lebt vom Neuanfang. Das Reich Gottes, die Herrschaft Gottes, beginnt mit dem Rotstift, der die Vergangenheit durchstreicht. Wer wieder und wieder schuldbewußt auf das Vergangene starrt, stellt sich mit dem Rücken zu Gott. Er ist ein Sklave des Todes, sagt Paulus. Er sabotiert seine Gaben für einen Weg mit Gott. Ich muß es mir abgewöhnen, die alten Dinge aufzuwärmen.

Lieber Herr, mit dir möchte ich das Heute und Morgen gestalten. Mit dir möchte ich meine Ehe und meine Familie nach vorn ausrichten. Hilf, daß jeder Tag ein Neuanfang mit dir ist. Amen.

Und vergib uns unsere Schuld, wie wir vergeben unseren Schuldigern. Matthäus 6, 12

Die *Vergangenheit* läuft uns nach.
Ein schwedischer Graf besitzt ein Stammbuch, in das drei Staatsmänner ihre Lebensweisheit eingetragen haben. Der 80jährige französische Minister Guizot schrieb: „In meinem ganzen Leben habe ich zwei weise Lehren gelernt: Die eine ist, vieles zu vergeben, die andere, nichts zu vergessen." Unter diese Worte schrieb ein anderer französischer Staatsmann: „Ich habe gefunden, daß ein wenig Vergessen der Aufrichtigkeit der Vergebung nicht schadet." Nun war auf dem Blatt noch Platz, dahin schrieb Bismarck seinen Spruch. Er hatte seine eigenen Gedanken über Vergeben und Vergessen, denn unter die Sprüche der beiden Franzosen schrieb er: „In meinem Leben habe ich gelernt, viel zu vergessen und mir viel vergeben zu lassen."
Wer die Vergangenheit beschwört und alte „Schulden" neu belebt, tut sich und seinen Mitmenschen einen schlechten Dienst. Vergangenes muß vergangen bleiben, sonst wird das Herz bitter. Vorwürfe, Anklagen und Kritik liegen auf der Lauer. Darum hat Bismarck recht: „In meinem Leben habe ich gelernt, viel zu vergessen und mir viel vergeben zu lassen." Wir können vergessen, wenn uns vergeben ist. Wir können vergeben, wenn uns vergeben wurde. Wenn der Riß zwischen Gott und mir geflickt ist, kann ich den Riß zwischen uns und dem Mitmenschen leichter flicken. Es ist übrigens die einzige Bitte im Vater unser, die an eine Bedingung geknüpft ist: Der Vater im Himmel vergibt uns, wenn wir unseren Schuldigern vergeben, wenn wir unserem Nächsten seine Taten von gestern nicht vorrechnen, wenn wir die Lieblosigkeiten im Schoße der Vergangenheit belassen.

All unsere Schuld vergib uns, Herr, daß sie uns nicht betrübe mehr, wie wir auch unsern Schuldigern ihr Schuld und Fehl vergeben gern. Amen.

(Martin Luther)

Wer liebt, ist nicht taktlos, selbstsüchtig und reizbar. Er trägt keinem etwas nach. Er freut sich nicht, wenn der andere Fehler macht, sondern wenn er das Rechte tut.

1. Korinther 13, 5—6

Es geht um die *Vergangenheit* und um unser Zusammenleben.

Da gibt es Menschen, die kramen gern in der Vergangenheit und machen Totes wieder lebendig. Sie tragen nach und wärmen Altes wieder auf.

Alfred Adler kennzeichnete sie so: „So sehen wir anderseits Erscheinungen der Neurose, die man als eine ‚Nachempfindlichkeit' charakterisieren kann. Solche Patienten können einen schmerzlichen Eindruck nicht verwinden und sind nicht imstande, ihre Seele aus einer Unbefriedigung zu lösen und sich mit dem Menschen zu versöhnen."

Wer nachträgt, belastet das Zusammenleben. Immer wieder reißt er alte Wunden auf und streut Salz hinein. Die Nachtragenden sind in der Regel überempfindlich. Sie sind hellhörig *in bezug auf sich selbst* und taub gegen andere. Ihr Wesen ist ichhaft und selbstbezogen. Schnell sind sie reizbar und kränkbar.

Paulus stellt für den zwischenmenschlichen Umgang eine klare Regel auf: „Wer liebt, ist nicht taktlos. Er trägt keinem etwas nach." Nachtragen ist Taktlosigkeit, Nachtragen ist Lieblosigkeit. Der Nachtragende will den anderen bestrafen. Er spielt sich zum Richter auf. Wer nachträgt, „freut sich über die Fehler des anderen", wie Paulus sagt. Und das ist Sünde. Er untergräbt das harmonische Zusammenspiel. Wer aus Christus handelt und lebt, vergibt und vergißt. Wo kämen wir alle hin, wenn Christus wie mit einem fotografischen Gedächtnis unsere Sünden speichern würde?

Herr, hab Dank, daß deine Liebe alle Morgen neu ist. Wenn du uns vergibst, sind unsere Schandtaten erledigt und vergessen. Wir brauchen deine Kraft, um unseren Mitmenschen auch so zu behandeln. Amen.

Ich sah alles Mühen an und alles geschickte Tun: da ist nur Eifersucht des einen auf den anderen.

Prediger 4, 4

Es geht um *Eifersucht* und *Neid.* Der englische Ausleger William Barclay schreibt zu den beiden Begriffen: „Zelos und phthonos = Eifersucht und Neid müssen zusammen betrachtet werden. In der Regel hat *zelos* eine positive und eine negative Bedeutung, während *phthonos* immer negativ ist. Im griechischen A. T. wird zelos aber auch negativ gebraucht, nämlich für Neid und Eifersucht, die zerstörend auf menschliche Beziehungen und persönliches Glück wirken. *Zelos* ist der Neid, der mißgünstige Blicke wirft; *phthonos* ist der Neid, der zu feindseligen Taten bereit macht. Neid ist der Schmerz über den Besitz eines anderen. Der Mensch, der Neid in seinem Herzen hat, ist einfach darüber verbittert, daß ein anderer etwas besitzt. Neid bezeichnet etwas Niedriges, Neid ist eine häßliche, widerwärtige Eigenschaft."
Hat der Prediger nicht recht, daß alles menschliche Streben von Neid und Eifersucht zersetzt ist? Kains Brudermord, die Flucht Jakobs vor seinem Bruder Esau, der Verkauf Josephs nach Ägypten, Sauls Mordabsicht an David: Wir erleben eine Kette von Eifersucht und Neid. Eifersucht ist das Symptom einer tiefverwurzelten Selbstwertstörung. Der Mensch hält nichts von sich, die anderen sind tüchtiger, hübscher, kontaktfähiger, liebenswürdiger, reicher, gesünder. „Eifersucht des einen auf den andern", schreibt der Prediger. Eifer*sucht* ist eine Sucht, die das zwischenmenschliche Verhalten von Grund auf vergiftet. Wer sich und seine Leistungen nicht bejaht, wer andere mehr schätzt als sich, wird sich vor Neid verzehren.

Herr, du sagst es in deinem Wort unerbittlich: Neid ist die Wurzel alles Übels. Ändere du unseren Sinn, unsere Blicke und Gedanken, daß wir uns und die Mitmenschen in dem, was sie haben und sind, schätzen. Amen.

9. Juli

Die Liebe ist langmütig, ist gütig (oder: freundlich); die Liebe ist frei von Eifersucht (und Neid).

1. Korinther 13, 4

Ist *Eifersucht* angeboren?
Der ungarische Erbforscher und Tiefenpsychologe Leopold Szondi geht davon aus, daß rund sechs Prozent der Menschheit mit dem „Kainsmal der tötenden Gesinnung" Eifersucht belastet sind. Weitere vierzehn Prozent — glaubt Szondi — leben als „neurotische und getarnte Kain-Erben" in unserer Gesellschaft. Szondi spricht vom Kainsmal, weil Kain den ersten Eifersuchtsmord der Weltgeschichte beging. Eifersucht führte Kains Axt und beflügelt die Menschen durch die Jahrhunderte bis heute, Vernichtungswaffen zu erfinden — Mauerbrecher, Panzer und Flugzeuge, Dynamit, Phosphor, Raketen und Wasserstoffbomben —, um den Gegner und Konkurrenten auszuschalten.
Ist die Eifersucht wirklich ein kainitischer Urtrieb? Stimmt Szondis „Schicksalsanalyse", die davon ausgeht, daß das Schicksal des einzelnen durch vererbte Triebkomponenten programmiert sei? Wir glauben das nicht. Auch die Bibel geht nicht davon aus. Gott rief Kain zur Umkehr. Er hatte die Wahl, aber er entschied sich — auf freien Stücken — für den destruktiven Weg.
Die Eifersucht, der Eifer zum Bösen, der Eifer mit feindlicher Gesinnung, ist Folge eines verkehrten Denkens. Der Mensch glaubt nicht an die Liebe, sondern versucht, mit partnerschaftsfeindlichen Methoden sein Ziel zu erreichen. Bewußt oder unbewußt gibt er der Eifersucht Raum. Der Mitmensch, der Partner, Eltern und Kinder werden mit Überempfindlichkeit, mit Verlassenheitsangst, mit Besitzgier und Rachegefühlen gequält. Wahre Liebe ist langmütig, sie ist gütig. Sie verzichtet auf solche zweifelhaften Verhaltensmuster. Sie fühlt sich nicht angegriffen und greift selbst nicht an.

Herr, du verkündigst nicht die wahre Liebe. Du bist die Liebe in Person. Wenn wir dir gehören, wird unsere menschliche Liebe geläutert. Du entfernst die Schlacken der Eifersucht. Hab dafür Dank! Amen.

10. Juli

(Ich fürchte,) Streit, Eifersucht, Ohrenbläsereien, Überheblichkeiten und Unordnungen bei euch vorzufinden.

2. Korinther 12, 20

Wir wollen über die *Eifersucht* nachdenken.
Das Sprichwort ist treffend: „Eifersucht ist eine Leidenschaft, die mit Eifer sucht, was Leiden schafft." William Shakespeare nannte sie das „grünäugige Ungeheuer". Sie ist in der Tat eine teuflische Gesinnung, die Haß mobilisiert und die Vernunft betäubt. Von Mißgunst und Mißtrauen angestachelt, gelingt es ihr, ein sadistisches Quälereispiel zu inszenieren. Eifersucht zerreißt jede Gemeinschaft und das zwischenmenschliche Band. Zwei amerikanische Psychologen, Marguerite und Willard Beecher, behaupten sogar, daß die meisten Verhaltensstörungen — wie Lügen, Stehlen, Haß, Aggression, Mordlust, Überempfindlichkeit, Selbstmord und Hochstapelei — auf diese Wahrnehmungsveränderung zurückzuführen sind.
Eifersucht ist eine Sucht und befällt *wie* eine Krankheit die Menschen und zerstört die Liebe. Eifersucht hat mit Liebe nichts zu tun. Die Bibel stellt das klar heraus. Viele Menschen wollen das nicht wahrhaben. Sie sehen in der Eifersucht etwas Normales und Notwendiges. Sie verteidigen sie hartnäckig: „Zur rechten menschlichen Liebe gehört Eifersucht." Paulus sagt nein. Er befürchtet, bei seiner Rückkehr nach Korinth eine Kette von ungeistlichen Verhaltensweisen vorzufinden. Eifersucht ist eins der menschlichen Laster, die der Liebe entgegenstehen. Liebe — aus Christus, durch Christus und mit Christus — hat mit Eifersucht nichts im Sinn. Sie kennt nicht das lieblose Spiel mit Worten und Taten, das Belauern und Verdächtigen. Die Agape-Liebe ist wahrhaftig, langmütig und gütig.

Herr, meine Liebe zeigt in der Tat eifersüchtige Züge. Ich erkenne, wie egoistisch, neidisch und selbstsüchtig ich bin. Durchdringe meine Liebe mit deiner Liebe, mache mich weniger eifersüchtig. Amen.

Lasset uns ehrbar wandeln als am Tage, nicht in Schmausereien und Trinkgelagen, nicht in Streit und Eifersucht, sondern ziehet den Herrn Jesus Christus an.
Römer 13, 13 u. 14

Eine Form der *Eifersucht* ist das zerstörerische Sich-vergleichen. „Sich vergleichen gibt Ärger." Dieses Sprichwort trifft auf Kain und Abel zu. Wer sich vergleicht, wertet auf und ab. Er provoziert Rivalität, Konkurrenzsucht, Haß, Mord und Totschlag. Der erste Mord der Weltgeschichte begann mit einem fatalen Vergleich. „Mein Opfer ist weniger wert als deins." – „Ich werde weniger geliebt als du." – „Ackerbau ist wichtiger als Viehzucht." – „Mein Vater ist bedeutender als deiner." – „Meine Arbeit ist besser ausgefallen als deine." – „Mein Auto zieht besser als deins." – „Deine Wiese ist grüner als meine." – „Dein Haus ist teurer als meins."
Auf dem Nürnberger Kirchentag versuchte man den Spaltpilz der Eifersucht in Anlehnung an den Turmbau zu Babel musikalisch und mit frechen Texten darzustellen. „Wer hat die stärkeren Muskeln – ich oder du. Wer hat den größeren Penis – ich oder du. Wer hat die volleren Brüste – ich oder du. Wer zeugt die besseren Kinder – ich oder du. Wer erbt das Land der Väter – ich oder du?"
Die Bibel stellt klar: Die wahre Liebe vergleicht nicht. Sie schaut nicht auf die Besseren und Schlechteren, auf die Tüchtigeren, Schnelleren, Sauberen, Größeren und Schöneren. Christus, die personifizierte Liebe, liebt die Menschen – ohne Unterschied der Klasse, der Rasse, der Farbe, des Geldbeutels, des Ansehens und des Intelligenzquotienten. Wer den Herrn Jesus Christus anzieht, ist wahrhaftig ohne Eifersucht. Können wir in seinem Namen die zerstörerischen Vergleiche unterlassen?

Herr! Deine Liebe kennt kein sinnloses und neidisches Vergleichen. Deine Liebe ist unser Vorbild. Gib uns den Mut, auf zerstörerisches Vergleichen zu verzichten. Amen.

Denn wo unter euch Eifersucht und Zank sind, seid ihr da nicht fleischlich und wandelt nach menschlicher Weise? 1. Korinther 3, 3

Eifersucht ist kriegerisches Spiel mit dem Feuer.
Die amerikanischen Psychologen Marguerite und Willard Beecher haben die Verhaltensweisen und Gefühle eines eifersüchtigen Menschen mit einem kriegführenden Volk verglichen. „Die hoffnungslose Lage des eifersüchtigen Menschen läßt sich mit einem kriegführenden Volk vergleichen. Ein Land, das Krieg führt, gleicht einem in eifersüchtiger Konkurrenz befangenen Menschen, denn seine ganze Arbeitskraft und Arbeitskapazität werden sofort von der Produktion der Friedenszeit abgezogen und zur Herstellung von Waffen eingesetzt. Mißtrauen und Angst treten an die Stelle von Vertrauen. Die ganze schöpferische Energie und alle schöpferischen Gedanken müssen sich auf Angriffe gegen den Feind konzentrieren."
Wer seine Stellung bedroht sieht, muß aufrüsten. Wer vergleicht, schürt den Krieg. Eifersucht sucht und schafft Leiden. Eifersucht und die Agape-Liebe sind in der Tat wie Feuer und Wasser. Die Liebe aus Christus schürt keinen Krieg, die Liebe aus Christus liebt den anderen – wie er ist und nicht, wie er sein sollte. Das ist die Grundvoraussetzung christlicher Liebe. Das ist die Grundvoraussetzung ehelicher Liebe. Sowie ich Bedingungen an den anderen stelle, geht der eifersüchtige Kampf los. Die Liebe aus Christus ist bedingungslos. Sie liebt in schrankenlosem Wohlwollen. Der 7. Vers des 13. Kapitels formuliert es zweifelsfrei: „Die Liebe deckt *alles* zu, sie glaubt *alles*, sie erduldet *alles*."

Herr, an unserer mangelhaften Liebe erkennen wir, wie sehr wir dich und deine Agape-Liebe brauchen. Heilige uns mit dieser Liebe! Amen.

13. Juli

Denn stammt aus Eifersucht der Grimm des Mannes, so kennt er keine Schonung am Tage der Rache.

Sprüche 6, 34

Eifersucht ist die häßliche Reaktion auf ein Entthronungserlebnis.

Gerd ist ältestes Kind. Eifersucht und Neid sind bei ältesten Kindern statistisch am häufigsten zu finden. Zweieinhalb Jahre hat Gerd im Mittelpunkt gestanden. Dann wurde er *entthront.* Fachleute sprechen von der Eifersuchts-Aggressions-Hypothese. Gerd ist seine Vorzugsposition los. Auf einmal kommt ein Geschwisterchen und schnappt ihm alles weg. Jedenfalls erlebt er es so. Gerd reagiert mit Neid, Mißtrauen, Abwehr, Aggression und Haß.

Viele Eltern dürfen älteste Kinder mit kleineren nicht allein lassen. Ihr Haß kann unbeschreiblich sein. Ihr Neid kennt oft keine Grenzen. Er zeigt sich vor allem im überstarken Gerechtigkeitssinn, der aber im Tiefsten nur Eifersucht widerspiegelt. „Mein Apfel ist kleiner, dein Geschenk wertvoller, mein Anteil geringer, dein Vorteil größer!" Eine gräßliche Konkurrenzgesinnung wird geboren. Jeder kämpft um seine Position. Mit Ehrgeiz, moralischer Überlegenheit, Sauberkeit, aber auch mit destruktiven Methoden wie Faulheit, Mißtrauen, Überempfindlichkeit und Aggression können diese Positionskämpfe ausgetragen werden.

Was muß der Eifersüchtige tun? Die Agape-Liebe in Christus liebt *gleichmäßig.* Kein Mensch wird bevorzugt, keiner benachteiligt. Jesus liebt uns – wie wir sind, nicht wie wir sein sollen. Er liebt uns nicht um unserer Qualität willen. Wir haben unseren Wert in unserem Dasein. Geben wir dieser Agape-Liebe Raum, schauen wir die anderen nicht aus eifersüchtigen und neidischen Augen an. Wir akzeptieren den Platz, auf den Gott uns in seiner Liebe gestellt hat.

Herr, ich habe es satt, den Hals zu verdrehn und jedem Trugbild nachzugaffen. Ich drehe mich nicht mehr um. Ich gönne meinem Nacken Ruhe. Laß deine Augen sehen und deine Liebe sprechen, o Gott. O Herr, reize du mich, auf daß deine große Liebe ewig mich treibe und in die Ewigkeit lache. Amen.

(John Mbiti, Kenia)

Wehe dem, der allein ist. Wenn er fällt, ist kein anderer da, ihm aufzuhelfen. Und liegen zwei beieinander, so haben sie warm. Auch Alleinsein ist nichts als Mühe und Haschen nach Wind. Prediger 4, 10 u. 11 u. 16

Es geht um Alleinsein und *Einsamkeit.* Der Philosoph Friedrich Nietzsche hat ein oft zitiertes Gedicht geschrieben „Vereinsamt". Es heißt darin: „Die Krähen schrein und ziehn / schwirren Flugs zur Stadt: / Bald wird es schnein. / Wohl dem, der jetzt noch Heimat hat! / Nun stehst du starr, schaust rückwärts, / ach! Wie lange schon! / Wann bist du Narr / vor Winters in die Welt — entflohen?"

Wehe dem, der allein ist! Wehe dem, der keine Heimat hat! Der Prediger Salomo und Nietzsche stimmen überein: Alleinsein ist schwer, Einsamkeit ist wie eine Krankheit. In unserer modernen Massengesellschaft wimmelt es von Kontakten und Kontaktmöglichkeiten — aber es fehlen wirkliche *Verbindungen.* Woran liegt das? Wir wohnen auf engstem Raum zusammen und werden immer aggressiver und einsamer. Nähe und Enge vergrößern die Einsamkeit. Die einsamsten Menschen wohnen in Hochhäusern, in sogenannten „Aggressions-Silos". Die gastfreundlichsten Menschen finden wir da, wo Menschen meilenweit auseinander wohnen. Jeder Mensch braucht Nähe und Distanz. Wehe, wer nur Distanz erfährt, wer keinen Menschen hat, der ihm aufhilft, wenn er fällt. Nietzsche hat atmosphärisch die Vereinsamung eingefangen: Schnee fällt, der Winter kommt, klirrender Frost und eisige Kälte. Das Leben erstirbt. Die Liebe erstirbt. Wirkliches Leben ist *geteiltes Leben.*

Gott wurde Mensch und will keinen einzigen einsamen Menschen. Er will teilen. Zum geteilten Leben gehören mindestens zwei. Das kann ein guter Freund sein, ein liebender Ehepartner. Es kann Christus sein, der uns nicht im klirrenden Frost der Vereinsamung allein läßt. Er garantiert: „Ich bin bei dir."

Herr, ich danke dir, daß du keinen Menschen allein läßt. Ich danke dir, daß du dein Leben mit mir teilst. Ich weiß, daß es mit dir ein erfülltes Leben ist. Amen.

Wende dich zu mir und sei mir gnädig! Denn einsam bin ich und elend. Psalm 25,16

Die westlichen Industriegesellschaften haben eine neue Lebensform hervorgebracht: Die *„Single-Bewegung"*. Nach einer Volkszählung in Amerika leben bereits 52,7 Millionen Amerikaner in der Altersspanne von 20 bis 34 Jahren allein und zeigen kein besonderes Interesse zu heiraten. Diese Haltung macht Mode, denn seit 1970 ist das eine Zunahme um 28 Prozent.
Eine neue Industrie hat sich bereits darauf eingestellt. Es gibt Ausstellungen für Singles, eine eigene Zeitschrift, Reiseunternehmen, Wohnhäuser und Wohnanlagen. Viele sind geschieden, verwitwet, haben den Lebensgefährten verloren, wurden enttäuscht und wollen ledig bleiben. Solitäre nennt man kostbare Edelsteine oder schöne alte, alleinstehende Bäume. Viele Menschen sind Solitäre. Sind sie glücklich? Bücher, Filmberichte und Interviews mit Singles zeigen in der Regel das Gegenteil.
Der Psalmist charakterisiert das Lebensgefühl vieler Menschen treffend: „Denn einsam bin ich und elend." Und warum? Egoismus, Narzißmus und Kontaktschwäche sind groß. Eigenwilligkeit, mangelnde Nächstenliebe und Verzichtbereitschaft sind ausgeprägt. Die Singles zahlen einen hohen Preis für ihre selbstgewählte Freiheit. Ihre Einsamkeit ist oft bedrückend. Sie fliehen in flüchtige Kontakte und sind zu tiefen Verbindungen unfähig.
Gott hat den Menschen zur Gemeinschaft geschaffen. Gemeinschaft beglückt und gibt Geborgenheit — auch die Gemeinschaft mit Gott. Aber sie erfordert auch Verzicht, Rücksichtnahme, Achtung und Toleranz. Sind wir bereit, füreinander diesen Respekt aufzubringen, um nicht allein sein zu müssen?

Herr, du hast den Menschen zur Ehe und zum Zusammenleben geschaffen. Schenk' uns zum fruchtbaren Zusammenleben deine tragfähige Liebe. Amen.

Ich finde keinen Schlaf und klage wie ein einsamer Vogel auf dem Dache. Psalm 102, 8

Alleinsein und *Einsamkeit* sind schwer. „Einsamkeit tötet", sagen wir. Ein amerikanischer Arzt, Chef der psychosomatischen Klinik an der Universität Maryland, hat herausgefunden, daß Verheiratete wesentlich seltener am Herzinfarkt, an Leberzirrhose und an Lungenkrebs erkranken, ja sogar weniger Autounfälle haben als Alleinlebende. 40 Prozent der bundesdeutschen Ehepartner bezeichnen ihr Befinden — laut demoskopischer Umfrage — als „ziemlich gut". Bei den Singles sind es nur 25 Prozent, die ihr Gesamtbefinden als gut bezeichnen.

Alleinsein entspricht nicht den Bedürfnissen des Menschen. Er ist ein soziales Wesen. Und die meisten Untersuchungen kommen zu dem Schluß, daß die Nachteile des Alleinseins die Vorteile überwiegen.

Der Psalmist hat recht: Der Einsame klagt und kann nichts schaffen. Das egoistische Streben fördert Alleinsein und Einsamkeit. Der Preis ist hoch. Gott hat den Menschen zur Partnerschaft berufen. Das Lexikon kennzeichnet den Partner als „Teilhaber", als „Gefährten" und als „Mitspieler". Menschen brauchen Teilhaber für Freud und Leid. Menschen brauchen Gefährten, Begleiter auf schönen und auf beschwerlichen Wegen. Und sie brauchen „Mitspieler", Gehilfen der Freude, die sich beglücken.

Nur Stolze und völlig Unabhängige wollen ihr Leben allein meistern. Sie *glauben,* ohne Mitmenschen auskommen zu können. In Krankheit und Not brauchen auch sie Nächste, die ihnen Barmherzigkeit angedeihen lassen. Christen wollen Gemeinschaft, und sie suchen Gemeinschaft. „Ich konstatiere kein Christentum ohne Gemeinschaft", schrieb Zinzendorf. Ob wir sie suchen und praktizieren?

Herr, bewahre uns vor Ichsucht, Eigenwilligkeit und Eigenbrötelei. Du hast uns füreinander geschaffen. Mach uns Mut, den ersten Schritt zum Nächsten zu tun. Amen.

Und ringet danach, daß ihr stille seid.

1. Thessalonicher 4, 11

In diesen Tagen denken wir über *Einsamkeit* und Alleinsein nach. Es gibt auch eine *schöpferische* Einsamkeit.
Der Maler Pablo Picasso schrieb: „Nichts kann ohne Einsamkeit entstehen. Ich habe mir eine Einsamkeit geschaffen, die niemand ahnt. Es ist sehr schwer, heute allein zu sein, weil es Uhren gibt. Haben Sie je einen Heiligen mit Uhr gesehen?"
Graham Greene bezeichnet die Hölle als den Ort, wo „nie und nirgends Einsamkeit" möglich ist. Jean-Paul Sartre drückt denselben Sachverhalt aus mit dem bekanntgewordenen Ausspruch in einem seiner Dramen: „Die Hölle, das sind die anderen."
Die moderne Hölle wird dargestellt durch ein Zimmer, in welchem ständig das Licht brennt und einige Personen unablässig beieinander sitzen „hinter verschlossenen Türen". Sie können nichts allein tun, was nicht jeder andere sehen würde.
Zum Alleinsein in der Einsamkeit gehört das *Stillesein*. In der Stille redet Gott mit uns. Im Lärm geht sein Wort unter. In der Stille komme ich zur Besinnung, in der Einsamkeit zur Sammlung. Ein Kritiker hat mal boshaft gesagt: „Früher *sammelte* man sich, wenn man Entspannung suchte, heute *zerstreut man sich.*"
Früher ging man in die Einsamkeit, um aufzutanken. Heute flieht man in den Trubel. Auch das gilt: Wer niemals allein sein kann, ist seelisch krank. Er fürchtet die eigene Leere. Darum „ringet danach, daß ihr stille seid", denn nur an einer stillen Stelle will Gott seinen Anker auswerfen. Suchen wir die fruchtbare Stille und die schöpferische Einsamkeit?

Herr, auch in der Hektik und dem Lärm dieser Welt können wir Stille finden, wenn wir wollen. Ermutige uns, daß wir Alleinsein für dich aufsparen. Hab Dank, daß wir dich hören können. Amen.

Der Kranke antwortete ihm: „Ach, Herr, ich habe keinen Menschen, der mich in den Teich schafft, wenn das Wasser in Bewegung gerät." Johannes 5, 7

Es geht um Alleinsein und *Einsamkeit.*
Vor einigen Jahren ist ein bemerkenswertes Büchlein auf dem deutschen Markt erschienen. Es trägt den Titel: „Die schizoide Gesellschaft." Aus der Sicht eines praktizierenden Therapeuten wird eine Persönlichkeitsstruktur bzw. eine zunehmende *Neurosenform* geschildert, die für viele kennzeichnend ist. Schizoid heißt nicht schizophren. Schizoide Menschen klagen über Kontaktschwierigkeiten, verhalten sich distanziert, leben zurückgezogen und geben sich unabhängig. Sie sind nach innen gekehrter, ungeselliger, stille Zuhörer, passiv im Hinblick auf andere, reserviert und wortlos. Viele wirken arrogant durch ihre Scheinsicherheit und erleben sich nicht selten als Außenseiter. Gefühlsmäßig wirken sie kühl, das Sachliche und Rationale wird betont. Niemand ist durch Vererbung zur Einsamkeit, Vereinsamung und zur Distanziertheit verurteilt. Wir sind zum Leben und zur Gemeinschaft vorherbestimmt. Aber Gemeinschaft erfahren wir nur, wenn wir auf andere zugehen.
Allerdings kann Krankheit den Menschen isolieren. Der Kranke vom Teich Bethesda ist so ein Mensch. Den meisten Kranken sitzt das Hemd näher als der Rock. Sie denken an sich und ihre Gesundung. Dieser Egoismus isoliert den Mitmenschen. Der 38 Jahre lang Kranke fühlt sich alleingelassen. Niemand ist *für ihn* da.
Gibt es solche Menschen in unserer Umgebung? Schreien sie auch in ihrer Einsamkeit: „Ich habe keinen Menschen!" Schauen wir nur auf uns oder auch auf den hilfsbedürftigen Nächsten? Der Besuch des Einsamen und Isolierten ist Gottesdienst.

Vergib uns, Herr, wenn wir wie die Masse der Kranken am Teich Bethesda in erster Linie an unser Wohlergehen denken. Schenk' uns sehende Augen für Einsame, denen wir Gefährten werden. Amen.

Du bist uns ferne gerückt, als wir ohne dich lebten. Jeder lebt, als ob es dich nicht gäbe. Jedem ist genug, vor sich hin zu trotten. Denn du bist uns fern, und wir sehen dich nicht. Jesaja 64, 5—6

Es geht um *Einsamkeit* und Verlassenheit.
Der Hamburger Pastor und Psychotherapeut Gunnar von Schlippe hat in seinem Buch „Die Einsamen und Verlassenen" zwölf Einsamkeiten charakterisiert. Einige will ich nennen: *Einsamkeit durch bestimmte Lebensumstände.* Ihr erliegen Menschen, die jahrelang in Heimen lebten, milieugeschädigt und zurückgeblieben sind. Sie kennzeichnet eine wahnsinnige Angst davor, abgelehnt zu werden; *Einsamkeit oder „die anderen sind schuld".* Sie fühlen sich zurückgesetzt, benachteiligt und schlecht behandelt; *Einsamkeit aus Langeweile.* Menschen, die sich nicht sinnvoll beschäftigen können. Sie wollen betreut, mitgerissen, gefordert und stimuliert werden; *Einsamkeit durch Stolz.* Sie fühlen sich als etwas Besonderes, wollen besser sein als andere und kritisieren ihre Mitmenschen. Mit ihrer Art stoßen sie Menschen ab.
Sind solche Einsamkeiten unvermeidliche Schicksale? Der Jesajatext — aber auch die Einsamkeitscharakterisierungen, die Pastor von Schlippe gibt — machen deutlich: Viele Einsamkeiten sind selbst verschuldet. Wer sich um die eigene Achse dreht, dreht sich an Gott und dem Nächsten vorbei. Wer den lebendigen Gott nicht sieht, übersieht auch leicht den Mitmenschen. Jedem ist es genug, „vor sich hin zu trotten". Im Jargon der jungen Leute von heute spricht man von *Egotrip.* Der selbstherrliche, vor sich hin trottende Mensch landet in der bedrückenden Einsamkeit. Er sieht Gott nicht — und sieht den anderen nicht. Gott bewahre uns alle vor dieser ungeistlichen „Selbstverwirklichung"!

Herr, du hast uns als Christen eine Hauptregel mit auf den Weg gegeben, die uns vor Einsamkeit bewahrt, nämlich den Nächsten wie uns selbst zu lieben. Schenk' uns Einsicht und Vollbringen, diesen Kerngedanken zu leben. Amen.

Hiermit sagte Gott der Herr: „Es ist nicht gut für den Menschen, daß er allein ist: ich will ihm eine Hilfe schaffen, die zu ihm paßt. 1. Mose 2, 18

Wie kommen wir aus Alleinsein und *Einsamkeit* heraus? Wer einsam ist, soll sich nicht fragen, durch welche äußeren Umstände, sondern durch welche falsche innere Einstellung sein Leiden bedingt ist. Es verlängert das Leiden, wenn wir die Verantwortung auf Gott, das Schicksal, die Welt und die Menschen abschieben.

Wir tragen für alle Probleme selbst die Verantwortung. Fritz Künkel sagt: „Alle Fehler, Schwächen, Irrungen lassen sich auf Ichhaftigkeit zurückführen. Das wichtigste Symptom der Ichhaftigkeit ist die innere Vereinsamung, der Mangel an Verbindungen von Herz zu Herz."

Wie kommen wir also aus der Vereinsamung heraus? Durch Abbau von Ichhaftigkeit. Ichhaftigkeit ist Sünde, und Sünde ist eine Zielverfehlung. Sie zielt an Gott und dem Menschen vorbei. Ichhafte und vereinsamte Menschen lehnen oft die „Hilfen" und Weggefährten ab. Sie reagieren empfindlich und ziehen sich beleidigt von Menschen zurück. Sie haben Angst, mißverstanden zu werden, sind hellhörig und fühlen sich sofort angegriffen. Sie *haben* nicht Angst — wie man beispielsweise rote Haare hat —, sie *benutzen* Angst, um sich von den Menschen abzukapseln. Ichhaftigkeit ist Gottlosigkeit. Selbstherrlich mißachtet er den Partner, den Gott für ihn geschaffen hat. Es stimmt, wir sind auch für unsere Einsamkeit verantwortlich. Wer zu Gott kommt, geht auch zu den Menschen. Christen leben nicht in der Vereinzelung, sie *suchen* die Gemeinschaft. Könnte es sein, daß wir zu wenig die Gemeinschaft der Christen suchen, wenn wir vereinsamt sind?

Lieber Vater im Himmel, schenk' uns die Freundschaft zu Menschen und die Bruderschaft zu Christen. Gib, daß wir die Gemeinschaft aus vollem Herzen suchen. Amen.

Christus hat uns befreit; er will, daß wir auch frei bleiben. Steht also fest und laßt euch nicht wieder zu Sklaven machen! Galater 5, 1

Es geht um *Freiheit.* Kein anderes aktuelles Wort trifft das Wesen des christlichen Glaubens exakter als das Wort Freiheit. Freiheit ist das Wesen des Christentums. Der griechische Ausdruck für *erlösen* bedeutet ursprünglich *freikaufen.* Nach dem im Altertum geltenden strengen Schuldrecht kam der zahlungsunfähige Schuldner ins Gefängnis, in Schuldhaft. Oder er wurde zum Sklaven, der bedingungslos seinem Herrn ausgeliefert war. Er konnte nur die Freiheit gewinnen, wenn jemand dem Gläubiger die Schuldsumme erstattete, wenn er *freigekauft* wurde. Jesus sagt, daß er gekommen sei, sein Leben zum *Freikauf* für viele zu geben.

Pastor Alex Funke, der ehemalige Leiter der Bodelschwinghschen Anstalten in Bethel, schrieb: „Da ist zum Beispiel der Ausspruch eines Schwarzen: ‚Wir dürfen nicht vergessen, daß unsere Väter als Sklaven freie Leute waren, weil sie das Evangelium hatten.' Ein erstaunlicher Satz. Finden Sie nicht auch? Sklaven sind unfrei. Sie sind verkaufte Menschenware, der Willkür ihrer Herren preisgegeben . . . Mitten in der härtesten Unfreiheit wußten sie sich frei. Davon geben ihre Lieder Kunde, die unter dem Namen ‚Spirituals' berühmt geworden sind."

Christus hat uns aus der Schuldhaft in die Freiheit entlassen. „Stehet also fest!" Das ist keine Durchhalteparole. Biblische Freiheit ist keine gesetzlich gebundene Freiheit. „Stehet also fest!" das ist keine Prinzipientreue, wohl aber *Treue,* Bundestreue, Treue zu Gott. Der erste Akzent des christlichen Freiheitsbegriffs lautet: Freiheit in Treue und Treue in Freiheit.

Nun bitten wir dich, Jesus Christ, weil du vom Tod erstanden bist, verleihe, was uns selig ist, damit von Sünden wir befreit, dem Namen dein gebenedeit frei mögen singen allezeit: Halleluja. Amen.

(Michael Weiße)

22. Juli

Ja, aber sehet wohl zu, daß diese eure Freiheit für die Schwachen nicht zu einem Anstoß (oder: zum Ärgernis) werde! 1. Korinther 8, 9 u. 10

Es geht um *Freiheit.*
Ich las ein hilfreiches Beispiel, das die Freiheit eines Christen anschaulich demonstriert. Ein Pfarrer band eine Streichholzschachtel an einen Faden. Den Faden wickelte er um einen Finger seiner rechten Hand. Nun ließ er die Schachtel nach allen Seiten kreisen und sich überschlagen. Nie verlor sie ihren festen Ausgangspunkt. Dann band er sie mit einem zweiten Faden an seinen Stuhl fest. Obwohl dieselbe Hand dieselbe Schachtel bewegte, ließ sie sich nicht mehr im Kreis drehen, sondern nur ein wenig vor und zurück bewegen. Sie war fast unbeweglich geworden. „Ein Mensch", so sagte er dazu, „der sich außer an Gott an irgend etwas bindet, wird sofort unbeweglich. Nur der allein an Gott und sein Wort gebundene Mensch hat den großen Freiheitsraum, die maximale Beweglichkeit, die aus der Bindung an Gott kommt."
Christus hat uns befreit, binden wir uns an ihn, haben wir einen unvorstellbaren Spielraum. Wer Doppelbindungen eingeht, wird unfrei und gibt Anstoß. Wer auf beiden Schultern trägt, versklavt sich. Hier liegen die Versuchungen der Unfreiheit: Ein bißchen fromm und ein bißchen weltlich, ein bißchen göttliche Bindung und ein bißchen irdische Bindung. Freiheit ist kein Sowohl-als-auch. Freiheit besteht im Entweder-oder.
Die Väter sagten darum kategorisch: Seid ganz sein oder laßt es ganz sein. Halbheiten rufen Ärgernisse hervor. Doppelbindungen verführen den Schwachen. Haltlosigkeit versklavt. Haltlosigkeit macht uns zum Spielball von Wünschen und Trieben.

Lieber Herr, du hast uns freigekauft und zur Freiheit berufen. Du schenkst uns grenzenloses Vertrauen. Schenk uns auch die Kraft, die Freiheit nicht zu mißbrauchen. Amen.

Der Herr aber ist der Geist; wo aber der Geist des Herrn ist, da ist Freiheit. 2. Korinther 3, 17

Es geht um *Freiheit.*
Kennen Sie das herrliche Büchlein „Gebete aus der Arche"? Es handelt sich um Tiergebete, die ausgezeichnet menschliche Verhaltensweisen widerspiegeln. Da betet die Wildgeiß: „Herr, laß mich leben nach meiner Phantasie! Ich brauche ein wenig wilde Freiheit, ein wenig Taumel im Herzen. Für wen wären deine Berge und dieser Wind von Schnee und Quellen? Ich, ich will springen inmitten deiner Schöpfungen, über deine Abgründe hinweg, und das Maul voll Kräuter ohne Namen, erschauern vor abenteuerlicher Freude auf dem Gipfel einer Welt. Amen."
Die Wildgeiß, ein Gleichnis für „wilde Freiheit", für unbegrenzte Phantasie und für „Taumel im Herzen". Die Wildgeiß muß sich nicht an gepflasterte Straßen, an markierte Wege, an Schilder, Gebots- und Verbotstafeln halten. Sie genießt eine wilde Freiheit ohne Einschränkungen. Die Wildgeiß ist ein Tier der Natur, der Mensch ist ein Wesen der Kultur.
Die Freiheit des Menschen heißt nicht Regellosigkeit und Unverbindlichkeit. Freiheit ist da, wo der Heilige Geist den Menschen regiert und nicht seine wilde Phantasie und seine Selbstgerechtigkeit den Ton angeben. Der Christ lebt in *freier* Treue. Dem Christen wird die Treue zu Gott und seinem Wort nicht aufoktroyiert. Sie wird nicht juristisch überwacht und polizeilich geschützt. Der Geist des Herrn erfüllt, aber versklavt uns nicht. Geben wir den Verlockungen der „wilden Freiheit" nach, versklaven wir uns an die Unfreiheit. Binden wir uns an Christus, sind wir Befreite.

Wo dein Geist herrscht, Herr, ist Freiheit. Halt du uns fest an dir, daß uns nicht die „wilde Freiheit" und der „Taumel im Herzen" locken. Amen.

Denn so ist es der Wille Gottes, daß ihr durch gutes Vergelten den Unverstand der törichten Menschen zum Schweigen bringt, und zwar als Freie und nicht als solche, welche die Freiheit zum Deckmantel der Bosheit machen. 1. Petrus 2, 16

Es geht um *Freiheit*.
Der englische Schriftsteller Chesterton erzählte einmal ein Gleichnis: In Urzeiten spielten Kinder im Paradiesgarten des Vaters aller Menschen, geborgen und zufrieden. Keiner fühlte sich eingeengt oder gezwungen durch die hohe Mauer, die ihr Jugendglück umgab; bis ein herangewachsener Spielgefährte auf die Mauer aufmerksam wurde und eben dies verspürte — man traut uns nicht — man behandelt uns wie Unmündige — laßt uns die Mauer einreißen! Die Kinder folgten ihm nach kurzem Zögern. Doch als sie die Mauer niedergelegt hatten, entdeckten sie, daß ringsum und unmittelbar am Fuß der Mauer die Klippen steil ins Meer abfielen. Die Mauer, die sie umfangen hatte, was der Schutz von dem Tod in der See. Seitdem — so erzählt die Geschichte weiter — drängeln sich die Kinder ängstlich in der Mitte der Insel zusammen. Keines wagt mehr die alten, freien Spiele, ihre scheinbare Befreiung ist ihnen zur Last geworden.
Einen absolut freien Menschen gibt es auf dieser Erde nicht. Wir alle brauchen Mauern, Gebote, Verbote, Regeln und Stützen. Diese Mauer ist für den Christen der Wille Gottes, der uns zum guten Verhalten ermutigt. Freiheit ist nicht Anarchie, totale Regellosigkeit und Schrankenlosigkeit. Wir brauchen Vereinbarungen, Gesetze, Zwänge, Mauern und Gewohnheiten, um uns zu schützen. Die Mauer in dem Gleichnis war für die Kinder ein Schutz. Die Schrankenlosigkeit machte sie ängstlich.
Nur törichte Menschen reißen alle Mauern und Konventionen nieder. Christen sind Vorbilder, die den Willen Gottes ernst nehmen und irgendwelche Sünden und Bosheiten nicht Freiheit nennen. Sind wir Gebundene Gottes, leben wir als Freie in dieser Welt.

Du hast uns befreit, Herr, und behandelst uns nicht wie Unmündige. Hab Dank für deine Gebote, die uns wie schützende Mauern umgeben. Amen.

Ihr seid ja doch zur Freiheit berufen, liebe Brüder; nur mißbraucht die Freiheit nicht als einen willkommenen Anlaß für fleischliche Gelüste. Galater 5, 13

Ernesto Cardenal schrieb über die mißverstandene Freiheit: „Viele denken, sie sind frei, weil sie machen können, was sie wollen, und merken doch nicht, daß sie ihre Diktatur in sich tragen."
Das Wort Freiheit gehört zum Lieblingsvokabular eines anständigen Demokraten. Leichtfertig und gedankenlos haben wir diesen Begriff mißverständlich gemacht. Jeder verbindet mit dem Wort Freiheit seine persönlichen Wünsche, seine persönlichen Sehnsüchte.
Der eine will frei sein von der Macht der Gewohnheit, der andere von der Überbesorgtheit der Mutter, vom Gängelband der Eltern, vom Geld des Mannes, von der Bevormundung durch Lehrer und Erzieher. Der Wunschtraum, einen völlig freien Menschen zu erziehen, bleibt ein Wunschtraum. Jeder Psychologe weiß, wie Eltern und Erzieher, Geschwister und Umwelt den Menschen prägen, unser Denken bestimmen, unsere Wahrnehmung beeinflussen und unser Handeln programmieren. Viele sind ein Abklatsch der anderen im Fühlen und Denken. Wer ist frei von Geld und Besitz, von Haßgefühlen und Rachegedanken? Kann man nicht den Eindruck gewinnen, daß diese Mächte und Kräfte wie moderne Sklavenhalter den Menschen beherrschen?
Hat Ernesto Cardenal nicht recht: Nicht nur diktatorische Staatsgebilde machen uns unfrei. Die Diktatur sitzt *in uns.* Wir sind zur Freiheit berufen. In, mit und durch Jesus sollen wir frei werden. Machen wir Gebrauch davon!

Du bist unser Befreier, Herr. Du hast auch Macht über die Diktatur in uns. Gib uns das Wollen und das Vollbringen, dich an die erste Stelle zu rücken. Amen.

Gott hat euch zur Freiheit berufen, Brüder! Aber mißbraucht sie nicht als Freibrief für Selbstsucht und Lieblosigkeit . . . Das ganze Gesetz ist erfüllt, wenn dies eine Gebot befolgt wird: „Liebe deinen Mitmenschen wie dich selbst." Galater 5, 13—15

Es geht um *Freiheit.*
Martin Luther hat 1521 zwei Sätze über die Freiheit gesprochen, die bis heute ihre Gültigkeit für Christen nicht verloren haben: „Ein Christenmensch ist ein freier Herr über alle Dinge und niemand untertan. Ein Christenmensch ist ein dienstbarer Knecht aller Dinge und jedermann untertan." Zwei Sätze wie Feuer und Wasser. Können wir uns den Satz aussuchen, der uns in den Kram paßt?
Die Bauern der damaligen Zeit, leibeigen und unfrei, dienstbare Knechte ihres Herrn, suchten sich den ersten Satz aus. Der Erfolg: Die schrecklichen Bauernkriege. Ein großes Mißverständnis der Reformation Luthers. Christus hat uns befreit, stimmt. Wozu? Antwort: Zur Nächstenliebe. Die Freiheit in der Sicht des christlichen Glaubens ist die *Freiheit der Liebe.* Christliche Nächstenliebe ist keine Sklaverei, sondern die freie Entscheidung eines Christen. Die wirkliche Freiheit kreist nicht um sich selbst, sondern ist mitmenschlich ausgerichtet: Selbstsucht ist *Ichgebundenheit.* Lieblosigkeit ist egoistische Knechtschaft. Der Mensch ist an seine Wünsche, an seine Begierden, an Lebensansprüche, Prestigedenken und an die Diktatur des „man" gefesselt. Der wirklich Freie sucht Wege zum Mitmenschen über alle Grenzen von Rasse, Klasse, Kultur und Religion hinweg. Freiheit und Liebe gehen in diesem Sinne Hand in Hand. Freiheit bewegt zur Liebe, die Liebe bewegt zur Freiheit. Ob uns seine Freiheit zur Liebe motiviert? Ob wir tatsächlich den Mitmenschen lieben wie uns selbst?

Du hast mich freigekämpft, Herr. Aber ich entdecke, wie sehr ich an mein Ich mit seinen Wünschen gekettet bin. Mach mich frei zur Liebe für andere! Amen.

Sie verheißen ihnen Freiheit, während sie selbst doch Sklaven des Verderbens sind; denn von wem jemand im Kampf überwunden ist, dem ist er auch als Sklave verfallen. 2. Petrus 2, 19

Von welcher *Freiheit* ist die Rede?
Nicht von der Freiheit der Willkür oder der Freiheit der falschen Selbstverwirklichung.
Der in Wien lebende Psychotherapeut Viktor E. Frankl erzählt in seinem Buch „Ein Psychologe erlebt das Konzentrationslager", wie er bar aller Habe in das Lager kam. Unter dem Arm hatte er das Manuskript eines Buches, von dem er glaubte, daß es ihn berühmt machen würde. Selbstverständlich wurde ihm das Manuskript bei Eintritt ins Lager abgenommen. Ununterbrochen wurde er mit anderen gequält und erniedrigt. Und da entdeckte er im Zustand größter Hoffnungslosigkeit seine innere Freiheit. Ihm gelang eine Kehrtwendung. Er stellte plötzlich fest, daß ja nicht er verantwortlich für seine Lage war, sondern daß es die anderen waren, die ihm Unrecht zufügten. Folglich hatten die anderen schuld und befanden sich in einer schlechteren Lage als er selbst. Er erkannte, daß die Peiniger die eigentlich Leidtragenden waren. In dem Augenblick waren seine Leiden nicht mehr das alles Beherrschende.
Wahre Freiheit kann nicht durch Zwänge beeinträchtigt werden. Gehören wir Christus an, der uns befreit hat von Vorurteil, Haß, Lieblosigkeit und Rachsucht, können wir wie Frankl in der Freiheit bestehen und werden nicht von unchristlichen Gesinnungen versklavt. Denn Haß und Rachegefühle sind die Folge einer falschen Gesinnung. Bin ich wirklich von Christus befreit, bin ich freigemacht für andere, auch für die Peiniger, die Unrechttäter und für die Unterdrücker. Wo werden wir im Lebenskampf von sündhaften Gesinnungen versklavt?

Lieber Herr! Du hast mich total, und zwar nach Leib, Geist und Seele befreit. Du willst, daß ich mich in der Freiheit bewähre. Vergib, wenn so oft der alte Adam durchbricht und die menschlichen Züge des Hasses und der Lieblosigkeit zum Vorschein kommen. Ich rechne täglich mit deiner befreienden Kraft, um deine Freiheit zu leben. Amen.

Wenn also der Sohn euch frei gemacht hat, dann werdet ihr wirklich frei sein. Johannes 8, 36

„DER SPIEGEL" interviewte den Berliner Pastor Volkhard Spitzer über die Jesusbewegung und über die *Freiheit* des Menschen.

SPITZER: „Von etwa 70 Haschern und Fixern sind nur fünf, glaube ich, wieder rückfällig geworden. Die andern sind völlig frei geworden vom Rauschgift."

„DER SPIEGEL": „Von heute auf morgen? Ohne Entwöhnungskuren?"

SPITZER: „Ja, allein unsere Gebete und der Glaube der jungen Leute haben geholfen."

„DER SPIEGEL": „Waren diese Heilungen vielleicht nur deshalb möglich, weil die intensive Bindung an Hasch und andere Rauschmittel durch eine Ersatzbindung an Jesus abgelöst wird?"

SPITZER: „Ja, bei den meisten war es schon diese Bindung an Christus, durch die sie von der Bindung an Hasch frei wurden, was wir – wohl gemerkt – nicht nur als Bindung empfinden, sondern als die wahre Freiheit."

Die sechzig oder siebzig Hascher sind ein überzeugendes Beispiel, wie man *befreit* werden kann. Sie waren am Ende und haben alles auf eine Karte gesetzt: Sie haben sich an den Sohn Gottes *gebunden.* Sie haben sich ihm ausgeliefert. Hier ist keine Rede von anarchistischer, bindungsloser Freiheit, die ins Chaos führt. Keine Rede von Bindung an eine Ideologie, an eine fromme Weltanschauung, an fromme Sprüche oder an wohlklingende Versprechungen. Sie haben nicht ein bißchen am Glauben genippt, sie haben handfest probiert, sie haben nicht ein bißchen intellektualisiert, sie haben alles auf eine Karte gesetzt. Und der Erfolg? Sie haben die rettende Hand Jesu ergriffen – und wurden nicht enttäuscht. Sie wurden frei.

Mein Herr und mein Gott! Du propagierst keine Freiheit. Du bist die Freiheit. Die Bindung an Drogen versklavt, die Bindung an dich befreit. Ich muß es mir nicht einreden, ich kann es erfahren. Amen.

Er wende sich vom Bösen ab und tue das Gute, er suche Frieden und jage ihm nach! 1. Petrus 3, 11

In diesen Tagen wollen wir das Wort *Frieden* bedenken. Sie alle kennen das hebräische Wort *Schalom* = Friede. Auf dem Kirchentag in Düsseldorf wurde ein Abschlußfest in Halle 5 gefeiert – ein Schalom-Fest. Die Einladenden hatten formuliert: „Schalom – die Sache Jesu ist Schalom – Wahrhaftigkeit, Brüderlichkeit, Gerechtigkeit, Solidarität, Feier, Spiel, Freude, Liebe, Frieden." Schalom bedeutet alles, was zum Besten im Leben eines Menschen beiträgt und was das Leben erst lebenswert macht. Der englische Theologe W. Barclay schreibt über das Wort Frieden: „Wenn kein Krieg oder Streit herrscht, so nennen wir das Frieden. Aber die Hebräer waren weit davon entfernt, den Zustand nach einem Kriege, der von Zerstörung, Not und gegenseitigem Mißtrauen gekennzeichnet ist, als Frieden zu bezeichnen."
Der Gruß *schalom* ist die Hoffnung und das Gebet, daß der andere sich aller Geschenke und Segnungen Gottes erfreuen möge. *„Schalom"* bedeutet Leben ohne Unterdrükkung, ohne Not, ohne Angst und Last. Friede erwächst aus dem Glauben, der in die Tat umgesetzt wird. Friede kommt aus dem Gehorsam, der sich auf völliges Vertrauen in Gott gründet. Er ist unser Friede. Schalom ist etwas, was Gott gibt, nicht etwas, was der Mensch schaffen kann. Als zum Frieden Gekommene suchen wir den Frieden und jagen ihm nach. Das Wort für *nachjagen* (diokein) ist das gleiche Wort, welches das Jagen eines Jägers bezeichnet. Mit der gleichen Jagdleidenschaft sollen wir dem Frieden auf der Spur bleiben. Und dieser Friede meint die vollkommene Harmonie mit Gott und den Mitmenschen.

Zieh mich, o Vater, zu dem Sohne, damit dein Sohn mich wieder zieht zu dir; dein Geist in meinem Herzen wohne und meine Sinne und Verstand regier, daß ich den Frieden Gottes schmeck und fühl und dir darob im Herzen sing und spiel. Amen.

(Bartholomäus Crusselius)

Selig sind die Friedenstifter, denn sie werden Söhne Gottes heißen. Matthäus 5, 9

Es geht um den *Frieden.*
In einem Gedicht über den „Frieden“ von Gerlinde Brumm heißt es: „Du schreibst *peace* auf deine Jacke und machst Krieg mit deinen Eltern. Du schreibst *Frieden* auf deine Stirn und setzt zum Angriff gegen das Establishment an. Du schreibst *pax* auf deine Hosen und läufst Sturm gegen deine Lehrer. Du brennst *peace* in deine Haut und zankst dich mit deinem Bruder. Du möchtest, daß Frieden in deinem Wesen zu lesen ist, und führst Krieg mit dir selbst. Auf dem Papier, auf deiner Jacke, auf deiner Hose, auf deiner Haut, überall steht Frieden, doch in deinem Herzen ist Krieg. Schließe Frieden mit dir! Nimm dich an, wie du bist! Laß dich annehmen wie du bist von deinen Mitmenschen, von Gott! Und Frieden wird bei dir einkehren. Frieden, der nicht auf dem Papier steht, sondern Frieden, der ist.“
Der Friede ist kein sentimentales Gefühl innerhalb der linken Brustseite. Friede ist nicht in erster Linie ein innerseelisches Zufriedenheitsgefühl. Schalom (Friede) spielt sich nur zum geringsten Teil im Herzen ab. Friede ist öffentlich, Friede ist ein sozialer Begriff. Darum soll der Friede nicht auf Hosen, Jacken, auf der Haut oder auf dem Papier stehen, sondern mit Herzen, Mund, Händen und Füßen praktiziert werden. Friede auf Plakaten, da passiert gar nichts. Papier ist geduldig und Druckerschwärze billig. Ist unser Kopf zum Frieden bereit? Sind Herzen und Hände zum Frieden bereit? Machen sich unsere Füße auf den Weg zum Frieden?

Herr, wir wollen den Frieden nicht großsprecherisch im Munde führen. Du willst Friedensstifter, Friedensmacher. Dir gebührt Dank, daß du uns auf den Weg des Friedens bringst. Amen.

Denn Gott ist nicht ein Gott der Unordnung, sondern des Friedens. 1. Korinther 14, 33

Es geht um den *Frieden.* Der Friede will *getan* werden.
In einem modernen Gedicht „Gute Nachrichten" heißt es: „Die Zeitungen rufen gute Nachrichten aus. Der Unterhändler weigert sich, den Krieg zu erklären. Nicht krümmt sich der Finger am Abzug des Gewehrs. Die zornige Hand findet das Messer nicht. Die Generale haben sich zum Golfspielen entschlossen. Anders Denkende werden geachtet. Die Rasse ist nichts als ein Unterschied in der Farbe der Haut. In den Folterkammern wird Brot gebacken. Galgen und Henkerbeil ziehen sich zurück ins Museum. Gespräche über den Frieden haben Aussicht auf Erfolg. Die Grenzen werden geöffnet. Versuche, den Streit zu schlichten, gibt man nicht auf. Man fängt an, die Wahrheit zu sagen. Man läßt den Gegner zu Wort kommen. Man schließt Kompromisse. Man lächelt über sich. Man fängt an."
Das Wort Friede unterliegt einer babylonischen Sprachenverwirrung. Friede ist Aktion, Friede ist Tat. Friede verlangt Hände, die zupacken, und Füße, die sich für andere in Bewegung setzen. Im Gedicht heißt es richtig: Man fängt an, die Wahrheit zu sagen, den Gegner zu Wort kommen zu lassen, Kompromisse zu schließen, Andersdenkende zu achten.
Gott hat den ersten Schritt getan. Er macht sich auf den Weg zu uns. Er verließ den Himmel, die Sphäre des Friedens, und endete am Kreuz – für uns. Ohne Gegenwehr, ohne zurückzuschlagen, ohne den Finger am Abzug, ohne Legionen von Engeln, die den Widerstand der Menschen hätten zerschlagen können. Und warum? Damit wir Frieden haben und den Frieden in dieser Welt realisieren können.

Jesus will mir Frieden schenken, und er will mein Leben denken. Er, er will mich ganz erfassen und wird mich nie fallen lassen. Amen.

(Winfried Geisel)

. . . und richte unsere Füße auf den Weg des Friedens.
Lukas 1, 79

Es geht um den gelebten *Frieden.*
Der Theologieprofessor Gerhard von Rad sagte: „Keinen Beleg wüßten wir namhaft zu machen, in dem Schalom (Friede) die spezifisch seelische Haltung eines inneren Friedens bezeichnete . . . Frieden ist etwas Öffentliches, ein ausgesprochen sozialer Begriff."
Und der bewußte Atheist Gerhard Szczesny schreibt: „Die größten Übel dieser Welt sind nicht die Folgen böser Absichten, sondern die Folgen eines unbegrenzten Wollens zum Guten." Ich muß Szczesny leider recht geben. In der Pägagogik gilt der gleiche Grundsatz: „Die schlimmsten Erziehungsfehler sind die guten Absichten der Eltern." Es gibt einen selbstgerechten Frieden, der in guten Absichten, guten Meinungen, guten Wünschen und gutem Wollen besteht. Der Wille zum Guten ohne die Friedens*tat* ist eine Gotteslästerung. Mit guten Absichten erkaufen wir die Absolution, mit guten Absichten und ehrlichem Wollen verschaffen wir uns ein frommes Alibi.
Es gibt einen *faulen Frieden.* Er ist gekennzeichnet durch Feigheit, Oberflächlichkeit, Mutlosigkeit, gutem Willen und Tatenlosigkeit. „Der Weg zur Hölle ist mit guten Vorsätzen gepflastert." Der Weg in die Friedlosigkeit ebenso.
Jesus *brachte* den Frieden, er praktizierte ihn, er lebte ihn, er opferte sich für ihn. Wenn wir durch ihn zum Frieden gekommen sind, bleiben wir nicht friedlich in der Sofaecke sitzen. Wir richten unsere Füße auf den Weg des Friedens. Wir werden bereit, uns für den Frieden zu opfern. Jesus befreit uns zum Friedens*dienst.* Am besten, wir fangen in den eigenen vier Wänden an, und zwar nicht morgen, sondern heute.

Herr, du willst keine Friedensabsichten und Friedensparolen, du willst Schritte und Taten zum Frieden. Hilf, daß ich nicht über den Frieden rede, sondern ihn lebe: Amen.

2. August

. . . Wir bitten für Christus: Lasset euch versöhnen mit Gott!

2. Korinther 5, 20

Es geht um den *Frieden.* Friede beinhaltet immer *Versöhnung.*

Es war in der Nacht des 14. November 1940, als deutsche Flieger Coventry bombardierten, daß auch die Kathedrale von Brandbomben getroffen und in Ruinen verwandelt wurde. Von dem wenigen, was übrig blieb, ist an erster Stelle das verkohlte Kreuz „The Charred Cross" zu nennen. Zwei Tage nach der Zerstörung der Kathedrale wurde ein Kreuz aus zwei verkohlten Balken gefertigt und im Ostteil der Ruine aufgerichtet. Dieses mittlerweile weltberühmte „Brandkreuz" hinter dem Steinaltar, auf dessen Rückwand wir die eingravierten Worte lesen „Father Forgive" (Vater vergib) ist eine verheißungsvolle Predigt.

Unter freiem Himmel, auf dem Platz des einstigen Kirchenschiffes, sammelt sich zweimal jährlich, Ostern und Pfingsten, eine große Gemeinde aus verschiedenen Völkern, Rassen und Sprachen zu besonderen Gottesdiensten. Hier wird von den Versammelten Einheit dokumentiert, Friede bezeugt und auf das Kreuz hingewiesen, das die Versöhnung predigt. An diesem Kreuz hat er für Weiße und Schwarze, Kriegsverbrecher und Kriegsgegner, Kriegsgewinner und Kriegstreiber, Mächtige und Machtlose gebetet. „Vater, vergib ihnen!" Hier stiftete er Versöhnung zwischen Gott und den Menschen — damit wir im Namen Christi uns versöhnen, die Hand zum Frieden ausstrecken und das Kriegsbeil begraben. Gott hat am Kreuz den Anfang der Versöhnung gemacht. Sind wir bereit, Versöhnung und Frieden in unsere streitsüchtige Welt zu tragen?

Vater, vergib, daß wir zu wenig geglaubt, gebetet und geliebt haben. Vater vergib, daß wir Stümper sind als Friedensstifter. Wir bauen auf deine Friedenskraft. Amen.

Denn wer seines Lebens froh werden will und gute Tage zu sehen wünscht, der . . . suche Frieden und jage ihm nach. 1. Petrus 3, 10–11

Hans-Georg Lubkoll hat in einem Beitrag „Friedensstifter" den Polizisten im Verkehr einen wahren „Friedensstifter auf der Verkehrskanzel" genannt. Unter anderem heißt es da: „Dieser Beamte ist ein Machthaber. Souverän beherrscht er seine Kreuzung. Er kann Bewegung erzeugen und zum Stillstand bringen. In jeder Minute herrscht er über Gehirne, Hände und viele tausend PS. . . . Der Polizist ist auf seiner Kanzel auch ein Friedensstifter. Nach vier Stunden Dienst hat er vieles verhindert: Zerbeultes Blech und Flüche, blutverschmierte Gesichter und manchen vom Lenkrad durchbohrten Brustkorb. Der Krankenwagen mit Blaulicht mußte nicht kommen, das Martinshorn blieb stumm, und ein paar Leichenscheine blieben ungeschrieben."

Frieden stiften können wir überall. Auf der Straße, im Büro, im Klassenzimmer, in der Ehe, in der Familie und in der Politik. Friedensstifter verhindern körperliches und seelisches Leid. Sie können Tränen verhindern und Eifersucht, Haßgefühle und Jähzorn. Friedensstifter sagen die Wahrheit, aber nicht mit dem Hammer. Auch die „reine" Wahrheit kann Menschen vernichten. Friedensstifter sagen deutlich ihre Meinung, aber nicht hintenherum, nicht in Gift verpackt.

Wollen Sie heute beginnen, den Krieg zwischen Ihren Kollegen beizulegen, den Streit mit dem Ehepartner einzustellen und den Haß auf Ihren Vorgesetzten zu begraben? Der Friede will getan, geschaffen und gesucht werden. Oder ziehen Sie es vor, über den Frieden zu diskutieren? Gott erwartet von uns, daß wir den Frieden suchen und ihm nachjagen.

Unser Herr und Gott, du preist Friedensstifter selig. Wir müssen keine Spitzenpolitiker sein, um Weltkonflikte zu regeln. Laß uns heute im Büro, in der Fabrik oder im Klassenzimmer zur Versöhnung bereit sein. Amen.

4. August

Ich bin der Herr, dein Gott. 2. Mose 20, 2

Der Berliner Theologieprofessor Helmut Gollwitzer schreibt über die mißhandelte Vokabel „Gott“:
„Dieses Märtyrerwort ‚Gott‘, das vorgesehen ist für das Höchste und Wichtigste in unserem Leben, wird wie kein anderes zur Tarnung der übelsten Gottlosigkeit mißbraucht. Wenn wir heute sprechen, dann soll — wie Martin Buber gesagt hat — jedes Sprechen von Gott ein Rettungsversuch des Wortes ‚Gott‘ aus dem Schlamm sein, aus dem Schlamm des Mißbrauches, eine Wiederherstellung seines ursprünglichen Glanzes, eine Wiederherstellung seines Ernstes. Gott ist kein neutrales Wort. Man kann nicht im Plauderton beim Nachmittagskaffee fragen, ob es Gott gibt, so wie man fragt, ob es die Seeschlange in Loch Ness gibt.“
Gott ist mehr als eine fromme Vokabel, über die man diskutieren kann. Gott ist unser Herr. Er beansprucht unser Leben, unser Denken, unser Fühlen, unsere gesamte Existenz. Ist er unser Gott, oder setzen wir unser Vertrauen auf andere Götter?
In seinem Großen Katechismus schreibt Martin Luther: „Gott nennen wir das, worauf wir uns in allen Nöten verlassen.“ Unser *Handeln* verrät, worauf wir uns verlassen. Schöne Worte sind Schall und Rauch. Verlassen wir uns auf Geld, auf unsere Karriere, auf unser Können, auf unseren Ehrgeiz? Welche Rolle spielt dieser Herr in unserem Leben? Hat er in unserer Weltanschauung ein Plätzchen, oder ist er das Fundament allen Seins? Diskutieren wir über ihn oder lassen wir uns existentiell auf ihn ein? Kierkegaard sagte: „Christus hat keine Dozenten angestellt, sondern Nachfolger!“

Du, unser Herr und Gott! Wir wollen nicht nur respektvoll von dir reden, sondern deinen Willen tun. Beanspruche unser Leben ganz. Amen.

5. August

Ich bin der Herr, dein Gott ... du sollst keine anderen Götter neben mir haben. 2. Mose 20, 2 u. 3

Der Berliner Theologieprofessor Helmut Gollwitzer schreibt: „Die französische Schriftstellerin Else Triolet sagte kürzlich in einem Interview von ihrem Mann Louis Aragon, dem großen kommunistischen Dichter, daß es für ihn nie etwas Wichtigeres gegeben hat als das, was er seine Treue zur Partei nennt ... Diese Treue kann für ihn nicht anders als total sein, und wenn sie für ihn nicht so viele innere Konflikte und Zerwürfnisse mit sich selbst im Gefolge gehabt hätte, hätte er ihr, glaube ich, nicht einen so hohen Platz angewiesen. Aragon ist weltanschaulich Atheist, aber hier wird deutlich: die Partei hat für ihn göttliche Funktion. Ich sage das nicht abwertend. Es gibt edlere und gemeinere Götter, solche, die uns hinabziehen, und solche, die uns hinaufziehen. Ich vermute, die meisten von uns sind wahrscheinlich nicht Monotheisten, wie Louis Aragon, der nur einen Gott hat, sondern Polytheisten und haben mehrere solche wichtigen Instanzen der Hoffnung und der Furcht, mit denen wir versuchen, uns gut zu stellen."

Gott ist in dieser Welt kein angenehmes oder lästiges Zubehör. Er verschönert und bereichert nicht nur ein bißchen unser Leben. Gott fordert uns *total.* Alle Götter geben Leben teilweise. Die alten Fruchtbarkeitsgötter sorgen für den Acker, der Kriegsgott Mars gibt den Sieg, der Mammon gibt Leben, das man kaufen kann, und die Partei gibt die Zukunft. Sie alle sind für Lebensteile zuständig. Gehören wir auch zu den Polytheisten, die an mehrere Götter glauben und mehrere Götter egozentrisch in ihren Dienst stellen? Der Gott der Bibel ist Herr über alles und für alles. Er ist das *ganze* Leben und für alles zuständig, für das Heute und für das Morgen, für dieses Leben und für das Leben danach.

Du bist der Herr der Welt, du sollst auch der Herr meines Lebens sein. Du bist treu, gib, daß ich dir die Treue nicht aufkündige. Amen.

6. August

Die Toren sprechen in ihrem Herzen: „Es gibt keinen Gott."

Psalm 14, 1

Die „Trybuna ludu", das offizielle Organ der kommunistischen Partei Polens, hat eine Neuerung eingeführt. Sie schreibt das Wort Gott klein. Sie hat damit als erste polnische Zeitung eine Anordnung der Regierung durchgeführt. In der Sowjetunion ist es ähnlich. Der russische Schriftsteller und Nobelpreisträger Alexander Solschenizyn äußerte sich dazu kritisch: „Die Anordnung, das Wort Gott mit einem kleinen Anfangsbuchstaben zu schreiben, ist billige atheistische Kleinkrämerei." Und im Nachwort zu seinem in Europa erschienenen Buch „August 1914" forderte er, daß man „für eine der größten und bedeutendsten schöpferischen Kräfte der Ewigkeit wenigstens einen großen Buchstaben zulasse, wenn die Kreisverwaltungen (OUS), die Sicherheitsbehörden (KGB) und die Standesämter (SAGS) mit drei oder vier Großbuchstaben geschrieben würden."
Für Solschenizyn ist der großgeschriebene „Gott" mehr als ein literarisches Anliegen. Die Toren wollen ihn auf diese Weise auslöschen. Darum heißt es in Polen auch in Zukunft nicht mehr „vor oder nach Christi Geburt", sondern nur noch „vor unserer Ära" oder „nach unserer Ära". Solche Revolutionen sind nicht neu. Gott wird herrschen, ob wir ihn groß oder klein schreiben. Er ist erhaben über die Orthographie. Es gibt einen netten Witz im Englischen. Wenn wir von dem Wort *good* das Wort god abziehen, bleibt eine Null (o). Darin steckt die gültige Wahrheit, daß alle wirkliche Güte in der einen oder anderen Weise von Gott abhängt. Schreiben wir auch im übertragenen Sinne Gott in unserem Leben groß?

Großer Gott, wir loben dich, Herr, wir preisen deine Stärke. Vor dir neigt die Erde sich und bewundert deine Werke. Wie du warst vor aller Zeit, so bleibst du in Ewigkeit. Amen. (Ignaz Franz)

Du sollst keine anderen Götter neben mir haben.

2. Mose 20, 3

„Allahu ekbar la ilahe ill Allah.“ Übersetzt heißt der Satz: „Allah ist groß. Es gibt keinen Gott außer Allah.“ So tönt es in der islamischen Welt fünfmal am Tage von den schlanken Minaretts. Der Muezzin ruft zum Gebet. Jeder volljährige Moslem, der im Besitz seiner Verstandeskräfte ist, wird verpflichtet, die täglichen fünf Gebete zu verrichten. Sie sind nur gültig, wenn sie korrekt in Haltung und Ritus ausgeführt werden. Die Menschen knien nieder, verneigen sich gen Mekka. Die Gebetshaltung ist Ausdruck tiefster Demütigung vor Gott. Das Wort Islam macht es deutlich. Es bedeutet Ergebung. Die Gläubigen werfen sich wie Sklaven vor dem Herrn aller Herren nieder, die Stirn berührt dabei den Boden. Gott ist großartig, einzigartig, und er duldet keine Götter, die wir anbeten können, neben sich.
Wir können vom Islam viel lernen. Nicht der Ritus macht es, nicht die Gleichförmigkeit der Bewegung, nicht die Form des Niederkniens. Aber die *innere Haltung,* die innere Einstellung der Hingabe und Ergebenheit vor dem lebendigen Gott, dem Herrscher des Himmels und der Erden. Was verehren wir alles außer dem Herrn der Welt? Welchen Stellenwert haben Karriere, Häuser, Autos, Fußball und die tausend „Halbgötter“ *neben* ihm? Wie steht es mit den Göttern und Götzen, die wir anbeten: Rationalismus, Idealismus, Materialismus, Biologismus, Sozialismus und Sexismus? Wir dürfen im Namen Jesu „abba“, lieber Vater, zum Herrn der Welt sagen. Aber es heißt nicht, daß wir respektlos, unehrerbietig und plump vertraulich — ohne die letzte Hingabehaltung der Moslems — zu ihm kommen dürfen.

Mein Herr und mein Gott! Götzen und sogenannte Götter üben eine große Faszination auf uns aus. Richte mein Sinnen und Trachten auf dich aus. Ich bin darauf angewiesen. Amen.

8. August

Denn ich, der Herr, dein Gott, bin ein eifriger Gott, der die Verschuldung der Väter heimsucht an den Kindern, an den Enkeln und Urenkeln bei denen, die mich hassen.
2. Mose 20, 5

In einem Gedicht von Erich Fried „Gegen Gleichgültigkeit und Feindschaft“ heißt es: „Nun werden an uns die Sünden heimgesucht meiner Kinder bis ins dritte und vierte Glied. Die Gleichgültigkeit von morgen, die Feindschaft von übermorgen, die Krise im kommenden Winter, der Krieg übers Jahr, an denen ich schuldig bin, durch mein Nichtstun und Nichtlassen, die Folgen meiner Angst, sind die Ursachen meiner Ängste.“
Wer nichts Gutes tut und sich drückt, lebt nicht ohne weiteres sittlich im neutralen Land, sondern kann schuldig werden, Unheil und Belastungen verursachen. Schweigen und Stummbleiben kann Schuld sein. Wir wissen das aus dem Dritten Reich. Wer Stimmenthaltung übt, trifft eine klare Entscheidung. Aber auch das andere gilt: „Segne unser Tun und Lassen.“ So beten wir. Gott gebe, daß unser Nichttun und unser Nichtlassen, unser Tun und Lassen klare Entscheidungen sind und keine Drückebergerei. Die Folgen meiner Angst, meiner Feigheit, meiner Zaghaftigkeit und meiner mangelnden Zivilcourage sind die Ursache meiner Angst, meint Erich Fried. Und Kinder und Kindeskinder baden die Sünden aus, die wir durch Gleichgültigkeit, durch Feindschaft, durch Lieblosigkeit, durch falsche Anpassung und blinden Gehorsam auf uns genommen haben.
Ein hartes Wort, das der lebendige Gott in seinen Geboten ausspricht. Wo haben wir geschwiegen, wo wir hätten reden sollen? Wo haben wir die Hände in den Schoß gelegt, wo wir hätten zupacken müssen?

Herr, zahllos sind unsere Versäumnisse. Vergib unsere Gleichgültigkeit. Schenk uns wache Augen für deine Forderungen und Kraft, deinen Willen zu tun. Amen.

Du sollst den Namen des Herrn, deines Gottes, nicht mißbrauchen; denn der Herr wird den nicht ungestraft lassen, der seinen Namen mißbraucht. 2. Mose 20, 7

„Ich finde es unerträglich, wenn man wegen Gotteslästerung mit dreißig Mark bestraft wird. Entweder muß man diese Dinge ganz schwer nehmen oder aber darauf verzichten. Die Ehre Gottes kann nicht durch den Paragraphen 166 im Strafgesetzbuch gestützt werden", sagte Dr. Dieter Posser, Minister in Nordrhein-Westfalen.
„Herrgottnochmal!" – „Himmelherrgottsakrament!" – „Mein Gott, stellst du dich wieder dumm an!" Das ist ein beliebtes Sortiment aus dem reichhaltigen Köcher menschlicher Flüche. Wer Gott nicht ernst nimmt, nimmt auch seinen Namen nicht ernst. Gottes Name wird jeden Tag mißachtet. Leichtfertig wird er von unzähligen Menschen in den Schmutz gezogen. In seinem Namen wird geflucht, gemordet und gelogen. Den Namen aller Namen benutzt der Mensch, um seine weiße Weste zu dokumentieren. Für alle ist der Name „Schall und Rauch", wie Goethe gesagt hat. Gottes Name muß herhalten für Magie und wundersame Geheimnisse. In seinem Namen wird besprochen, angeblasen und gezaubert. Sein Name und damit seine Kraft werden für edelste und schmutzigste Geschäfte mißbraucht. Gottes Name ist kein Allerweltsname. Wer mit seinem Namen Schindluder treibt, bleibt nicht ungestraft. Finden wir etwa auch, daß dieser Mißbrauch seines Namens harmlos und eine dumme Angewohnheit ist?

Geheiligt werd der Name dein, dein Wort bei uns hilf halten rein, daß auch wir leben heiliglich, nach deinem Namen würdiglich. Behüt uns, Herr, vor falscher Lehr, das arm verführet Volk bekehr. Amen.
(Martin Luther)

Gedenke des Sabbattages, daß du ihn heiligst. Sechs Tage sollst du arbeiten und alle deine Werke tun. Aber am siebenten Tage ist der Sabbat des Herrn.

2. Mose 20, 8—10

Seit dem 1. Januar 1976 gibt es auch bei uns zwei verschiedene Kennzeichnungen für den Sonntag, und zwar durch die Zählung der Wochentage. Seit den Tagen der ersten Jünger war der Sonntag der erste Tag der Woche. Seit 1976 ist das anders. In einer von Computern gesteuerten Welt werden die Wochentage mit Ziffern versehen. Dabei trägt der Sonntag die Ziffer 7.
In der russischen Sprache gibt es zwei Wörter für den Sonntag: Wychodnoj (= Ausgehtag) und Woskresjenje (= Auferstehungstag). Christen feiern sonntags den Auferstehungstag. Wir sagen auch: „Du sollst den Feiertag heiligen." Feiertag ist Übersetzung des hebräischen Wortes „Sabbat", das so viel wie „Feiern" bedeutet. Und was heißt den Sabbat heiligen? Martin Luther hat im Katechismus formuliert: „Was ist denn heilig halten? Nichts anderes als in Worten und Werken und Leben sich heilig verhalten. Somit wird der Tag deinetwegen heilig oder unheilig, je nachdem du etwas Heiliges oder Unheiliges an ihm treibst. Wie geht nun solches Heiligen vor sich? Nicht so, daß man hinter dem Ofen sitzt und keine grobe Arbeit tut, sondern so, daß man mit Gottes Wort umgeht und sich darin übt."
Der Sonntag ist der Tag des Herrn, der Herrentag. Zu seiner Ehre wird Gottesdienst gefeiert. Wir können den Tag verschlafen und vertun, können uns eine „Sonntagsneurose" zulegen und die Zeit totschlagen. Dann verfügen wir selbstherrlich über sein Geschenk. Wie gestalten wir seinen Tag?

Herr, Sonntag für Sonntag feiern wir deine Auferstehung. Du willst, daß wir diesen Tag heilig gestalten und zu deiner Ehre leben. Das verwirkliche du in uns. Amen.

Du sollst deinen Vater und deine Mutter ehren, auf daß du lange lebest in dem Lande, das dir der Herr, dein Gott, geben wird. 2. Mose 20, 12

Es geht um die *Gebote.*
Martin Luther hat in seinem Katechismus Elternliebe und Elternehre so charakterisiert: „Diesen Vater- und Mutterstand hat Gott besonders ausgezeichnet vor allen anderen Ständen, die unter ihm sind: Er gebietet, nicht einfach die Eltern zu lieben, sondern sie zu ehren. Somit unterscheidet und sondert er Vater und Mutter von allen anderen Personen auf Erden und setzt sie neben sich. Denn ‚ehren' ist etwas viel Höheres als ‚lieben'. Es schließt ja nicht allein die Liebe in sich, sondern auch Zucht, Demut und Scheu einer Majestät gegenüber, die hier verborgen ist . . . Drittens soll man ihnen auch mit Werken, das heißt mit Leib und Gut solche Ehre erweisen; man soll ihnen dienen, helfen und sie versorgen, wenn sie alt, krank, gebrechlich oder arm sind. Und das alles soll man nicht bloß gerne tun, sondern mit Demut und Ehrerbietung als etwas, das für Gott getan wird."
Luther hält ehren und lieben auseinander. Daß Kinder Eltern lieben, wird als selbstverständlich vorausgesetzt. Ehren ist mehr. Achtung und Ehrfurcht basieren nicht nur auf dem Bund des Blutes, sondern auf dem ausdrücklichen Befehl Gottes. Eltern ehren heißt, sie respektieren, anerkennen und Vertrauen zu ihnen haben. Ehren heißt, die nötige Geduld aufbringen, ihre Vorstellungen und Maßnahmen ernst nehmen und das Gespräch nicht abreißen lassen. Trotz ist ein Zeichen der Schwäche. Die Ablösung von den Eltern ist natürlich, aber der radikale Bruch bedeutet Verachtung des Gebotes Gottes. Haben wir die Verheißung registriert, die Gott an die Erfüllung dieses Gebotes geknüpft hat?

Hab Dank, Herr, daß wir Eltern haben; du gibst ihnen deinen besonderen Schutz und uns eine ausdrückliche Verheißung. Amen.

Du sollst nicht töten. 2. Mose 20, 13

Auch folgende Überlegungen gehören zum Tötungsverbot.
Der Arzt und Theologe Dr. Hans Gödan schrieb einen Artikel unter dem Thema: „Die Pest unseres Jahrhunderts — auch bei Grippe gilt das 5. Gebot." U. a. sagte er: „Und doch leben wir heute mit einer Infektionskrankheit, die noch gefährlicher sein kann als die Pest ... bei der Grippe hingegen gibt es weder einen sicheren Schutz noch eine ähnliche sichere Therapie. In dem ersten Band des großen Handbuches der INNEREN MEDIZIN, der in zwei Teilbänden auf 2761 Seiten die Infektionskrankheiten behandelt, ist der Grippe daher fünfmal mehr Raum gewidmet als der Pest ... Während 1918—19 im Deutschen Reich 200 000 an Grippe starben und in Europa 2,6 Millionen, erlagen ihr auf einzelnen Sunda-Inseln $^1/_2$ bis $^1/_5$ der Einwohner. Ende September 1918 starben in Indien 5 Millionen Menschen an der Grippe ... Seitdem ist die Wissenschaft klüger geworden. Als Erreger wurde 1953 ein Virus entdeckt ... Der Pest liefen die Ratten voraus. Der Grippe voraus laufen menschliche Dummheit, Uneinsichtigkeit und manchmal Rücksichtslosigkeit. Eine Meditation über Luthers Erklärung zum 5. Gebot ist daher in Grippezeiten wirksamer als jede Tablette."
Luther hat in seiner Erklärung zum 5. Gebot uns Christen darauf aufmerksam gemacht, daß wir nicht nur mit dem Beil, dem Revolver, mit Gift und Massenvernichtungsmitteln Menschen töten können. Seine Erklärung lautet: „Wir sollen Gott fürchten und lieben, daß wir unserem Nächsten an seinem Leibe keinen Schaden noch Leid tun."
Dr. Gödan meint: „Durch den freundlichen Gruß des Händegebens können wir u. U. Siechtum und Tod weiterreichen." Ob uns das fünfte Gebot zu mehr Rücksicht und Disziplin im Sinne der Nächstenliebe aufruft?

Herr, du zeigst uns, auf wie vielen Wegen wir unserem Nächsten Schaden und Leid zufügen können. Schenk uns Augen der Liebe und wehre den Gedanken der Menschenverachtung. Amen.

13. August

Du sollst nicht ehebrechen. 2. Mose 20, 14

In dem Theaterstück von John Osborne „Watch it come down" sagt Sally, die verbitterte Ehefrau, die von ihrem Mann verlassen wurde: „Ihr verängstigten, versagenden Männer in den besten Jahren. Schleicht in euren Gedanken und Erinnerungen um junge Bräute rum, ihr alle! Zum kotzen. Warum wirst du nicht erwachsen?"
Ehebruch ist Lebenskrise, Krise des Erwachsenseins. Die Abwechslung wird zur Flucht, aber die Flucht ist keine Lösung. Jesus lehnt den Ehebruch grundsätzlich ab. Ja, er radikalisiert das Gebot der Ehescheidung so sehr, daß schon der ein Ehebrecher ist, der die Frau des Nächsten lüstern ansieht. Es ist typisch für die moderne Liebe, die sagt: Wir gehören uns *jetzt*. Die Treue spricht: Wir gehören uns *für immer*. Der Ehebruch macht deutlich, daß eine brüchige Stelle in der Partnerschaft ist.
„Am Zustandekommen dieser brüchigen Stelle sind aber immer beide Teile schuld. Wer als ‚Richter' des anderen auftritt, bricht seinerseits die Ehe", schrieb Dr. Theodor Bovet, der Vater der Ehewissenschaft.
Leider ist das sechste Gebot in der Kirchengeschichte überbewertet worden. Das hat Heinrich Giesen in seiner handfesten Art charakterisiert. „Auf das 6. Gebot hat sich deine Gemeinde seit 100 Jahren gut eingeschossen. Wer hier schuldig wird, ist erledigt. Ich traf ihn unterwegs. Die Bruderschaft, der Gemeindevorstand, die ‚Schwachen' in der Gemeinde – alle hatten ihn eingekesselt. Alle schlugen zu. Die Steine lagen parat. Wie damals. Aber du hattest doch 10 Gebote. In den übrigen 9 tummelten sie sich wie die Hechte. Sie haben ihren Karpfen! . . . Wie schrecklich übersehen wir 9 Gebote."

Ein reines Herz, Herr, schaff in mir – schließ zu der Sünde Tor und Tür –; vertreibe sie und laß nicht zu, daß sie in meinem Herzen ruh. Amen.
(Heinrich Georg Neuss)

14. August

Du sollst nicht stehlen. 2. Mose 20, 15

Es geht um die *Gebote*.
Diebstahl ist in der modernen Welt zum „Kavaliersdelikt" Nummer 1 geworden. Es wird geklaut, mitgenommen, entwendet, abgestaubt, organisiert, unter den Nagel gerissen, englisch eingekauft usw. Die Fülle der Begriffe macht deutlich, wie Diebstahl verniedlicht wird. In der Statistik hat der Diebstahl einen absoluten Spitzenrekord erhalten. Seit den 50er Jahren hat dieses Delikt um über 700 Prozent (!) zugenommen. Diese „Begehrlichkeitsneurose" hat besonders Jugendliche erfaßt. Der Begriff des Diebstahls hat sich auch gewandelt.
Wer heute einen verschwenderischen Luxus betreibt, statt anderen Menschen zu helfen, ist ein Dieb. Wer unter dem Schein des Rechtes die Preise in die Höhe treibt, ist ein Dieb. Auch wer sein Eigentum benutzt, um andere Menschen zu schikanieren und zu unterdrücken. Immer ist es Unmenschlichkeit in Form von Diebstahl. Machen wir uns nichts vor, der Reichtum der Industrieländer geht einher mit Diebstahl an den armen Ländern. Wie das 6. Gebot die Ehe schützt, so schützt das 7. Gebot das Eigentum als einen für den Menschen grundlegenden Wert.
Im Glaubensbuch, das der Bund der Evangelischen Kirchen in der DDR herausgegeben hat, heißt es: „Du sollst dich nicht bereichern, das heißt, du sollst dein Leben nicht durch Erwerb von Besitz reich machen. Nicht den Erwerb von Besitz wehrt das 7. Gebot ab, sondern nur denjenigen Erwerb von Besitz, der auf Kosten und zu Lasten anderer geht." Wenn wir in Saus und Braus leben, werden wir zu Dieben an anderen – und zu Dieben an Gott.

Herr, mir wird deutlich, daß du unter Diebstahl mehr als Einbruch verstehst. Als Reiche berauben wir die Armen und leben Tag und Nacht von Diebstahl. Herr, du hältst uns einen erschreckenden Spiegel vor! Amen.

Du sollst nicht begehren deines Nächsten Haus! Du sollst nicht begehren deines Nächsten Weib, noch seinen Knecht, noch seine Magd . . . Noch irgend etwas, was deinem Nächsten gehört. 2. Mose 20, 17

Psychologen unserer Tage haben den Lebensstil vieler Menschen, vor allem junger Menschen, mit folgendem Etikett treffend charakterisiert: *Begehrlichkeitsneurose.* Wie entsteht sie? Wenn ein Kind von der Wiege an jeden Wunsch erfüllt bekommt, wenn Vater, Mutter und womöglich noch die Geschwister sich zu Sklaven für das Kind degradieren lassen, ihm alle Schwierigkeiten aus dem Weg räumen und möglichst alle Bedürfnisse befriedigen, dann *muß* sich in einem heranwachsenden Kind das Gefühl einnisten: Alles ist für mich da, und alles muß *sofort* für mich da sein. Solche Menschen erwarten, daß ihnen die gebratenen Tauben in den Mund fliegen.
Wir Erwachsenen tragen die Verantwortung dafür, wenn wir unseren Kindern die verzerrte Wirklichkeit vermitteln, in einem Schlaraffenland zu leben. Die Begehrlichkeit treibt dann merkwürdige Blüten. Sie entwickelt sich zur Neurose, zu einer seelischen Störung, zu einem handfesten Konflikt mit der Wirklichkeit. Ist es verwunderlich, daß die Diebstahlskriminalität unter Jugendlichen zum Delikt Nummer 1 in unserer Gesellschaft geworden ist? Die Begehrlichkeit steckt an und kann durch die Werbung angeheizt werden. Damals hieß es: Haus, Weib, Knecht, Magd, Vieh usw., heute heißt es: Stellung, Einfluß, Mädchen, Auto, Fernsehen, Auslandsreisen oder alles, was der andere sich leisten kann.
Sören Kierkegaard, der dänische Philosoph, hat seinem Buch „Die Krankheit zum Tode" folgenden Vers vorausgeschickt, den wir als Gebet sprechen wollen:

Herr! Gib uns blöde Augen für Dinge, die nichts taugen, und Augen voller Klarheit in alle deine Wahrheit. Amen.

Der Herr sprach zu Kain: Warum überläuft es dich heiß, und warum senkt sich dein Blick? Weißt du nicht: Wenn du recht tust, darfst du aufblicken, wenn du nicht recht tust, lauert die Sünde vor der Tür. 1. Mose 4, 6 u. 7

Es geht um *Gefühl, Denken* und *Verhalten.*
Von dem Philosophen Friedrich Nietzsche stammt das Wort: „Entgegen der Behauptung, es gäbe nur Fakten, sage ich, nein, gerade die Fakten existieren nicht, nur die Interpretation."
Auf unseren Text bezogen: Kain ist nicht das Produkt eines unausrottbaren Aggressionstriebes. Seine Mordlust ist keine krankhafte Tatsache, sondern das Produkt seines falschen Denkens, seines falschen Verhaltens. Nicht die Fakten – nämlich die Opfer, die Kain und Abel bringen, und die Bevorzugung des Abelopfers durch Gott – bestimmen Kains Gesinnung, sondern seine *Interpretation,* seine Meinung über die Fakten. Kain *glaubt,* sein Opfer wird nicht anerkannt. Er steigert sich in Haß. Mit den Mordphantasien kommen die entsprechenden Gefühle. Es überläuft ihn heiß. Er senkt seinen Blick. Gott spricht ihn an: „Wenn du recht tust, darfst du aufblikken." Anders ausgedrückt: „Wenn du deine Mordabsichten fallen läßt, wenn du dein Ziel änderst, laufen dir auch keine heißen Gefühle der Rache über den Rücken. Du kannst frei aufblicken, ohne dich schämen zu müssen." Kain hat seine Absichten, sein Denken und Verhalten nicht geändert. Abel wurde von ihm erschlagen.
Dieser Text macht unüberhörbar deutlich, daß unsere Gefühle kein Eigenleben führen und uns tyrannisieren dürfen. Unsere Meinung über die Tatsachen bestimmen unser Leben. Gott ruft dem Kain und uns zu: Wenn du recht handelst, darfst du aufblicken. Denken wir recht, handeln wir auch recht.

Herr, gib mir Gedanken, die das Rechte wollen. Gib mir Gedanken, die deinem Willen entsprechen. Du zeigst mir, daß dann meine Gefühle deinem Willen nicht zuwider laufen. Amen.

So schafft denn Früchte, die der Buße (des Gesinnungswandels) oder einem veränderten Denken entsprechen.
Matthäus 3, 8

Es geht um *Gedanken* und *Gefühle.*
„Lassen Sie Ihre Gefühle sprechen!" – „Lassen Sie Ihren Gefühlen freien Lauf!" Offenbarung der Gefühle scheint der Schlüssel für die gesamte Psychopathologie (die Behandlung der kranken Seele) zu sein. Ist dieser Ansatz richtig? Ich glaube, nein.
Alfred Adler stellte seinem Buch „Über den nervösen Charakter" ein lateinisches Sprichwort als Motto voran: „Omnia ex opinione suspensa sunt" (alles hängt von unserer Meinung ab). Noch deutlicher formulierte der römische Kaiser Mark Aurel schon vor 1800 Jahren: „Unser Leben ist das, wozu unsere Gedanken es machen." Nicht die Umwelt und die Verhältnisse bestimmen unser Leben, nicht die Tatsachen und sogenannte Fakten machen unser Leben zu dem, was es ist, sondern *unsere Gedanken,* unsere *Meinung über die Tatsachen.*
Genau auf diesem Wege bewegt sich die Bibel in ihrem Denken. „Tut Buße!" heißt: „Verändert euer Denken!" Die Revolution beginnt bei mir und nicht bei den Verhältnissen, das Umdenken beginnt bei mir und nicht bei dem Partner in der Ehe, der mir Schwierigkeiten macht. Buße gilt nicht für die anderen, sie gilt für mich. In dem Augenblick, wo ich mein selbstsüchtiges Denken ändere und mein Leben auf den lebendigen Gott ausrichte, schaffen wir Früchte, die dem Gesinnungswandel entsprechen. Nicht die Befreiung meiner Gefühle schafft eine neue Gesinnung und befreit zu neuem Leben. Erst die Änderung meines Denkens produziert neue Gefühle. Wer Buße tut und sein Denken verändert, wird eine Umkehr an Leib, Seele und Geist zu spüren bekommen.

Herr, du hast die Schaltstelle meines Lebens im Auge. Du willst ein verändertes Denken und verheißt, wenn ich mich wie ein Kompaß auf dich ausrichte, daß mein Leben fruchtbar wird. Ich verlasse mich auf dich. Amen.

18. August

Jesus antwortete ihnen mit den Worten: „. . . ich bin nicht gekommen, Gerechte zu berufen zur Buße (zum Gesinnungswandel), sondern Sünder. Lukas 5, 31 u. 32

Es geht um *Gefühle* und *Gedanken*.
In die Eheberatung kommen viele Ehepartner, die in einen endlosen *Machtkampf* verstrickt sind. Jeder ist fest davon überzeugt, daß der andere mit seinem Charakter und seinem unnachgiebigen Verhalten an dem Kampf schuld ist. Der amerikanische Therapeut Albert Ellis schreibt: „In Wirklichkeit ist natürlich alles menschliche Unglück *selbst*verschuldet und resultiert aus lächerlichen Annahmen und selbsteingeredeten Sätzen . . . Ist ein verheirateter Mensch jedoch davon überzeugt, daß sein eigenes Unglück äußere Ursachen habe, gibt er unweigerlich seinem Partner und dessen Verhalten die Schuld an seiner eigenen Misere; und schon ist der eheliche Zwist fertig."
Nach Albert Ellis ist die Neurose, also das menschliche Fehlverhalten, das „unintelligente Verhalten eines intelligenten Menschen". Anders ausgedrückt: Jemand *denkt* verkehrt. Und wer verkehrt denkt, handelt auch falsch. Und: Wer falsch denkt, fühlt auch falsch. Der Mensch ist eine Einheit. Er handelt so, *als ob* er ganz klare Ziele verfolge. Und in der Tat, an den Früchten, an den Folgen und an den Resultaten kann man die wahren Absichten ablesen.
Jeder Ehepartner muß wissen, daß es unmöglich ist, durch Worte, Gesten und Beleidigungen Schaden zu erleiden, *wenn er nicht will.* Nicht die Beleidigungen der anderen fügen uns Schaden zu, sondern meine *eigene Einstellung.* Darum: Tut Buße! Ändert euer Denken! Vergeltet nicht Böses mit Bösem und Scheltwort mit Scheltwort, sondern *segnet.* Wollen wir das?

Herr, deine Maßstäbe sind eindeutig, dein Bußruf unmißverständlich. Änderst du mein Denken, dann bin ich verändert. Ich vertraue dir. Amen.

Ich sage euch: Ebenso wird im Himmel über einen einzigen Sünder, der sich bekehrt (seine Gesinnung ändert), mehr Freude herrschen als über neunundneunzig Gerechte, die der Bekehrung nicht bedürfen.

Lukas 15, 7

Es geht um unser *Denken* und um unsere *Gefühle*.
Gestern sprachen wir über den *Machtkampf* in der Ehe. Wie werden wir damit fertig? Nicht die bösen Worte und die Beleidigungen des Partners bringen mich aus dem Gleichgewicht, sondern meine Meinung über die Bosheit des anderen. Ich habe es in der Hand, wie ich auf Vorwürfe, Anklagen und Gemeinheiten reagiere. Die *falsche* Reaktion lautet: „Es regt mich auf, was mein Partner mir ins Gesicht geschleudert hat. Ich habe das Gefühl, ich werde wahnsinnig." Die *richtige* Reaktion lautet im Klartext: „*Ich* rege mich auf – *ich* tue es selbst, indem *ich mir einrede*, daß es schrecklich und unerträglich ist, was mein Partner mir an den Kopf geworfen hat. *Ich* überlege mir, ob ich nicht wahnsinnig werden muß, um dem Schlag wirkungsvoll begegnen zu können."
Ich bin für meine Gefühle verantwortlich; ich entscheide, ob der Angriff unter die Haut geht.
Von dem Dichter Stendhal stammt ein treffender Aphorismus. Er lautet: „Handelst du so, *als ob* du verliebt wärst, wirst du es wahrscheinlich bald sein." Liebe verändert, Liebe überwindet. Schaffen wir das aus eigener Kraft?
Im Römerbrief heißt es: „Wir wissen: Wenn einer Gott liebt, muß alles dazu beitragen, daß er das Ziel erreicht, zu dem Gott ihn nach seinem Plan berufen hat" (Römer 8, 28).
Wer Buße *tut*, sein Denken ändert und damit Gottes Anweisung befolgt, unterbindet nicht nur Machtkämpfe in der Ehe. Und im Himmel wird Freude herrschen über diesen Gesinnungswandel.

O Gott und Vater, sieh doch an uns Armen und Elenden, die wir sehr übel han getan mit Herzen, Mund und Händen; verleih uns, daß wir Buße tun und sie in Christus, deinem Sohn, zur Seligkeit vollenden. Amen. (Michael Weisse)

20. August

Der Träge oder Faule spricht: „Ein Löwe ist auf der Gasse, und mitten in den Straßen könnte ich ermordet werden." Sprüche 22, 13

Es geht um *Gedanken* und *Gefühle.*
Da ist von einem Faulen die Rede. Ist Faulheit eine Stoffwechselstörung oder eine fest verwurzelte Charaktereigenart? Nein. Faulheit ist Mittel zum Zweck. Das *Denken* des Faulen ist in Unordnung. *Er selbst* redet sich ein: „Draußen ist ein Löwe, wenn du gehst, wirst du aufgefressen!" Felsenfest ist er von seinem Denken überzeugt. Die Angst, die er damit produziert, verhindert, daß er ins feindliche Leben geht.
Albert Einstein sagte: „Es ist leichter, ein Atom zu spalten als ein Vorurteil." Der Faule will faul sein. Er wird aber zur Entschuldigung sagen: „Ich kann nicht aus meiner Haut!" In Klartext heißt das: Er will seine falschen Denkziele nicht ändern. Alfred Adler beschrieb die Technik seiner psychotherapeutischen Praxis so: „Ändert der Patient in deiner Behandlung seine Ziele, ist sein nervöses Leiden überwunden." Es gibt auch unter Christen ungezählte Träge, Faule, Zauderer, Entscheidungsschwache, Grübler und Angstneurotiker. Sie verhalten sich alle gleich. Ihr Denken und damit ihre Ziele sind falsch. Sie fliehen vor der Front des Lebens und sagen: „Gegen meine Gefühle kann ich nicht an." Falsch. Gefühle sind Werkzeuge, Gefühle sind Instrumente unseres Denkens. Die Bibel sagt: „Tut Buße (ändert euer Denken!) und glaubt an das Evangelium!" Die Folge wird sein, daß die Richtung unseres Denkens, Sehens, Fühlens und Wollens sich ändert. Nicht mehr meine Befürchtungen bestimmen mein Leben, sondern der lebendige Gott.

Herr, leider ist es wahr, daß falsche Gedanken tausend unnötige Probleme hervorrufen. Du willst, daß wir Buße tun und unser Denken in deinem Namen ändern. Du kannst das in uns vollbringen. Amen.

21. August

Der Träge oder Faule spricht: „Ein Löwe ist auf der Gasse, und mitten in den Straßen könnte ich ermordet werden." Sprüche 22, 13

Es geht um *Gefühle* und um unser Denken.
In der Beratung erscheint Frau M. Sie kann nicht allein auf die Straße gehen. Viele Menschen ihrer Umgebung haben versucht, ihr diesen „Spleen" auszureden. Frau M. hat eine Platzangst, eine Agoraphobie, entwickelt. Als gläubige Christin hat sie gebetet, Gott möge ihr das Problem abnehmen. Es blieb dabei, sie konnte ohne ihren Mann oder einen Menschen nicht das Haus verlassen. Sie sagte: „Ich habe das Gefühl, der Boden wackelt. Ich verliere sofort draußen mein Gleichgewicht."
Die Beratung ergibt, daß Frau M. zu Hause allein ist. Die Kinder sind verheiratet und wohnen weit weg. Der Mann geht über Tag zur Arbeit. Sie fühlt sich machtlos, wertlos und allein und versucht, — unbewußt — ihren Mann zu zwingen, sie ständig zu begleiten. Erst als Frau M. ihr falsches *Denken* durchschaute, ihre falschen Ziele erkannte, konnte ihr geholfen werden. Ihr versteckter Haß auf den Mann, der immer stärker in die Arbeit geflohen war, veränderte sich. In der Kraft Gottes konnte sie allein nach draußen gehen, ohne sich an ihren Mann klammern zu müssen. Vorher hatte die Frau — unbewußt — die Erde vibrieren lassen, hatte panische Angstgefühle entwickelt, um den Mann in den Griff zu bekommen.
Salomo hat in seinem Spruch dieses falsche *Denken* treffend charakterisiert. Christliche Nachfolge beginnt mit Buße, Sinnesänderung, mit Änderung des Denkens. Wer vorher selbstherrlich und egoistisch seinen Weg ging, richtet jetzt sein Denken, Sinnen und Trachten auf Gott aus. Sein Wort wird „unseres Fußes Leuchte".

Herr, augenscheinlich benutzen wir verschiedene Ängste, um unseren Willen durchzusetzen. Bekehre du uns, dann sind wir bekehrt. Unser Denken kreist um dich und deinen Willen. Amen.

Denn der gute Wille ist bei mir wohl vorhanden, dagegen das Vollbringen des Guten nicht. Römer 7, 18

Es geht um den Zusammenhang von *Gefühl* und *Denken*. Dabei spielt der Wille eine entscheidende Rolle. Wovon unser menschlicher Wille abhängig ist, möchte ich an einem Beispiel deutlich machen: Angenommen, wir legen auf den Boden ein zehn Meter langes und 25 cm breites Brett; zweifellos ist jeder fähig, von einem Ende zum anderen zu gehen, ohne danebenzutreten. Aber nun stellen Sie sich das Brett etwa 10 Meter über der Erde vor. Wer wird da noch fähig sein, auf solch einem schmalen Steg ein paar Schritte zu machen? Schon beim zweiten Schritt werden Sie zittern und womöglich trotz aller Willensanstrengung abstürzen. Warum? Sie stellen sich im ersten Fall vor, es ist ganz leicht, bis zum Ende des Brettes zu gehen; während Sie sich im zweiten Fall vorstellen, was geschähe, wenn Sie abstürzten.

Unser Denken setzt den Willen in Gang, aber die *Vorstellungen,* bestimmte Ängste und Befürchtungen laufen ihm entgegen. Wille und Vorstellungskraft müssen aber den gleichen Weg gehen. Das „ich will" versagt oft, weil es vom inneren Zweifel begleitet ist, der teuflisch flüstert: „Du kannst es nicht". Der gläubige Psychotherapeut Leslie D. Weatherhead sagt dazu: „Wenn diese Suggestion des Teufels angenommen wird, ist der Wille machtlos ... Lassen wir dagegen unser krampfhaftes Bemühen fallen und füllen unsere Seele völlig mit dem Gedanken ‚ich kann' und vor allem mit dem festen Glauben ‚ich vermag alles durch den, der mich mächtig macht, Christus' (Phil. 4, 13), werden wir über die Wirkung erstaunt sein. Dann laufen das Triebrad des Wollens und der Strom gläubiger Erwartung in derselben Richtung."

Herr, deine Macht in uns ist mächtiger als tausend Ängste und Befürchtungen. Ich weiß, wenn ich daran zweifle, bin ich unfähig. Amen.

Was wir gesehen und gehört haben, das verkündigen wir auch euch, damit auch ihr Gemeinschaft mit uns habt; unsere Gemeinschaft besteht aber auch mit dem Vater und mit seinem Sohn Jesus Christus.

1. Johannes 1, 3

Es geht um die *Gemeinschaft.* Ein zentraler Begriff christlichen Lebens. Im Neuen Testament kommt *koinonia* (Gemeinschaft) 18mal vor.
Der englische Theologe W. Barclay schreibt über diesen Begriff: „Da haben wir das Wort *koinonia,* das im klassischen Griechisch *Vereinigung, Verbindung, Teilhaberschaft* bedeutet. Gemeinschaft bezeichnet großzügiges Teilen im Gegensatz zum selbstsüchtigen Nehmen. Im Leben gibt es eine koinonia, die Partnerschaft in dem Werk Christi bedeutet. Es gibt eine koinonia im Glauben. Der Christ ist nie isoliert, er steht nicht allein; er ist Teil einer Glaubensgemeinschaft. Im Leben eines Christen gibt es eine *koinonia mit Christus.* Die Christen sind zur Gemeinschaft mit Christus berufen. Koinonos bedeutet im klassischen Griechisch Gefährte, Partner, Teilhaber."
Christen haben Gemeinschaft. Heute würden wir sagen Partnerschaft. Und alles, was wir mit Partnerschaft unter Eheleuten, in Familien, in Gemeinden und unter Völkern bezeichnen, steckt in dem Wort *Gemeinschaft.* Christen leben keine anonyme Partnerschaft. Sie verbindet eine Freundschaft, die im Glauben an Christus gründet. Die Gemeinschaft mit Christus ist das Fundament für Teilhaberschaft und Gefährtenschaft. Partnerschaft und Freundschaft sind nicht platonisch. Sie beinhalten: Mitmenschlichkeit, Mitleiden, Mittragen, Mitdenken und Mitverantworten. Ohne gelebte Gemeinschaft erstirbt der Glaube. Suchen und pflegen wir die beschriebene Gemeinschaft?

Laß uns so vereinigt werden, wie du mit dem Vater bist, bis schon hier auf dieser Erden kein getrenntes Glied mehr ist, und allein von deinem Brennen nehme unser Licht den Schein; also wird die Welt erkennen, daß wir deine Jünger sein. Amen.

(Nikolaus Ludwig Graf von Zinzendorf)

Wenn ein Fremdling bei euch wohnt in eurem Land, den sollt ihr nicht bedrücken. Er soll bei euch wohnen wie ein Einheimischer unter euch, und du sollst ihn lieben wie dich selbst. 3. Mose 19, 33 u. 34

Wir denken über die *Gemeinschaft* der Christen nach. Gemeinschaft pflegen ist Nächstenliebe, und sie macht nicht vor anderen Rassen, anderen Nationen, Gastarbeitern und „Fremdlingen" halt.
Julius K. Nyerere, Präsident von Tansania, sagte: „Elend wird nicht von Staatsgrenzen, heute nicht einmal von Wüsten und Meeren aufgehalten. Jede Unterdrückung muß überwunden werden, wenn nicht überall die Freiheit des Menschen in Gefahr geraten soll. Und die Freiheit bedeutet zuerst, frei sein von Hunger und Demütigung, dann erst frei sein für eine positive Entwicklung des seelischen und geistigen Strebens. Ein hungernder, unwissender und kranker Mensch in der Völkergemeinschaft ist eine Beleidigung für Gott, der den Menschen nach seinem Bild geschaffen hat."
Nach der Bibel sind Menschen Brüder und Schwestern, weil sie den gleichen himmlischen Vater haben. Sie sind eine *Völkergemeinschaft*, eine Völkerfamilie. In dieser Völkergemeinschaft gibt es keine *passive* Mitgliedschaft. Gemeinschaft will — besonders von Christen — *gelebt* werden. Gemeinschaft ist Teilhaberschaft. Aber in der christlichen *koinonia* gibt es keine „stillen Teilhaber", die zwar kassieren, aber nicht mitmachen, die genießen, aber nicht in Erscheinung treten. Die Gemeinschaft der Christen hängt nicht vom richtigen Parteibuch ab, von vollen oder leeren Portemonnaies, von der Hautfarbe, von der Sprache und von der Nationalität. Auch den Gastarbeiter sollen wir lieben wie uns selbst. Merken wir, wie begrenzt unsere Gemeinschaftsfähigkeit ist?

Liebe, hast du es geboten, daß man Liebe üben soll, o so mache doch die toten, trägen Geister lebensvoll. Zünde an die Liebesflamme, daß ein jeder sehen kann: Wir, als die von einem Stamme, stehen auch für einen Mann. Amen.

(Nikolaus Ludwig Graf von Zinzendorf)

Treu ist Gott, durch den ihr in die Gemeinschaft mit seinem Sohne Jesus Christus, unserm Herrn, berufen seid. 1. Korinther 1, 9

Es geht um die *Gemeinschaft* der Christen. Sie hat in unserer Zeit merkwürdige Blüten getrieben.
Prof. H. Thielicke schreibt dazu: „Heute sind wir weithin von einer neuen Mode beherrscht: Gruppendynamik und Selbstfindungsexerzitien sind Trumpf. Die Gruppe wird zu einem neuen Heiland erhoben, dem man Sünden beichtet, Schwierigkeiten, Ressentiments und Aggressionstriebe bekennt: Eine ziemlich gräßliche Nabelschau, deren Introvertiertheit – von vereinzelt Positivem abgesehen – vermutlich mehr Beschädigungen des inneren Organismus erzeugt, als daß sie Befreiung stiftet... Viele Abholungsbemühungen heutiger Verkündigung kommen mir so vor wie folgendes Bild: Man bemüht sich, die Mauer der christlichen Kathedrale durch immer neue Türen zu durchstechen, um von allen Seiten möglichst ungehinderten Zutritt zu ermöglichen. Schließlich hat man so viele Türen eingebaut, daß der Besucher die umgebenden Mauern gar nicht mehr bemerkt, sondern über einen leeren Platz zu gehen meint."
Gemeinschaft der Christen untereinander ist in erster Linie Gemeinschaft mit Jesus Christus. Christus und nicht die Gruppe ist der Mittelpunkt der Gemeinschaft. Wo die „Gruppe zum Heiland" wird, ist Jesus überflüssig. Thielicke nennt beispielsweise seinen Artikel: „Kirche: Vor lauter Türen keine Mauern."
Kirche ist die Gemeinschaft der Heiligen, Gemeinschaft der von Gott Herausgerufenen, und nicht Publikum ohne Bindung an seinen Herrn. Die koinonia, die Gemeinschaft der Christen, ist immer aus Ihm, durch Ihn und mit Ihm.

Schaue die Zertrennung an, der kein Mensch sonst wehren kann; sammle, großer Menschenhirt, alles, was sich hat verirrt. Erbarm dich, Herr. Amen.
(Johann Christian Nehring)

26. August

Wenn wir aber im Licht wandeln, wie er im Licht ist, so haben wir Gemeinschaft miteinander.

1. Johannes 1, 7

Es geht um die *christliche Gemeinschaft.*
Der amerikanische Zeichner Saul Steinberg hat einen Bildband herausgebracht, darin kommt nur ein einziger zusammenhängender Satz vor: „Join or die" – „Mach mit oder stirb! Schließ dich an oder stirb." Massenmenschen werden gezeigt, die in der Masse als Individuum untergehen. Steinberg zeigt Maschinenmenschen, Insektenmenschen, Massenmenschen mit genormten Profilen, die in der Reihe mitmarschieren. Monotonie der Gesichter. Alte Leute treten paarweise auf, sie klammern sich aneinander. In ihren Wohnungen halten sie Katzen und Schoßhunde, die sie manchmal an Größe überragen. Sie haben diese „Mitmenschen" mit ihrer unerfüllten Liebe gemästet, bis sie zu Ungeheuern wurden. Alles in allem eine kalte, gemeinschaftsfeindliche, uniformierte Welt – ohne Liebe, ohne Mit-Leid und ohne Freundschaft. Sieht Steinberg so die Zukunft der Menschheit?
Christen haben eine Alternative. Die brüderliche Liebe ist diese Visitenkarte der Jünger Jesu. In der Tat: „Join or die." Wir schließen uns dieser Gemeinschaft der Christen in Christus an, oder wir sterben. Wie soll die christliche Gemeinschaft aussehen? Hermann Bezzel hat sie charakterisiert: „Christen tragen einander, wenn es auch unerträglich scheint; verstehen einander, wenn es auch kaum noch zu verstehen ist; lieben einander, weil sie miteinander leiden; und beten füreinander, bis sie einander lieben."
Können wir das von uns sagen?

Weil du uns liebst, Herr, können wir lieben; weil du uns trägst, können wir andere tragen. Hilf, daß bei uns brüderliche Liebe und brüderliche Gemeinschaft keine Floskeln bleiben. Amen.

Sie hielten aber beharrlich fest an der Lehre der Apostel und an der brüderlichen Gemeinschaft.

Apostelgeschichte 2, 42

So stand es in den „Nordbundnachrichten" zu lesen: Irgendwer machte einen interessanten Versuch mit einer Biene. Er setzte sie unter eine Glocke und sorgte für Luft, Wasser und Nahrung. Und dennoch war die Biene nach zwei Tagen tot. Ihr fehlte das Volk, ihr fehlte die Gemeinschaft.

Säuglingen und Kleinkindern ergeht es ebenso. Mangelnde Liebe und mangelnde Gemeinschaft erzeugen Hospitalismus, eine gefährliche Kinderkrankheit. Seelische, geistige und körperliche Verkümmerung sind oft die Folgen.

Die Bibel kennt diese Zusammenhänge. Gottes Wort und die Gemeinschaft sind lebensnotwendig für den Christen. Wer den Gottesdienst, den Bibelabend und die Jugendstunde meidet, steht in der Gefahr des Abfalls von Jesus. Ihm fehlt „das Volk". Kinder gehören unter Kinder und Gotteskinder unter Gotteskinder. Gemeinschaft ist Leben, Isolation ist Tod. Zinzendorf hat recht. Von ihm stammt das Wort: „Ich konstatiere kein Christentum ohne Gemeinschaft." Christsein in der Vereinzelung stirbt ab. Es ist wie bei einer glimmenden Kohle. Innerhalb kürzester Zeit ist sie erloschen, wenn man sie aus dem Feuer nimmt. In der Urgemeinde kam man „beharrlich" zusammen. Also nicht hin und wieder, nicht nur zu besonderen Festen, an stimmungsvollen Feiertagen. Nein, beharrlich, regelmäßig, ohne Unterbrechung.

Christsein ist keine Privatsache. Und Gemeinschaft dient nicht nur der persönlichen Bereicherung. Die Bibel vergleicht die Gemeinde mit einem Leib. Christus ist das Haupt, und alle Christen sind Glieder. Das Ganze ist ein lebendiger Organismus. Kein Glied hängt in der Luft. Jedes lebt aus seiner intensiven Wechselbeziehung zu anderen Gliedern und aus der Beziehung zum „Haupt".

Du bist das Haupt, wir deine Glieder, du das Licht und wir der Schein, du der Meister, wir die Brüder, du bist unser, wir sind dein. Amen.

(N. L. von Zinzendorf)

Er antwortete ihm: „Du sollst den Herrn, deinen Gott, lieben mit deinem ganzen Herzen, mit deiner ganzen Seele und mit deinem ganzen Denken. Dies ist das Hauptgebot, das obenan steht. Ein zweites aber steht ihm gleich: Du sollst deinen Nächsten lieben wie dich selbst!"
Matthäus 22, 37—39

Hier formuliert Jesus den Kardinalsatz biblischen Denkens. Beide Aspekte gehören untrennbar zusammen. Christsein ohne Gemeinschaft ist wie ein Himmel ohne Sterne.

Der zentrale Gedanke der Individualpsychologie, dem ich mich als Eheberater in meiner praktischen Arbeit verbunden fühle, ist das *Gemeinschaftsgefühl.* Alfred Adler formuliert es so: „Das bedeutungsvollste Gebot aller Religion ist von jeher das ‚Liebe deinen Nächsten wie dich selbst' gewesen ... Stets zeigt es sich, daß derjenige den größten Schwierigkeiten begegnet und anderen den größten Schaden zufügt, dem seine Mitmenschen gleichgültig sind. Alle menschlichen Fehltritte entspringen letzten Endes einer solchen Einstellung ..."

Ein ungeheuerlicher Gedanke: *Alle Probleme* des Menschen resultieren aus einem gestörten Gemeinschaftsgefühl. Wer andere Menschen haßt, lebt mit sich nicht in Frieden. Und er lebt mit Gott nicht in Frieden. Hier ist ein nicht aufzulösender Zusammenhang. Seelische Gesundheit stellt sich ein, wenn ich mich für andere interessiere. Interesse heißt übersetzt „dazwischen sein", Gemeinschaft haben. Wer andere glücklich macht, wird glücklich. Wer gut zu anderen ist, handelt am besten an sich selber.

Und woher nehmen wir die Kraft? Wer den lebendigen Gott mit Herz und Seele, mit Leib und Leben und seiner ganzen Existenz liebt, der hat Kraft, seinen Nächsten zu lieben. Der *hat* Gemeinschaft. Damit haben wir den Schlüssel zur praktischen Nächstenliebe in der Hand.

Herr, wenn wir dich liebhaben, können wir nicht ohne Gemeinschaft mit anderen sein. Mach uns frei für den Nächsten! Amen.

Auf Gott hoffe ich und fürchte mich nicht; was können mir Menschen tun? Psalm 56, 12

Wir Menschen sind aufeinander angewiesen. Wir leben in *Gemeinschaft* und brauchen die Gemeinschaft. Bedrükkend wird die *furchtsame* Abhängigkeit. Wir *fürchten* um die Liebe des Partners, um seine Zuneigung, um sein Wohlwollen und um seine Aufmerksamkeit. Oder wir fürchten uns vor anderen.

Da sagt ein Mann in der Beratung, daß ihm jeder Bürotag eine körperliche Last bedeutet. Sein Vorgesetzter sitzt zwei Schreibtische weiter in einem gut überschaubaren Großraumbüro. „Tausendmal am Tag schaue ich zu ihm hin, was er von mir denkt, ob er mit mir zufrieden ist und meine Leistungen ihm genügen. Jeden Mißmut in seinem Gesicht beziehe ich sofort auf mich."

Das ist eine krankhafte Abhängigkeit. Der Mitarbeiter muß ständig das Gefühl haben: Mein Wert hängt in der Luft. Ich schwimme. Ich fühle mich wie auf einem Schleudersitz. Und wie hängt das zusammen? Antwort: Wer sich selbst fortlaufend in Frage stellt, fühlt sich unweigerlich durch Menschen in Frage gestellt. Wer sich geliebt, akzeptiert und ernst genommen weiß, läßt sich durch Menschen weitaus weniger in Frage stellen. Der Glaube an den lebendigen Gott kann dieses krankhafte Unsicherheitsgefühl verbessern. Je fester wir in Jesus Christus gegründet sind, je zuversichtlicher wir hoffen, desto weniger fürchten wir uns — besonders vor Menschen.

„Was können mir Menschen tun?" Ich bin in seiner Hand, ich bin an „höchster Stelle" beliebt. Er hält seine Hand über mich. Kritische Blicke, Worte und Mißbilligungen bemerke ich, aber sie bringen mich nicht durcheinander. David hat das erlebt und wollte es uns in seinem Psalm weitergeben.

Weil ich dich, Herr, liebe, hänge ich keinen Augenblick in der Luft. Weil ich auf dich hoffe, muß ich mich nicht fürchten. Das gibt mir festen Boden unter die Füße. Amen.

30. August

Auf Gott hoffe ich und fürchte mich nicht; was können mir Menschen tun? Psalm 56, 12

Von dem „eisernen" Kanzler Bismarck stammt das markige Wort: „Wir fürchten Gott und sonst nichts auf der Welt." Unterstellen wir, daß es keine rhetorische Floskel ist, beschreibt es treffend, worauf es ankommt. Wenn der lebendige Gott die absolute Priorität in unserem Denken einnimmt, ist unsere Abhängigkeit von Menschen minimal.

Genau an dieser Stelle liegt aber die Fehlerquelle vieler Menschen – auch bei Christen. Sie leben und handeln so, als ob sie der Meinung wären: „Ich kann mich nur wohlfühlen, wenn ich der festen Überzeugung bin: alle Menschen mögen mich." Bei allem, was sie tun und lassen, haben sie *zuerst* die andern im Auge. Niemanden wollen sie verletzen und bei allen gut ankommen. Das ist ichhaft und nicht realistisch, egoistisch und nicht geistlich. Sie fürchten in *erster Linie*, von Menschen enttäuscht zu werden. Die Furcht, von Menschen nicht akzeptiert zu werden, ist größer als die Furcht Gottes.

Der amerikanische Therapeut A. Ellis spricht in seinen Büchern von *Lebensgrundirrtümern.* Der erste Irrtum lautet bei ihm: „Als erwachsener Mensch muß ich von allen geliebt und anerkannt werden, besonders von bedeutenden Persönlichkeiten meiner Umgebung." Wer dieser Vorstellung huldigt, macht sich und anderen das Leben schwer. Wer seinen Selbstwert gering einschätzt, wer sich in seinem Selbstwertgefühl niedrig einstuft, buhlt um die Liebe der Menschen. Er *fürchtet,* von ihnen im Stich gelassen zu werden. Wer dagegen auf Gott hofft und ihn „über alle Dinge fürchtet und liebt", der weiß um seinen Wert, der schätzt sich als Mensch *und* als Kind Gottes positiv ein. Der hat eine gute Meinung von sich, weil Gott eine gute Meinung von ihm hat. Der akzeptiert sich, weil er von Gott akzeptiert wird.

Ich danke dir, Herr, daß ich als dein Kind eine unvorstellbare Würde genieße. Durch deine Liebe hast du mich als Kind adoptiert. Ich bin wertgeachtet und habe es nicht nötig, mich vor der Meinung der Mitmenschen zu fürchten. Amen.

31. August

Man kann die Gemeinde Christi mit einem Leib vergleichen, der viele Glieder hat. Obwohl er aus so vielen Teilen besteht, ist der Leib doch einer.

1. Korinther 12, 12

Das Bild vom *Leib* verdeutlicht, was in unserer Kirche und unserer Gesellschaft falsch läuft. Reibungslos funktionieren die verschiedenen Glieder des Leibes, wie Paulus schreibt. Einträchtig sorgen sie füreinander. Sie kennen keine Spaltung, sie leiden miteinander und sie freuen sich aneinander. Einträchtig und gleichwertig gehen sie miteinander um. Die Erziehung zur *Gleichwertigkeit* muß als Gesinnung von klein auf praktiziert werden. Am Beispiel des Orchesters kann man die Gleichwertigkeit des Menschen in der Gruppe demonstrieren.

Frau Witte, die Leiterin des Kindergartens, macht mit einer Gruppe ihrer Kinder Musik. Jedes Kind wird beteiligt. Vom Xylophon angefangen bis zum Löffel in der Flasche, vom Spielzeug-Saxophon über Kindertrommel, Triangel und den Kamm, der mit Butterbrotpapier überzogen ist, reichen die Musikinstrumente. Dieses gemeinsame musikalische Spiel verdeutlicht, daß es im Leben und in der Gemeinschaft auf Gleichwertigkeit, Zugehörigkeit, Zusammenarbeit und Verantwortlichkeit ankommt. Das größte Lob, das man einem Orchester spenden kann, lautet doch wohl: ein ganzheitlicher Klangkörper.

Gleichwertigkeit hat nichts mit Uniformierung und Gleichmacherei zu tun. Die Instrumente des Orchesters sind nicht gleich, sie sind sogar sehr verschieden. Auch Gaben und Begabungen sind verschieden. Alle Instrumente, die lauten und die leisen, die großen und die kleinen, aus Blech oder aus Holz sind gleichwertig, um das Zusammenspiel im Klangkörper zu ermöglichen. So soll es in der Gemeinde und im menschlichen Leben auch zugehen.

Lieber Vater im Himmel! An den Organen unseres Leibes zeigst du uns, wie wir miteinander umgehen sollen. Sie handeln einträchtig und sorgen füreinander. Sie praktizieren Harmonie und Gemeinschaft. Gib uns die Kraft, diese Gesinnung zu üben und weiterzuvermitteln. Amen.

Ihr alle bildet zusammen den Leib Christi. Jeder einzelne von euch ist ein Teil davon. Jedem hat Gott seinen bestimmten Platz zugewiesen.

1. Korinther 12, 27. u. 28

Die Bibel klärt uns anhand des Bildes vom *Leibe* auf, worum es im zwischenmenschlichen Zusammenleben geht – um *Gleichwertigkeit* und nicht um *Chancengleichheit*. Chancengleichheit, das wäre die Erfüllung eines herrlichen Wunschtraumes.
Ich spreche in einem Kindergarten. Circa 30 Eltern – wenig Väter – sind anwesend. Das Thema: „Vererbung und Umwelt prägen unser Kind". Eine engagierte Mutter zieht vom Leder: „Das hat die Forschung doch eindeutig bewiesen, daß die Umwelt das Schicksal unseres Kindes bestimmt. Wenn wir also seelische Störungen und Verhaltensauffälligkeiten weghaben wollen, brauchen unsere Kinder die gleiche Ausgangslage, die gleiche pädagogische Behandlung, gleiche Startchancen. Bitte, sehen Sie sich Arbeiterkinder und Kinder von Akademikern an! Die Chancen sind verschieden. Das leuchtet doch jedem ein!"
Etliche Köpfe nicken kräftig. Chancengleichheit ist in ihren Augen ein Zauberwort. Je mehr sich aber die Beteiligten klarmachen, wovon sie so fasziniert sind, desto mehr entpuppen sich ihre Illusionen als Wunschtraum.
Kinder sind, wie die Glieder eines Leibes, verschieden. Das eine Kind ist zielbewußt, das andere träumerisch, das eine aktiv, das andere passiv, das eine interessiert, das andere desinteressiert. Einige Kinder sind erblich benachteiligt, andere bevorzugt. Was wird aus seelisch, geistig und körperlich Behinderten? Wo haben sie die gleichen Startchancen? Wo Christus das Haupt ist, leben Gesunde und Kranke, Arme und Reiche, Behinderte und Nichtbehinderte, Alte und Junge einträchtig und harmonisch miteinander. Das ist das Beispiel vom Leibe.

Lieber Vater im Himmel! Bewahre uns davor, pädagogischen Traumzielen nachzujagen und das Elend der Menschen zu vergrößern. Am Beispiel des Leibes verdeutlichst du uns deine Maßstäbe. Amen.

Gott hat unseren Körper zu einem Ganzen zusammengefügt und hat dafür gesorgt, daß die geringeren Teile besonders geehrt werden. 1. Korinther 12, 24

Es gibt ein wunderschönes Kinderlied, das die *Gleichwertigkeit* der unterschiedlichen Glieder einer Gemeinschaft – von der Paulus spricht – betont. Es wurde von Wolfgang Longardt geschrieben und lautet:

„Hände können fassen und auch wieder lassen,
Augen können sehen, Füße können gehen!
Jedes Glied ist wichtig, keins zu klein und nichtig.
Ich gehör dazu. Du gehörst dazu!
Sind wir auch verschieden, keines wird gemieden,
keines bleibt allein, jeder darf sich freu'n.
Wer's nicht kann verstehen, darf auf Jesus sehen:
Jeder ist viel wert, das hat er gelehrt."

Gleichwertigkeit vor Gott, das ist das große Thema unserer Zeit. Christen sind aufgerufen, neue Maßstäbe zu leben. Beide Beispiele, das Bild vom Leib und das Kinderlied, sprechen nicht von krankmachendem Konkurrenzstreben, von Leistungsdruck und An-die-Wand-Spielen. Jedes Glied ist wichtig, keins zu klein und nichtig. Hier herrscht kein Numerus-clausus-Denken. Wo Christus regiert, sind Leistungsdenken, Elitedenken und Karrierestreben vergessen. Der Leib kann nur existieren, wenn alle Glieder kampflos und rivalitätsfrei ineinandergreifen. Die Glieder des Leibes gehören zusammen. Sie kooperieren Hand in Hand. Kein Glied hält sich heraus, keins erhebt Sonderansprüche und beansprucht Privilegien. Alle sind gleichwertig, die Starken und die Schwachen, die Großen und die Kleinen, die ins Auge Springenden und die Unscheinbaren.

Lieber Vater im Himmel, du machst uns am Beispiel des Leibes überzeugend klar, wie wir miteinander umgehen sollen. Unser Leben ist oft durch Kampf, Rivalität und Überlegensheitsstreben gekennzeichnet. Dein Geist kann uns revolutionieren, so daß wir auf Konkurrenzstreben verzichten und Gleichwertigkeit praktizieren. Amen.

Das Auge kann nicht zur Hand sagen: „Ich brauche dich nicht." Und der Kopf kann nicht zu den Füßen sagen: „Ich brauche dich nicht." Gerade die Teile des Körpers, die schwächer scheinen, sind besonders wichtig.

1. Korinther 12, 21 u. 22

Die Gemeinschaft, in der Christus den Ton angibt, ist ein lebendiger Organismus, der ungleiche Organe verbindet, die trotz Verschiedenheit ein harmonisches Ganzes darstellen. Einseitige Leistungsorientierung fördert die Verachtung der Kranken und Schwachen. Und darum ist Gleichwertigkeit vor Gott und nicht Chancengleichheit die Forderung christlicher Nächstenliebe.

Von den altgriechischen Spartanern wird berichtet, daß sie den Bürgern die Tötung von Körperbehinderten und schwächlichen Neugeborenen zur Pflicht machten. Die Kinder wurden nach einer negativen Beurteilung ihres Gesundheitszustandes in einer Schlucht des Felsengebirges Taygetos ausgesetzt und verhungerten dort. Nur Lebenstüchtige hatten eine Chance. Ähnlich war es im Mittelalter, als die Findelhäuser eingerichtet wurden, die der Erzbischof Datheus bereits 787 in Mailand gründete. Sie dienten, wie die späteren Kinderbewahranstalten, der Isolierung der Waisen und Krüppel. Eine pädagogische Hilfe war für diese Störenfriede des ruhigen Gewissens in der Gemeinschaft nicht vorgesehen.

Mit dem Schlagwort von der Chancengleichheit werten wir die Schwachen ab, setzen alle Behinderten herunter und verachten die Kranken. Der Leib, Sinnbild für die Gemeinschaft der Christen, wo Christus das Haupt ist, bildet einen Organismus, der Kranke und Schwache nicht aussondert, der Alte nicht abschiebt und Krüppel nicht isoliert. Funktionstüchtige und Untüchtige, Gesunde und Hilflose sind aufeinander angewiesen. Der Wert des einzelnen wird nicht an der Leistung gemessen. Christus fragt nicht nach Fähigkeitsausweisen und Zeugnissen. Seine Liebe ist bedingungslos.

Lieber Herr, wir reden von Chancengleichheit, weil Tüchtigkeit, Gesundheit und Normalität unsere Leitbilder sind. Du liebst alle Menschen ohne Unterschied der Klasse, der Rasse, der Tüchtigkeit und des Alters. Du zeigst uns, welche Gemeinschaft dir vorschwebt. Amen.

Die Teile, die als unansehnlich gelten, kleiden wir mit besonderer Sorgfalt, und genauso machen wir es bei denen, die Anstoß erregen. Die anderen Teile haben das nicht nötig. 1. Korinther 12, 23 u. 24

In „Readers Digest" las ich eine eindrückliche Geschichte. „Jedesmal, wenn ich mit meinem Los unzufrieden bin, denke ich an einen kleinen Jungen. Seine Mutter erzählte mir, es sei sein Herzenswunsch, bei einer Schulaufführung mitmachen zu können, aber sie fürchte, man werde ihn nicht auswählen. An dem Tag, an dem die Rollen verteilt wurden, ging ich mit ihr, um den Knirps von der Schule abzuholen. Er kam angelaufen, seine Augen glänzten vor Stolz und Aufregung, dann sagte er die Worte, die mir immer eine Lehre sein werden: ‚Ich bin ausgewählt worden zum Klatschen und zum Beifallrufen!'"

Ein Mensch hat als Krüppel oder König, als Begabter oder weniger Begabter in den Augen Gottes seinen Wert in sich. Ob Beifallklatscher oder Minister: Wir können über den Status als Kind Gottes nicht hinauswachsen.

Wer über Wert oder Unwert, brauchbar oder unbrauchbar, nützlich oder unnützlich ernsthaft als Christ diskutiert, hat Gottes Plan mit den Menschen mißverstanden.

Leistungsdruck, Konkurrenzstreben und das krankhafte Überholenmüssen sind die Folge eines falschen Denkens. Wir haben das Bild vom Leib pädagogisch, diakonisch und theologisch aus den Augen verloren. Die Bibel gibt uns heilsame Denkanstöße. Kranke und Behinderte sind nicht Gottes Fehlkonstruktionen oder Planungsfehler des Schöpfers.

Sie sind sein Werk, zu fruchtbarem und harmonischem Miteinanderleben bestimmt. Der Organismus des Leibes ist für unser Zusammenleben, dem Christus seinen Stempel aufdrückt, Leitmotiv.

Lieber Herr, der kleine Junge, der sich zum Beifallrufen ausgewählt sieht, nimmt glücklich seine Rolle an. Vergib, wenn wir ungeistlich uns mit anderen vergleichen und mit unserem Los unzufrieden sind. Amen.

5. September

Gott hat bestimmt, daß jeder Teil in das Ganze des Körpers eingefügt ist. 1. Korinther 12, 18

Ein Zeichentrickfilm nach der berühmten politischen Satire „Farm der Tiere" (Animal farm) von George Orwell kennzeichnet die Utopie der *Gleichheit* aller Menschen. Die regierende Klasse der neuen Tiergesellschaft, die durch eine Revolution das Menschengeschlecht verjagt hat, sind die Schweine. Untereinander tragen sie heftige Machtkämpfe aus, aus denen das Oberschwein Napoleon als Sieger hervorgeht. Der politische Leitsatz des Buches lautet: „Alle Tiere sind gleich, bis auf ein paar, die sind gleicher." Das ist bittere Ironie.
Aber sie können, wie uns die Bibel im Gleichnis des Leibes zeigt, gleichwertig sein. Wir Christen können dafür Zeichen setzen. Wir sind vor Gott gleichwertig. „Gott ist farbenblind", hat Martin Luther King gesagt. Vor dem lebendigen Gott zählen keine Hautfarbe, keine Titel, keine Behinderungen.
Als vor einigen Jahren die Gesamtschule propagiert wurde, hieß es, sie sei „die Schule mit der sozialen Chancengleichheit". Der ideologische Hintergrund ist folgender: Es wird vorausgesetzt, alle Menschen seien gleich begabt und leistungsfähig. Es komme nur auf das Milieu und die Hilfestellung durch das Bildungssystem an.
Einer, der unüberhörbar die Dinge zurechtgerückt hat, ist Kultusminister Wilhelm Hahn, der formulierte: „Demokratie ist die Gleich*wertigkeit* von Ungleichen." Darum nicht Chancengleichheit, auch nicht „Jedem das Gleiche", sondern „Jedem das Seine". Das ist gerecht, das ist menschlich, das ist zutiefst christlich.

Lieber Vater im Himmel! Wir träumen utopisch von der Gleichheit aller Menschen. Du entlarvst diesen Traum. Du willst, daß wir die Realität der Gleichwertigkeit aller Ungleichen, wie du sie im Bild vom Leib demonstrierst, akzeptieren und leben. Amen.

Denn er (Gott) wollte, daß es keine Uneinigkeit im Körper gibt, sondern jeder Teil sich um den andern kümmert. Wenn irgendein Teil des Körpers leidet, dann leiden alle anderen mit ihm. 1. Korinther 12, 25 u. 26

Der Kerngedanke eines bekannten Psychiaters und Therapeuten unserer Tage, Rudolf Dreikurs, lautet: „Sämtliche Störungen, Verhaltensauffälligkeiten, Kriminalität, Neurosen und Psychosen, sind das Produkt nichtgelebter Gleichwertigkeit. Eifersucht, Machtkämpfe und Rivalität bringen die einen nach oben und ungezählte andere in Kliniken, Haftanstalten, Erziehungsheime und in Resignation und Verzweiflung." Dreikurs spricht von *sämtlichen* Störungen.

Je länger ich als Berater praktiziere, stimme ich mit dieser Auffassung überein. Wir lehnen das Bild vom Leib, das uns die Bibel als Leitbild offeriert, ab und praktizieren die Hackordnung vom Hühnerhof. Einer hackt den anderen, einer tritt den anderen. Rivalität und Machtkämpfe kennen nur Sieger und Besiegte, nicht aber gleichwertige Glieder vor Gott.

Darum sagte Pfarrer Ulrich Bach, selbst Behinderter im Rollstuhl, auf einer Veranstaltung in Wuppertal: „Gott wurde in Jesus Christus Mensch und unser Bruder. Er will einen großen Geschwisterkreis um sich sammeln, in dem es keine Unterschiede gibt. Weil er am Kreuz hilflos wurde, gehören die Hilflosen in diesen Geschwisterkreis hinein. Diese Gemeinde ist ein Patientenkollektiv, in dem jeder auf die Hilfe anderer angewiesen ist."

Das ist die Verwirklichung des Leibes Christi.

Lieber Herr, ändere unser Denken und unsere Einstellung zur Leistung, zum Wert des Menschen, zur Nächstenliebe, zur Solidarität mit den Armen, Schwachen und Behinderten. Du hast uns einen Leib gegeben, der uns ständig daran erinnert, wie es unter uns Christen sein kann. Amen.

7. September

Lasset uns wahrhaftig sein in der Liebe und wachsen in allen Stücken zu dem hin, der das Haupt ist, Christus, von welchem aus der ganze Leib zusammengefügt ist.

Epheser 4, 15—16

Der schwedische Sozialphilosoph Dr. Tage Lindbom hat die modernen Totalitätsansprüche und Gleichheitsbestrebungen unserer Gesellschaft unter die Lupe genommen. Als Christ schreibt er: „Alle Macht der Erde gehört laut der französischen revolutionären Freiheits- und Rechtserklärung von 1789 nicht länger Gott, sondern dem Menschen. Der autonome Mensch will selbst Gott sein. Deshalb müssen alle einheitlich werden. Der Mensch muß konform (gleich) werden, nicht nur sozialökonomisch und kulturell, sondern auch, soweit wie möglich, biologisch und psychisch. Dieser Egalisierungsprozeß (Prozeß des Gleichmachens) wird nach dem 2. Weltkrieg besonders deutlich. Gleichheit wird jetzt auch Moral. Gleich zu sein auf allen menschlichen Gebieten, wird zur höchsten Form der Privat- und Gesellschaftsethik erklärt. Was tritt tatsächlich ein? Weil alle gleich sein wollen, müssen alle einander beargwöhnen. Je mehr Uniformität, desto mehr Streit gibt es. Wollten wir Brüder sein, müßten wir einen gemeinsamen Vater haben."

Dr. Tage Lindbom trifft den Nagel auf den Kopf: Gleichheitsstreben und Uniformität schaffen erst recht Uneinigkeit und Streit. Das andere ist genauso wichtig: Der ganze Leib kann nur organisch und harmonisch zusammengefügt sein, wenn Christus das Haupt ist, wenn wir Menschen uns nicht zum alleinigen Maßstab aufrufen. Wir müssen auf ihn zu wachsen und nicht unsere Selbstverwirklichung, unsere persönliche Freiheit und unseren Egoismus kultivieren. Ohne Christus gibt es Zerstückelung, Vereinzelung und Egoismus. Er ist das Haupt, wir seine Glieder.

Lieber Herr! Wir setzen uns gegen andere durch. Weil wir dir die Ehre streitig machen, leben wir untereinander im Streit. Vergib uns unsere Selbstherrlichkeit. Amen.

Aber auf dein Wort will ich das Netz auswerfen.
Lukas 5, 5

Es geht um *Gehorsam.*
Der Schriftsteller Thornton Wilder hat ein erdachtes Gespräch über die „Flucht nach Ägypten" niedergeschrieben. Der Dichter läßt die Eselin auf der Flucht unaufhörlich fragen und reden. „Also, es ist schon eine wunderliche Welt, in der es von Eseln abhängt, ob der Heiland am Leben bleibt."
Und gleich richtet sie wieder eine Frage an Maria über „die Sache mit dem Glauben und dem Verstand".
Und bekommt die Antwort: „Für den Augenblick tu du wie ich und trage deinen Herrn und Meister weiter."
Der Gehorsam ist eine Frage rückhaltlosen Vertrauens. Wer vertrauensvoll gehorcht, ist glücklich und zufrieden. Wer widerwillig gehorcht oder ängstlich, mißmutig folgt oder widerspenstig, der wird an Leib, Seele und Geist unglücklich. Der Esel gehorcht im Glauben, Maria gehorcht im Glauben, und Petrus gehorcht im Glauben. Hätte sich Petrus auf seine Erfahrungen verlassen und auf seinen Verstand als Fischer, wäre er ganz sicher ein kleiner Fischer geblieben. Der Bibelübersetzer Eugen A. Nida schreibt: „Südlich von den Shipibos leben die Piro-Indianer. Glauben heißt für sie wörtlich ‚Glauben – gehorchen'. Den Glauben an Gott kann ein Verb ‚glauben' allein nicht ausdrücken."
Der Gehorsam setzt den Glauben in die Tat um. Darum konnte Bonhoeffer schreiben: „Nur der Gehorsame glaubt." Mein Kopf kann die unvorstellbarsten Dinge für wahr halten, kann sie glauben. So lange ich seelenruhig auf meinem Stuhl sitzen bleibe, geschieht gar nichts. Petrus gehorchte, er warf seine Netze aus. Und wir?

Herr, ich glaube, hilf meinem Unglauben. Der Kopf sagt oft ja, aber meine Füße gehen nicht. Ich stimme dir zu und handle nicht. Vergib! Amen.

Wer bereit ist, Gott zu gehorchen, wird erkennen, ob meine Lehre von Gott ist oder ob ich meine eigenen Gedanken vortrage. Johannes 7, 17

Wir beschäftigen uns mit dem *Gehorsam.*
Der Begründer der „Moralischen Aufrüstung", Dr. Frank Buchman, faßte sein Lebenswerk so zusammen: „Ich bin wunderbar geführt worden. Durch ein Wunder der Wissenschaft können Menschen über den Rundfunk zu Millionen reden. Durch ein Wunder des Heiligen Geistes kann Gott zu jedem Menschen reden. Seine Stimme kann in jeder Familie, in jedem Betrieb und in jedem Regierungsgebäude gehört werden. Wenn der Mensch horcht, spricht Gott. Wenn der Mensch gehorcht, handelt Gott."
Darum geht es. Die genialsten Gedanken über Gott sind Makulatur, wenn wir sie nicht in die Tat umsetzen. Wer bereit ist, Gott zu gehorchen, wird erkennen. Wer felsenfest davon überzeugt ist, daß „der Mensch sein eigener Schöpfer ist", wie Karl Marx gesagt hat, wird den lebendigen Gott *nicht erfahren.* Gewißheit in Gott erfährt nur der Gehorchende. Wir müssen schon bereit sein, mit ganzem Einsatz zu spielen. Wer sich mit Haut und Haaren auf Gott einläßt, wird *erleben,* daß Gott an ihm handelt. Christlicher Glaube und Gehorsam sind kein Glaube *an* irgendetwas oder *an* eine Person; christlicher Glaube und Gehorsam sind auch keine Lehre, sondern eine Lebensweise, eine Lebenspraxis in Verbindung *mit* Jesus. Es geht nicht darum, den Gehorsam mit dem Kopf zu verarbeiten, sondern zu praktizieren. „Wenn der Mensch gehorcht, handelt Gott." Erfahren wir das am eigenen Leibe?

Lieber Herr, du versprichst dem Gehorchenden Gewißheit. Von keinem verlangst du, ins Blaue hinein zu glauben. Hab Dank dafür. Amen.

10. September

Durch ihn, unseren Herrn Jesus Christus, haben wir Gnade und das Apostelamt empfangen, um Glaubensgehorsam zu seines Namens Ehre unter allen Heidenvölkern zu wirken. Römer 1, 5

Wir denken über den *Gehorsam* nach.
Prof. H. Thielicke hat sich mit einem Wort Blaise Pascals beschäftigt und seine Leser aufgefordert, ein Experiment mit Gott zu wagen. „Was bedeutet es denn, seine Leidenschaften bei der Wette um Gott einzusetzen? Das heißt ganz schlicht, daß ich vorübergehend und versuchsweise einmal so handle, ‚als ob' Gott wäre, daß ich also ein Experiment mit ihm mache. So tun, als ob Gott wäre, das heißt: Ich ‚spiele' einmal den Gläubigen. Ich verhalte mich etwa zu meinem Nächsten so, ‚als ob' das Wort Gottes wirklich in Kraft wäre: ‚Liebe deinen Nächsten wie dich selbst.' Ich behandle meine Sorgen so, ‚als ob' jemand da wäre, auf den ich sie werfen könnte. Ich vergebe meinem Mitmenschen so, ‚als ob' Gott mir selber vergeben und ich die empfangene Gabe nun weiterzureichen hätte. Ich bete, ‚als ob' Gott da wäre und mich hört."
Wer bereit ist, Gott zu gehorchen, geht immer ein Risiko ein. Dieses Experimentieren und Ausprobieren ist kein Gesellschaftsspiel. Wer betet, *als ob* Gott wäre, wer seine Sorgen ablädt, *als ob* Gott wäre, wer seine Leidenschaften und Begierden Gott anvertraut, *als ob* er wäre, wer ihm blind vertraut, *als ob* er wäre, der wird merken, daß die Bibel keine geistreiche Erfindung von Menschen vor einigen tausend Jahren war, sondern daß hier der lebendige Gott selbst spricht. Wer experimentiert und gehorcht, bekommt Gewißheit. Bei diesem Versuch stehen nicht ein paar Mark auf dem Spiel, es geht um mein zukünftiges Leben.

Ich danke dir, mein Herr und mein Gott, daß ich deine Zusage testen darf und erlebe, daß du da bist. Amen.

Die nun sein Wort annahmen, ließen sich taufen, und so kamen an jenem Tage etwa dreitausend Seelen (zu der Gemeinde) hinzu. Apostelgeschichte 2, 41

Es geht um den *Gehorsam* des Glaubens.
Der ehemalige Generalsekretär des Nordbundes, Georg Wichmann, erzählte während einer Bibelstunde im CVJM folgendes Erlebnis: „Es ist schon einige Jahre her, da erlebte ich in Hamburg mitten in der Stadt einen Menschenauflauf. Um einen großen Bananenwagen standen viele Menschen. Der Wagen war bis oben hin voll mit Bananen, die wahrscheinlich gerade aus einem Schiff verladen waren. Auf dem Trittbrett stand ein Mann und bot seine Ware an. Und dann rief er plötzlich in die Menge: ‚Diese Bananen verschenke ich. Wer will sie haben?' Und er hielt eine große Traube in seiner Hand. Das Eigenartige passiert, niemand geht hin, um die Bananen anzunehmen, weil jeder dem Ausrufer mißtraut. Nur ein altes Mütterchen drückt sich an einigen Personen vorbei und hält seine Hände nach oben, und die große Bananentraube fällt ihr zu. Die Umstehenden wollen wissen, ob da nicht ein fauler Trick im Spiel ist. Aber das Mütterchen bestätigt, daß es die Traube umsonst empfangen hat."
Geht es uns Christen nicht genauso? Uns werden Kostbarkeiten angeboten, und zwar umsonst: Vergebung der Sünden, Frieden und ein ewiges Leben. Allerdings unter der einen Bedingung, daß wir seinem Wort glauben, daß wir sein Angebot annehmen. Bleiben wir auch ungläubig stehen wie die meisten in Hamburg? Warum nehmen wir Gott nicht beim Wort? Greifen wir zu, oder legen wir kleingläubig die Hände in den Schoß? Ist das nicht unsere Not, daß wir hören und nicht zugreifen, daß wir mit dem Kopf nicken, aber die Botschaft nicht mit dem Herzen annehmen?

Herr, wir hören deine Botschaft oft. Wir bedenken sie, nehmen sie auf, aber nicht an. Wir sind angetan, aber ziehen keine Konsequenzen. Hilf, daß wir sie annehmen und ernst machen. Amen.

12. September

Aber auf dein Wort will ich das Netz auswerfen. Und da sie es taten, fingen sie eine große Menge Fische.

Lukas 5, 5 u. 6

Was wird da gespielt? Jesus lehrt die Menge am See Genezareth. Anschließend spricht er speziell den Simon Petrus an. Er solle am hellichten Tage auf die Seemitte zufahren und die Netze auswerfen. Der Fischfachmann Petrus wagt einen Einwand: „Meister, wir haben die ganze Nacht gearbeitet und nichts gefangen; aber auf dein Wort hin . . .“ Die Szene ist umwerfend. Ein berufserfahrener und mit allen Wassern gewaschener Fischer bekommt einen geradezu unsinnigen Auftrag. Ein Laie berät den Fachmann. Wer seine Vernunft walten läßt, kann nur den Kopf schütteln. Aber der unbedarfte Laie ist nicht irgendwer, er ist der Herr aller Herren. Petrus hat das gespürt. Er gehorcht, er stellt selbst sein fachmännisches Urteil beiseite.

Allerdings kann der Gehorsame auch menschlich scheitern – wie Paul Schneider, jener tapfere Bekenner aus dem Hunsrück, der im KZ Buchenwald ermordet wurde. Er konnte nicht heucheln und die Parolen der Nationalsozialisten überhören. Er war kein Asket und kein Märtyrertyp. Er war schlicht und einfach dem Wort seines Herrn gegenüber gehorsam. Am 18. Juli 1939 wurde er nach Folterungen und qualvollen Demütigungen umgebracht. Seine Frau lebte den Gehorsam wie ihr Mann. Die noch lebende Gattin sagte in einem Interview: „Manchmal habe ich auch dumme Fragen gestellt: ‚Denkst Du denn gar nicht auch an Deine Kinder?‘ oder ‚Liebst Du mich denn nicht mehr?‘ So ist eben der Mensch. Aber das Ja zu Christus in der Ordination stand mir immer über dem Ja der Trauung. Man muß Gott mehr gehorchen als den Menschen.“

Das Ja zu Christus stand auch dem Petrus über seinem Sachverstand. Er fuhr „auf die Höhe“ und erlebte in der Tat den Höhepunkt seines Lebens. Sind wir bereit, auf Jesu Wort hin alle Rücksichten, Vernunftgründe und Lebenserfahrungen beiseitezulassen?

Lieber Herr, Petrus war deinem Wort gehorsam. Er wurde unbeschreiblich dafür belohnt. Gib uns den Mut, konsequent ja zu dir zu sagen. Amen.

13. September

Darum übe ich mich auch selbst, allezeit ein unverletztes Gewissen zu haben gegenüber Gott und den Menschen.

Apostelgeschichte 24, 16

Der Wuppertaler „General-Anzeiger" veröffentlichte 1977 folgende kleine Begebenheit: „Vierzig Jahre lang litt eine 55jährige an Gewissensbissen. 1936 war sie ‚schwarz' mit der Reichsbahn gefahren. Jetzt entschuldigte sie sich bei der Wuppertaler Bundesbahn mit einem Brief und einer Spende von 10,– DM. Damals hatte sie keine Fahrkarte gelöst und die Eisenbahn um 15 Pfennige beschummelt. Obwohl Gott, wie sie glaubt, ihr inzwischen vergeben hat, konnte die ‚Sünderin' ihre innere Ruhe nicht wiederfinden. Die hat sie jetzt."

Ich las in einem Kreis die Notiz aus der Zeitung vor. Einer der Zuhörer kommentierte: „Typisch, eine Über-Ich-Neurose, das ist doch krankhaft!"

Sigmund Freud spricht kaum vom Gewissen, dafür mehr vom Über-Ich. Das Über-Ich beinhaltet die Normen, Werte, Forderungen und Gebote der Eltern und Großeltern, die das kleine Kind gehört, verarbeitet und in sich aufgenommen hat.

Das Gewissen ist nicht einfach die Stimme Gottes. Es braucht sein Wort, das im Leben der Eltern und Geschwister – und wenn wir älter geworden sind – direkt zu uns spricht. Es beeinflußt und schärft unser Gewissen. Ein schlechtes Vorbild der Eltern kann im Kind ein Gewissen heranreifen lassen, das später wie eine Viehwaage reagiert. Es schlägt erst aus, wenn schwere Sünden begangen werden. Ein feines unverletztes Gewissen reagiert wie eine Briefwaage – und zwar vor Gott und den Menschen. Aber dieses feine Gewissen muß trainiert werden. Tun wir das?

Herr, vergib, daß ich in sogenannten „kleinen Dingen" gewöhnlich zu großzügig bin. Gib mir wache Augen für die unzähligen Schlupfwinkel der Sünde. Amen.

14. September

Alles, was in der Gemeinde gesagt wird, soll zur Liebe führen, die aus reinem Herzen, einem guten Gewissen und einem aufrichtigen Glauben kommt.

1. Timotheus 1, 5

Es geht um das *Gewissen.* Gewissensbildung gehört zu den vornehmsten Aufgaben der Bildung: Bildung der Person, Bildung einer Gesellschaft, Herzensbildung, Persönlichkeitsbildung, Bildung von Liebesfähigkeit.
Was ist das Gewissen? Die Summe von Vererbungsanlagen, Umwelteinflüssen und Zwangssituationen? Pater Leppich antwortet: „Für den Christen steht ebenso fest, daß der Schöpfer-Gott der menschlichen Natur etwas Wesentliches mitgegeben hat: Das Gewissen. Darum ist die ‚Stimme der Natur' die Stimme Gottes."
Luther war etwas skeptischer und glaubte nicht, daß das Gewissen das Gute will und das Böse verdammt. Er war fest davon überzeugt, daß es in den Abfall, in die Selbstrechtfertigung und Sünde mit hineingezogen ist. Nur das „erlöste Gewissen" öffnet sich nach seiner Meinung der Stimme Gottes. Luther konnte sogar vom Gewissen als einer Hure reden, die sich jeder verführerischen Einflüsterung anschließt. Und Albert Schweitzer hielt das „gute Gewissen" für eine Erfindung des Teufels. Er hat recht, wenn er darunter das „ruhige Gewissen" versteht, das schläft und seine Verantwortung abgetreten hat.
Ein Mensch mit „richtigem Glauben", wie Paulus formuliert, hat ein erlöstes und geschärftes Gewissen. Es führt zur Liebe und nicht zur Lieblosigkeit, zur Wahrheit und nicht zur Lüge. Ein gutes Gewissen, das der Glaube an Christus angespitzt hat, ist nicht stumpf und verschlafen. Es hört die Stimme Gottes und achtet auf die Nöte des Nächsten. Wie gut funktioniert mein Gewissen?

Auch mein Gewissen, Herr, braucht deine Erlösung. Mach es zu einem Organ, das deine Stimme unverfälscht wiedergibt. Amen.

15. September

Denn darin besteht unser Ruhm: in dem Zeugnis unseres Gewissens, daß wir in Sittenreinheit und Lauterkeit Gottes . . . unseren Wandel in der Welt und ganz besonders euch gegenüber geführt haben.

2. Korinther 1, 12

Der Zoologe und Verhaltensforscher Dr. Wolfgang Wickler, ein Schüler Konrad Lorenz', schreibt über das Gewissen: „Wie Falstaff im ersten Teil des Dramas ‚König Heinrich IV.' brauchen viele Menschen den Instinkt als Entschuldigung. Liefert also die Verhaltensforschung, die immer mehr instinktives Verhalten auch beim Menschen ans Tageslicht bringt, sozusagen gesammelte Ausreden für alle Lebenslagen? . . . Zwar hat Kain Abel erschlagen; aber war nicht sein Aggressionstrieb daran schuld? Wer so argumentiert, vergißt, daß nicht nur der Brudermörder Kain, sondern der das Schwert gegen den Knecht des Kaiphas schwingende Petrus instinktiv gehandelt hat . . . Instinktives Verhalten ist moralisch neutral; bewertet wird die Entscheidung der Vernunft oder des Gewissens, derjenigen Instanz, deren Entscheidung unbedingt jeder Mensch zu folgen hat." Wer Böses getan hat, beruft sich auf seinen Instinkt oder auf seinen Aggressionstrieb. Sie können gewissenlos als Entschuldigung benutzt werden. Seinen Trieben kann man nicht weglaufen. Wickler hat recht: Wer sich auf instinktives Verhalten beruft, beruft sich auf moralische Neutralität.
Unser Gewissen braucht einen Herrn, dem es sich verantwortlich fühlt. Unser Gewissen muß geformt, geschärft und angebunden werden. Unser Gewissen braucht einen „Mitwisser". Und genau das beinhaltet der Begriff Gewissen. Sprachgeschichtlich steckt das Wort „gewizzo" darin, es ist ein Mitwisser da. Gott *ist* der Mitwisser. Haben wir den Mut, uns vor ihm und vor den Menschen zu verantworten? Haben wir den Mut, einen Tag lang auf jegliche Ausreden und Ausflüchte zu verzichten?

O Gott, du frommer Gott, du Brunnquell guter Gaben, ohn den nichts ist, was ist, von dem wir alles haben: gesunden Leib gib mir und daß in solchem Leib ein unverletzte Seel und rein Gewissen bleib. Amen. (Johann Heermann)

Ich bin meinem Gott, dem ich von meinen Vorfahren her mit reinem Gewissen diene, dankbar dafür, wie unablässig ich deiner in meinen Gebeten bei Tag und Nacht gedenke. 2. Timotheus 1, 3

Thomas S. Elliot gilt – nach Sommerset Maugham – als einer der größten Dichter im angelsächsischen Raum. Unter anderem schrieb er das Mysterienspiel „Mord im Dom". Held des Stückes ist der Erzbischof von Canterbury, Thomas Becket. Ein Konflikt mit dem König hat äußerste Schärfe erreicht. Aber Thomas Becket geht den Weg des Gewissens. Er widersteht allen Versuchungen und entschließt sich, seinen Eigenwillen freiwillig und ganz an Gott hinzugeben, selbst um den Preis des Lebens. Der Chor der Weiber von Canterbury fleht ihn unablässig an, davon abzulassen: „Ach Thomas, nur leben und halbwegs leben." Thomas Becket kann nicht anders. Er will nicht „halbwegs leben".
Halbheiten sind gewissenlos. Halbwegs leben heißt, angepaßt und antichristlich leben. Zur Herde Christi gehören, ist schmählich mißverstanden worden als Herdentrieb, Herdenenge, Herdenohnmacht. Doch das Gegenteil ist richtig. Christliche Existenz ist Bekenntnis zum mutigen Leben.
Wir müssen üben, unser Gewissen zu benutzen. Heinrich Böll hat ein treffendes Wort geschrieben: „Sein Gewissen war rein. Er benutzte es nie." Wir können trainieren, unser Gewissen abzuschalten. Eines Tages ist es stumpf geworden. „Satt sein macht stumpf und träge." Wohlstand macht behäbig.
Paulus macht deutlich: Wer Gott ganz gehört, dient ihm mit „reinem Gewissen". Unser Gewissen ist ein Spiegelbild unseres Glaubens.

Du bist der Herr meines Gewissens. Ohne dich fallen mir zu allen Bosheiten passende Entschuldigungen ein. Schärfe mein Gewissen, daß ich vor dir und vor Menschen ehrlich bleibe. Amen.

Seid immer bereit zu antworten, wenn euch jemand nach einer Erklärung für eure Hoffnung fragt. Aber tut es taktvoll und in Verantwortung vor Gott, als Leute, die ein gutes Gewissen haben. 1. Petrus 3, 15 u. 16

In dem Roman „Sicherheitsausgang" von Ignazio Silone heißt es an einer Stelle: „Wohin ist es mit dem Gewissen gekommen? Es gibt viele ehrenwerte Leute, die imstande sind, ihre Nahrung einzuschränken, um schlanker zu werden, aber nicht, um Hungernde zu speisen."

Ist das nicht ein degeneriertes Gewissen? Was ist schlimmer, ein krankhaftes Über-Ich oder ein verkrüppeltes und degeneriertes Gewissen? Mit dem Wort „neurotisches Über-Ich", „Über-Ich-Neurose" oder „ekklesiogene Neurose" sind wir schnell bei der Hand. Immer stehen das eigene Wohl, das persönliche Glück, die Selbstverwirklichung und die Selbstrealisierung im Vordergrund. Erst komme ich, weitaus später der andere. Wer für ein großzügiges Über-Ich plädiert, wer für eine großzügige Über-Ich-Erziehung plädiert, entscheidet sich gegen den anderen, gegen den Nächsten.

Gerade in den letzten Jahren wurde das Lustprinzip gegen das Leistungsprinzip, die individuelle Freiheit gegen den Verzicht ausgespielt. Lustverzicht, Glücksverzicht, Disziplin und Leistungsprinzip wurden bravourös heruntergespielt. Sollte das Wort Romano Guardinis doch stimmen: „Ein herrenloses Gewissen ist wie ein herrenloser Hund – es läuft jeder Einflüsterung nach." Es trägt keine Verantwortung, es zieht sich aus der Affäre. Wer sich übt, ein unverletztes Gewissen zu haben, wird seine persönlichen Bedürfnisse und die Bedürfnisse des anderen abwägen. Er trägt Verantwortung – *vor Gott und den Menschen.*

Vergib, Herr, wenn mein Gewissen auf die Not der Hungernden und Bedürftigen so wenig anspricht. Gib mir ein gehorsames Gewissen! Amen.

Achtet genau auf eure Lebensweise. Lebt nicht wie Unwissende, sondern wie Menschen, die wissen, worauf es ankommt. Nutzt die Zeit in der rechten Weise, denn wir leben in der letzten, schlimmen Zeit. Epheser 5, 15 f.

Es geht um *Glück* und *Freude.*
Die Gebrüder Grimm haben ein Märchen überliefert, das die falsche Lebensweise charakterisiert. Ein Kaufmann hatte auf der Messe gute Geschäfte gemacht und reiste heim. Er setzte sich auf sein Pferd und ritt fort. Mittags machte er in einer Stadt Rast. Als er aufbrechen wollte, sagte der Stallknecht: „Herr, am linken Hinterfuß fehlt ein Nagel im Hufeisen." – „Laß ihn fehlen", erwiderte der Kaufmann, „in sechs Stunden bin ich zu Hause. Ich habe große Eile."
Wie das im Märchen zu gehen pflegt, die Fragen und Antworten kommen noch dreimal. Plötzlich fängt das Pferd an zu hinken, zu stolpern und schließlich bricht es zusammen. Der Kaufmann läßt das Pferd liegen und kommt sehr spät zu Hause an. „An allem Unglück", sprach er zu sich selbst, „ist der verfluchte Nagel schuld."
Um auf seinem Lebensweg glücklich zu werden, geht er buchstäblich über Leichen. Time is money (Zeit ist Geld). Er nutzt tatsächlich seine Zeit, er „kauft sie aus", wie eine andere Übersetzung lautet – aber in egoistischer und selbstsüchtiger Weise. Zeit ist anvertraute und geschenkte Zeit. „Meine Zeit steht in Gottes Händen." Wir können sie verplempern, totschlagen, vertun und egoistisch nutzen.
Wer sündhaft mit der Zeit umgeht, verfehlt sein Ziel und damit sein Glück. Sünde ist Zielverfehlung. Er lebt nicht im Hinblick auf die *Endzeit.* Er weiß *nicht,* „worauf es ankommt". Das Glück zerrinnt ihm zwischen den Fingern. „Achtet genau auf eure Lebensweise!" Meine mir geschenkte Zeit und mein Glück stehen in engem Zusammenhang.

Lieber Herr! Ich möchte glücklich und froh werden. Du zeigst mir den Weg. Hilf mir, daß ich die Zeit, die du mir schenkst, vor dir und dem Nächsten verantworten kann. Amen.

Wohl dem, dessen Übertretung vergeben und dessen Sünde bedeckt ist! Wohl dem Manne, dem der Herr die Schuld nicht anrechnet. Psalm 32, 1–2

„Glücklich ist, wer vergißt, was nicht mehr zu ändern ist." In diesem Ausschnitt aus der bekannten Operette „Die Fledermaus" von Johann Strauß geht es nicht nur um ein bißchen Operettenseligkeit, sondern dahinter verbirgt sich ein gutes Stück Wahrheit. Glücklich ist, wer Unangenehmes und Belastendes vergessen, wer einen Trennungsstrich ziehen kann und neu beginnt.
Der französische Philosoph Blaise Pascal hat über das Glück meditiert und geschrieben: „Die einen sagen: Haltet Einkehr bei euch selbst, dort werdet ihr Ruhe finden, und das ist nicht wahr. Die anderen sagen: Wendet euch nach außen, sucht das Glück, indem ihr euch zerstreut. Das Glück ist weder außer uns noch in uns; es ist in Gott."
Er ist unser Friede, unsere Zuflucht, unser Glück. Glücklich ist der, der seine Vergangenheit hinter sich gelassen hat. Darum verließ Jesus die Sphäre des Glücks beim Vater. Er entäußerte sich seiner Gottheit und wurde selbst Mensch. Er ging über diese Erde und machte Kranke gesund. Er machte Unglückliche glücklich und gab Niedergedrückten und Schwermütigen neue Freude und Hoffnung. Wer dieses Glück erfahren hat, behält es nicht wie ein stiller Genießer für sich. Darum ist es gut, glücklich zu sein; es ist besser, andere glücklich zu machen. Es ist gut, begeistert zu sein; es ist besser, selbst die Initiative zu ergreifen und Begeisterung auszulösen. Empfangen ist gut, geben ist mehr.
Ob Sie aus der Haltung des Zuschauers, aus der Reihe des Publikums noch ausbrechen können, um selber ein Schenkender, ein Gebender und ein Beglückender zu werden?

Lieber Herr! Oft überfallen mich die dunklen Taten aus der Vergangenheit. Sie stehen vor mir und klagen mich an. Ich danke dir, daß ich mich dann auf dich berufen kann. Du hast mir vergeben, du machst mich glücklich. Amen.

20. September

Das ist meine Freude, daß ich mich zu Gott halte und meine Zuversicht setze auf Gott, den Herrn.

Psalm 73, 28

In der „Frankfurter Rundschau" erschien ein Bericht aus Le Havre unter dem Titel „Vor Glück das Leben genommen". Wörtlich heißt es da: „Nicht aus Kummer, sondern vor Glück hat sich gestern ein junges Liebespaar an der französischen Küste das Leben genommen. Der 19-jährige Patrick und die 21jährige Maryvonn fuhren in ihrem Kleinwagen auf die Klippen in der Nähe von Le Treport hinauf. Dort schrieben sie einen Abschiedsbrief, und wenig später fuhr das kleine Auto mit seinen Insassen auf den Rand der Klippen zu und stürzte 90 Meter in die Tiefe. Ihr Freitod sei kein Akt der Verzweiflung, sondern ein Zeichen höchster Liebe, hieß es im Abschiedsbrief der Liebenden. Sie seien so glücklich, daß dieses Glück bis in alle Ewigkeit dauern solle. Feriengäste fanden die Toten engumschlungen in den Trümmern des Autos wieder."

Welcher Anspruch! Die beiden jungen Leute wollen Gipfelstürmer des Glücks sein. Nur lupenreines Glück soll sie begleiten. Das gibt es nur in Märchen und in der Phantasie. Wer zeitloses Glück sucht und es durch Selbstmord verewigen will, hat den Boden unter den Füßen verloren. Er hat diese Welt mit ihrer Realität schon verlassen.

Freude, Glück und Zufriedenheit, die Gott schenkt, und die heile Welt fleckenloser Glückseligkeit sind Widersprüche. Wir leben als Christen mit beiden Beinen auf dieser Erde, unser Halt ruht in einer anderen Dimension. Höchstes Glück des Menschen ist die Gemeinschaft mit dem lebendigen Gott. Hier ist Freude, Zuversicht und Geborgenheit, wie der Psalm es charakterisiert. Und warum? Er geht mit, und zwar in alle Höhen und alle Tiefen. Er hält und trägt uns. Das gibt Zuversicht für heute und morgen.

Lieber Herr! Mein Glück und meine Freude bestehen darin, daß du mich hältst. Ich gehe, schlafe oder arbeite, ich weiß, daß du bei mir bist. Amen.

21. September

Du hast mir meine Klage in Reigentanz verwandelt, das Trauerkleid mir gelöst und mit Freude mich gegürtet.

Psalm 30, 12

Klagen, Anklagen, Mißmut und Traurigkeit können uns selbst und anderen das Leben vergällen.
Dale Carnegie, der Verfasser des Bestsellers „Sorge dich nicht – lebe", schreibt an einer Stelle des Buches: „Es war mir elend zumute, ich hatte solches Mitleid mit mir selbst, daß ich meinen Eltern schrieb, ich gäbe es auf und käme nach Hause zurück. Ich klagte, ich könne es nicht eine Minute hier länger aushalten, lieber säße ich im Gefängnis! Mein Vater sandte als Antwort nur zwei Zeilen – zwei Zeilen, die mein Leben von Grund auf umgestalteten:
‚Aus Gitterstäben blicken zwei, die lang gefangen, der eine sah den Straßenkot, der andre Sterne hangen.'"
Carnegie hat recht: Der Wert meines Lebens und mein Lebensgefühl sind eine Frage der Blickrichtung. Ich kann durch Gitterstäbe in den Straßenkot sehen oder meine Augen auf die hellen Sterne richten. Ich kann deprimiert nach unten schauen und verzweifeln und kann auf Gott schauen und meine Klage in Freude verwandeln lassen.
„Make the best of it" (Mach' das Beste draus), heißt ein handfestes Sprichwort. Wir sehen gerne die Schattenseiten zuerst, spüren das Negative auf, vermuten das Gräßlichste und klagen Gott, die Welt und uns selbst an. Wer sich um sich selbst dreht, klagt, trauert und bemitleidet sich. Wer Gott in den Mittelpunkt stellt, hat keine Zeit mehr zum Klagen. Denn Gott verwandelt die Trauer in Reigentanz und schenkt uns neue Freude. Wer auf ihn schaut, verliert seine Probleme aus den Augen. Es gilt die Probe!

Lieber Herr! Wir kommen oft von uns selbst nicht los. Wir bemitleiden uns wie Carnegie. Reiß den Blick unserer Augen aus dem Dreck und lenke sie auf dich, der Freude schenken will! Amen.

22. September

Hat jemand unter euch zu leiden, so bete er . . . Alsdann wird das gläubige Gebet den Kranken retten, und der Herr wird ihn aufrichten. Jakobus 5, 13—15

Seit einigen Jahren macht in Europa die „Transzendentale Meditation" von sich reden. Einer der bekanntesten Meditationslehrer, zu dem auch die Beatles pilgerten, ist der Heiland vom Himalaya, Seine Heiligkeit Sri Maharishi Mahesh Yogi. Maharishi heißt „weiser Meister". Unter der Anleitung eines Guru, eines Lehrmeisters, fand er den Schlüssel zu seiner „Transzendentalen Meditation", der Schule des Glücks, das der weise Meister seinen Schülern vermitteln will. Seine Heiligkeit der Maharishi schreibt: „Transzendentale Meditation ist vertikales Eintauchen in das Sein. Mit einem geheimen Leitwort (Mantra) taucht jeder senkrecht ins Sein ein und beglückt wieder auf. Ihr meditiert und ihr fühlt auf einmal ein Glück, eine Fröhlichkeit und eine Ruhe, die unbeschreiblich ist. Diese Meditation befreit alle Menschen von Sorge, Vereinsamung, Zwietracht und Leiden, indem man in den Bereich des ewig unveränderlichen Seins eindringt."
In der „Transzendentalen Meditation" haben wir es ausschließlich mit uns selbst zu tun, im Gebet mit dem lebendigen Gott. Jeder Christ muß wissen: Die Seele und Gott sind für einen Hindu identisch. Er kennt im allgemeinen keinen persönlichen Gott. Er braucht keinen Erlöser und verharmlost die Sünde. Ein persönlicher, rettender und liebender Gott ist ihm unbekannt.
Wer als Christ von Sorge, Verirrung, Zwietracht, Angst und Leid befreit sein will, legt im Gebet alles in Gottes Hände. Das Ziel ist nicht die Auflösung, sondern die Erlösung, nicht die Selbstversenkung, sondern die Verankerung im lebendigen Gott. Nicht *ich* bin mein Glück, sondern *er* ist mein Glück.

Lieber Vater im Himmel! Ich danke dir, daß ich dich als Gegenüber habe, als Helfer und Retter, mit dem ich sprechen kann und der mich aufrichtet, wenn ich leide. Ich muß mich nicht am eigenen Schopf aus dem Sumpf ziehen. Das ist gut zu wissen. Amen.

Wenn ich nur dich habe, so frage ich nichts nach Himmel und Erde.
Psalm 73, 25

Es geht um *Glück* und Freude.
Im Tagebuch des ehemaligen Generalsekretärs der Vereinten Nationen, Dag Hammerskjöld, der vor Jahren im Kongo mit einem Flugzeug abstürzte, fand man den bezeichnenden Satz: „Was bedeutet alles irdische Glück gegen die Verheißung: ‚Wo ich bin, werdet ihr auch sein.'"
Glück gehört zu den heißen Sehnsüchten des Menschen. Glück gehört zu den Hauptzielen des Menschen, das viele verbissen anstreben. Und da liegt das Problem: Der Mensch kämpft um das Glück und verliert es im Streit. Das Glück läßt sich nicht zwingen. Dem Glück ergeht es wie der Lust: „Wer sie anstrebt, dem vergeht sie", sagte Professor Viktor E. Frankl, der Begründer der Logotherapie. Glück ist Begleitmusik, Glück ist ein Geschenk, das uns zufällt, in den Schoß fällt, wenn wir zufrieden sind. „Jeder ist seines Glückes Schmied", sagt das Sprichwort. Jeder schmiedet seine Pläne und baut seine Luftschlösser. Je unerreichbarer die Ziele, desto ferner das Glück. Je ehrgeiziger der Mensch, desto unglücklicher oft sein Gesamtbefinden. Er jagt und läuft am Glück vorbei. Wer aus vollem Herzen sagen kann: „Wenn ich nur dich habe, so frage ich nichts nach Himmel und Erde", wer den lebendigen Gott an die erste Stelle setzt, *ist* glücklich. Warum? Das Wesentliche stimmt. Die Grundlage seines Lebens ist fest. Das Glück umgibt ihn, weil er sich gehalten, getragen und geborgen weiß.
Können wir das sagen? Ist Gott unser Glück, unsere Geborgenheit, unser ein und alles? Können wir sagen: Wir lieben dich *über alle Dinge?*

Lieber Herr, ich spüre, daß ich tausend Dinge noch erreichen und haben will. Ich habe Pläne über Pläne. Ich laufe hinter dem Glück her. Gib mir die Einsicht, daß ich heute schon in dir alles habe. Amen.

Freuen dürfen sich alle, die mit leeren Händen vor Gott stehen.
Matthäus 5, 3

Es geht um Freude und *Glück*.
Sie kennen doch alle das bekannte Märchen „Hans im Glück". Er tauschte einen Goldklumpen gegen ein Pferd, das Pferd gegen eine Kuh, die Kuh gegen ein Schwein, das Schwein gegen eine Gans, die Gans gegen einen Wetzstein. Der Wetzstein fiel dem armen Kerl in den Brunnen, er hatte nichts mehr. Alle Last war von ihm abgefallen. Er war glücklich.
Was ist die Pointe dieses Märchens? Der Mensch auf der Suche nach Glück, im ewigen Bemühen, Besseres zu finden, verfehlt das Glück. Wer ruhelos auf der Lauer liegt, den Fang seines Lebens zu machen, wird von Unzufriedenheit aufgefressen. Als Hans die Jagd aufgab, als die Beschwernisse „abgefallen" waren, wurde er glücklich. Er war mit sich und seinem Dasein zufrieden. Da liegt der entscheidende Punkt.
Auf die Frage „Glück — was ist das?" antwortete der weltbekannte Dirigent Karl Böhm: „Glück ist wie ein Maßanzug. Unglücklich sind meistens die, die den Maßanzug eines andern tragen möchten." Ich verstehe Böhm so: Wenn wir das akzeptieren, was Gott uns an Gaben geschenkt hat, wenn wir den Anzug bejahen, den Gott uns geschneidert hat, sind wir glücklich.
Das Unglück beginnt mit dem Vergleich. Neidisch schauen wir auf Nachbarn, Freunde und Bekannte. Wer sich annimmt und vor den Geber aller Gaben mit leeren Händen tritt, wird glücklich. Oder haben wir in Gott nicht *alles*, was wir brauchen? Wollen wir noch mehr als *das* Leben, Geborgenheit, Halt, Vergebung, Beistand in Not und Tod und Ewigkeit?

Lieber Vater im Himmel! Wir vertreiben das Glück, weil wir nicht zufrieden sein wollen mit dem Maßanzug, den du uns angemessen hast. Vergib uns unser schreckliches Habenwollen. Schenk' uns Zufriedenheit in dir. Amen.

Freuet euch in dem Herrn allewege, und abermals sage ich: Freuet euch! Philipper 4, 4

In Thornton Wilders berühmtem Theaterstück „Unsere kleine Stadt" bekommt eine jung gestorbene Frau Gelegenheit, einen Tag ihres Lebens noch einmal zu leben. Als die Stunde naht, wo sie endgültig davon muß, verabschiedet sie sich von lauter kleinen Dingen, die sie in ihrem wirklichen Leben kaum wahrgenommen hatte. In einer ergreifenden Szene führt sie uns vor Augen, welche Freude dem Menschen auch scheinbar belanglose Dinge bereiten können: das beruhigende Ticken einer Uhr, die herrlichen Farben der Blumen, der Duft frisch gekochten Kaffees.

Glück und Freude sind nicht in erster Linie da, wo Großartiges geleistet wurde, wo ansehnliche Erfolge im Spiel sind. Die Jagd nach dem Glück ist eine Jagd am Glück vorbei. Der Mensch rast, und die Freude fliegt davon.

Wer in ihm lebt, wer in lebendiger Verbindung mit dem Herrn lebt, hört auf zu rasen, stellt die Jagd nach dem Glück ein. Der innere Friede macht ihn gelassen. Und die Freude stellt sich ein, die kleinen Dinge zu genießen. Wer in ihm Genüge hat, ist innerlich frei, „auf allen Wegen" glücklich zu sein. Entscheidend bleibt aber die Bindung an den Herrn. In diesem Sinne kann der Theologe Bezzel formulieren: „Frömmigkeit ist kein Selbstzweck, Frömmigkeit ist der Entschluß, die Abhängigkeit von Gott als Glück zu bezeichnen."

Der Mensch ohne Mitte ist der ruhelose, gehetzte, unzufriedene und gestreßte Mensch. Er muß sich zerstreuen, weil er keine Mitte, keinen Halt, keinen Herrn hat. Abhängigkeit von Gott macht frei. Abhängigkeit von Gott macht auch frei für andere. Und diese befreite Nächstenliebe beglückt und erfreut. Wer nach Freude und Glück hungert, findet auf diesem Weg seine Erfüllung.

Lieber Herr! Wir sind ständig in Betrieb und kreisen um uns selbst. Du verheißt uns Freude und Glück, wenn wir uns total auf dich einlassen. Laß aus der Einsicht die Tat folgen. Amen.

26. September

Ich aber bin gekommen, damit meine Schafe das Leben haben, Leben im Überfluß. Johannes 10, 10

Pastor Hans Währisch antwortete in einer Jugendzeitschrift einem Jungen auf die Frage: „Ist man eigentlich mit Jesus immer happy? Ich kann das von mir nicht behaupten." Es heißt bei ihm: „Du, ich auch nicht. Was muß Jesus eigentlich sein, wenn man bei ihm immer happy sein soll? Ein Spaßmacher, eine Stimmungskanone, ein Rauschmittel oder eine Wunderdroge? Ich gestehe, manchmal sind die Christen selber an diesem Mißverständnis schuld. Sie haben Jesus angepriesen als Ersatz für Drogen und Rauschmittel. Aber wer happy und high ist, der ist nicht nüchtern. Christen sind zu einem neuen Leben gekommen. Das ist viel mehr als High-Stimmung und Happy-Sein."

Happy-Sein ist eine augenblickliche Hochstimmung, Glücklichsein eine dauerhafte Freude. Jesus will Leben im Überfluß für uns. Diese Freude ist keine ekstatische Erregung, sondern eine fundamentale Grundstimmung. Warum? Er geht mit. Unser Herr ist ständiger Begleiter, und zwar durch dick und dünn. Christen leben aus ihm, durch ihn und in ihm. Das ist das Geheimnis des Glücks, das ist das Geheimnis der Freude.

Wenn Jesus die Freude des Glaubens benennt, wählt er ein Wort, in dem irdisches Glück und ewiges Heil übereinstimmen: selig. Oft wird in der Tat „glückselig" übersetzt. In diesem Sinne ist das Kreuz Jesu nach christlicher Überzeugung Gottes letzter Einsatz für das Glück des Menschen. Christus hat uns keine falschen Versprechungen gemacht, er hat kein pausenloses Happy-Sein garantiert oder uns eine psychodelische High-Stimmung vorgegaukelt. Jesus will keine Stimmungskanone sein. Wer auf ihn setzt, hat Leben im Überfluß. Es gilt die Probe!

Lieber Herr! Ich danke dir, daß Freude und Glück nicht nur für Leute mit Geld erschwinglich sind. In dir sind die Lieblingsbedürfnisse erfüllt. Du gibst Leben im Überfluß. Amen.

27. September

Glücklich sind die Menschen, denen Gott ein reines Herz gibt, denn sie werden ihn schauen. Matthäus 5, 8

Es geht um *Glück* und Freude.
Wer keinen Herrn hat, hat wenigstens Pillen. „Happypills" sind die Bestseller der Pharmaindustrie. Und „Der Spiegel" schreibt darüber: „Die Wunderdroge bietet alle Tröstungen des Alkohols und des Christentums. Sie ersetzt Haschisch und Heroin und gewährt, wie die Hersteller garantieren, einen frohen ‚Urlaub von der Wirklichkeit' – alles ohne Kater und Kopfschmerzen. Die Happypills machen Aggressive sanftmütig, Nervöse dösig, Ängstliche mutig und Schlaflose sogar tagsüber träumerisch – an den Ursachen der Molesten ändern sie nichts."
Das Glück wird käuflich, so jedenfalls scheint es. Die Erlösung kommt nicht von Christus, sondern aus einem Röhrchen. Mangelnde Freude wird ausgeglichen durch Stimmungsmacher. Wer darum seinen Glückspegel hoch erhalten will, muß ständig schlucken. Wer hoch oben sein will, muß hoch dosieren. Die Zunahme des Verbrauchs von Psychopharmaka zeigt, wo die Wurzel allen Übels sitzt: Der Mensch hat keinen inneren Halt, er hat keinen Herrn, er hat keine Mitte. Er weiß sich nicht getröstet, darum greift er zu „Seelentröstern". Es ist eine fundamentale Lüge, wenn ein Psychopharmaka-Hersteller mit folgendem Slogan wirbt: „Ein fundamentales Problem unseres Daseins – eine fundamentale Lösung, Librium."
Hier werden Scheinlösungen angeboten. Ein Schleier wird über Angst, Schuld, Schlaflosigkeit, Trauer, Resignation und Einsamkeit geworfen. Glücklich sind die Menschen, die nicht ihr Herz mit Psychopharmaka ruhigstellen, sondern denen Gott ein reines Herz gibt.

Lieber Herr! Wir wollen nicht vor der Wirklichkeit fliehen. Hilf, daß wir nicht vorschnell unsere Probleme zudecken und mit Psychopharmaka betäuben. Schenk uns die Kraft, dir ganz zu vertrauen. Amen.

28. September

Wahrlich, wahrlich, ich sage euch: Wer mein Wort hört und dem glaubt, der mich gesandt hat, der hat ewiges Leben und kommt nicht ins Gericht. Johannes 5, 24

Es geht um den *Glauben.* Der Glaube an Christus ist das A und O unseres Lebens.

Das hat der dänische Philosoph und Theologe Sören Kierkegaard unvergeßlich formuliert: „Wie preise ich Dich, Vater Abraham, daß Du es in 120 Jahren nur bis zum Glauben gebracht hast. Mein Friseur sagt: ‚Man muß höher kommen.' – Du aber hast es in 120 Jahren nur bis zum Glauben gebracht."

Abraham hat gehört, vertraut, geglaubt und ist *losgegangen.* Glauben heißt nicht, am sicheren Ufer zu stehen und über die Tragfähigkeit des Wassers nachzudenken. Glauben heißt, ins Wasser zu springen und die Tragfähigkeit des Wassers zu *erleben.* Glaube ist Nachfolge, und ich werfe Gott – wie es Luther einmal in seiner drastischen Art ausgedrückt hat – „den ganzen Sack seiner Verheißung vor die Füße".

Wer hört und glaubt, den läßt Gott nicht im Ungewissen. Gott gibt Laut und hält, was er verspricht. Es muß auch kein Berge versetzender Glaube sein, kein Glaube, der imponiert. Jesus hat bekanntlich nicht gesagt: „Wenn ihr einen unerschütterlichen Glauben habt, könnt ihr Berge versetzen." Nein, er hat vom Senfkorn-Glauben gesprochen, einem lächerlich kleinen Glauben, der ausreicht, um Berge zu versetzen. Noch erstaunlicher: Der Glaube garantiert ewiges Leben, und zwar heute schon. Kierkegaard hat recht: Abraham ist zu preisen, daß er es *nur* bis zum Glauben gebracht hat. Unser Kopf sagt ja, und doch denken wir wie der Friseur, der es neben dem Glauben auch noch zu Höherem bringen will. Oder?

Herr, dir ist unendlich zu danken für die Zusage, daß unsere Glaube allein bis in die Ewigkeit reicht. Amen.

Kämpfe den guten Kampf des Glaubens, ergreife das ewige Leben. 1. Timotheus 6, 12

Wir bedenken den *Glauben.* Er ist kein passives Dahinleben. Der Glaube ist Aktivität, ist Kampf.
Uwe Steffen schreibt in seinem Buch „Christliches Leben im Wandel der Zeit" einen Beitrag über die menschliche und christliche Tugend, nicht in untätiger Ruhe vor sich hin zu leben, und erzählt folgende Geschichte: „Ich kenne einen Menschen, der wurde von einem akuten Rheuma im Arm befallen, so heftig, daß sein Arm fast völlig gelähmt war. Arbeitsunfähig! Unwillkürlich hielt er den Arm fest an den Körper gepreßt, weil jede Bewegung schmerzte. Aber der Arzt erklärte ihm, er müsse den Arm bewegen, auch wenn es schmerzhaft sei, denn das Schultergelenk, von dem die Schmerzen ausgingen, würde sonst steif. Also überwand er sich. Der Kranke aber merkte nach jeder längeren Ruhepause: Die Ruhe tat ihm nur scheinbar gut, in Wahrheit förderte sie die Steifheit und Unbeweglichkeit seines Armes. Das gilt wohl nicht nur von rheumatischen Gliedern. Das gilt auch für die Glieder unserer Gesellschaft, die durch irgendein Ereignis unversehens in ihrem Handeln gelähmt werden. Sich in solcher Lage ruhig zu verhalten und das Übel geduldig hinzunehmen, läßt starr und unbeweglich werden."
„Wer rastet, der rostet" und „Stillstand ist Rückgang". Zwei Sprichwörter, die auch für den Glauben gelten. Resignation und Hände-in-den-Schoß-Legen ist Unglaube. Wer kapituliert, hat den Glaubenskampf aufgegeben. Unser Herr mutet uns Leiden zu, er mutet uns Kampf und Schmerzen zu. Lebendiger Glaube, der in Volk, Kirche und Gesellschaft realisiert sein will, verlangt heute ein handfestes Bekenntnis, verlangt Kampf, verlangt Mitgestaltung und Mitverantwortung. Dieser Kampf des Glaubens kann wehtun. Sind wir dazu bereit?

Gib Freudigkeit und Stärke, zu stehen in dem Streit,
den Satans Reich und Werke uns täglich anerbeut.
Hilf kämpfen ritterlich, damit wir überwinden und
ja zum Dienst der Sünden kein Christ ergebe sich.
Amen. (Paul Gerhardt)

Glückselig der Mann, der sein Vertrauen setzt auf den Herrn. Psalm 40, 5

Wir denken über den *Glauben* nach. Glaube ist Vertrauen.

Sie kennen sicher noch den Namen Wilma Rudolph, vor Jahren die schnellste Läuferin der Welt. 1960 holte sie auf der Olympiade in Rom die Goldmedaille. Wilma Rudolph ist eine gläubige Christin, die wie durch ein Wunder zur schnellsten Läuferin der Welt wurde. Sie schreibt über ihr Leben: „Ich weiß, ich schulde Gott eine Menge für das, was er in meinem Leben getan hat. Als ich einige Jahre alt war, bekam ich Kinderlähmung. Der Arzt sagte meiner Mutter, daß ich niemals laufen würde. Länger als drei Jahre fuhr ich ins Krankenhaus zur Behandlung. Meine Mutter hatte große Zuversicht. Und dieser Glaube sagte ihr, daß sie mit mir arbeiten müsse und daß mit Gottes Hilfe etwas getan werden könnte. So arbeitete sie jeden Tag mit mir und gab niemals die Hoffnung auf, daß ich so normal wie jedes andere Kind sein könnte. Sonntag für Sonntag nahm sie mich und meine Brüder und Schwestern mit zur Kirche. Jeden Abend hielten wir eine Familienandacht. Sie pflanzte in uns die Liebe zu Gott und die Notwendigkeit, ihm unser Leben zu geben. Ohne die Mühen meiner Mutter hätte ich niemals laufen, noch viel weniger an den Olympischen Spielen teilnehmen können."

Glücklich der Mensch, der sein Vertrauen auf den Herrn setzt. Wilmas Mutter hätte ohne dies Vertrauen, ohne diesen Glauben kapituliert. Und Wilma säße vermutlich heute noch im Rollstuhl, und kaum ein Mensch in der Welt hätte sich ihren Namen gemerkt. Glaube ist eine Lebenskraft, Vertrauen auf Gott beflügelt unseren Mut und fördert unsere Aktivität. Glauben an den Herrn setzt ungeahnte Kräfte frei. Können wir das auch bezeugen?

Herr, an Wilma Rudolph zeigt du uns, was Menschen möglich ist, die an dich glauben und ihr Vertrauen auf dich setzen. Amen.

Nach ihrer Ankunft riefen sie die ganze Gemeinde zusammen und berichteten, was Gott alles durch sie getan und wie er auch die Nichtjuden zum Glauben geführt hatte. Apostelgeschichte 14, 27

Wie kommt der *Glaube* zustande? Keineswegs wird er von Geschlecht zu Geschlecht vererbt.
Der amerikanische Theologe Thomas Fuller hat ein Gebet geschrieben, das sich mit der Verantwortung unseres Glaubens und unserer Glaubenslosigkeit auseinandersetzt. Es lautet: „Herr, mir erscheint die Ahnenreihe meines Heilands seltsam gescheckt – mit vier bemerkenswerten Veränderungen in vier Generationen. – Rehabeam zeugte Abia: ein schlechter Vater einen schlechten Sohn. Abia zeugte Asa: ein schlechter Vater einen guten Sohn. Asa zeugte Josaphat: ein guter Vater einen guten Sohn. Josaphat zeugte Joram: ein guter Vater einen schlechten Sohn. – Ich erkenne, Herr, daraus: ein Vater vermacht sein Frommsein nicht dem Sohn – böse Kunde für mich. Doch ich erkenne auch: Gottlosigkeit ist kein Erbgut – Gute Kunde für meinen Sohn."
Im Reiche Gottes gibt es keine Bevorzugten. Es gibt kein „blaues Blut" und keinen „Glaubensadel", der weitervererbt wird. Die Geld- und Namenaristokratie ist dem Reiche Gottes keinen Millimeter näher. Große mit Rang und Namen können ihren Kindern den Glauben nicht vererben. „Gute Kunde" für unsere Kinder. Der Glaube wird uns nicht fix und fertig mit in die Wiege gelegt. Und kein Mensch kann sich mit seinem Glauben herausputzen. Was sagt die Apostelgeschichte? „Gott führt zum Glauben." Glauben wollen und glauben können sind sein Werk. Wir dürfen Gott um Glauben bitten: Hilf meinem Unglauben!

Herr, wir haben den Glauben nicht im Griff. Das ist gut so. Hab Dank, daß du Wollen und Vollbringen schenkst. Amen.

2. Oktober

Euer Herz erschrecke nicht! Glaubet an Gott und glaubet an mich. Johannes 14, 1

Ich fand in einer Kirche in Freudenstadt eine vervielfältigte Predigt des ehemaligen hessischen Kirchenpräsidenten Martin Niemöller. Er setzt sich in ihr mit dem Wort *Glauben* auseinander. Es heißt an einer Stelle der Predigt: „Ich habe vor dem Martin Niemöller von 1938 auch noch eine gewisse menschliche Hochachtung – (Niemöller war im Dritten Reich einer der führenden Köpfe der Bekennenden Kirche in Deutschland) – und habe doch hinterher gemerkt, daß das gar nicht ein Leiden für meinen Glauben war, sondern ein Leiden für meine Überzeugung. Denn meine Überzeugung ist *meine* Überzeugung, da bin ich der Herr. Ich kann meine Überzeugung wandeln. Ich darf es tun. Gott sei Dank können wir unsere Überzeugung wandeln. Man hat mir das oft zum Vorwurf gemacht. Aber ich bin sehr dankbar dafür, weil es ein Zeichen dafür ist, daß meine Überzeugung nicht mein Glaube ist." Was ist denn nun Glaube? Niemöller gibt in dieser Predigt eine schlichte Antwort: „Der Glaube ist ein persönliches Verhältnis zu Gott."

Der christliche Glaube ist kein intellektueller und geistlicher Höhenflug, kein Auswendiglernen des Katechismus, keine christliche Weltanschauung, kein dogmatisches Schriftgelehrtentum. Es ist ein persönliches Verhältnis zu einem persönlichen Gott. Er fühlt sich gehalten und nicht in Schrecken versetzt.

Der gelebte Glaube beruhigt. Darum ist Glaube tätige Liebe und Nachfolge. Glaube heißt: Ein Verhältnis zu Jesus zu haben. Können wir das von uns sagen?

Ich habe nun den Grund gefunden, der meinen Anker ewig hält; wo anders als in Jesu Wunden? Da lag er vor der Zeit der Welt, der Grund, der unbeweglich steht, wenn Erd und Himmel untergeht. Amen. (Johann Andreas Rothe)

3. Oktober

Denn es steht geschrieben: „Ich will die Weisheit der Weisen oder Gelehrten zuschanden machen und den Verstand der Verständigen als nichtig abtun."

1. Korinther 1, 19

Es geht um *Glauben* und *Vernunft.*
In Dieter Fortes umstrittenen Theaterstück „Martin Luther und Thomas Münzer oder die Einführung der Buchhaltung" kommt es zu einer Konfrontation zwischen Luther und Melanchthon. Luther werden da die Sätze in den Mund gelegt: „Die Vernunft ist der größte Feind des Glaubens. Sie ist des Teufels größte Hure. Man muß sie mit Füßen treten und mit all ihrer Weisheit zerstören. Entweder das Wort Gottes oder die Stimme der Vernunft. Man kann nicht auf beides hören, man muß sich entscheiden." Melanchthons Antwort lautet: „Dann wähle ich die Vernunft." Und Augenblicke später kontert Luther: „Man muß die Augen schließen und glauben."
Dieser — nicht historische — Dialog spiegelt die übliche Verteufelung wider, die Verstand und Vernunft, Denken und kritische Rückfragen oft genug im christlichen Raum erfahren haben. Jahrhunderte hindurch sind Glaube und Denken als unversöhnliche Gegensätze angesehen worden. Auch der Text des Korintherbriefes leistet einer gewissen Diskriminierung des Denkens im Christenleben Vorschub.
Die Alternative ist falsch: Entweder das Wort Gottes oder die Stimme der Vernunft. Wer glaubt, muß nicht das Denken am Kirchenportal abgeben. Die Griechen hatten ein vollkommen anderes Gottesbild. Ihr Gott mußte ein Heroe des Geistes sein. Sie hielten einen Gott, der sich ans Kreuz schlagen läßt, für blanken Unsinn. Die Weisheitsspekulationen der griechischen Philosophie werden in diesem Text besonders angegriffen. Und warum? Jesus Christus ist nicht gekommen, um uns eine geniale Philosophie zu bringen, sondern er ist gekommen, um sein Leben für *uns* zu geben.

Herr, wir preisen nicht deine Weisheit, sondern deine Wahrheit, nicht deine tiefgründigen Gedanken, sondern deinen Tod — für uns. Amen.

Jesus erzählte: „Ein reicher Bauer hatte eine besonders gute Ernte gehabt . . . Ich weiß nicht, wo ich das alles unterbringen soll! Ich hab's, sagte er, ich reiße meine Scheunen ab und baue größere . . . Jetzt bist du auf viele Jahre versorgt! Iß und trink nach Herzenslust und genieße das Leben!" Lukas 12, 16 ff.

In diesen Tagen feiern wir *Erntedankfest.* Wir wollen Gott danken für seine unerschütterliche Güte. Er beschenkt uns – und was tun wir?
Der reiche Bauer hat heutzutage eine große Verwandtschaft. Nicht nur die großen und kleinen Millionäre sind gemeint, sondern alle Habgierigen, Schätzesammler, Raffer und Erfolgsjäger. Reichtum ist in der Tat verführerisch. Die Faszination des Reichtums ist tödlich. Nach dem biblischen Gleichnis ist das wörtlich zu verstehen. Reichtum macht habgierig und egoistisch. Die Beatles, die inzwischen ein Vermögen von zirka 75 Millionen Mark kassiert haben, bekennen: „Wir haben fast alles, was man für Geld kaufen kann. Und wenn du erst mal soweit bist, dann bedeuten dir die käuflichen Dinge nichts mehr. Du suchst nach etwas ganz anderem."
Sie suchten das Glück und den Sinn des Lebens bei Yogi Maharishi in Indien und kehrten enttäuscht zurück. Der reiche Bauer zerbricht sich den Kopf, rackert sich ab wie ein Besessener, um einmal nach Herzenslust genießen zu können. Selbstherrlich gestaltet er sein Leben. Rücksichtslos scheffelt er auf sein Konto.
Das Erntedankfest soll uns daran erinnern, daß alle guten Gaben, alle Erfolge und alle Bereicherungen aus Gottes Hand kommen und daß nahe und ferne Nächste mit davon profitieren sollen. Jesus hat Ihnen und mir eine Geschichte erzählt – zum Erntedankfest mit der Frage, ob wir auch weiterhin zur Verwandtschaft des reichen Bauern gehören wollen?

Gib, daß zu dir uns lenket, was du zum Unterhalt des Leibes hast geschenket, daß wir dich mannigfalt in deinen Gaben sehn, mit Herzen, Mund und Leben dir Dank und Ehre geben. O laß es doch geschehn. Amen. (Gottfried Tollmann)

Aber Gott sagte zu ihm: „Du Narr, noch in dieser Nacht mußt du sterben. Wem gehört dann dein Besitz?"

Lukas 12, 20

In diesen Tagen feiern wir *Erntedankfest*. Ein Schriftsteller unserer Tage hat die Geschichte vom reichen Kornbauern, der zu ernten, aber nicht zu danken versteht, in eine moderne Fassung gebracht. Überschrift: „Termine." „Ein Mensch hatte einen großen Terminkalender und sagte zu sich selbst: ‚Alle Termine sind eingeschrieben, aber noch sind die Tagung X und die Tagung Y sowie Sitzungen der Unterausschüsse nicht eingeplant. Wo soll ich sie alle unterbringen?' Und er kaufte sich einen größeren Terminkalender, disponierte noch einmal und sagte zu sich selbst: ‚Nun sei ruhig, liebe Seele, du hast alles gut eingeplant, versäume nur nichts!' Er stieg im Ansehen und wurde in den Ausschuß Q und den Vorstand K gewählt. Und eines Tages war es dann soweit, und Gott sagte: ‚Du Narr, diese Nacht stehst du auf meinem Terminkalender!'"

Auf vielen Todesanzeigen liest man „plötzlich und unerwartet ..." Wir sind – wie der reiche Kornbauer – intensiv mit *unseren* Planungen und *unseren* Terminen beschäftigt, Urtypen des Materialisten. Weil wir uns und nicht den Geber aller Gaben im Auge haben, fliehen wir in Betriebsamkeit und Geschäftigkeit. Der reiche Kornbauer, alle Materialisten und Terminfetischisten sind Narren und ewigkeitsblind. Sie tun so, als ob das irdische Leben kein Ende nehme.

Gehören wir auch zu denen, die ihre Seele aufs Spiel setzen, die genießen wollen und das Danken vergessen? Im Oktober feiern wir kein Erntefest, sondern Ernte*dank*fest. Wir wissen, daß wir in Gott reich und ohne ihn die armseligsten Narren sind. Oder?

So wachsen wir auf Erden und denken groß zu werden, von Schmerz und Sorgen frei; doch eh wir zugenommen und recht zur Blüte kommen, bricht uns des Todes Sturm entzwei. Amen.

(Andreas Gryphius)

Denn alles, was aus Gott geboren ist, überwindet die Welt; und das ist die Siegesmacht, welche die Welt überwunden hat: Unser Glaube. 1. Johannes 5, 4

Es geht um den *Glauben.*

Daß sich die Gesellschaft ohne Änderung der menschlichen Natur ändert, ist eine kindliche Utopie. Das haben selbst Kommunisten erkannt und ausgesprochen. Che Guevara sagte: „Wenn unsere Revolution nicht die Änderung des Menschen zum Ziel hat, interessiert sie mich nicht." Und Chruschtschow erklärte: „Die Widersprüche in der kommunistischen Gesellschaft haben ihre Ursache in der Unfähigkeit, einen selbstlosen Menschen zu schaffen." Oder Schulubin, der alte Kommunist in Solschenizyns „Krebsstation", sagt: „Wir dachten, es sei genug, die Produktionsweise zu verändern — und die Menschen würden sich sofort mit ihnen verändern. Aber wurden sie anders? Kein bißchen. Sie änderten sich überhaupt nicht."

Die Wirtschaftssysteme des Ostens und des Westens haben den neuen Menschen nicht hervorgebracht. Revolutionen haben Systeme zerschlagen, aber nicht den alten Menschen. Wir produzieren soziale Veränderung, Aufrüstung, Erneuerung gesellschaftlicher Strukturen. Wir fordern, daß sich die Gesellschaft, die Kapitalisten, der Arbeitgeber, die Eltern, die Regierung und die Leser ändern. Wir erwarten die Änderung vom anderen, aber nicht von uns selbst.

Ein Mensch, der die neue Geburt aus Gott erfahren hat, überwindet die Welt und verändert die Welt. Sein Wille ist umgewandelt, seine egoistischen Lebensziele, seine Pläne und Neigungen ändern sich. Ein Mensch, der aus Gott geboren ist, lebt sinnerfüllt, seine persönliche Revolution wirkt mit Sicherheit revolutionierend auf die ganze Gesellschaft. Spürt unsere Umgebung etwas von der Siegermacht, die Gott verleiht?

Ich folge Gott, ich will ihm ganz genügen; die Gnade soll im Herzen endlich siegen. Ich gebe mich; Gott soll hinfort allein und unbedingt mein Herr und Meister sein. Amen. (Gerhard Tersteegen)

7. Oktober

Gott ist mein Fels, zu dem ich mich flüchte . . ., mein fester Turm und meine Zuflucht. 2. Samuel 22, 3

„Hoffentlich Allianz-versichert!" Sie kennen doch die Werbung im Fernsehen, im Kino und in der Zeitung. Ein kleines Malheur wird inszeniert, ein beträchtlicher Schaden entsteht, und schon ist der Jammer groß. „Hoffentlich Allianz-versichert". Kritiker der Kirche und des Christentums haben es bissig so formuliert: „Früher haben wir zu Gott gebetet, wenn es ein Gewitter gab, wenn jemand krank wurde, jemand verunglückte und ohne Arbeit war. Heute sind wir dagegen versichert." Die Versicherung kommt für alles auf: für Schäden, Gebrechen, Krankheiten, Feuer, Hagel, Windsturm, Flut und schlechtes Wetter im Urlaub.

Gott ist zum Lückenbüßer geworden. Unsere Zuflucht sind die gläsernen Türme der Versicherungspaläste geworden. Hier investieren wir unser Vertrauen. Nebenbei gesagt: Ich bin auch versichert. Aber die entscheidende Frage lautet: Was rücken wir an die erste Stelle? Wem vertrauen wir uns lieber an? Gott oder der Versicherung? Mir hat mal einer geantwortet: Am liebsten beiden. Ist das ein Witz, oder charakterisiert diese Haltung nicht katzennüchtern unsere Einstellung? Gott ist gut, aber die Versicherung ist zuverlässiger. Gottes Wort und seine Zusagen sind einer schleichenden Inflation zum Opfer gefallen. Wir haben uns auf dieser Erde *felsenfest* eingerichtet.

Einige Fragen: An welcher Stelle räumen wir Gott für alle Eventualitäten unseres Lebens einen Platz ein? Was nehmen wir zunächst in Anspruch: Gott oder die Nummer unserer Versicherung? Können wir noch so überzeugend wie David und nach ihm Millionen Menschen beten: „Gott ist mein Fels, zu dem ich mich flüchte?"

Lieber Herr! Wir haben uns in dieser Welt phantastisch eingerichtet. Unser tägliches Leben zeigt, wie mangelhaft wir dir vertrauen. Schenk' uns den Mut des David, dir als dem unerschütterlichen Fels zu vertrauen. Amen.

8. Oktober

Wenn wir weiter nichts sind als solche, die in d i e s e m Leben ihre Hoffnung auf Christus gesetzt haben, so sind wir die beklagenswertesten unter allen Menschen.
1. Korinther 15, 19

Wir leben von der *Hoffnung.*
Bert Brecht war anderer Meinung. Er dichtete knapp und deprimierend: „Ich gestehe es: Ich habe keine Hoffnung. Die Blinden reden von einem Ausweg. Ich sehe. Wenn die Irrtümer verbraucht sind, sitzt als letzter Gesellschafter uns das Nichts gegenüber."
Für Bert Brecht sind Christen Blinde, die von „einem Ausweg reden". Er, der Sehende, schaut auf das Nichts. Über unserer Zeit lastet eine geradezu heidnische Schwermut. Viele sind verzweifelt, weil sie kein überzeitliches Ziel mehr entdecken. Sie können auch nicht vom „Prinzip Hoffnung" leben, das der greise Philosoph Ernst Bloch den Menschen verkaufen wollte.
Christus ist kein Prinzip, sondern eine *konkrete* Hoffnung. Paulus spricht vom „Gott der Hoffnung". Es gibt in allen Religionen viele Götter ohne Hoffnung und Götzen ohne Zukunft. Sie wollen Garanten des Glücks und der Sicherheit sein. Letztlich lassen sie den Menschen im Stich. Der Gott der Bibel ist der Gott der Hoffnung.
Friso Melzer schreibt über die „Hoffnung": „Hoffen ist niederdeutscher Herkunft und erst seit dem zwölften Jahrhundert nachzuweisen. Es ist zu vermuten, daß hoffen mit hüpfen zusammenhängt. Wenn diese Vermutung stimmt, dann wäre hoffen eine Bewegung zunächst leiblicher, dann aber auch seelischer Art. Es ist eine Erwartung, die den ganzen Menschen in Bewegung versetzt."
Als letzter Gesellschafter sitzt uns nicht das Nichts gegenüber, sondern Christus — unsere Hoffnung, kein Prinzip, sondern eine Person. Diese Hoffnung läßt keine Verzweiflung zu, sie bringt den ganzen Menschen in Bewegung. Ist das bei mir so?

Hab Dank, Herr, du bist unsere personifizierte Hoffnung und kein blutleeres Prinzip. Du bist bei uns heute und morgen und am Ende der Welt. Amen.

Gelobt sei der Gott und Vater unseres Herrn Jesus Christus, der nach seiner großen Barmherzigkeit uns wiedergeboren hat zu einer lebendigen Hoffnung durch die Auferstehung Jesu Christi von den Toten.

1. Petrus 1, 3

Welchen Stellenwert hat die *Hoffnung* in unserem Leben? In einem öffentlichen Gespräch mit dem Prager Philosophen Milan Machovec in Hamburg sagte der Tübinger Theologieprofessor Jürgen Moltmann zu dem Thema „Warum ich mich Christ nennen lasse" folgendes: „Herr Machovec fand keinen qualitativen Unterschied zwischen Buddha, Goethe, Marx und Jesus. Er kann darum das biblische Jesusbild ehren und mit Worten Jesu leben. Aber er findet nichts Einzigartiges darin. Für mich liegt das Einzigartige zwischen Jesus und allen anderen Religionsstiftern und großen Menschen darin, daß dieser eine von den Menschen gekreuzigt und von Gott auferweckt wurde. Der Mensch steht seiner Menschwerdung im Wege, und der Tod ist des Menschen Feind. Die Auferweckung des gekreuzigten Christus bedeutet für mich den Grund und Anlaß für die Gewißheit, daß wahre Humanität nicht in der Verbesserung der gesellschaftlichen Verhältnisse und allgemeiner Verbrüderung liegen kann, sondern aus der Überwindung des Bösen im Menschen und der Überwindung des Todes geboren wird."
Die Hoffnung der Auferstehung läßt uns nicht zu Atheisten werden. Die Hoffnung der Auferstehung gibt uns Zuversicht, auf Überwindung des Bösen, der Gottverlassenheit und der Unmenschlichkeit der Welt zu hoffen. Diese Auferstehungshoffnung läßt uns nicht passiv bleiben, sondern schenkt uns erhöhte Aktivität, Mitarbeiter Gottes am Erlösungswerk dieser Welt zu werden. Darum sind Christen erlöste Revolutionäre, keine Jenseitsträumer, sondern Aktivisten der Liebe mitten in dieser Welt. Sind wir's?

Herr, deine Auferstehung ist meine Hoffnung. Laß sie mich dazu beflügeln, sie anderen weiterzugeben. Amen.

Ich habe auch genau wie sie die feste Hoffnung, daß die Gestorbenen auferstehen werden, die guten wie die schlechten. Apostelgeschichte 24, 15

Wir denken über die *Hoffnung* nach.
Elisabeth Kübler-Ross berichtet in ihrem Buch „Interviews mit Sterbenden" von Gesprächen mit unheilbar Kranken. Dabei wird deutlich: Gerade die Patienten, die ihre Krankheit realistisch beurteilen, sich und anderen nichts vormachen und sich mit ihrem Zustand abgefunden haben, halten zugleich fest an der Hoffnung. So warten einige auf die Entdeckung eines neuen Mittels gegen ihre Krankheit, obwohl nach menschlichem Ermessen diese Chance äußerst gering ist. „Der Hoffnungsschimmer hilft über Tage, Wochen und Monate hinweg ... für andere bedeutet Hoffnung eine flüchtige, aber notwendige Periode des Ableugnens. Was es auch immer sein mochte: Wir stellten fest, daß alle Patienten Hoffnung hegten und sich in besonders schwierigen Perioden von ihr tragen ließen ... Wenn der Kranke keine Hoffnung mehr zu erkennen gibt, ist es meistens ein Zeichen dafür, daß der Tod unmittelbar bevorsteht."
Hoffnung ist ein elementares Lebensbedürfnis. Leben heißt hoffen. Wer die Hoffnung aufgibt, vegetiert dahin. Er verkümmert, stirbt. Hoffnung mobilisiert Lebenskräfte. Hoffnung erweckt Heilungskräfte. Ostern ist darum ein Sieg über die Resignation und Hoffnungslosigkeit. Jede Form von Sinnlosigkeit hat abgewirtschaftet. Ostern ist kein frommes Wunschdenken, keine fromme Einbildung, kein Produkt selbstgebastelter Hoffnung. Mit der Auferstehung Jesu ist für uns eine neue Zeit angebrochen. Wir teilen mit Paulus die „feste Hoffnung", daß alle Gestorbenen auferstehen werden. Christus hat vor 2000 Jahren den Anfang gemacht.

Du bist unsere Hoffnung, Herr. Und wenn sich alles gegen uns zu verschwören scheint: Du bist bei uns. Amen.

Es ist aber der Glaube ein zuversichtliches Vertrauen auf das, was man hofft, ein festes Überzeugtsein von Tatsachen, die man mit Augen nicht sieht.

Hebräer 11, 1

Die französische Schriftstellerin Françoise Sagan schrieb schon mit 21 Jahren den bekannten Roman „Bonjour Tristesse" (Guten Tag, Traurigkeit). Schon im Titel wird die ganze müde, gelangweilte und verspielte Resignation deutlich, die so viele Menschen unserer Tage wie ein Schatten begleitet.
Was macht unser Leben denn so „trist"? Sind es menschliches Unglück, zuwenig Geld und enttäuschte Liebe, die Menschen so resigniert, traurig und kopfhängerisch machen? Nein. „Schicksalsschläge" sind in der Regel Herausforderungen, *trotzdem* die Lage zu meistern. Die Bombennächte des zweiten Weltkrieges sind ein überzeugendes Beispiel dafür. Die Zahl der völlig Resignierten war kleiner als heute im Wohlfahrtsstaat. Im Roman begegnet uns die Traurigkeit, die gähnende Langeweile — die Tiefebene, ohne Höhen, aber auch ohne Abgründe. In der Regel die Antwort auf Verwöhnung, auf Verzärtelung, auf Luxus, auf Wohlfahrtsstaat und auf materiellen Wohlstand.
Menschlich gesehen holen uns nur Forderungen und Aufgaben aus der Resignation und Tiefe hervor. „Wer fordert, fördert!" ist ein pädagogischer, aber auch ein seelsorgerischer Ratschlag. Ohne Hoffnung zu leben, ist Sünde. Der Glaube an Gott ist kein Vertrauen ins Blaue hinein. Vertrauen auf Gott ist Medizin gegen die Resignation, ist Reaktivierung der schlummernden, brachliegenden Kräfte, für Gott und damit auch für andere tätig zu werden. Hoffnung ist kein zerbrechlicher Strohhalm, an den sich der Mensch klammert, sondern die feste Überzeugung, daß Jesus eine Tatsache ist.

Herr, ich danke dir, daß du kein illusionärer Hoffnungsschimmer, sondern die Hoffnung und die Tatsache unseres Lebens bist. Amen.

12. Oktober

Wenn wir weiter nichts sind als solche, die in diesem Leben ihre Hoffnung auf Christus gesetzt haben, so sind wir die beklagenswertesten unter allen Menschen.

1. Korinther 15, 19

Es geht um die *Hoffnung*.
Billy Graham schildert in seinem Buch „Entscheidung für Jesus" an einem Beispiel, was Hoffnung für den Menschen bedeutet. „Vor einigen Jahren versank ein Unterseeboot in der Bucht von Provencetown. Unverzüglich stiegen Taucher hinab und umkreisten das beschädigte Boot in der Hoffnung, ein Lebenszeichen von drinnen aufzufangen. Einer hörte ein leises Pochen. Er lauschte angestrengt und unterschied die Punkte und Striche des Morsealphabetes. Folgendes waren die Worte: ‚Gibt es noch Hoffnung?' Gibt es noch Hoffnung? Das ist der ständige Schrei der Menschheit, und Ostern ist die Antwort auf diesen Ruf. Das Neue Testament ist das Lehrbuch der Hoffnung."
Hoffnung hält über Wasser. Hoffnung hält am Leben und aktiviert mehr als hohe Dosen von Psychopharmaka. Hoffnungslosigkeit ist schleichender Tod. Hoffnung hat nichts mit Luftschlössern zu tun, die wir im Wachtraum bauen und deren Entstehungskosten bekanntlich gering sind. Eine Hoffnung braucht ein Fundament. Dem Philosophen Ernst Bloch geht es auch um Hoffnung, die er aber nicht auf Christus setzt: „Gott ... im Sinne eines Weltschöpfers oder auch Weltregierers ist einzig Unwissenschaft, ja Anti-Wissenschaft, Vitzliputzli-Nonsens."
Jesu Auferweckung ist die fundierte Hoffnung, von der Christen leben. Sie reicht nicht nur bis zum Grabesrand, sondern weit darüber hinaus.

Herr, erbarm, erbarme dich! Auf uns komme, Herr, dein Segen. Leit und schütz uns väterlich, bleib bei uns auf allen Wegen. Auf dich hoffen wir allein, laß uns nicht verloren sein. Amen. (Ignaz Franz)

Abraham hat da, wo nichts zu hoffen war, doch hoffnungsvoll am Glauben festgehalten, damit er der Vater vieler Völker würde nach der Verheißung. Römer 4, 18

Es geht um die *Hoffnung.*
Helmut Gollwitzer gibt in einem seiner Bücher ein überzeugendes Beispiel für gelebte Hoffnung. „In der Mitte des vorigen Jahrhunderts tagte in einem Staat des nordamerikanischen Mittelwestens das Parlament dieses Staates. Es zog ein fürchterliches Unwetter auf, ein Orkan, und verdunkelte den Himmel. Die Parlamentarier wollten voll Entsetzen die Sitzung abbrechen. Darauf sagte der Sprecher des Parlaments: ‚Meine Herren. Entweder die Welt geht jetzt nicht unter und unser Herr kommt noch nicht, dann ist kein Grund vorhanden, die Sitzung abzubrechen. Oder unser Herr kommt jetzt – dann soll er uns bei der Arbeit finden. Die Sitzung geht weiter!' Das ist die neue Hoffnungsdimension, die die biblische Botschaft in unser Leben hereinbringt."
Was auch kommt, es muß an unserem Herrn vorbei. Die Geschicke der Welt und mein Geschick sind in seiner Hand. Wir sind seine Kinder und keine geistlosen Mikroben auf dem Sandkorn Erde. Die christliche Botschaft ist das große Verbot der Resignation. Christliches Leben ist personifizierte Hoffnung. Jeder Atemzug ist ein Hoffnungsakt. Abraham wurde der Vater der Hoffnung. Christus *ist* die Hoffnung. Christus ist das lebendige Argument gegen die Verzweiflung und Sinnlosigkeit. „Ich bin davon überzeugt, daß jede Krankheit davon herrührt, daß man die Hoffnung verloren hat", schrieb Thornton Wilder. Wenn der Zweifel uns quälen will und wenn das Morgen düster aussieht, wollen wir auf Gottes Wort bauen. Hinter den dunkelsten Wolken scheint die Sonne. Können wir das glauben?

Hoff, o du arme Seele, hoff und sei unverzagt! Gott wird dich aus der Höhle, da dich der Kummer plagt, mit großen Gnaden rücken; erwarte nur die Zeit, so wirst du schon erblicken die Sonn der schönsten Freud. Amen. (Paul Gerhardt)

Und Abraham vertraute dem, der die Toten lebendig macht und aus dem Nichts alles ins Dasein ruft. Er hoffte, obwohl es keinen Grund zur Hoffnung gab.

Römer 4, 7—18

In unserer Umgangssprache hat *Hoffen* die Bedeutung einer ungewissen Erwartung. Sie kennen das Sprichwort: „Hoffen und Harren macht manchen zum Narren."

Der Schriftsteller Günter Grass hat in einem seiner Bücher, dem „Tagebuch einer Schnecke", seinen Sohn Franz in einem Gedicht Einsichten und Lebenserfahrungen mit auf den Weg gegeben, die er mit dem Titel umschreibt: *Wider die Resignation.* „Später mal, Franz, wenn du enttäuscht bist, wenn du den Kehrreim des Liedchens ‚Zwecklos', das die Zeile ‚Hatjadochkeinenzweck' wiederholt, mühsam gelernt, in Gesellschaft gesungen, aus Trotz vergessen und auf Abendschulen neu gelernt hast . . ., wenn du aufgegeben, endlich aufgegeben, für immer aufgegeben hast, dann — Fränzeken — nach einer Pause, die zu lange ist, um peinlich genannt zu werden, dann stehe auf und beginne dich zu bewegen, dich vorwärts zu bewegen . . ."

Günter Grass hat begriffen: Ohne Hoffnung verkümmert der Mensch. Resignation ist das Letzte. Ohne Hoffnung kommt die Verzweiflung.

Darum ist uns Abraham ein Musterbeispiel für einen gläubigen Menschen, der hofft. Er hofft gegen Pessimismus, gegen die Zweifel in der eigenen Brust.

Das philosophische Wörterbuch definiert Hoffnung als „freudige Erwartung", als „feste Zuversicht". Das Hoffen der Christen ist durch Gewißheit gekennzeichnet und nicht durch Ungewißheit. Es ist die personhafte Gewißheit, die an Jesus Christus gebunden ist. Christen hoffen nicht ins Blaue. Sie vertrauen — wie Abraham — auf sein Wort.

Bewahre uns, Herr, eine lebendige Hoffnung gegen Resignation und Verzweiflung. Wir vertrauen dir und deinem Wort — wie Abraham. Amen.

Wer sich in einen Streit mischt, der ihn nichts angeht, ist wie einer, der einen streifenden Hund bei den Ohren packt. Sprüche 26, 17

Eine handfeste *Erziehungsregel* für Eltern! Die Bibel spricht Wahrheiten aus, die wir uns hinter die Ohren schreiben können. Viele Väter und Mütter verstoßen gegen diese Regel. Sie haben mehrere Kinder, ältere und kleinere. Die Kinder streiten sich. Die Erwachsenen mischen sich ein. Was ist daran falsch? Oft werden die ältesten Kinder beschuldigt, weil ihnen unbesehen die größere Verantwortung aufgebürdet wird. „Du bist doch schon groß, warum mußt du so fest zuschlagen? Du solltest vernünftig sein und Ruhe halten!" Die Kleinen triumphieren. Oft haben sie den Streit angezettelt. Sie haben die Älteren provoziert. Vor allem, wenn die Eltern in der Nähe sind. Schlagen die Älteren zurück, schreien sie wie am Spieß. Das Schreien ruft Vater und Mutter auf den Plan. Das Schreien und Weinen verführt sie, den Kleinsten beizustehen. Und der Erfolg? Die Ältesten fühlen sich ungerecht behandelt, die Kleinsten genießen den Triumph. Der Kampf der Geschwister untereinander wird verstärkt.
Die Bibel hat recht: Wer sich in einen Streit mischt, der ihn nichts angeht, ist wie einer, der einen streunenden Hund bei den Ohren packt. Er wird selbst gebissen. Streitigkeiten lösen sich von selbst, wenn wir als Eltern ruhig und fest die Kinder trennen. Wer untersucht, wer angefangen hat, wird belogen und getäuscht. Wir erziehen die Kinder zur Unwahrheit. Der Streit ist Sache der Kinder. Die Kleinen müssen lernen, wie sie mit Älteren und Stärkeren fertig werden. Das ist in der Völkerfamilie ähnlich.

Lieber Herr, es fällt uns schwer, Auseinandersetzungen der Kinder zu meiden. Wir wollen das Beste und erreichen, daß der Kampf sich verstärkt. Gib uns die Kraft, die Weisheit deines Wortes zu beherzigen. Amen.

Ihr habt gehört, daß für den, der Böses vergelten wollte, die Regel galt: Auge um Auge, Zahn um Zahn. Ich aber sage euch: Ihr sollt auf das Böse überhaupt nicht reagieren. Matthäus 5, 38—39

Viele Eltern halten die Logik für zwingend, daß in der Kindererziehung Böses mit *Strafe* geahndet werden muß. Strafe muß sein. Sie sehen keine Alternative. Sie sagen: „Wer nicht hören will, muß fühlen!" Oder: „Wenn wir nicht strafen, trampeln uns die Kinder auf dem Kopf herum." Sie vergelten das Böse und ernten neue Schwierigkeiten.
Der Satz aus der Bergpredigt gilt aber nicht nur für den engsten Jüngerkreis, für Politiker, für Staatsmänner und Kriegsminister. Er gilt auch für Eltern, die sich Christen nennen. Wer Böses vergilt, erntet Haß, Rachegedanken und Aggressionen. Strafe bessert selten. Sie verstärkt den Trotz, untergräbt das Vertrauen und fordert neue Machtkämpfe heraus. Eltern wollen siegen, Eltern müssen das letzte Wort behalten. Sie fürchten um ihre „elterliche Gewalt". Wer Macht ausspielt und nicht nachgeben kann, macht gegenseitige Achtung unmöglich. Und mangelnde gegenseitige Achtung hält den Vergeltungsmechanismus in Gang.
Was können wir tun? Statt Strafe wenden wir *logische Konsequenzen* an. Das Kind kann wählen, ihm steht die Freiheit zu, es fühlt sich respektiert. Entscheidend ist: Wir treffen unsere Entscheidungen ohne Druck, ohne Erpressung und ohne Feindseligkeit, ohne Überheblichkeit und ohne Strafe. Der Unterschied zwischen logischen Folgen und Strafe besteht in dem Gefühl, das hinter unseren Entscheidungen steht. Anstelle von Kampf und Strafe steht die *Übereinkunft.* Wollen wir Jesu Gebot ernst nehmen oder unsere Vergeltungsmethoden beibehalten?

Herr, wir wollen das Beste für unsere Kinder und berufen uns auf unchristliche Verhaltensmuster. Gib uns den Mut, deine Regeln kompromißlos in der Kindererziehung anzuwenden. Amen.

Ihr habt gehört, daß für den, der Böses vergelten wollte, die Regel galt: Auge um Auge, Zahn um Zahn. Ich aber sage euch: Ihr sollt auf das Böse überhaupt nicht reagieren. Matthäus 5, 38—39

Eine revolutionäre Regel Jesu für das zwischenmenschliche Zusammenleben, für Partnerschaft und *Kindererziehung.* Im Grunde sträuben wir uns mit Händen und Füßen, diesen Gedanken zu übernehmen.
Frau X und Herr X sind zur Erziehungsberatung gekommen. Mit allen drei Kindern stehen sie auf Kriegsfuß. „Man kann sich doch nicht alles gefallen lassen", sagen sie. „Die Blagen wollen grundsätzlich das letzte Wort behalten!" sagt er. „Wenn wir ihnen nicht den Mund stopfen, halten die uns doch für Schwächlinge!" sagt sie. „Die provozieren uns so lange, bis wir platzen!" sagt er. „Auf einen groben Klotz gehört ein grober Keil!" sagt sie. Alle unsere typisch menschlichen — aber unweigerlich unchristlichen — Verhaltensmuster schimmern durch die Sätze der Eltern hindurch.
Wer Böses vergilt, wer sich rächt und wer mit Worten zurückschlägt, handelt nicht im Sinne Jesu. Wenn Kinder grundsätzlich das letzte Wort behalten wollen, haben wir das vorletzte gehabt. „Denen werd ich's zeigen!" sagen Alte und Junge, Eltern und Kinder. An dieser Stelle sollten sich Christen grundsätzlich von der Masse unterscheiden. Jesus fordert uneingeschränkt: „Ihr sollt auf das Böse überhaupt nicht reagieren!" Das ist unsagbar schwer. Aber es revolutioniert unser Zusammenleben. Kinder, die provozieren, wollen die Eltern zur Machtanwendung verleiten. Ein Kind stellt nach kurzer Zeit Boshaftigkeit und Provokation ein, wenn die Strafreaktion ausbleibt. Die Provokation stößt ins Leere, das Böse verhallt ohne Echo.

Herr, ich habe es trainiert, Widerworte zu geben, heimzuzahlen und auf jedes Böse zu reagieren. Vergib mir meinen Stolz und schenk mir das Wollen und das Vollbringen, Böses unbeantwortet zu lassen. Amen.

Denn wenn jemand seine eigene Familie nicht zu leiten versteht, wie kann er dann Sorge für die Gemeinde Gottes übernehmen? 1. Timotheus 3, 5

Es geht um die *Familie*.
Bei der Autorin Irmela Hofmann las ich in einem ihrer Bücher einen markanten Satz: „Ich arbeite in der wichtigsten Werkstatt des Atomzeitalters, wo die Zukunft gestaltet wird und die Gegenwart ihren Gehalt gewinnt: ich bin Hausfrau und Mutter von 3 Kindern."
In unserer Familie wird das Morgen programmiert. In gesunden Familien wachsen seelisch gesunde Menschen heran. Wenn Hochrechnungen von Fachleuten richtig sind, werden wir in der Mitte der achtziger Jahre 30 Prozent verhaltensgestörte Kinder in der Bundesrepublik haben. Gestörte Ehen, gestörte Familien, gestörte Kinder, das ist der verhängnisvolle Kreislauf. Und Kinder, die beziehungsgestört sind, heiraten und schleppen schwere Hypotheken in ihre Ehen hinein. Kinder brauchen Eltern, die nicht Moral predigen, anordnen, Gebote und Verbote erlassen, sondern dem Hause und der Familie Vorbilder im *Handeln* sind. Nicht das, was wir zu unseren Kindern sagen, prägt sie entscheidend, sondern die Art, wie wir sind und *leben*. Auch das Wort, das der Vater der Eheberatung, Dr. Theodor Bovet, den Eltern ins Stammbuch schrieb, gilt in diesem Zusammenhang: „Die Kinder haben genug Kameraden, aber nur ein Elternpaar. Wenn diese Eltern auch noch zu Kameraden werden, dann sind die Kinder elternlos."
Eltern sollen *leiten*, aber nicht herrschen, Autoritäten sein, aber nicht autoritär sich gebärden. Sie sollen Erzieher und keine Kommandeure sein. Das Zeugnis der Eltern ist zu Hause ungeschminkt. Kinder lassen sich nichts vormachen. Als Jünger Jesu sind Eltern Visitenkarten, oder sie sind es nicht. Was sind wir?

Herr, wir sind Eltern, nicht im Nebenberuf. Du legst uns eine hohe Verantwortung auf. Wir brauchen deine Kraft, um unsere Familie in deinem Namen zu leiten. Amen.

Ihr Eltern, faßt eure Kinder nicht zu hart an, sonst werden sie mutlos! Kolosser 3, 21

Es geht um *Kindererziehung.*
Eltern, die unbedingt etwas erreichen wollen, sollten sich ein Gebet zu Herzen nehmen, das viel zitiert wird. Es stammt von Oetinger und lautet: „Herr, gib mir den Mut zu ändern, was ich ändern kann; die innere Gelassenheit, mich mit dem abzufinden, was ich nicht ändern kann; und die Weisheit, den Unterschied zu erkennen." Je konsequenter Eltern in der Nachfolge stehen, desto mehr sind sie bestrebt, das Beste für ihr Kind zu wollen. In diesem Bestreben wenden sie oft ungeistliche Methoden an. Und sie wundern sich, daß die guten Absichten schlecht belohnt werden. Sie brauchen die Gelassenheit, sich mit dem abzufinden, was sie nicht (durch Druck und Gewalt) ändern können. Viele Eltern schütteln den Kopf und sagen: „Aber ich muß doch dafür sorgen, daß mein Kind gesund bleibt und nicht eine Zigarette nach der anderen raucht. Ich trage doch schließlich die Verantwortung!" Oder: „Vorehelicher Geschlechtsverkehr ist Sünde, und ich werde mit allen Mitteln meine Tochter daran hindern, daß sie mit einem Jungen zusammenkommt!" Oder: „Ich werde nicht dulden, daß mein Kind diese verrückte Urwaldmusik hört. Solche Musik muß doch ein junges Gemüt zerstören." Die Absichten sind edel, die Begründungen einleuchtend. Und wenn das Kind *beschlossen* hat, es anders zu handhaben? Dann werden Eltern *machtlos* zusehen, daß das Kind seinen Willen irgendwo und irgendwann durchsetzen wird. Macht macht mutlos — das ist die andere Konsequenz. Und mutlose Kinder sind lebensuntüchtig und ängstlich. Sie versagen und laufen vor Schwierigkeiten davon. Ob wir im Namen Jesu die biblischen Regeln ernstnehmen?

Herr, wir möchten in der Tat das Beste für unsere Kinder. Sag' du uns, was das Beste ist. Amen.

Wer Macht hat, läßt es die anderen spüren. Aber so soll es bei euch nicht sein. Wer von euch etwas Besonderes sein will, der soll dem anderen dienen, und wer von euch an der Spitze stehen will, soll sich allen unterordnen. Matthäus 20, 25—27

Wir denken über *Kindererziehung* nach. Das Wort Jesu gilt nicht nur für Staatsmänner, es gilt auch für Eltern.
In seinem neusten Buch „Familienkonferenz in der Praxis" schreibt Thomas Gordon, dessen Bücher Riesenauflagen erlebt haben, einen Abschnitt über das Thema: „Das Dilemma mit der Disziplin." Da heißt es: „Man frage 100 Eltern: ‚Sollen Kinder gehorsam sein?' und 99 werden ohne zu zögern antworten: ‚Natürlich!' Die meisten Eltern, die ihre Kinder zum Gehorsam erziehen, tun das in der besten Absicht. Sie möchten, daß ihre Kinder verantwortungsbewußt, zuverlässig, umsichtig, höflich, selbständig und noch mehreres andere werden. So greifen sie zu Disziplinierungsmaßnahmen. Wenn sie dann feststellen, daß es mit der Disziplin nicht so recht klappt, entscheiden sie gewöhnlich, daß sie von ihr noch entschiedeneren Gebrauch machen müssen. So geht's weiter, bis die Kinder sich auflehnen, sich rächen oder von zu Hause fortgehen . . ."
Wollen wir, daß die Kinder unsere Macht spüren? Müssen wir von unserer „elterlichen Gewalt" Gebrauch machen? Jesus ist anderer Meinung. Macht ruft Widerstand hervor. Druck erzeugt Gegendruck, und Zwang fordert den Gegenzwang heraus. Viele Eltern wollen das Gute — aber mit Gewalt. Eltern dürfen aber keine Diktatoren sein, die keine abweichenden Meinungen dulden, sondern kluge Lehrer, die ihren Kindern zum selbständigen Entscheidungsvermögen verhelfen. Das verlangt Dienen. So helfen sie ihren Kindern zur Mündigkeit vor Gott. Eltern, die die Maßstäbe Jesu anwenden, werden auch Kinder haben, die ihre Eltern achten.

Du bist unser Herr und zwingst keinen Menschen. Deine Macht hast du als Diener gelebt. Darin bist du Vorbild, auch uns Eltern. Amen.

Wenn irgendein Teil des Körpers leidet, dann leiden alle anderen mit ihm . . . Ihr alle bildet zusammen den Leib Christi. Jeder einzelne von euch ist ein Teil davon. Jedem hat Gott seinen bestimmten Platz zugewiesen.

1. Korinther 12, 26—28

Es geht um die *Familie.* Auch die Familie ist der Leib Christi. Paulus vergleicht die Gemeinde mit dem menschlichen Körper. Ich möchte die Familie mit einer Fußballmannschaft vergleichen. Da gibt es aktive und passive Spieler,
da gibt es Stürmer und Verteidiger,
da gibt es Stopper und Vorstopper,
da gibt es einen Spielführer,
da gibt es Ehrgeizige und weniger Ehrgeizige,
da gibt es Kämpfer aus Idealismus,
da gibt es Kämpfer aus Materialismus.
Jeder hat seinen bestimmten Platz, entsprechend der Fähigkeiten. Da gibt es Alleinspieler, schlechte und gute Abspieler, Spieler, die geehrt werden, und Spieler, die mitgetragen werden. Je besser das Zusammenspiel, desto stärker die Mannschaft. Alle sind voneinander abhängig, alle sind aufeinander angewiesen. Leidet ein Spieler, dann leiden alle mit. Wer sich drückt, verstößt gegen die Gemeinschaft. Wie eine Fußballmannschaft eiserne Regeln hat, die die Schlagkraft garantieren, so hat die Gemeinde Jesu klare Regeln und Maßstäbe. Die Familie ist das beste Exerzierfeld, diese Regeln und Gebote zu trainieren. Christus ist das eigentliche Haupt der Familie. Alle beachten gemeinsam seine Regeln. Das Zusammenspiel einer Familie muß klappen, wenn sein Wort gilt, wenn Jüngste und Älteste je ihren Beitrag leisten. Kampf, Streit und Rechthaberei untereinander lassen die Familie zerfallen. Nicht Christus ist mehr das Haupt, sondern jeder einzelne will sich behaupten. Wie sieht es bei Ihnen aus?

Herr, wenn wir als Familie auf dein Wort hören, klappt das Zusammenspiel. Sei du das Haupt! Vergib uns unsere Selbstbehauptung. Amen.

22. Oktober

Die Liebe hat einen langen Atem . . . sie glaubt alles und sucht keine Beweise. 1. Korinther 13, 4 u. 7

Das gilt auch in der *Kindererziehung.* Kinder provozieren gern, und Eltern lassen sich leider gern provozieren. Max und Grete streiten sich, daß die Fetzen fliegen. Mutter in der Küche hört das und fegt wie der Blitz dazwischen. „Wer hat angefangen?" Mutter forscht wie ein Untersuchungsrichter. Sie sucht Beweise und will es genau wissen. Was ist die Folge? Beide Kinder lügen. Jedes stellt sein Verhalten ins rechte Licht. Kein Kind gibt nach, beide beschuldigen einander und versuchen, ihre Weste reinzuwaschen.
Erwin hat gestohlen. Der Vater hat durch das Küchenfenster beobachtet, daß Erwin an Mutters Portemonnaie war. Er spricht ihn nicht sofort an, sondern startet ein hinterhältiges Ermittlungsverfahren. Der Vater will seinen Sohn überführen. Mit unwiderlegbaren Beweisen soll der Sohn in die Knie gezwungen werden.
Alle Abwandlungen dieser Prozedur sind Lieblingsfehler in der Erziehung unserer Kinder. Wer beim Streit der Kinder den Schuldigen ermitteln will und Beweise sucht, verführt seine Kinder zum Lügen. Die Lüge charakterisiert Mißtrauen und Angst. Ähnlich ist es mit dem Beweissuchen. Der Satz: „Ich kann es dir leider nicht beweisen, darum bekommst du keine Strafe", ist ein kinderfeindlicher Satz und demonstriert erzieherisches Fehlverhalten. Auch in der Erziehung gilt: Liebe hat einen langen Atem. Die Liebe glaubt alles und sucht keine Beweise. Schenken wir unserem Kind Vertrauen, wird es uns vertrauen. Liebe deckt zu und legt nicht bloß. Die Liebe klagt nicht an und stellt dem anderen Fallen. Gott *ist* Liebe. Er liegt auch nicht wie ein Untersuchungsrichter auf der Lauer, um uns zu überführen. Seine Liebe hat einen langen Atem.

Herr, wir wollen in der Familie nicht herrschen, sondern lieben, Vertrauen schenken und nicht Beweise suchen. Deine Kraft brauchen wir dazu. Amen.

Wenn jemand Antwort gibt, ehe er gehört hat, so gilt ihm das als Unverstand und Schande. Sprüche 18, 13

Es geht um *Kindererziehung*.
Wilhelm Gößmann hat die Unzufriedenheit vieler Kinder und Jugendlicher mit ihren Eltern richtig eingefangen, wenn er schreibt: „Die Erwachsenen wissen alles besser oder sie wissen nichts. Sie reden vom Generationsproblem, sie reden vom Geld und vom Urlaub, reden auf uns ein oder verstummen. Alles wissen sie besser. Trinkt nicht soviel – raucht nicht soviel – sitzt nicht immer vor dem Fernsehapparat – und sie selbst sitzen stundenlang davor. Ihr tut uns leid. Wie hilflos seid ihr manchmal, wie eingebildet noch dazu . . . Und wir hätten noch Lust, mit euch nach dem Sinn des Lebens zu fragen – aber ihr nehmt uns den Mut."
Aufeinander *hören* können, ist ein Grundprinzip der zwischenmenschlichen Begegnung – auch in der Familie. Wer nicht zuhören kann, erntet Widerspruch, Trotz und Rechthaberei. Er kann auch völliges Schweigen ernten. W. Gößmann schreibt: „Und wir hätten noch Lust, mit euch nach dem Sinn des Lebens zu fragen." Die Kinder ziehen sich zurück und schweigen. Sie denken viel, aber sagen nichts. Müssen Eltern auf alles eine Antwort wissen? Müssen sie sie geben, bevor sie gründlich zugehört haben? Die schnelle Antwort ist Besserwisserei. Sie macht Kinder mutlos. Viele Eltern antworten in Rechthaberei und Machtanspruch. Die Liebe ist der Maßstab der Erziehung. Liebe ist der Maßstab für Zuhören und Antworten. Die Liebe kann Widersprüche und Unreife ertragen. Die Liebe argumentiert nicht lautstark dagegen an. Die Liebe muß nicht recht und das letzte Wort behalten.

Herr, deine Liebe und Geduld sind Richtschnur für unser Reden und Erziehen. Herr, mehre die Liebe und Geduld! Amen.

24. Oktober

Sie alle sollen loben den Namen des Herrn, denn sein Name allein ist erhaben. Psalm 148, 13

Es geht um unser *Ich*. Es geht um seinen Namen und um meinen Namen.
Der mittelamerikanische Dichter E. Cardenal hat eine Psalmendichtung herausgegeben unter dem Titel „Zerschneide den Stacheldraht". In der Sprache und im Rahmen der Erkenntnisse der Jetztzeit ist auch der Psalm 148 verfaßt. In Auszügen lautet er bei Cardenal: „Lobet den Herrn, ihr Nebelflecken, staubkörnchengleich auf der Fotoplatte. Lobet den Herrn, Atmosphäre und Stratosphäre, Röntgenstrahlen und Hertzsche Wellen. Lobet den Herren, Atome und Moleküle, Protonen und Elektronen, Walfische und Atom-U-Boote. Lobet den Herrn, ihr republikanischen Republiken und Vereinte Nationen. Lobet den Herrn, ihr Polizisten, Studenten und hübschen Mädchen. Sein Ruhm übertrifft Himmel und Erde, Teleskope und Mikroskope. Er hat sein Volk groß gemacht und Israel zu seinem Verbündeten. Halleluja."
Immer im Mittelpunkt der Satz: „Lobet den *Herrn*!" Unser Blick wird abgelenkt von unserem „dicken Ich", das nach Anerkennung hungert und Bestätigung sucht, das sich unbewußt und bewußt in den Mittelpunkt schiebt, geschickt und weniger geschickt auf sich aufmerksam macht. *Wir* brauchen Lob, Anerkennung, Bestätigung und Aufmerksamkeit. Aber je mehr wir den Herrn als Herrn und den Namen aller Namen preisen und anbeten können, desto kleiner und unscheinbarer werden unsere Probleme. Denn „sein Name ist allein erhaben!" Sein Ruhm übertrifft Himmel und Erde.

Herr, ich schaue auf mich und sehe nichts von deiner Größe. Ich warte darauf, daß mein Name beachtet wird, und kann deinen Namen nicht loben. Vergib mir. Amen.

25. Oktober

Er muß wachsen, ich dagegen muß abnehmen. Er, der von obenher kommt, steht höher als alle anderen.

Johannes 3, 30—31

Ein unerschöpfliches Thema: *mein Ich.*

Der Schriftsteller Adolf Faber hat ein kleines Gedicht verfaßt mit dem Titel „Ich und Du". Knapp und klar schält er den Unterschied heraus:

„Ich hasse und Du liebst,
Ich vergelte, Du vergibst,
Ich geize und Du schenkst,
Ich denke und Du lenkst,
Ich verdiene und Du dienst,
Ich bin schuldig und Du sühnst,
Ich sterbe und Du lebst,
Ich vernichte, Du erlöst,
Ich hab's so gemacht, Du hast es vollbracht."

Hier kommt meine eigentliche Sünde kristallklar ins Visier: meine Selbstherrlichkeit und Ichhaftigkeit. Ich will wachsen, will Karriere machen, mich entfalten, mich ausleben und mich selbst verwirklichen. Ich will wachsen, logischerweise wird er abnehmen. Ich will verdienen, logischerweise werde ich ihm weniger dienen.

Vor fast 2000 Jahren hat Johannes der Täufer ein Problem angesprochen, das ein Lieblingsthema unserer Zeit zu sein scheint: *Selbstverwirklichung.* Selbstbejahung und Selbstverwirklichung sind gut — mit einer wichtigen Einschränkung: Unser Herr steht höher als alle anderen. Er hat absolute Priorität. Können Sie das von sich sagen?

Ich will dich lieben, meine Stärke, ich will dich lieben, meine Zier; ich will dich lieben mit dem Werke und immerwährender Begier; ich will dich lieben, schönstes Licht, bis mir das Herze bricht. Amen.

(Johann Scheffler)

26. Oktober

Wenn ich nur dich habe, so frage ich nichts nach Himmel und Erde. Psalm 73, 25

Wir denken über unser *Ich* nach. In welchem ausgewogenen Verhältnis stehen Gottesliebe und Ichliebe, auch Nächstenliebe und Ichliebe?
Eine Romanschriftstellerin unserer Tage schreibt über ihre Titelheldin: „Edith war ein kleines Land, dessen Norden, Süden, Westen und Osten von Edith begrenzt war." Der Blick in alle Himmelsrichtungen sieht nur das eigene *Ich*. Das Dichten und Trachten der ungezählten „Ediths" auf dieser Welt ist mit dem eigenen „kleinen Landstrich" beschäftigt. Je aufgeblähter das eigene Ich, desto kleiner die „anderen Länder", die fernen und nahen Nächsten. Das eigene Ich wächst, Gott und die anderen nehmen ab. Das ist die Perversität, die Verkehrung gottgewollten Lebens. Auch psychotherapeutisch gilt: Die vielen „Ediths" unter uns sind handfeste Neurotiker, fehlgesteuert und unglücklich. Das Ich ist zum gestaltenden Prinzip des Lebens und Denkens geworden. Das Ich hat sich verselbständigt und ist aus dem zwischenmenschlichen Zusammenhang herausgerissen. Diese Ichsucht macht krank und ist eine lebensvernichtende Maxime.
Der Therapeut Fritz Künkel schrieb: „Alle Fehler, Schwächen und Irrungen, die dem einzelnen Menschen innewohnen, lassen sich aber auf seine Ichhaftigkeit zurückführen. Das wichtigste Symptom der Ichhaftigkeit ist die innere Vereinsamung, der Mangel an Verbindungen von Herz zu Herz."
Wenn Christus in uns lebt, wächst die Liebe. Wenn wir nur ihn haben, nimmt die Herzlichkeit unter uns Menschen zu.

Ich rühm den Herrn allein; er ist derselbe, der er war, sein Lob soll jetzt und immerdar in meinem Munde sein. Amen. (Matthias Jorissen)

27. Oktober

Wenn ich mich zu Bette lege, so denke ich an dich, wenn ich wach liege, sinne ich über dich nach.

Psalm 63, 7

Es geht um mein *Ich,* um Selbstliebe und Gottesliebe, um Selbstliebe und Nächstenliebe.

Ich hatte vor Jahren einen Beinahe-Drogenabhängigen in der Beratung. Mit seinen 16 Jahren war ihm die Schule gleichgültig, das Leben, die Eltern, die Freundin, alles. In einem Gespräch sagte er: „Mir kann die ganze Welt den Buckel runterrutschen." Ich sagte ihm: „Was wollen Sie genau damit zum Ausdruck bringen?" Er: „Mir steht alles im Hals. Ich kann mit mir nichts anfangen."

Ist das nicht ein bedenkenswerter Zusammenhang? Weil er *mit sich* nichts anfangen kann, stehen ihm *die anderen* im Hals. Eine zerstörerische Langeweile greift um sich, wenn die anderen uninteressant werden. Langeweile ist ein Wir-Problem. Der Gelangweilte ist im höchsten Grade *ichhaft* und egoistisch. Sein fruchtloses Denken kreist um sein Ich. Plötzlich wird alles sinnlos. Das ständige Wachsen des eigenen Ich führt in die Neurose.

Wer auf Gott blickt und ihn in seinem Leben Gestalt annehmen läßt, ändert sein Denken, sein Dichten und Trachten. Gottes Wille geschieht, nicht mein Wille. Seine Wünsche bekommen Gewicht und nicht meine Bedürfnisse. Ich werde hellhörig für die Nöte des anderen und dramatisiere nicht meine eigenen Wehwehchen. In der Tat, der Psalmist setzt gültige Maßstäbe für das Verhältnis mit Gott und den Menschen. Wer im Liegen und Stehen an Gott denkt, wird nicht von Sinnlosigkeitsgefühlen gequält. Steht unser Herr über allem, stimmt die Perspektive bei mir und im zwischenmenschlichen Bereich.

Erlöse mich von meiner Ichsucht, Herr, und lenke meine Sinne auf dich und den Nächsten. Ich weiß, ich werde nicht zu kurz kommen. Amen.

28. Oktober

Wer unter dem Schirm des Höchsten sitzt und unter dem Schatten des Allmächtigen bleibt, der spricht zu dem Herrn: Meine Zuversicht und meine Burg, mein Gott, auf den ich hoffe. Psalm 91, 1—2

Es geht um die rechte und falsche *Selbstliebe.* Es geht um Ichhaftigkeit und Nächstenliebe. Die Frage nach dem Sinn und nach der Erfüllung im Leben ist oft die Frage nach dem *Wir,* nach der Nächstenliebe.

In der Beratung begegne ich oft Mutlosen, die *an sich* leiden. Ihr Leben dreht sich um sie selbst. Ihr Ich steht im Mittelpunkt.

Ich kann mich nicht richtig entfalten,
ich spiele nicht mit, weil ich so bedrückt bin,
ich stehe draußen, ich bin immer der Dumme,
ich werde vernachlässigt,
ich werde mißachtet,
ich werde ausgelacht,
ich werde gemieden und
ich werde nicht genügend geliebt und beachtet.

An der falschen Selbstliebe beginnt die Seelsorge. Der spanische Philosoph Ortega y Gasset sagt: „Die menschliche Existenz ist in dem Maße verzeichnet, indem es ihr um sich selbst geht." Es ist mit dem Leben wie mit dem menschlichen Auge, das die Welt ringsumher nur dann erkennt, wenn es unfähig ist, sich selber im Spiegel zu sehen. Und wie bekommen wir den Blick für das Wir, für die anderen?

Wer unter dem Schatten des Allmächtigen bleibt, hat Zuversicht, Geborgenheit und Hoffnung. Er wird nicht an sich leiden. Er blickt von sich weg, und zwar auf den lebendigen Gott und damit auf den Nächsten.

Ich will von deiner Güte singen, so lange sich die Zunge regt; ich will dir Freudenopfer bringen, so lange sich mein Herz bewegt. Amen.

(Johann Mentzer)

Lobe den Herrn, meine Seele, und was in mir ist, seinen heiligen Namen. Lobe den Herrn, meine Seele, und vergiß nicht, was er dir Gutes getan hat. Psalm 103, 1—2

In diesen Tagen denken wir über unser *Ich* nach.
Über die richtige Plazierung haben sich Elfie und Peter Löhndorf Gedanken gemacht. Sie schreiben:
„Die sechs wichtigsten Wörter:
Ich gebe meine Fehler gerne zu.
Die fünf wichtigsten Wörter:
Das hast du gut gemacht.
Die vier wichtigsten Wörter:
Wie denkst du darüber?
Die drei wichtigsten Wörter:
Wenn du möchtest.
Die zwei wichtigsten Wörter:
Danke schön.
Das erste und wichtigste Wort:
Wir.
Das unwichtigste Wort:
Ich."
Ichhaftigkeit hat in der Therapie noch eine andere Umschreibung gefunden: *Narzißmus.* Der Ausdruck wurde vor etwa 100 Jahren von dem deutschen Arzt Naecke geprägt. Er leitete diesen Begriff von einer Gestalt der griechischen Mythologie ab, dem Jüngling Narzissus, der in sich selbst verliebt und darum unfähig war, jemand anderen zu lieben. Dieses In-sich-selbst-verliebt-Sein ist krankhaft und gemeinschaftsfeindlich. Und wie lernen wir nun die sechs wichtigsten Wörter? Wie verlernen wir Selbstsucht und Narzißmus?
Der Psalmist hat ein gutes Rezept. „Lobe den Herrn, meine Seele!" Wer lobt, kann nicht klagen, wer lobt, kann sich schlecht mit sich beschäftigen. Wer Gott lobt, lernt danken, er sieht das Gute, das ihm zuteil wurde. Der Wir-Gedanke wächst.

Herr, hörst du mich? Ich leide entsetzlich. Verriegelt in mir selbst, Gefangener meiner selbst, höre nichts als meine eigene Stimme. Sehe nichts als mich selbst. Herr, zeige mir meine Tür, nimm meine Hand, tu auf und zeige mir den Weg. Amen.

(Michel Quoist)

Gott hat euch zur Freiheit berufen, Brüder! Aber mißbraucht sie nicht als Freibrief für Selbstsucht und Lieblosigkeit. Galater 5, 13a

Ein Schlagwort unserer Tage heißt: *Selbstverwirklichung.* Sieh zu, daß du deine Möglichkeiten realisierst. Gib dir Mühe, daß du deine Gaben ausschöpfst. Es ist dein Recht, dich voll und ganz zu entfalten.
Kritisch schreibt dazu ein katholischer Theologe, Adolf Holl: „Da geht einer in sich. Das bessert ihn, wie er meint. Doch das merkt keiner, bleibt er darin zu lange. Er tritt am Ende auf sich selbst herum."
Wir sind zur Freiheit berufen. Heißt das, daß wir uns rücksichtslos selbst verwirklichen dürfen? Nein. Meine Freiheit hört da auf, wo ich den anderen beschränke, benachteilige, vergesse. Wer mit sich beschäftigt ist, auch in frommer Selbstversenkung, dramatisiert seine eigenen Probleme, tritt schließlich auf sich selbst herum, wie Holl sagt. Wer ständig auf seine Vorteile schielt, um seine privaten Rechte kämpft, gerät in die Klauen der Selbstsucht. Selbstverwirklichung kann kurzsichtig machen.
Das Evangelium ist eine Sehschule für Kurzsichtige. „Liebe deinen Nächsten – wie dich selbst", das ist der Fundamentalsatz des Alten und Neuen Testamentes. Er öffnet uns die Augen und bewahrt uns vor einem Mißbrauch der Freiheit.
Martin Luther hat den Mißbrauch noch radikaler formuliert: „Vermaledeit oder verflucht in die Hölle hinein sei das Leben, das nur für sich allein lebt, denn das ist heidnisch und nicht christlich."

Herr, wir möchten unsere Freiheit endlos ausdehnen und uns selbst verwirklichen. Schenk uns einen klaren Blick, Selbstsucht und Selbstbejahung auseinanderzuhalten. Amen.

Wir aber verkünden, daß Christus, der Gekreuzigte, der Retter ist. Für die Juden ist das eine Gotteslästerung, für die Griechen Unsinn. 1. Korinther 1, 23

Es geht um den gekreuzigten *Christus.* Es stimmt gar nicht, daß Jesus von Nazareth den Klugen, denkenden Philosophen, Sozialisten, Gammlern und Hippies ein Dorn im Auge wäre, ein Skandal und schlichtweg dummes Zeug. Einige Kostproben.
Voltaire: „Jesus muß ein Mann von Tätigkeit, Recht, Sanftmut und Mäßigung gewesen sein. Ich möchte wagen, ihn einen ländlichen Sokrates zu nennen. Beide predigten Moral, beide hatten Schüler und Freunde und wurden hingerichtet." Oder Ernst Bloch, aus dem Osten geflüchteter und hier hochgeachteter neomarxistischer Philosoph: „. . . der wirkliche Jesus starb als Rebell und Märtyrer, nicht als Zahlmeister. Ein Rebell gegen Gewohnheit und Herrenmacht ist am Kreuz gestorben, ein Löser aller Familienbande, ein Tribun des letzten apokalyptisch geschützten Auszugs aus Ägyptenland . . ."
Und zum Schluß noch eine Vertreterin der „Theologie nach dem Tode Gottes": „Wenn Jesus heute wiederkäme, wäre er Atheist, das heißt, er könnte sich auf nichts anderes als auf seine weltverändernde Liebe verlassen." Alle Stimmen geben die Wunschträume, Ideale und Programme der jeweiligen Zeit wieder. Das Jesus-Bild wird jeweils für die entsprechende Vorstellung zurechtgeschneidert. Jesus als Revolutionär, als radikaler Sozialist, als Sitten- und Morallehrer, als Anti-Kapitalist und Systemüberwinder findet jede Menge Verehrer. Aber ein Jesus, in dem Gott selbst zu uns kam, der für unsere Schuld am Galgen starb? Da hört die Verehrung auf, da schlägt die Sympathie in Feindschaft und Diskriminierung um. Der Text proklamiert einen gekreuzigten Christus, der für Religiöse einen Skandal und für Kluge dummes Zeug bedeutet. Was bedeutet er für uns?

Mein Herr und mein Gott. Ich will dich nicht als großen Menschen verehren, du bist der gekreuzigte Christus. Damit kann ich leben. Amen.

Jesus Christus und sonst keiner kann die Rettung bringen. Nirgendwo auf der ganzen Welt hat Gott einen anderen Namen bekannt gemacht, durch den wir gerettet werden können. Apostelgeschichte 4, 12

Es geht um den *Heiland* der Welt. Von wem erwarten wir Heil?
Die Weltmissionskonferenz in Bangkok hatte das Thema: „Heil heute." Und wie sieht es in der Welt aus? Etwa eine Milliarde Menschen in und außerhalb Chinas behaupteten bis zum Tode Maos: „Das Heil der Welt heißt Mao Tse-tung." Es war ein Glaubensbekenntnis, das keinen Zweifel und keinen Widerspruch duldete. Punkt für Punkt fanden wir in diesem Heilsverständnis das Gegenbild zum Christentum. Für Beichte und Reue standen Bewußtseinswandlungen, Gehirnwäsche, Selbstkritik und Selbstreinigung. Der Heiland Mao verdrängte den Heiland Jesus Christus. Der Preis für das Heil Maos war hoch: Die Seele des Menschen. Am Anfang blieben Millionen von Blutopfern als Gegner auf dem Heilswege. Die Wandlung Chinas unter Mao hat eine faszinierende Kraft. Und es wäre zu der chinesischen Weltrevolution und ihrem Heilsverständnis nicht gekommen, wenn die westliche Christenheit nicht versagt hätte. Der Opiumkrieg, ungleiche Verträge, halbkoloniale Aufteilung Chinas und das schwere Mißverständnis der christlichen Mission als imperialistische Ideologie haben das Heil aus Christus torpediert. Statt Christus wurde Mao der große Retter, der Sozialanwalt der Unterdrückten in aller Welt. Sind wir Christen noch von dem einzigen Heil in Jesus Christus überzeugt? Glauben und bekennen wir, daß er die einzige Rettung, der Weg und das Leben für uns und alle Menschen — auch für zirka 1 Milliarde Chinesen — ist?

Lieber Herr, immer wieder gibt es große Namen in der Welt, die Rettung und Heil verheißen. Du kannst uns gewiß machen, daß nur dein Name zählt. Amen.

Dieser Jesus, den ich euch verkündige, ist Christus.
Apostelgeschichte 17, 3

Es geht um Jesus, den *Christus.*
Der angesehene Regisseur Jens Jörgen Thorsen hat einen Film über Jesus Christus gedreht. Im Mittelpunkt steht ein erfundenes Liebesleben. Thorsen kommentiert: „Ich will zeigen, daß es den Bibeljesus nie gegeben hat, so rein, so keusch, so ohne körperliche Liebe. Ich will zeigen, daß man ihn als Unterdrückungssymbol so zurechtgemacht hat. Und ich will zeigen, wie ein revolutionärer Jesus heute leben würde."
Die Vermenschlichung Jesu treibt immer neue Blüten. Jesus als wahrer Mensch ist Ungezählten in der Welt willkommen. Zum wahren Menschen gehört ein intaktes Liebesleben. Keine Gotteslästerung ist in der freizügigen Filmbranche tabu. So soll ein frei erfundenes Liebesleben Jesu von der menschlichen Seite zeigen. Die Kreuzigung wird zum Abenteuer, der Tod wird umfunktioniert. Ein Happy-End soll Jesus vom Erlöserkomplex befreien. Und genau um die Erlösung geht es.
Ist Christus nicht der Erlöser der Welt, ragt sein Name nicht über alle Namen hinaus. Er gehört dann in die Reihe religiöser Führergestalten der Weltgeschichte. Seine Worte sind bedenkenswert, aber nicht lebensrettend. „Dieser Jesus, den ich euch verkündige, ist der *Christus*", der Kyrios, der Herr, der Gekreuzigte und Auferstandene – unser Retter.

Du bist der Christus, mehr als ein Moralprediger, mehr als ein Religionsführer und großer Lehrer! Du bist für uns gestorben und auferstanden. Wir danken dir. Amen.

3. November

Wenn dann einer zu euch sagt: „Seht her, hier ist Christus!" Oder: „Dort ist er!" — glaubt ihm nicht.

Markus 13, 21

Es geht um *Jesus Christus.*
Einer der bedeutendsten Popsänger unserer Zeit, der schon viele Jahre im Showgeschäft ist, Cliff Richard, arbeitet seit Jahren als gläubiger Christ in einer Gemeinde mit. Er hat ein vernichtendes Urteil über das Musical „Jesus Christ Superstar" gefällt. „Musikalisch ist ‚Superstar' ein großer Lärm. Christus und seine Jünger wurden völlig entstellt. Hier wurde ein Idol völlig pervertiert. Und dann die Unrichtigkeiten in der Darstellung, schockierende Elemente: Daß etwa Jesus sich mit Maria Magdalena herumschlägt oder die Jünger sich beim Abendmahl betrinken. In Gethsemane sagt Jesus zum Vater: ‚Wenn ich es tue, welche Belohnung werde ich dann erhalten?'"
Der von Gott erhobene Herr hat es nicht nötig, als „Jesus Christ Superstar" auf die Bühne gestellt und verkitscht zu werden. Aber so ist es. An Jesus scheiden sich die Geister. Die einen sehen in ihm einen steckbrieflich gesuchten Revoluzzer mit Che-Guevara-Look. Die anderen sehen in ihm einen Landstreicher, Aufrührer und Verschwörer. Ist er ein Prophet, vom Teufel besessen oder das, was er von sich behauptet: Gottes Sohn? Die Jesusvorstellungen extremer Theologen oder enthusiastisch gefärbter Gruppen bieten nur fragwürdige Christusbilder an.
Gottes Wort verrät unmißverständlich: Hütet euch vor den Verfälschern. Wo Christus einseitig für private oder politische Interessen vereinnahmt wird, wo Kreuz und Auferstehung — für uns — unterschlagen werden, da ist Verfälschung im Spiel. Können wir das bekennen: Christus ist mein Leben und mein einziger Trost im Leben und im Sterben?

Lieber Herr, du bist für mich kein Superstar, sondern mein Erretter und Erlöser. Mach mich im Glauben stark, daß ich auf keinen anderen Heilsbringer hereinfalle. Amen.

Und das Wort wurde Fleisch (Mensch) und nahm seine Wohnung unter uns, und wir haben seine Herrlichkeit geschaut. Johannes 1, 14

Es geht um den Herrn aller Herren – um den fleischgewordenen *Jesus Christus*. Der Herausgeber des Magazins „Der Spiegel", Rudolf Augstein, hat sich genau an diese Tatsache gewagt mit seinem Buch „Jesus Menschensohn". Augstein möchte die historische Wahrheit, auf die sich Christen aller Jahrhunderte berufen, bestreiten. Er schreibt: „Die Evangelien enthalten die Lehren der Evangelisten, nichts sonst, und diese wiederum enthalten die Lehren der Essener, der Apokalyptiker, der liberalen Pharisäer, der Judenchristen, der Hellenisten, nichts sonst ... Angesichts der undurchsichtigen Nebelwände kann niemand über Jesus etwas in Erfahrung bringen."
Ist es nicht ein Witz, daß ausgerechnet ein philosophischer Atheist, nämlich der Tscheche Milan Machovec, in seinem Buch „Jesus für Atheisten" genau das Gegenteil behauptet? Bei Machovec liest sich das so: „Es wäre unmöglich, in schlichter Umkehrung der christlichen Tradition und im Gegensatz zu sachkundigen Analysen, hinter den frühchristlichen Texten keine große, ergreifende, religiöse Gestalt sehen zu wollen, deren Weisungen und Ideale bald von Schülern und Nachfolgern befolgt und verbreitet wurden ..."
Der vierte Evangelist hat das Urdatum aller geistlichen Geschichte und damit zugleich das Urdogma aller christlichen Lehre in den klassischen Satz zusammengefaßt: „Das Wort wurde Fleisch und nahm seine Wohnung unter uns ..." Gott machte sich auf den Weg zu den verlorenen Menschen, und Johannes hat diese Herrlichkeit geschaut. Weihnachten und Ostern sind daher welt- und heilsgeschichtliche Daten von unermeßlicher Tragweite.

Du Ehrenkönig Jesu Christ, des Vaters einger Sohn du bist; erbarme dich der ganzen Welt und segne, was sich zu dir hält. Amen. (N. L. v. Zinzendorf)

Jesus Christus und sonst keiner kann die Rettung bringen. Nirgends auf der ganzen Welt hat Gott einen anderen Namen bekannt gemacht, durch den wir gerettet werden könnten. Apostelgeschichte 4, 12

Es geht um *Jesus.*
Prof. Karl Barth, wohl der einflußreichste Theologe dieses Jahrhunderts, hat drei Jahre vor seinem Tod 1966 ein bemerkenswertes Zeugnis über Jesus abgelegt. Es lautet: „Der Name Jesus. Der ganze Gehalt der Bibel von A bis Z und dann auch alles, was wir christliche Kirche und christliche Verkündigung nennen, hängt schlechterdings an diesem Namen Jesus. Alles kommt nun auf diesen Jemand selbst an. Durch diesen ‚Jemand', durch Jesus, unterscheidet sich die Heilige Schrift von andern guten und ernsthaften frommen Büchern, unterscheidet sich das, was in der Heiligen Schrift Offenbarung heißt, von dem, was gewiß auch von anderen Großen, Göttern und Menschen gesagt werden kann. Wenn wir den Namen Jesus Christus wegnehmen wollten aus dem Neuen Testament, so würde es gewiß auch noch ein ganz schönes Buch sein und wäre doch völlig absurd, so absurd wie lauter Prädikate, zu denen das Subjekt fehlt. Man könnte dann wirklich auch an diesem Buch vorübergehen, denn was ihm ausschließlich das Gewicht gibt, das ist eben dieser Name."
Retter in der Not hat es zu allen Zeiten gegeben. Aber den Retter, der vom Tode errettet, gibt es nur einmal. Sein Name ist einmalig. Die ganze Bibel würde in die Reihe literarischer Werke eingestuft, wenn dieser alles beherrschende Name gestrichen würde. Dieser Jesus Christus ist „mein einziger Trost im Leben und im Sterben". Gibt es einen Namen, der mehr bietet?

Such, wer da will, ein ander Ziel, die Seligkeit zu finden; mein Herz allein bedacht soll sein, auf Christus sich zu gründen. Amen. (Georg Weissel)

Da aber die Pharisäer beisammen waren, legte Jesus ihnen die Frage vor: „Wie denkt ihr über Christus?"

Matthäus 22, 41—42

Wir denken auch über Jesus, den *Christus,* nach.
Bei den Olympischen Spielen 1972 mußte selbstverständlich auch Jesus für den Sport nutzbar gemacht werden. In der „Frankfurter Allgemeinen" schrieb Manfred Lennen zum Thema: „Sportler Jesus Christus?" einen bissigen Kommentar über gewisse Theologen, die Jesus unbedingt auch noch zum Sportstar hochstilisieren möchten. „Eine sporthistorische Enquete soll klären: War Jesus Christus Sportler? Für einen francophilen Geistlichen besteht nicht der geringste Zweifel, sich bei dieser Frage als Jasager zu bekennen. Abbé Pistre interpretierte in der Pariser Sport-Tageszeitung ‚L'Equipe' den Gang nach Golgatha: ‚Jesus war Sportler, denn er nutzte die Energie seiner Muskeln, um seine Mission bis zum Ende zu erfüllen.' Hippies feiern den Gründer des Christentums als einen der ihren. Die Musical-Produzenten profitieren von Jesus Christus Superstar. Guerillas kämpfen mit der Waffe in der Hand in seinem Namen. Warum also nicht: Jesus Christus Sport-Rekordmann? Abbé Pistre, in Frankreich vor allem als Rugby-Fan bekannt, ist überzeugt."
Die selbstgemachten Jesusbilder sind eine Karikatur des lebendigen Gottessohnes. Der Auferstandene ist nicht daran interessiert, daß wir etwas Hohes und Erhabenes über ihn denken. Großartige Gedanken *über* Jesus sind für mein Leben und Sterben unerheblich. Sie verändern nichts. Die Herausforderung Jesu: „Was denkt ihr über Christus?" ist keine intellektuelle Frage. Sie zielt auf unser Leben. Vielleicht lautet sie heute so: „Welche Bedeutung haben Kreuz und Auferstehung für uns persönlich?"

Herr, du fragst mich nicht nach beeindruckenden Aussagen über dich. Du willst, daß ich dir mein Leben übergebe. Amen.

Da sagte Nathanael zu ihm: „Kann aus Nazareth etwas Gutes kommen?" Johannes 1, 46

Es geht um *Jesus*. Nathanael ist mit seinem Vorurteil schnell bei der Hand: „Was kann schon aus Nazareth Gutes kommen? So eine Provinzstadt! Keine berühmten Leute stammen von da, keine nennenswerte Vergangenheit."
Wir werden nicht mit Vorurteilen geboren, aber Eltern, Geschwister, Nachbarn und dergleichen prägen unsere Vorstellungen, Meinungen und – unsere Vorurteile. Wir sagen leichtfertig: Alle Katholiken sind falsch, Oberschüler sind eingebildet, Polizisten sind verhinderte Verbrecher, Politiker sind verlogen, Italiener sind tolle Liebhaber, die Kirche segnet die Waffen, Studenten sind radikal, die Intellektuellen stehen links. Das sind Kostproben aus der Schublade der Vorurteile. In jedem von uns steckt ein Nathanael. Jede plumpe Vereinfachung ist ein Vorurteil.
Wozu tun wir das? Wir machen es uns leicht, simplifizieren, vergröbern und verfälschen. Selbst Jesus wurde mit Vorurteilen bedacht. Er sei ein Säufer, ein Schlemmer, ein Gesetzesbrecher, ein Mensch, der Sünder in seiner Umgebung duldet und mit Kollaborateuren der Besatzungsmacht sich ungezwungen unterhält. Er sei der erste Sozialist, der erste Kommunist gewesen und ein Vorbild aller Revolutionäre. Und genau an Jesus können wir lernen, weniger mit Vorurteilen umzugehen. Er liebte die Menschen – ohne Vorurteile und ohne Bevorzugung.
Vorurteile sind Schutzbehauptungen. Wer mit Jesus nichts zu tun haben will, wird reihenweise Vorurteile produzieren. Wollen wir Jesus wirklich kennenlernen, müssen wir uns auf ihn einlassen. „Komm und sieh!" Diese Antwort bekam auch Nathanael zu hören.

Herr, du willst keine Vorurteile, sondern Nachfolge. Gib uns täglich neuen Mut, mit dir ernst zu machen. Amen.

Wenn jemand nicht aus Wasser und Geist geboren wird, kann er nicht in das Reich Gottes eingehen.

Johannes 3, 5

Es geht um das eigentliche *Leben.*
Bruce Marshall, der englische Schriftsteller, hat in einem seiner Romane das Wirken des Heiligen Geistes beschrieben. Seine dichterische Sprache läßt uns das Wirken des lebenschaffenden Geistes Gottes neu hören. Er schreibt: „Hinter Straßenbahnen, Ton-Film und Wall-Street bewegt sich die Wirklichkeit Gottes wie das Räderwerk hinter dem Zifferblatt einer Uhr, die der ungeschickte Mensch nicht öffnen kann. Es gibt einen Himmel, es gibt die Hölle, und der Heilige Geist streicht wie ein alter, weiser Windesodem über die Welt."
Hinter den modernen Errungenschaften der Technik, hinter Fortschrittsglauben, Mond- und Marsflügen, hinter Geld, Macht und Karriere gibt es noch eine andere Wirklichkeit, die Wirklichkeit Gottes. Alle großen Dinge sind wie das Zifferblatt einer Uhr, das die Menschen anstarren und verfolgen. Dahinter verbirgt sich das eigentliche Leben. Mehr noch, alle diese Dinge bewegen sich nur durch das unsichtbare Räderwerk Gottes, das sie in Bewegung setzt und in Bewegung hält. Der Heilige Geist streicht wie ein Windesodem über die Welt. Wir erfahren ihn, wenn wir uns ihm bedingungslos ausliefern. Der Glaube an Christus schafft neues Leben, gibt Raum für die Wirklichkeit Gottes in unserem Alltag. Der umgekrempelte Mensch, die neue Geburt, ist das Ergebnis dieser Geistumwandlung.

Du bist das Leben in Ewigkeit. In deinen Händen ruht unsere Zeit. Ruf' uns mit Namen, kehr' bei uns ein, gib' Frieden allen Herzen. Herr, wir sind dein. Amen. (Anna Martina Gottschick)

Wer sein Leben findet, der wird es verlieren; und wer sein Leben verliert um meinetwillen, der wird es finden. Matthäus 10, 39

Es geht um das *wahre Leben.*
Dale Carnegie schreibt in seinem Buch „Sorge dich nicht – lebe!" ein langes Kapitel über den Dienst an anderen Menschen, über Gutestun, Nächstenliebe und Selbstlosigkeit als Weg zum eigenen Glück. An einer Stelle formuliert er: „Weil ihr aber vielleicht über die Lehren der großen Religionsstifter spottet, wollen wir ein paar Atheisten zu Wort kommen lassen. Wenden wir uns zunächst an A. E. Housman, den vor nicht langer Zeit verstorbenen Dichter und Professor der Universität Cambridge, der zu den angesehensten Gelehrten seiner Zeit gehörte. Als er einmal in Cambridge eine Vorlesung hielt, erklärte er: ‚Die größte Wahrheit, die je geäußert wurde, und die tiefgründigste moralische Entdeckung aller Zeiten ist enthalten in dem Worte Jesu: ‚Wer sein Leben suchet, der wird es verlieren; wer aber sein Leben verliert um meinetwillen, der wird es finden.'"
Housman selber war Atheist, Pessimist und spielte oft mit dem Gedanken an Selbstmord. Und er fand, daß derjenige, der nur an sich selbst denkt, seinem Dasein nicht viel abgewinnen kann und zeitlebens unglücklich sein wird. Wer sich aber im Dienste seiner Mitmenschen vergessen kann, wird die wahre Lebensfreude kennenlernen. Wieviel mehr diejenigen, die als Geliebte Gottes lieben und diese empfangene Liebe weitergeben. Wer in seinem Leben sich sucht und sich in den Mittelpunkt stellt, läuft an Jesus Christus und damit am wahren Leben vorbei. Benjamin Franklin sagte: „Wenn du zu anderen gut bist, bist du es am meisten zu dir selbst."
Die Probe gilt!

Wer seine Seel zu finden meint, wird sie ohn mich verlieren; wer sie hier zu verlieren scheint, wird sie nach Hause führen. Wer nicht sein Kreuz nimmt und folgt mir, ist mein nicht wert und meiner Zier. Amen.
(Johann Scheffler)

Wer an mich glaubt, der hat das ewige Leben.

Johannes 6, 47

Ich lernte einen jungen Mann kennen, der jahrelang im Gefängnis gesessen hatte und sich jetzt bei den verschiedensten Firmen um einen Posten bewarb. Er bekam viele Absagen. Eines Tages kam er freudestrahlend mit dem Brief einer großen auswärtigen Firma zu mir: „Sie haben mich eingestellt", sagte er. Er war ab sofort kein Bewerber mehr, sondern ein Angestellter der betreffenden Firma. Er vertraute dem Inhalt des Briefes. Er berief sich auf das amtliche Schreiben des Personalchefs. Den Mann hatte er nie gesehen. Genau genommen, glaubte er nur der Nachricht.
Bei der Aneignung der frohen Botschaft handelt es sich um das gleiche. Ist es darum nicht eine Frechheit und Beleidigung, einem anderen zu sagen, der mir etwas mitteilt: „Die Botschaft hör' ich wohl, allein mir fehlt der Glaube." Der andere wird über mein „faustisches" Zweifeln empört sein, und ihm wird das Blut zu Kopf steigen. Mit Recht. Aber so ist es im Leben. Wir vertrauen und glauben jeder Nachricht, die uns erzählt oder durch die Zeitung mitgeteilt wird. Wir glauben allen nur möglichen Botschaften: dem Wetterbericht, den Versprechungen auf Flaschen, Dosen und Medikamenten, den Diagnosen von Ärzten und Therapeuten, den Politikern, den Zeitungen, unserem Partner, den Kindern und den obskursten Parolen — nur nicht dem Herrn der Welt. Ist das nicht merkwürdig? Dabei geht es nicht um ein paar Mark, um einen Lottogewinn oder um unseren Beruf. Es geht um das *ewige Leben.* Was muß Gott von uns denken?

Herr, ich ertappe mich dabei, daß ich 1000 Botschaften um mich her wichtiger nehme als die frohe Botschaft der ewigen Rettung. Wieviel Zeit, Geld und Kraft investiere ich für belanglose Nachrichten. Und die Mitteilung, die über Leben und Tod entscheidet, nehme ich nur am Rande zur Kenntnis. Herr, öffne mir die Augen! Amen.

Denn wer sein Leben retten will, wird es verlieren. Aber wer sein Leben um meinetwillen verliert, dem wird es neu geschenkt. Matthäus 16, 25

Es geht um das *wahre Leben.*
Von Rudolf Kirsten stammt eine kleine Fabel: „Mein Honig und mein Blütenstaub gehören mir und keinem anderen! sagte eine Blume und ließ weder Biene noch Schmetterling davon naschen. Dafür welkte sie ziel- und zwecklos dahin und starb ohne Frucht und Samen."
Wer sein Leben mit aller Gewalt bewahren will, der wird es verlieren. Wer nur mit sich beschäftigt ist, dem verdirbt das Leben. Fruchtlos welkt es dahin. Je mehr ein Mensch bestrebt ist, sein Leben festzuhalten, desto schneller rinnt es ihm durch die Finger.
Der Schriftsteller Walter Goes hat einige Sinnsprüche über das Leben zusammengestellt: „Das Leben hat keinen Sinn, wenn ihm nicht ein zweites folgen würde." „Die Begrenzung unseres Lebens braucht den nicht zu drücken, der von einem Unbegrenzten weiß." „Lange leben ist nicht nötig, aber ewig leben." „Wer sich an Vergängliches hält, vergeht mit ihm."
Wer sich an sein vergängliches Leben klammert, geht unter wie ein Ertrinkender, der sich an einen haltlosen Gegenstand geklammert hat. Das Leben findet, wer es preisgibt, sagt Jesus. Wirkliches Leben erhält der, der sich an Jesus verliert. Er hat nicht über das Leben philosophiert, er *ist* das Leben. Er schenkt uns ein Leben, das niemals aufhört. Jesus hat alles hergegeben und hat alles dafür geschenkt bekommen. Ohne den Auferstandenen hat mein Leben nur einen sehr begrenzten Wert. Wollen wir es festhalten wie die Blume in der Fabel?

Jesus ist kommen, die Ursach zum Leben. Hoch gelobt sei der erbarmende Gott, der uns den Ursprung des Lebens gegeben. Dieser verschlinget Fluch, Jammer und Tod. Selig, die ihm sich beständig ergeben. Jesus ist kommen, die Ursach zum Leben. Amen.
(Johann Ludwig Konrad Allendorf)

Denn was könnte es einem Menschen helfen, wenn er die ganze Welt gewönne, aber sein Leben oder seine Seele einbüßte. Matthäus 16, 26

Es geht um Tod und *Leben.*
Wie leichtfertig Menschen mit dem wahren Leben umgehen, beschreibt der Essener Jugendpfarrer Ulrich Parzany in seiner unnachahmlichen Art: „Man kann doch einem modernen Menschen nicht mit Gott kommen! Viele sagen: ‚Für solchen Tiefgang habe ich im Augenblick keinen Nerv. Ich will leben.' Sehr sinnig. Wie bei einem Autofahrer: ‚Jetzt will ich erst mal Gas geben, steuern kann ich später!' Wer Gas geben will, muß steuern. Ich will leben. Darum stelle ich die Frage: Gibt es Gott? Wie steht er zu mir? Sein Angebot: ‚Ich bin der Weg, die Wahrheit und das Leben', klingt fast zu schön, als daß es wahr sein könnte. Aber wenn es stimmt? Wer darauf verzichtet, die letzte, wichtigste Frage nach Gott, Jesus, nach dem Tod, nach dem Sinn des Lebens zu stellen, fährt sein Leben garantiert schrottreif. Wer leben will, muß steuern!"
Das ist der Mensch auf der Flucht vor sich selbst. Er fährt drauflos. Er will aus dem Leben herausholen, was herauszuholen ist. Er will nicht zur Besinnung kommen. „Zeit ist Geld!" Arbeit ist ein wunderbarer Fluchtmechanismus. Raffen und Schaffen verbauen uns den Blick für das *eigentliche* Leben. Beschaulichkeit, Besinnung und innere Einkehr sollen später kommen. „Wer leben will, muß steuern!" Aus dem Später wird in der Regel ein Niemals. Wir haben die Welt gewonnen und die Seele — das Leben — eingebüßt. Soll man das eines Tages von uns sagen?

Darum, du Gott der Gnaden, du Vater aller Treu, wend allen Seelenschaden und mach mich täglich neu; gib, daß ich deinen Willen gedenke zu erfüllen und steh mir kräftig bei. Amen.
(Ludwig Andreas Gotter)

13. November

Jesus spricht zu ihm: „Ich bin . . . das Leben."

Johannes 14, 6

Was ist das Geheimnis des *Lebens?* Wohin das Auge blickt: Lebensrätsel, Geheimnisse, ungelöste Fragen. Warum ist das Gras grün? Wie kommt es, daß eine schwarzweiße Kuh mit rotem Blut in den Adern, die grünes Gras frißt, weiße Milch gibt? –

Ich hatte einen jungen Mann in der Beratung, dem Ärzte das Etikett Schizophrenie angeheftet hatten. Er versagte am Leben, weil er alles, was er unternahm, in den Griff bekommen wollte. Alle Formeln, die er anwandte, wollte er unbedingt durchschauen. In einem Gespräch sagte er: „Bevor ich eine Batterie meines Autos nicht erklären kann, setze ich mich nicht ans Steuer." Hätte er nicht gelernt, diesen himmelstürmenden Forscherdrang kleiner zu schrauben, wäre er am Leben verzweifelt.

Auch im Glauben gibt es unzählige Geheimnisse. Um ehrlich zu sein, das Geheimnis der Dreieinigkeit kann ich nur nachschwätzen, begriffen davon habe ich so gut wie gar nichts. Ich hätte mich auch bis über beide Ohren in die tiefste Verzweiflung hineingegrübelt, wenn ich mit meinen fünf Sinnen hätte alles nahtlos klären wollen. Ich danke meinem Herrn, daß er nicht gesagt hat:

Ich meditiere über das Leben, ich mache einen Lebensentwurf, ich halte viel vom Leben, ich diskutiere über das Leben. Er sagte: Ich *bin das Leben.* Wer dem eigentlichen Leben auf die Spur kommen will, muß es wagen. Wer Jesus ergreift, hat das Leben. Wer sich ihm ausliefert, liefert sich dem Leben aus.

Herr, ich möchte leben! Ich möchte nicht im Überfluß vegetieren. Ich danke dir, daß du das Leben bist und mir volles Genüge schenkst. Amen.

Und vergib uns unsere Schuld, wie wir vergeben unseren Schuldigern. Matthäus 6, 12

Schuldig werden wir alle — so oder so.
„Schuld ist etwas so Allgemeines wie die Sonnenfinsternis: Sie gilt für jeden. Die einzige Möglichkeit, ihr zu begegnen, liegt darin, sie anzunehmen, sie zu übernehmen", schrieb Siegfried Lenz.
Schuld ist nicht nur der konkrete Fehler, die bestimmte Sünde. Schuld hat auch etwas mit Erbsünde zu tun. Was ist gemeint? Sie ist nicht durch geschlechtliche Zeugung und Empfängnis entstanden. Die Erbsünde ist das belastete Verhältnis der Menschen untereinander und die Eigenmächtigkeit des Menschen vor Gott. Er ist der Rebell von Hause aus. Es gibt keine sündenfreien Räume in der Gesellschaft und keinen sündenfreien Raum zwischen Gott und den Menschen. Das müssen wir annehmen.
Schuld bedeutet: Riß zwischen Gott und Mensch. Und Vergebung bedeutet: Dieser Riß wird geflickt. Die Protestaktion gegen Gott hat ein Ende. Die Beziehung zum Vater ist wieder intakt. Die Entfremdung ist aufgehoben. Gott, unser Vater, nimmt uns an, wie wir sind. Wir stellen unsere eitle Selbstbehauptung ein und geben den Anspruch ab, das Maß aller Dinge zu sein. Die Zielverfehlung hat ein Ende. Denn Schuld ist Zielverfehlung. Am lebendigen Gott vorbeileben ist Schuld. Es ist die einzige Bitte im Vaterunser, die an eine Bedingung geknüpft ist: Der Vater im Himmel vergibt uns nur, wenn wir unseren Schuldigern vergeben. Die Vergebung Gottes in Anspruch zu nehmen und selbst auf dem Richterstuhl zu sitzen, ist ein Widerspruch in sich.

... daß du mich hast aus Gnaden in der vergangnen Nacht vor Gfahr und allem Schaden behütet und bewacht. Ich bitt demütiglich: wollst mir mein Sünd vergeben, womit in diesem Leben ich hab erzürnet dich. Amen. (Georg Niege)

Da jammerte den Herrn des Knechts, und er ließ ihn los, und die Schuld erließ er ihm auch. Matthäus 18, 27

Schuld hat etwas mit persönlicher Verantwortung zu tun. Wir werden beinahe täglich mit Meldungen konfrontiert, die etwa folgendermaßen lauten: „Der Straßenverkehr forderte an diesem Wochenende in der Bundesrepublik 48 Todesopfer." Oder: „Die Unruhen in Nordirland forderten wieder ein Todesopfer." Oder: „Die Umweltverschmutzung hat es in der Bundesrepublik fertiggebracht, eine Reihe von Vogelarten auszurotten."

Das sind beliebte Formulierungen, um die persönliche Schuld des Menschen zu tarnen. Nicht wir sind es gewesen, sondern der Straßenverkehr, nicht wir tragen Schuld, sondern die Unruhen in Nordirland, nicht wir haben die Vogelarten ausgerottet, sondern die unheilvolle Umweltverschmutzung.

Niemand ist unschuldig. Die „Zeit der Schuldlosen" – ein bekannter Romantitel von Siegfried Lenz – gehört der Phantasie an. Menschsein heißt: schuldig werden, und zwar untereinander und vor Gott. Viele Menschen versuchen auf ihre Art, mit der Schuld fertig zu werden. Sie fliehen in das „man" (man handelt eben heute so); sie berufen sich auf Eltern, die sie falsch erzogen haben, und auf die Gesellschaft, die alles falsch macht. Schuld wird entschuldigt, rationalisiert und verdrängt.

Christen stellen sich der Schuld. Sie wissen um ihre konkrete, aber auch um ihre allgemeine Schuld. Gott läßt keinen Schuldigen im Stich, der sich ihm nähert. Das Bibelwort aus dem Gleichnis macht deutlich, daß sich Gott des Knechtes erbarmt und ihm die Schuld erläßt. Gott hat seinen Sohn geopfert, um uns zu entschuldigen.

Verleih, daß wir dich lieben, o Gott von großer Huld, durch Sünd dich nicht betrüben, vergib uns unsre Schuld, führ uns auf ebner Bahn, hilf, daß wir dein Wort hören und tun nach deinen Lehren: das ist recht wohlgetan. Amen. *(Georg Werner)*

Sind wir aber mit Christus gestorben, so glauben wir zuversichtlich, daß wir auch mit ihm leben werden.

Römer 6, 8

Zur Schau getragene *Schuldgefühle* können tief beeindrucken. Oder ergeht Ihnen das nicht so? Der Schüler in der Schule bekennt ehrlich und „reinen Herzens" seine Schuld: „Es tut mir außerordentlich leid!" „Mutter, ich bin ganz erschrocken, daß ich dir das angetan habe!"
Lehrer und Eltern sind geneigt, den produzierten Schuldgefühlen eher Glauben zu schenken und „Gnade vor Recht" ergehen zu lassen. Viele Schuldgefühle sind unecht. Darum formuliert Alfred Adler den bissigen Satz: „Schuldgefühle sind die guten Absichten, die wir nicht haben." Der Mensch will gut erscheinen, aber er ist es nicht. Er produziert erhebliche Schuldgefühle, um sein schlechtes Gewissen, den ewigen Mahner, zu beruhigen. Er ändert sich nicht, hat aber wenigstens Schuldgefühle. Schuldgefühle machen einen guten Eindruck. Mit reuigen Tätern ist man überall – verfolgen Sie einmal Gerichtsprozesse – schnell versöhnt oder verfährt nachsichtiger mit ihnen. Mit Schuldgefühlen kann man moralischen Profit ergattern. Man macht sich klein, um heraufgeholt zu werden. Der gute Wille wird bewiesen, aber die klare Kehrtwendung unterbleibt.
Unser Herr schaut das Herz an. Nicht die Pose ist entscheidend, sondern die Gesinnung. Nicht die Tränen beeindrucken, sondern der Wille zur Umkehr. Sind wir mit Christus gestorben, ist unsere Schuld erledigt. Selbst Schuldgefühle brauchen wir uns nicht mehr zu leisten. Wer mit Christus lebt, ist ein befreiter Mensch. Darum sind lang anhaltende Schuldgefühle immer geistlich problematisch.

Ich bin ganz getrosten Muts: ob die Sünden blutrot wären, müssen sie kraft deines Bluts dennoch sich in schneeweiß kehren, da ich gläubig sprechen kann: Jesus nimmt die Sünder an. Amen.

(Erdmann Neumeister)

Die auf ihn trauen, werden frei von Schuld. Psalm 34, 23

Es geht um *Schuld* und *Schuldgefühle.*
Die Schauspielerin Elisabeth Bergner, Idol der Zwanziger Jahre, hat ihre Memoiren geschrieben unter dem Titel: „Bewundert viel und viel gescholten ... Elisabeth Bergners unordentliche Erinnerungen". Der „SPIEGEL" kommentiert die Erinnerungen an unglückliche Verehrer. Da heißt es an einer Stelle: „Die Schauspielerin zog bald darauf nach Wien. Auf der Zugfahrt nach Wien erreichte sie ein Lehmbruck-Telegramm: ‚Marga, wenn du mich retten willst, komm zurück!' Sie reagierte nicht. Zwei Tage später las sie in der Zeitung die Nachricht vom Selbstmord Lehmbrucks. Sie wurde noch am selben Tage zu dem Psychoanalytiker Alfred Adler ‚geschleppt', der therapierte die Geschockte mit dem Satz, den sie ‚wie eine Ohrfeige' empfand: ‚Und jetzt glauben Sie, Sie sind schuldig? Das könnte Ihnen so passen!'"
Schuldgefühle sind ein Auf-der-Stelle-Treten, ein Sich-Beruhigen, ein So-tun-als-ob. Der Mensch produziert Schuldgefühle, aber er ändert nichts. In den Memoiren wird die harte Konfrontation Adlers klar: „Das könnte Ihnen so passen, daß Männer hinter Ihnen herlaufen, die sich Ihretwegen umbringen. Sie kommen sich schlecht vor, und was geschieht? Wollen Sie weiterhin Ihre Eitelkeit befriedigen?"
Ist Schuld vergeben, hören die Schuldgefühle auf. Ist die Schuld von Christus vergeben, beginnt der Marsch in die richtige Richtung. In seinen Schuldgefühlen will der Mensch *fromm erscheinen,* aber er ist es nicht. Die ihre Schuld Gott anvertraut haben, brauchen sich nicht mit *Schuldgefühlen* herumzuschlagen.

Herr, verzeihe mir aus Gnaden alle Sünd und Missetat, die mein armes Herz beladen und mich gar vergiftet hat. Hilf mir, da des Satans Spiel mich zur Hölle stürzen will. Du allein kannst mich erretten, lösen von der Sünden Ketten. Amen.

(Johann Rist)

18. November

Siehe, das ist Gottes Lamm, welches der Welt Sünde trägt. Johannes 1, 29

Wie werden wir mit der *Schuld* fertig?
Helmut Thielicke schreibt im Gleichnis vom Pharisäer und Zöllner, wie das Schuldbekenntnis zur frommen Masche wird. „Es gibt auch Schuldbekenntnisse, Schwarzmalerei als Trick. Das ist der Fall, wenn die Leute aus ihrer Demut eine Leistung machen wollen. Dann ist das Schlagen an die eigene Brust nichts anderes als die allerraffinierteste Koketterie. Man schnalzt dann heimlich mit der Zunge vor Wonne bei dem Gedanken, welche Freude Gott an einem so zerschlagenen Gewissen haben müsse. Aber man hat dann gerade kein zerschlagenes Gewissen, sondern der Teufel hat einen mit Zöllner-Hochmut geschlagen. Viele von uns gleichen weniger dem Pharisäer mit seinem erhobenen Haupte und seinem moralisch gefestigten Charakter als dem Zöllner – der nun seinerseits sagt: ‚Ich danke dir, daß ich nicht so hochmütig bin wie dieser Pharisäer da; ich bin ein Räuber und Ungerechter und Ehebrecher. So ist nun einmal der Mensch, aber ich bin mir wenigstens darüber im klaren und darum immerhin ein Quentlein besser als die sonstige Raselbande.'"
Thielicke spricht vom „Zöllner-Hochmut". Dieser kokettiert mit seiner Schuld, stapelt tief und verfällt dabei einem ausgemachten Hochmut. Das Schlagen an die eigene Brust und das demonstrierte zerschlagene Gewissen können allerraffinierteste Selbsterniedrigung sein. Vor Gott und Menschen müssen wir keine Schau abziehen – auch nicht in Sachen Schuld!

Ich verleugne nicht die Schuld; aber deine Gnad und Huld ist viel größer als die Sünde, die ich stets in mir befinde. Amen. (Johann Rist)

Wenn wir aber zusammen mit Christus gestorben sind, werden wir auch zusammen mit ihm leben . . . Genauso müßt ihr von euch selbst denken: Ihr seid tot für die Sünde. Römer 6, 8 u. 11

Schuld wird vergeben und vergessen. Sie ist ein für allemal erledigt.
In Neu-Guinea war es so: Wenn ein Mann von den Angehörigen eines anderen Stammes getötet wurde, schnitt die Familie vor der Beerdigung den Kieferknochen des Toten heraus und hängte den Knochen im Hause auf. Das sollte daran erinnern, daß dieser Verwandte von einem Gegner getötet wurde und noch gerächt werden müsse. Ein Mann, der Christ wurde, verbrannte jedoch die gesammelten Kieferknochen als Zeichen dafür, daß er keine Rache an den Tätern nehmen wollte. Deshalb ist für den gläubigen Christen in Neu-Guinea Gott „einer, der keine Kieferknochen aufbewahrt".
Wir sind mit Christus gekreuzigt, gestorben, begraben und auferstanden, sagt Paulus. Wir werden mit ihm leben. Sind wir aber mit ihm gestorben, ist auch unsere Schuld begraben. Wiederkehrende Schuldgefühle, die uns plagen und uns den Seelenfrieden rauben wollen, gehören in die Erde. Sie sollten längst vermodert sein. Sagen wir nicht auch: „Das ist jetzt zwischen uns begraben!" Wenn sich alte Schuldgefühle regen, wenn wir vergangene Schuld aus der Mottenkiste herausholen, gilt nur eins: Wir sind mit Christus gestorben. Die alten Kamellen gehen mich nichts mehr an. Wie sagen die Leute auf Neu-Guinea: Gott bewahrt keine Kieferknochen auf!

Mein Gewissen quält mich nicht, will mich das Gesetz verklagen – der mich frei und ledig spricht, hat die Schulden abgetragen, daß mich nichts verdammen kann: Jesus nimmt die Sünder an. Amen.

(Erdmann Neumeister)

Sind wir aber Kinder, so sind wir auch Erben, und zwar Erben Gottes und Miterben Christi, wenn wir nämlich mit ihm leiden, um einst auch an seiner Herrlichkeit teilzunehmen. Römer 8, 17

Es geht um den *Sinn des Leidens.* Leid und Belastungen können nicht nur deprimieren, sie können auch einen Menschen stärken. Sie können ihm Kräfte verleihen, mit neuem Leid und Rückschlägen fertigzuwerden.
In einem Fotobildband erschien vor Jahren ein Bild, das ein stark verschneites Tannenbäumchen darstellte. Die dichten Nadeln hatten allen Schnee aufgefangen. Die Zweige hingen tief nach unten gebeugt. Der Beschauer hatte den Eindruck, das Bäumchen würde unter der Wucht des Schnees zusammenbrechen. Unter dem Foto stand ein Zwiegespräch, das der Schnee mit dem Bäumchen führte. „Ich", sagte der Schnee, „bin eine Last, die dich zu Boden drücken wird." „Nein", entgegnete das Bäumchen, „die Sonne wird kommen und dich zum Schmelzen bringen. Deine Wasser wässern meine Wurzeln. Am Schnee wächst man."
Der Psychologe Alfred Adler, ein Schüler Sigmund Freuds, hat den Satz gesagt: „Das Schönste, was eine Fee einem Kind in die Wiege legen kann, sind Schwierigkeiten, die es überwinden muß." Am Schweren wächst man. Widerstände und Leid setzen Kräfte frei. Auch in der gesamten Erziehung müssen wir diese Erfahrung neu zu buchstabieren lernen. Die weiche Welle schafft Versager, Wegläufer, Leistungsverweigerer, Untüchtige und Kraftlose. Sie kapitulieren vor den kleinsten Schwierigkeiten. Im Glauben ist es nicht anders. Der liebe Gott, der nach Art eines gutmütigen, weichen, irdischen Vaters die Wünsche und Launen seiner Kinder kommentarlos erfüllt, ist eine fromme Einbildung. Er hat uns zu Erben bestimmt, aber nicht zu verwöhnten und verweichlichten Kindern, die trotzig rebellieren, wenn nicht alle Wünsche prompt erfüllt werden. Am Schweren wächst man.

Richt unser ganzes Leben allzeit nach deinem Sinn; und wenn wir's sollen geben ins Todes Rachen hin, wenn's mit uns hier wird aus, so hilf uns, fröhlich sterben und nach dem Tod erwerben des ewgen Lebens Haus. Amen. (Paul Gerhardt)

Da Jesus den sah liegen und vernahm, daß er schon lange gelegen hatte, spricht er zu ihm: „Willst du gesund werden?" Johannes 5, 6

Es geht um *Krankheit* und *Leiden.*
Da liegt ein Gelähmter. Er ist schon 38 Jahre krank und hat keine Gelegenheit, in die Heilquelle von Bethesda zu gelangen. Und Jesus fragt ihn: „Willst du gesund werden?" Was empfinden Sie, lieber Leser, wenn Sie eine scheinbar so überflüssige Frage hören? Ist sie nicht völlig unangebracht? Ist sie nicht taktlos?
Die Therapeutin Hanna Wolff hat ein bemerkenswertes Buch, „Jesus als Psychotherapeut", geschrieben. Sie setzt sich genau mit dieser Frage auseinander und schreibt: „*Willst* du gesund werden, das ist in Wahrheit die *erste Kardinalfrage* einer jeden Therapie . . . So sollten die Menschen nicht locker lassen, schärft Jesus ein, sie müssen willentlich wollen und nichts als wollen. Wenn man jedoch nicht wirklich will, soll man es lieber ganz lassen."
Es ist eine große Täuschung zu glauben, jeder Mensch *wolle wirklich* von seinen Symptomen, von seiner Krankheit, geheilt werden. Viele Therapien werden abgebrochen, weil der Patient im tiefsten Grunde nicht will. Er möchte wie mit einem Zauberstab befreit werden, ohne Anstrengungen, ohne Selbstverantwortung und ohne Mitarbeit. Es soll nichts kosten und nicht weh tun.
Alfred Adler formulierte es so: „Wasch mich, aber mach mich nicht naß!" Gib mir ein Wundermittel, aber laß mich ungeschoren! Der reiche Jüngling wollte sogar das ewige Leben erlangen. Man sollte meinen, er wollte alles dafür hergeben. Als es aber an seinen wunden Punkt ging, wollte er plötzlich nicht mehr. Wollen Sie gesund werden — nur mit dem Kopf oder mit Ihrer ganzen Existenz?

Herr, mit dem Kopf will ich dir hundertprozentig nachfolgen, aber wie oft versagt mein Wollen. Du kannst es schenken, daß mein Wollen ehrlich wird und ich mich nicht selbst belüge. Amen.

Da Jesus den sah liegen und vernahm, daß er schon lange gelegen hatte, spricht er zu ihm: „Willst du gesund werden?" Johannes 5, 6

Die Frage klingt verrückt, aber sie trifft den Kern der Veränderung. Wer nicht ernsthaft *will,* dem kann nicht geholfen werden.

Wir kennen doch alle das Sprichwort: „Der Weg zur Hölle ist mit guten Vorsätzen gepflastert." Es ist ein Scheinwille, es sind Vorsätze mit dem Kopf, aber nicht Vorsätze, die mit der gesamten Existenz gewollt werden. Ich zitiere noch einmal Hanna Wolff: „In der medizinischen oder klinischen Behandlung *wird* für den Patienten gemacht, oder die Kur umgibt ihn mit einer Fülle von Betreuungen. Der Patient selbst weiß sich durchgehend als Empfangender. Er *will* nicht gesund werden, er will gesund *gemacht* werden. Die große Verbreitung der Psychopharmaka hat die Erwartung vollends allgemein gemacht. Da haben wir die Anmeldungen ‚für andere'. Der Ehemann erklärt am Telefon: ‚Meine Frau hat es ja so bitter nötig.' Frauen finden das von ihren Ehemännern natürlich ebenso . . . In diesem Kontext liegt der Ton auf dem *‚du'*. Willst ‚du' gesund werden, willst du es selbst?" Der vermittelte Ratsuchende blockiert. Er sagt erst Ja und handelt mit Nein. Vielleicht will er seinem Partner einen Gefallen tun, aber er will nicht wirklich selbst gesund werden. Von den Klienten ganz zu schweigen, die sich *unbewußt* hinter ihrer Krankheit verstecken. Sie benutzen sie, um sich vor den Lebensaufgaben zu drücken.

Das ganze Neue Testament spricht immer wieder den Wandlungswillen des Menschen an. „Wandelt euch!", „bemüht euch!", „bittet", „suchet", „klopfet an!", „kehrt euch ab!". Jesus spricht eindeutig unsere Umkehrbereitschaft an. Er kann nur einen Menschen heilen, der *will.* „Kehrt um!" Wollen wir wirklich gesund werden, heil und gerettet werden?

Mein Herr und mein Gott! Du drängst dich keinem auf, der nicht will. Du klopfst an und fragst, ob ich gesund werden will. Ich danke dir, daß du mein Arzt, mein Retter und das Leben bist. Amen.

Wie einen seine Mutter tröstet, so will ich euch trösten.
Jesaja 66, 13

Wir denken über das *Leiden* nach.
Der flämische Ordenspriester und Telefonseelsorger Phil Bosmans schreibt über den Trost:
„Ohne Trost kannst du nicht leben. Trost ist aber nicht Alkohol, Schlafmittel, Spritze, die dich vorübergehend betäuben und dich dann hineinstürzen in eine noch schwärzere Nacht. Trost ist keine Flut von Worten. Trost ist wie eine lindernde Salbe auf eine schmerzende Wunde. Trost ist wie eine unverhoffte Oase in einer unbarmherzigen Wüste – du kannst wieder an das Leben glauben."
Ich habe in einem Wörterbuch nachgeschlagen, da steht: „Trost hat eine doppelte Bedeutung gewonnen: Empfindung der Festigkeit, Vertrauen, Zuversicht, Hoffnung – Gewährung von Festigkeit, Hilfe, Schutz, Rettung. Stets handelt es sich um eine seelische Stärkung." Gott ist unser Trost, nicht unsere Vertröstung. Der lebendige Gott tröstet uns wie eine Mutter.
Wir leben in einer trostlosen Welt, das stimmt. Ihr fehlen in der Tat Vertrauen, Hoffnung und Zuversicht, mit anderen Worten Trost. Viele begnügen sich mit Trostpreisen und Trostersatz. Gott ist mehr als ein Trostpflästerchen, als ein Trösterchen, das man einem weinenden Kind in den Mund steckt. Gott wirft uns nicht einen Kübel voll gutgemeinter Worte an den Kopf. Er *ist* der Trost. Er *ist* die Standfestigkeit, die Geduld, die Gelassenheit, die Hoffnung, der lange Atem und der nicht nachlassende Mut.

Lieber Vater im Himmel! Weil Leid zu unserem Leben gehört, bist du gekommen, um uns zu trösten. In dir erfahren wir keine billige Vertröstung. Du bist unser Trost. Amen.

Lobet den Herrn ... der da heilt, die zerbrochenen Herzens sind, und ihre Wunden verbindet. Psalm 147, 1 ff.

Es geht um *Leiden* und Heilung.
Der namhafte Psychiater Viktor E. Frankl, der Begründer der Logotherapie, schrieb vor kurzem über Heil und Heilung: „Es ist schick geworden, sich über die heile Welt lustig zu machen, den Menschen herunterzumachen, ihn zu verteufeln ... Die Welt liegt im argen – wem sagen Sie das? Sie ist nicht heil. Aber Sie werden verstehen müssen, daß es mir als Arzt widerstrebt, es dabei bewenden zu lassen. Die Welt ist nicht heil, aber heilbar."
Heilen und Zerstören sind Gegensätze. Wie viele ließen sich vor Jahren von linkslastigen Studenten anstecken, die den Mund voll nahmen und schrien: „Schlagt kaputt, was euch kaputt macht." Zerschlagen, aber nicht bessern, zerstören, aber nicht aufbauen, krank machen, aber nicht heilen. Das Heillose wird gefördert – in der Kunst und in der Literatur. Das Kaputte, Gescheiterte und Trostlose ist Trumpf. Chaos an der Wand, Chaos im Herzen und Chaos im Leben. „Die Welt ist nicht heil, aber heil-bar", sagt Viktor E. Frankl.
Die Bibel ist das Buch vom Heil. Christus ist das Heil persönlich. Er ist kein moderner Medizinmann, kein Wunderheiler und Arzt, der mit Akupunktur, mit Naturheilverfahren oder auf Krankenschein heilt. Sein Tod am Kreuz hat für uns heilende Kraft. Sein Blut heilt Wunden, sein Blut heilt gebrochene Herzen. Wer ihn aufnimmt, hat teil am Heil. Er bringt keine Nostalgie, sondern Seligkeit. Er ist für Verwundete, Zerbrochene und Herzkranke der Heiland.

Ach könnt ich dich nur besser ehren, welch edles Loblied stimmt ich an; es sollten Erd und Himmel hören, was du, mein Gott, an mir getan. Amen.
(Johann Gottfried Herrmann)

25. November

Selig sind, die da Leid tragen; denn sie sollen getröstet werden. Matthäus 5, 4

Es geht um *Leid und Schmerzen.* Wir leben in einer Gesellschaft, die Leid und Schmerzen durch Pillen, Drogen und Tabletten auf ein Minimum reduziert.

„Der Spiegel“ schreibt über die Psychodrogen und Psychopharmaka: „Die Wunderdroge bietet alle Tröstungen des Alkohols und des Christentums. Sie ersetzt Haschisch und Heroin und gewährt, wie die Hersteller garantieren, einen frohen ‚Urlaub von der Wirklichkeit‘ — alles ohne Kater und Kopfschmerzen . . . Trübsinnige Westdeutsche schlucken ‚Librium‘, laut Werbung die ‚Sonnenbrille für die Seele‘, und Millionen trösten sich mit ‚Tranxilium‘ oder ‚Dogmatil‘, das, wie Anzeigen verheißen, ‚mühelos den Weg der Lebensbejahung‘ eröffnet.“

Nun müssen wir uns klar sein, nichts schwächt unser zeitgenössisches Christentum so sehr wie die weithin fast unbemerkt unternommenen Versuche, ein schmerzfreies Christentum zu schaffen. Die große Schwäche, Reizbarkeit und Empfindlichkeit vieler Christen kommen daher, daß sie des Schmerzes nicht mächtig sind. Sie reagieren ohnmächtig.

Friedrich Heer, ein bedeutender österreichischer Publizist und katholischer Christ, gibt zu bedenken: „Wer des Schmerzes nicht teilhaftig ist, begibt sich der stärksten Waffe, die der Mensch in dieser Welt besitzt. Die Wirtschaftswunderwelt schmerzfremden Christentums verneint den Schmerz wie ihr ökonomisch-politisches Gegenstück. Sie weigert sich, jeden Tag in Rechnung zu stellen, daß es ohne Annahme des Schmerzes keine Erfahrung der Wirklichkeit, kein Wachsen des Menschen, des Christen gibt. Ohne Leiderfahrung kein Mitleid und ohne Schmerzannahme kein Denken als Mitdenken.“

Selig sind die Leidtragenden. Der Satz ist zweifellos eine Herausforderung an uns Christen.

Leiden sammelt unsere Sinne, daß die Seele nicht zerrinne in den Bildern dieser Welt, ist wie eine Engelwache, die im innersten Gemache des Gemütes Ordnung hält. Amen. (Karl Friedrich Harttmann)

26. November

Ich bin der Herr, dein Arzt. 2. Mose 15, 26

Es gibt ein sehr geschätztes psychologisches Buch mit dem bezeichnenden Titel „Die Mutter als Schicksal". Ein Psychotherapeut beschreibt die unvorstellbare Bedeutung der Mutter für das Kind. Für den Säugling ist die Mutter die Welt, das Leben, die Nahrung, sein ein und alles. Ohne die Mutter wird er krank, bleibt zurück und verkümmert. Die Mutter ist in der Tat so etwas wie das Schicksal für ein Kind. Wird das Kind krank, hat es Angst, hat es Schmerzen, ist es allein: es schreit sofort nach der Mutter. Menschen ohne den lebendigen Gott verkümmern auch, sind „geistlich hospitalisiert", leiden an einer Mangelerkrankung, die man Hunger nach Liebe nennen könnte. Ist es nicht so: Wenn wir leiden, schreien wir nach allen möglichen Helfern und Rettern – nur nicht zuerst nach dem Herrn aller Herren. Der lebendige Gott ist unser Herr, unser Arzt, unser Schicksal. Wir sind anfällig für alle möglichen seelischen und körperlichen Krankheiten, weil wir die geistliche Nabelschnur zu Gott zu früh und unwiderruflich durchtrennt haben. Die Bibel spricht oft von „in Christus sein". Diese innige Verbindung wie bei Mutter und Kind kann Leib, Seele und Geist prägen.
Wenn wir in der Tiefe unserer Seele mit dem lebendigen Gott, der unser Arzt sein will, vereint sind, wird Gott in der Tat zum Arzt, zum Retter, zum Heil und zum Heiland. Es ist beglückend zu wissen: Wir sind mit keinem medizinischen Scharlatan verbunden, sondern mit dem Herrn aller Herren. Er läßt uns in der Verzweiflung nicht allein. Eine tröstliche Gewißheit!

Noch drückt uns böser Tage schwere Last, ach, Herr, gib unseren aufgescheuchten Seelen das Heil, für das du uns bereitet hast. Amen.

(Dietrich Bonhoeffer)

27. November

Als Jesus das hörte, sagte er: „Die Gesunden haben keinen Arzt nötig, wohl aber die Kranken."

Matthäus 9, 12

Auf dem Gemälde von Rembrandt „Das Hundertguldenblatt" kommt von rechts ein Zug von Kranken und Leidenden – wie aus dem Dunkel eines Tunnels. Müde schleppen sie die Last ihres Lebens; mühsam werden sie gestützt, getragen, gefahren, auf Lasttieren, Bahren und Schubkarren. Es sind Zerbrochene und Niedergeworfene, Menschen im Leid, Menschen in ihrer Ohnmacht. Sie kommen aus der Nacht zum Licht. Unübersehbar in der Mitte des Bildes, in der Mitte der Not, steht Christus, eine Lichtgestalt. Der Zug hat ein Ziel: Christus. Unter seinen Augen endet der Leidensweg. Der Mann in der Mitte des Bildes ist das Schicksal der Welt, ist der Herr, dein Arzt.

Er ist mehr als eine angenehme Medizin, mehr als ein Trostpflästerchen, mehr als Schmerzlinderung und eine äußerliche Leidminderung. Ob arm, ob reich, Versicherter 1. Klasse oder Versicherter 3. Klasse, von diesem Arzt werden alle gleich behandelt. Mit Geld ist der Herr, „dein Arzt", nicht zu bestechen. Wer ihm glaubt und sich ihm anvertraut, bekommt das Leben. Dieser Arzt „trug unsere Krankheit", unsere Leiden und unsere Schmerzen. Er handelt nicht *wie* ein Arzt. Er hat nicht Fähigkeiten wie ein Arzt. Er *ist* unser Arzt. Er verabreicht uns keine Medizin zur Gesundung und zum Leben. Er *ist* die Medizin, er *ist* das Leben. Wir müssen nicht auf Bahren kilometerweit getragen werden, um zu ihm zu kommen. Wir können gelähmt, bewegungsunfähig und völlig hilflos daliegen, eins können wir tun: den Arzt über Leben und Tod anrufen, uns zu erretten.

Der Herr behüte dich vor allem Übel, er behüte deine Seele; der Herr behüte deinen Ausgang und Eingang von nun an bis in Ewigkeit. Amen.

(aus Psalm 121)

Jesus antwortete ihnen mit den Worten: „Die Gesunden haben keinen Arzt nötig, wohl aber die Kranken; ich bin nicht gekommen, Gerechte zu rufen zur Bekehrung, sondern Sünder." Lukas 5, 31

In dem Roman „Die Jerominkinder" hat Ernst Wiechert einen Weltmenschen, einen reinen Diesseitsmenschen dargestellt. Er heißt Jumbo. Er trägt sein Schicksal ohne Auflehnung. Jumbo resigniert nicht, selbst in den Stunden größten Leides nicht. Mit dem „kleinen Leutnant" kommt Jumbo in der grenzenlosen Weite der russischen Steppe in Lebensgefahr. Beide haben Bauchschüsse. „Meinst du, daß niemand kommt?" fragt der junge Offizier. „Nein, niemand. Zwei arme Schächer sind wir, kleiner Leutnant, und es ist Zeit, den kleinen Erdengroll zu vergessen." Beide haben rasende Schmerzen und brennenden Durst. Sie teilen das Letzte. „Exitus", haucht Jumbo noch, „so sagen die Ärzte ... Es war alles nicht so schlimm, wie sie immer behauptet haben."

Will der Dichter Ernst Wiechert Leiden und Sterben verharmlosen? Ist es wahr, daß alles nur halb so schlimm ist? Hat Jumbo im Leben und im Leiden das bessere Teil erwählt? Ist wirklich niemand da, der kommen kann?

Der lebendige Gott ist nahe denen, die ihn anrufen. Ihnen und mir macht er sein Angebot: Ich bin für Sünder und Kranke da. Wir können uns wie Jumbo zu der Überzeugung versteigen, daß für uns „armen Schächer" niemand zuständig ist. Wir können uns aber auch den Tausenden und Abertausenden anschließen, die sich nicht zu den Gerechten und Kerngesunden zählen. Er ist kein Allheilmittel gegen jede Krankheit, aber ein Allheilmittel gegen den ewigen Tod. Er ist kein Patentrezept für ewige Jugend und Leiden aller Art, er ist in guten und bösen Tagen unser „Hausarzt", der schon da ist, bevor wir gerufen haben.

Von guten Mächten wunderbar geborgen, erwarten wir getrost, was kommen mag. Gott ist bei uns am Abend und am Morgen und ganz gewiß an jedem neuen Tag. Amen. (Dietrich Bonhoeffer)

Er wird deinen Fuß nicht gleiten lassen; und der dich behütet, schläft nicht. Psalm 121, 3

Wie beurteilen wir Christen *Krankheit* und *Leiden?*
Es gibt eine schlichte Parabel von einem chinesischen Bauern. Er hatte sehr mageres Land zu beackern, nur einen Sohn, der ihm half, und nur ein Pferd zum Pflügen. Eines Tages lief ihm das Pferd davon. Alle Nachbarn kamen und bedauerten den Bauern ob seines Unglücks. Der Bauer blieb ruhig und sagte: „Woher wißt ihr, daß es Unglück ist?" In der nächsten Woche kam das Pferd zurück und brachte 10 Wildpferde mit. Die Nachbarn kamen wieder und gratulierten ihm zu seinem Glück. Wieder blieb der Bauer ruhig und sagte: „Woher wißt ihr, daß es Glück ist?" Eine Woche später ritt sein Sohn auf einem der wilden Pferde und brach sich ein Bein. Nun hatte der Bauer keinen Sohn mehr, der ihm helfen konnte. Die Nachbarn kamen und bedauerten sein Unglück. Wieder blieb er ruhig und sagte: „Woher wißt ihr, daß es Unglück ist?" In der folgenden Woche brach ein Krieg aus, und Soldaten kamen ins Tal, um alle jungen Männer mitzunehmen mit Ausnahme des Bauernsohnes, der nicht mitmußte, weil er sich ein Bein gebrochen hatte.
Wir alle kennen das Sprichwort: „Nichts ist so schlecht. Es hat auch sein Gutes." Aus der Perspektive Gottes muß Krankheit kein Unglück sein. Das veranschaulicht eindrücklich die schlichte Parabel. Unsere Deutungsversuche von Glück und Unglück, von Gesundheit und Krankheit sind oft ungenau und vorschnell. Wir denken wie die Nachbarn des Bauern. Nur Gott schaut weiter und sieht die Zusammenhänge. Er weiß allein, was für uns gut ist. Wer ihm vertraut, weiß, daß er sich auf das Psalmwort verlassen kann: „Er wird deinen Fuß nicht gleiten lassen; und der dich behütet, schläft nicht."

Kein Urteil mich erschrecket, kein Unheil mich betrübt, weil mich mit Flügeln decket mein Heiland, der mich liebt. Amen. (Paul Gerhardt)

Der Gott aller Gnade aber, der uns berufen hat zu seiner ewigen Herrlichkeit in Christus, der wird euch nach einer kurzen Leidenszeit vollbereiten, festigen, stärken und gründen. 1. Petrus 5, 10

Leid stärkt, festigt und gründet. Herausforderungen schaffen unersetzliche Abwehrkräfte und mobilisieren ungeahnte Kräfte.

Harry Emerson Fosdick schrieb in seinem Buch „Die Kraft des Durchhaltens": „Es gibt ein skandinavisches Sprichwort, das sich jeder von uns als inneren Aufruf zu eigen machen könnte: ‚Der Nordwind hat die Wikinger gemacht.' Woher kommt nur die Auffassung, daß gesicherte und angenehme Lebensbedingungen, das Fehlen von Schwierigkeiten und die Vorteile des Wohlstandes je an sich einen Menschen gut oder glücklich zu machen vermögen? Im Gegenteil – wer sich selbst bemitleidet, der bemitleidet sich auch, wenn er auf einem Samtkissen liegt ..."

Sehr wahrscheinlich schrieb der Dichter Milton seine schönsten Verse, komponierte Beethoven so herrliche Musik, weil der erste blind, der zweite taub war. Wäre Tschaikowskij nicht durch grenzenloses Leid gegangen, wie wäre er imstande gewesen, seine wundervolle „Symphonie Pathétique" zu komponieren. Hätten Dostojewskij und Tolstoi nicht großes seelisches Leid erlitten, sie wären wohl nie dazu gelangt, ihre unsterblichen Romane zu schreiben.

Leid trägt dazu bei, Menschen „voll zu bereiten", sie zu festigen und zu stärken. Denn je mehr der junge Bambus vom Sturm gepeitscht wird, sagt ein asiatisches Sprichwort, desto fester wird er. Wir sind zur Herrlichkeit berufen. Darum sollte keiner von uns unterwegs schlappmachen.

Herr, wir möchten uns in der Tat Leid und Schmerzen ersparen. Wir sehen nur die Last und nicht den Segen des Leides. Hilf, daß wir Leid als deine Gabe verstehen lernen. Amen.

Denn euch ist in eurem Christenstand die Gnade zuteil geworden, nicht nur an Christus zu glauben, sondern auch seinetwegen zu leiden. Philipper 1, 29

Daß Glaube Gnade ist, leuchtet ein. Daß *Leid* auch Gnade sein soll, ist wahrscheinlich schwer zu verstehen.
Bischof Dibelius hat hierzu einmal geschrieben: „Es ist ein so großer und tapferer und hilfreicher Gedanke: Das Leiden macht den Menschen stark! Ich weiß es noch wie heute, daß unser Konfirmator Stolte in der kleinen Lichterfelder Dorfkirche vor 67 Jahren in der Konfirmationsrede sagte: ein Kilo Eisen sei nur ein paar Pfennige wert, und wenn man daraus Hufeisen schmiede, dann werde es auch nicht viel mehr wert; aber schon wenn man Messerklingen daraus mache, bekomme es einen Wert von ein paar hundert Mark. Und wenn man es zu Uhrfedern verarbeite, dann steige der Wert in viele Tausende. Dazu aber müsse das Eisen immer aufs neue in die Glut und müsse wieder und wieder gehärtet werden. So sei es auch mit den Menschen. Wer etwas Tüchtiges werden wolle, der müsse immer wieder in den Schwefelofen der Not hinein; da erst stähle sich der Charakter. Das habe ich nicht vergessen. Es ist eben auch wirklich so ..."
Wir leben in einer leidscheuen und schmerzvermeidenden Gesellschaft. Schmerzstillende, lindernde und leidsparende Medikamente werden von uns geschluckt. Gut, daß wir solche Medikamente haben. Sie schwächen aber unsere Widerstandskraft und stählen nicht unseren Charakter. Die Gnade des Leides zu bejahen, Leid als Geschenk und Gunst Gottes anzusehen, fällt uns unendlich schwer. Wir müssen es wieder lernen.

Drum will ich, weil ich lebe noch, das Kreuz dir fröhlich tragen nach. Mein Gott, mach mich dazu bereit, es dient zum besten allezeit; hilf mir mein Sach recht greifen an, daß ich den Lauf vollenden kann. Amen. (Martin Moller)

Laß dich nicht vom Bösen überwinden, sondern überwinde das Böse durch das Gute! Römer 12, 21

Eins der verbreitetsten Bücher von Sigmund Freud trägt den Titel: „Zur Psychopathologie des Alltagslebens". Freud spricht von Fehlleistungen, von Vergessen, Verlegen und vom Versprechen. Alexander Mitscherlich schreibt im Vorwort eine kleine Begebenheit aus dem 2. Weltkrieg. Offiziere sitzen zusammen und machen sich Gedanken über den Krieg. Mitscherlich wörtlich: „Der Name Dostojewskij fiel. Einer besann sich dunkel, von ihm etwas gelesen zu haben. Er suchte nach dem Titel des Buches. Hieß es nicht ‚Schuld und Rache?'"
„Schuld und Sühne" heißt das Werk von Dostojewskij. Der Versprecher offenbart die wahre Absicht des Offiziers. Er will Rache und nicht Sühne. Haben wir den Mut, solche Selbstentblößung bei uns zu registrieren? Erkennen wir die verborgene Absicht unseres „Wahrmundes", wie Mitscherlich sagt? Sind wir bereit, unter den Augen des lebendigen Gottes unser Handeln und unsere verborgenen Wünsche und verkappten Absichten zu überprüfen?
„Laß dir nicht vom Bösen eine Niederlage beibringen!" so heißt es genau. Mit Rachegedanken beleidigen wir unseren Herrn. Heimzahlen stellt unser Christsein in Frage. Rache befriedigt den alten Adam. Die christliche Lebensregel für zwischenmenschliches Miteinanderumgehen hat Paulus formuliert: „Man schilt uns, so segnen wir; man verfolgt uns, so dulden wir's; man lästert uns, so reden wir freundlich" (1. Kor. 4, 12). Vielleicht ist das für den Durchschnittsbürger der komplette Schwachsinn. Für den Christen ist diese Regel unabdingbar.

Herr, ohne den Heiligen Geist geht der alte Adam mit mir durch. Ohne deinen Beistand werde ich das Gesetz der Vergeltung nicht durchbrechen. Ich weiß, mit dir bin ich Sieger. Amen.

Achtet darauf, daß niemand einem andern Böses mit Bösem vergelte, befleißigt euch vielmehr allezeit des Guten gegeneinander und gegen alle Menschen!

1. Thessalonicher 5, 15

Vergeltungsgedanken haben ein zähes Leben.
Wir erkennen sie an Sprichwörtern und Klagen, die wir Tag für Tag zu hören bekommen. „Man kann sich doch nicht alles gefallen lassen." „Auf einen groben Klotz gehört ein grober Keil." „Wie du mir, so ich dir." „Wer nicht hören will, muß fühlen." Das sind Reaktionsmuster, wie sie in unserer Welt zu Hause sind.
Eine Frau sagt in der Beratung: „Was er mir angetan hat, das lasse ich mir nicht gefallen. Ich kriege das nicht unter die Füße. Das zahle ich ihm heim, koste es, was es wolle!"
Was steckt dahinter? Eine Verlierergesinnung. Der Partner fühlt sich schwach, gedemütigt, klein und zu Boden gegangen. Er weiß, daß der andere ihn treffen will. Er könnte schwören, daß der andere Böses im Schilde führt. Diese Befürchtung fordert geradezu das Böse heraus.
Christus schiebt uns einen Riegel davor. Er will, daß wir das Gesetz der Rache überwinden. Er hat uns vorgelebt, wie das aussieht. Jesus beantwortete Ungeduld mit Geduld, Versagen mit Verzeihung, Haß mit Liebe, Härte mit Ohnmacht. Jesus setzte das Gute gegen das Böse.
Wir sollen nicht einfach schlucken und kommentarlos den Mund halten. Es geht nicht darum, lautlos den Märtyrer zu spielen. Von Christen wird das Gegenteil des Allzumenschlichen verlangt. Die Kampfregel des Christen lautet: Das Böse mit Gutem überwinden. Die Kampfregel für den christlichen Partner lautet: Häßlichkeit mit Liebe parieren. Statt Schluß zu machen, bleiben Sie. Statt ihn zu beschimpfen, sagen Sie ihm etwas Liebes. Sie dulden sein Böses nicht, aber sie weigern sich standhaft, Böses mit Bösem zu vergelten.

Herr, dein Gebot stellt mich vor gewaltige Probleme. Heimzuzahlen steckt mir im Blut. Du allein bist die Kraft, tausend Bosheiten mit Liebe zu beantworten. Amen.

Die Liebe tut dem Nächsten nichts Böses; demnach ist die Liebe die Erfüllung des Gesetzes. Römer 13, 10

Rache ist in Ehe und Partnerschaft eine Lieblingswaffe. Sie ist das gefährlichste der vier irrigen Ziele im zwischenmenschlichen Umgang. Der eine beschuldigt und verletzt ohne Berichtigung, kränkt und demütigt. Wie ein Computer hat er alle empfundenen Angriffe, Herabsetzungen und Ohrfeigen gespeichert. Stundenlang liegt er wach im Bett und brütet Gemeinheiten aus. Der „geliebte" Feind wird systematisch fertiggemacht.
Es ist völlig falsch, den rachsüchtigen Partner auf sein Unrecht aufmerksam zu machen. Die Rechtfertigung erzeugt neue Angriffe. In der Eheberatung gibt es eine Frage, die unter den Augen Gottes legitim ist: „Was kann ich *für ihn,* nicht *gegen* ihn tun?"
Wenn der Partner Sie angreift, ist er offensichtlich ein Mensch, der Hilfe braucht. Was können Sie unternehmen, um das zu ändern? Wer sich verteidigt, wetzt das Messer. Er denkt über zugefügtes Unrecht nach. Er ist mit sich beschäftigt, verfällt in Selbstmitleid und Depression und kann nicht Böses mit Gutem vergelten. Und das ist Gottes Geheimwaffe.
In Römer 12 Vers 17 heißt es: „Befleißigt euch der Ehrbarkeit gegen jedermann." Wörtlich steht da: „Plane, das zu tun, was in den Augen aller Menschen recht ist." Wer Gutes *plant,* Positives und Hilfreiches *plant,* kann keine Rachepläne ausbrüten. Paulus sagt: Liebe ist des Gesetzes Erfüllung. Liebe brütet Gutes aus, und zwar *für* den andern. Ein kleines Lächeln, ein glücklicher Ausdruck der Geduld, ein Kuß voll Zartheit, ein Wort aufrichtiger Zuneigung können Wunder tun.

Ich will mein Recht, darum werde ich an der Wahrheit schuldig. Ich streite um mein Recht, und meine Waffe ist die Ungerechtigkeit. Dein Wort ist die Wahrheit. Dein Wort hilft mir. Amen.

(Jörg Zink)

5. Dezember

Segnet, die euch verfolgen, segnet sie und flucht ihnen nicht! Römer 12, 14

Wir Menschen verstehen uns aufs *Heimzahlen*. Das Segnen fällt uns schwer.
Dale Carnegie, der amerikanische Bestsellerautor von „Sorge dich nicht – lebe!", schildert einen Besuch im Yellowstone Nationalpark. Eine Szene hat ihm besonders imponiert, nämlich die Fütterung der Grizzlybären. Carnegie saß mit Touristen auf der Tribüne und beobachtete die Tiere. Dabei fiel ihm auf, daß es nur ein Tier gab, dem der Bär erlaubte, mit ihm zu fressen – das Stinktier. Gewiß wäre es dem Bären ein leichtes gewesen, das Stinktier zu überwinden. Aber er wußte, das Stinktier hätte es ihm teuer heimgezahlt. Ein kluger Bär.
Klüger als viele Menschen, die darüber grübeln und die Zeit verschwenden, wie sie sich am Partner rächen können. Viele Menschen zahlen dafür einen hohen Preis. Migräne, Magengeschwüre, Darmgeschwüre und Bluthochdruck sind einige psychosomatische Beschwerden, Folgen einer falschen Gesinnung.
Christus hat uns vorgemacht, wie wir handeln können. Er betete für seine Verfolger. Er bat den Vater im Himmel um Vergebung für seine Peiniger. Er segnete, die ihm fluchten. Und genau das erwartet er von uns. „Segnet, die euch verfolgen!" Und das heißt, Gott zu bitten, dem Partner Gutes zu tun, der uns zum Teufel wünscht. Es ist der Wunsch, Gott möge den andern erretten und mit seiner Kraft erfüllen. Wir bitten Gott, ihm gnädig zu sein trotz allem, was er uns angetan hat. Ehe und Partnerschaft werden gut, wenn wir diese christlichen Regeln befolgen.

Herr, dein Leben und Sterben sind Beispiele, wie du Böses mit Gutem überwunden hast. Ohne dich können wir in Ehe und Partnerschaft diese Gesinnung nicht leben. Wir rechnen mit deiner Kraft. Amen.

Ist's möglich, soviel an euch liegt, so lebt mit allen Menschen in Frieden! Rächet euch nicht selbst, Geliebte, sondern gebt Raum dem göttlichen Strafgericht.

Römer 12, 18—19

Eine besonders schwere Form der Rache sind Selbstmordversuche und *Selbstmord*.

Eine Ratsuchende, die zwei Selbstmordversuche hinter sich hatte, erzählte mir in einem Gespräch einen Traum: „Ich lag im Sarg und wohnte sozusagen meiner eigenen Beerdigung bei. Die Gruft war bereits ausgehoben, und die Träger hatten meinen Sarg schon heruntergelassen. Oben am Rand sehe ich meinen Mann stehen. Neben ihm unsere beiden Kinder. Mein Mann weint bitterlich. Er wird von jemand gestützt, den ich nicht erkennen kann." Die Deutung ist ziemlich klar. Die Frau hat ihren Mann treffen wollen. Jetzt soll er leiden. Der Selbstmord soll ihm nachlaufen. Für alles Unrecht soll er büßen.

Vergeltungsstreben ist oft die letzte Phase offener Feindschaft in der Ehe. Wer mit Selbstmordabsichten spielt, ist tief von Verzweiflung und Hoffnungslosigkeit zerfressen. Wer mit Selbstmord spielt, hat das untrügliche Gefühl, zu kurz gekommen, zurückgesetzt, mißachtet und vernachlässigt zu sein. Bedauert er sich selbst, handelt er gegen das oben zitierte Grundgesetz. Jeder, der mit Rachegedanken operiert, hat mir bestätigt, wieviel Zeit und Geduld, wieviel Grübeln und Nachdenken er für sein schändliches Tun vergeudet hat.

Der Sieg über das Böse will geplant, der Friede will gelebt sein. Meine Einstellung spiegelt meine Friedensbereitschaft wider. Das Gute zu tun, braucht eine schöpferische Phantasie, braucht liebevolle Kreativität. Das Gute muß wie ein Bauwerk entworfen, berechnet und durchgeführt werden. Wollen wir das?

Ich bin krank von der Mühe, Tag für Tag auf mein Recht zu pochen. Heile du mich, Herr, sei du die Wahrheit meines Lebens und meines Leidens. Heile mich in der Wahrheit. Du bist die Wahrheit. Amen.

(Jörg Zink)

7. Dezember

Wir segnen, wenn man uns verflucht; wir ertragen es, wenn man uns verfolgt; wenn man uns beschimpft, antworten wir mit freundlichen Worten.

1. Korinther 4, 12

Es ist unbeschreiblich schwer, *Rachegefühle* zu beherrschen.
Ich fand das Gebet eines Zaddik, eines Gerechten, eines Führers einer jüdischen chassidischen Gemeinde, das Elie Wiesel 1967 schrieb: „Ich habe deine Gerechtigkeit, deine Güte nie in Frage gestellt, obwohl ihre Wege meinem Begreifen oft entgangen sind. Ich habe mich unter alles gebeugt und habe zu allem Ja gesagt viel mehr aus Liebe und Dank als aus Resignation. Ich habe die Züchtigungen, das Sinnlose, die Blutopfer auf mich genommen. Ich bin selbst schweigend über den Tod einer Million Kinder hinweggegangen. Ich habe mich für das Gebet und die Anbetung entschieden. Ich habe mich bemüht, in ein Lied zu verwandeln den Dolch, den du so oft in mein dir gehorsames Herz gestoßen hast ... Aber damit ist Schluß. Hörst du mich? Ich kann nicht mehr. Wenn du dieses Mal dein Volk im Stich läßt, dann wisse, o Herr, von allem, was atmet, wisse, daß du nicht mehr die Liebe deines Volkes verdienst ..."
Wer seinen Gefühlen freien Lauf läßt, landet wieder bei der Rache. Unsere Gefühle sind schlechte Ratgeber. Der Zaddik sagt: „Ich habe mich für das Gebet und die Anbetung entschieden." Das ist Umkehr in der Tiefe unserer Existenz. Wenn wir uns im Namen Jesu für das Gute entscheiden, überwinden wir das Böse. Dann können wir segnen, die uns verfluchen. Wir können die ertragen, die uns verfolgen. Und wir können denen freundlich antworten, die uns beschimpfen.

Herr, überwinde mich, dann ist das Böse überwunden. Herr, heile mich, dann sind die Rachegefühle geheilt. Amen.

Darum werfet euer Vertrauen nicht weg, welches eine große Belohnung hat. Hebräer 10, 35

Glaube ist auch *Vertrauen.* Vertrauen hängt mit dem Wort trauen zusammen. Ich traue meinem Partner, ich traue der Regierung, ich traue meinen Kindern, ich traue dem Geschäft, ich traue der Bibel und nicht zuletzt: ich traue meinem Gott. Wer mißtraut, verliert den Glauben. Da fand ich in einer großen Zeitung eine Karikatur über den amerikanischen Dollar. In der ganzen Welt wird ihm mißtraut. Abgebildet ist eine „One Dollar"-Note. Über der Zahl steht auf jedem Schein zu lesen: IN GOD WE TRUST (auf Gott vertrauen wir). Da ungezählte Menschen dieser nationalen Währung mißtrauen, ist ein edles Metall an ihre Stelle gerückt: Gold. Der Zeichner der Karikatur hat das Wort GOD durchgestrichen und in unübersehbaren Buchstaben das Wort GOLD darübergesetzt.
Wer sein Vertrauen wegwirft, kann eine Währung ruinieren. Wer sein Vertrauen auf Gott wegwirft, ruiniert sich. Ohne Vertrauen können wir nicht leben. Mangelndes Vertrauen zerstört die zwischenmenschlichen Beziehungen und die Beziehung zum lebendigen Gott. Ein kleiner Vers schildert treffend unsere Situation: „Gott, weil er groß ist, schenkt so gerne große Gaben. Ach, daß wir Armen nur so kleine Herzen haben." Kleine Herzen handeln sich kleine Belohnungen ein. Gold ist uns lieber als Gott, ein glänzendes Metall lieber als der Herr des Himmels und der Erden.
Das Bibelwort ist darum bewundernswert, weil wir es ausprobieren können. Wer vertraut, wird nicht enttäuscht, wer vertraut, wird belohnt. Wer sich auf Gott verläßt, wird eine „große Belohnung" erleben. Wahrhaftig, Gott ist nicht kleinlich!

Ich steh in meines Herren Hand und will drin stehen bleiben; nicht Erdennot, nicht Erdentand soll mich daraus vertreiben. Und wenn zerfällt die ganze Welt, wer sich an ihn und wen er hält, wird wohlbehalten bleiben. Amen. (Philipp Spitta)

Gottes Wege sind vollkommen . . . Er ist ein Schild allen, die ihm vertrauen. Psalm 18, 31

Wer glaubt, *vertraut*. Wer nicht vertraut, hat es mit dem Glauben unendlich schwer.
Willy Kramp, ein christlicher Schriftsteller unserer Tage, schreibt über ein Erlebnis des amerikanischen Dichters Saroyan, der einmal nach Salt Lake City kam, der Hauptstadt der „Mormonen": „Als er den Bus habe besteigen wollen, sei ein alter Herr auf ihn zugetreten und habe ihn gefragt, ob er sich nicht bekehren lassen wollte. Der so überraschend Angegangene habe verdrossen abgewinkt: In wenigen Minuten gehe sein Bus. Aber darauf habe der alte Herrn erwidert, dies sei durchaus Zeit genug, um ihn nach seiner erprobten Methode zu bekehren. Diese Methode bestehe nämlich darin, daß man sich kurz und schlicht selbst den Befehl gebe: ‚Du mußt glauben!' ‚Glauben?' habe nun der junge Mann zurückgefragt. ‚Woran denn glauben?' ‚An alles', sei die Antwort gewesen. ‚Ganz einfach an alles.' . . . Aber indem er nun – spaßeshalber gleichsam – den Versuch machte, an alle Dinge zu ‚glauben', das heißt, zu ihnen allen ‚ja' zu sagen, fand er, daß es in der Tat einen Unterschied mache, ob man der Welt in einer glaubend geöffneten oder in einer skeptisch-ablehnenden Haltung gegenüberstehe. Mit anderen Worten: Er hatte entdeckt, daß der Glaubende auch *liebt*."
Glaube ist Vertrauen, Vertrauen ist Jasagen. Der Skeptiker bejaht sich nicht, die Dinge und Gott auch nicht. Der Mißtrauische liebt nicht. Er hält darum die Wege Gottes und seine eigenen für unvollkommen. Er fühlt sich nicht beschützt, sondern entblößt. Wer sich Gott ausliefert, wer ihm vertraut, weiß, daß er das Beste mit uns vorhat.

Er ist ein Fels, ein sichrer Hort, und Wunder sollen schauen, die sich auf sein wahrhaftig Wort verlassen und ihm trauen. Er hat's gesagt, und darauf wagt mein Herz es froh und unverzagt und läßt sich gar nicht grauen. Amen. (Philipp Spitta)

10. Dezember

Wir sollten eben lernen, unser Vertrauen nicht auf uns selbst zu setzen, sondern auf den Gott, der die Toten auferweckt.

2. Korinther 1, 9

Eine Ausdrucksform des *Vertrauens* ist Liebe. Liebe in Form von Vertrauen schafft Gemeinschaft, Mißtrauen macht einsam.

Ich habe gestern den Schriftsteller Willy Kramp zitiert und möchte aus dem gleichen Kapitel noch einige Zeilen hinzufügen. Er sagte: „Wer die Dinge und Gott bejaht, glaubt; wer die Dinge und Gott liebt, vertraut. Nur wo wir lieben, was wir glauben, werden wir verwandelt. Und nur der Glaube, der zugleich Liebe ist, erleuchtet und erlöst die Welt. Kein Stück der lebendigen Schöpfung werde ich für wirklich halten können, wo ich mich ihm nicht in Liebe öffne. Erst recht werde ich von einem Menschen nichts Wesentliches erfahren, wenn nicht Glauben und Lieben mit am Werk sind – jene höchsten Helfer zur Wahrheit. Glauben und Lieben sind die beiden ausgestreckten Arme, mit denen wir im Namen Gottes die Welt fassen und in ihr wahres Wesen zurückholen."

Was Willy Kramp ausspricht, hat Paulus am eigenen Leibe erlebt. Er war in der Provinz Asien in unerträgliches Leid geraten. Er selber rechnete damit, sterben zu müssen. Er verließ sich auf seine eigene Erfahrung statt auf den Herrn. Paulus sollte lernen, sein Vertrauen nicht auf sich selbst zu setzen.

In der Tat, Glaube ist Vertrauen, Vertrauen ist Hingabe und Preisgabe. Vertrauen ist rückhaltlose Liebe. Das gilt im Hinblick auf Gott, und das gilt im Hinblick auf Menschen. Wenn wir von Herzen lieben, können wir von Herzen vertrauen. Denn die ungebrochene Liebe ist die höchste Form des Vertrauens.

Dem Herren mußt du trauen, wenn dirs soll wohlergehn; auf sein Werk mußt du schauen, wenn dein Werk soll bestehn. Mit Sorgen und mit Grämen und mit selbsteigner Pein läßt Gott sich gar nichts nehmen, es muß erbeten sein. Amen.

(Paul Gerhardt)

Beweise deine wunderbare Güte, du Heiland derer, die dir vertrauen gegenüber denen, die sich gegen deine rechte Hand erheben. Psalm 17, 7

Im christlichen Glauben spielt das *Vertrauen* eine *entscheidende Rolle.*
Der Sprachwissenschaftler Eugen A. Nida, der verschiedene Begriffe unseres Glaubens in mehreren Sprachen untersucht hat, schreibt über das Vertrauen: „Vertrauen ist das Mittel, das den Zweifel heilt, doch Vertrauen wächst nicht auf dem Boden des Wunschdenkens. Es kommt aus der Gewißheit. Die Navajos beschreiben das Vertrauen mit dem Prozeß, der ihm zugrunde liegt; sie sagen ‚die Spur bis zum Ziel verfolgen'. Wenn das Pferd das mit Hecken umgrenzte Gehege verlassen hat, dann gibt es nur eine Möglichkeit, es wiederzufinden: man verfolgt seine Hufspuren so lange, bis man es erreicht hat. Vertrauen in die Wahrheit des Evangeliums erwächst nicht aus mühseliger Spekulation über mögliche Wahrheiten. Es liegt darin, daß wir die Spur des Gegenstandes unseres Vertrauens ‚bis ans Ziel verfolgen'."
Vertrauen ist Tat. Vertrauen ist Aktion. Vertrauen will gelebt werden. Gott ist der „Gegenstand" unseres Vertrauens. Wir verfolgen seine Spur bis ans Ziel. Wer aufgibt, wer sein Vertrauen wegwirft, wer resigniert, verfehlt das Ziel.
„Vertrauen schenken ist eine unerschöpfliche Kapitalanlage", sagte Pestalozzi, der bedeutende Erzieher. Vertrauen schenken zahlt sich aus: bei Kindern, bei Ehepartnern, bei Nachbarn und Freunden und erst recht bei Gott. Der Zweifler wird geheilt, sagt Eugen A. Nida, wenn er Vertrauen investiert. Der Skeptiker kann Gottes Güte nicht erfahren. Nur wer dem Herrn aller Herren vertraut, wird den Beweis seiner wunderbaren Güte erleben.

Ich traue seiner Gnaden, die mich vor allem Schaden, vor allem Übel schützt; leb ich nach seinen Sätzen, so wird mich nichts verletzen, nichts fehlen, was mir ewig nützt. Amen. (Paul Fleming)

Es ist aber der Glaube ein zuversichtliches Vertrauen auf das, was man hofft, ein festes Überzeugtsein von Tatsachen, die man nicht sieht. Hebräer 11, 1

Glaube und *Vertrauen* gehören unauflöslich zusammen. Von Papst Johannes XXIII. stammt ein treffendes Wort: „Wer glaubt, der zittert nicht. Er überstürzt nicht die Ereignisse, er ist nicht pessimistisch eingestellt, er verliert nicht die Nerven. Glauben – das ist die Heiterkeit, die von Gott kommt."

Glauben und Vertrauen gehören unauflöslich zusammen. Vertrauen ist die Gewißheit, die der Glaube vermittelt. Die Gewißheit des Verstandes ist anders. Wer glaubt und sich vertrauend auf den lebendigen Gott verläßt, „der zittert nicht". Der Glaubende ist wie ein Alpinist, der sich rückhaltlos vertrauend seinem Bergführer ausliefert. Er vertraut, daß der Führer alle Wege kennt, alle Gefahren und Tücken richtig einschätzt. Er geht über gefährliche und ungefährliche Klippen in der Zuversicht des vollkommenen Vertrauens in den, der das andere Ende des Seiles festhält. Diese unsichtbare Nabelschnur läßt keinen niederdrückenden Pessimismus zu. Dieses gelebte Vertrauen wird belohnt. Unsere Nerven können strapaziert werden, aber wir „verlieren" sie nicht. Wir „drehen nicht durch", weil wir uns in fester Hand wissen. Wir reagieren „gelassen" und mit „Heiterkeit", weil wir darauf vertrauen, daß *alle* Dinge an Gott vorbei müssen.

Menschen, die dieses Kapital weggeworfen haben, erfahren am eigenen Leibe Mißtrauen, Hoffnungslosigkeit, Verzweiflung, Ungeborgenheit, Nervosität, Pessimismus und innere Zerrissenheit. Wer glaubt und sich seinem Herrn ausliefert, wird die stärkste Begleitung erfahren, die wir uns vorstellen können. Denn der Glaube ist ein zuversichtliches Vertrauen.

Auf meinen lieben Gott trau ich in Angst und Not; der kann mich allzeit retten aus Trübsal, Angst und Nöten, mein Unglück kann er wenden, steht alls in seinen Händen. Amen. (Johann Hermann Schein)

Ich vertraue aber im Herrn darauf, daß auch ich bald kommen werde. Philipper 2, 24

Unser Christenleben ist eine Sache des *Vertrauens.*
Bei Übersetzungsarbeiten stieß Missionar Waßmann von der Hermannsburger Mission auf beträchtliche Schwierigkeiten. Die Sprache der Galla in Abessinien kennt zum Beispiel keinen Ausdruck für *Vertrauen.* Wie sollte er Luthers Erklärung zum ersten Gebot wiedergeben? Trotz allen Fragens und Forschens konnten ihm die Einheimischen nicht helfen. In der nächsten Katechismusstunde nahm er einen seiner Schüler, stellte ihn auf den Tisch und sagte zu ihm, er solle sich bei geschlossenen Augen rückwärts in die Arme des Missionars fallen lassen. Der Junge bekam Angst und sprang vom Tisch. Ein anderer Schüler ließ sich dann seelenruhig in die Arme des Missionars fallen. Auf die Frage, weshalb er es getan habe, sagte der Junge: „Missionar, ich habe mich blind auf die starke Kraft deiner Arme verlassen."
Da hatte Waßmann die Erklärung zum ersten Gebot: „Wir sollen Gott fürchten und lieben und uns blind auf die starke Kraft seiner Arme verlassen." Hier ist nicht von Selbstvertrauen die Rede. Paulus formuliert: „Ich vertraue aber *im Herrn* darauf." Mit anderen Worten: Ich verlasse mich auf die starke Kraft seiner Arme. Das ist gelebtes Vertrauen. Angst und Zweifel machen Vertrauen unmöglich. Skepsis und Pessimismus untergraben jegliches vertrauensvolle Handeln. Wer Vertrauen wagt und nicht wegwirft, erlebt „die starke Kraft seiner Arme". Er wird belohnt. Vertrauen muß gewagt werden. Vertrauen lebt vom Vorschuß.

Auf ihn will ich vertrauen in meiner schweren Zeit; es kann mich nicht gereuen, er wendet alles Leid. Ihm sei es heimgestellt; mein Leib, mein Seel, mein Leben sei Gott dem Herrn ergeben; er schaffs wies ihm gefällt! Amen. (Ludwig Helmbold)

14. Dezember

Es ist gut, auf den Herrn vertrauen und nicht sich verlassen auf Menschen. Psalm 118, 8

Das Gegenteil von Vertrauen ist *Verkrampfung.*
Graf Dürkheim, Psychologieprofessor und Therapeut, formuliert es so: „Jede Verkrampfung ist eigentlich Ausdruck mangelnden Grundvertrauens ... Seit Jahren mache ich die Beobachtung, daß, was auch immer die Ausgangsarbeit mit einem Menschen sein mag, ein Fortschritt auf dem Wege des Heilwerdens so lange nicht zu verzeichnen ist oder sich als Illusion erweist, als sich die Schultern nicht lösen. Er mag scheinbar noch so bereit sein, voll guten Willens, zustimmend und voller Einsicht; solange die Schulter sich nicht senkt, geschieht nichts, *kann* nichts geschehen; denn die leicht hoch gezogenen Schultern, zwischen denen der Mensch seinen Kopf einzieht wie zwischen die Zacken einer Burgmauer, bedeuten ganz unmittelbar eine eingefleischte zentrale Sicherungstendenz."
Was heißt das für den Glauben? Bis in unsere Entkrampfung muß deutlich werden, ob wir uns dem Herrn ausgeliefert haben. Wer sich verspannt, kann sich nicht lösen. Wer sich verkrampft, kann nicht loslassen. Er will sich selbst sichern und sein Heft in der Hand behalten. Leib und Seele sind eine Einheit. Unser Körper verrät uns. Er spricht aus, was wir an Mißtrauen und Ängsten in uns tragen.
Können Sie sich loslassen und Ihrem Herrn blindlings vertrauen? Was trauen Sie Ihrem Vater im Himmel zu? Und wo verlassen Sie sich lieber auf Mitmenschen oder auch auf sich selbst?

Mein Herr und mein Gott! Ich bin so oft verkrampft. Ich liefere mich dir nicht aus. Ich vertraue dir nur stückweise. Hilf, daß ich rückhaltlos glaube und mich blindlings in deine Hände fallenlassen kann. Amen.

15. Dezember

Sie (die Hirten) brachen sofort auf, gingen hin und fanden Maria und Josef und das Kind in der Krippe.

Lukas 2, 16

Hans Biedermann hat ein nachdenkliches Gedicht über *Advent* verfaßt. Es lautet so: „Ein Mensch denkt schaudernd an Advent, die Zeit, die jeder hilflos rennt, — ohne noch viel auszuschnaufen, Geschenke sinnig einzukaufen. — Der Mensch im Innern tief verdrossen, hat sich für heuer fest entschlossen, die Zeit der Plastiktüten zu versäumen und stille Zeit sich einzuräumen. — Der Mensch sinniert nun hin und her, wie dies wohl zu ergründen wär, denn allzu fromm, das spürt er ehrlich, ist dieses nicht — doch einfach herrlich! Aus Sorge für die eigne Seele, damit sie nicht das Ziel verfehle und andern Seelen hilfreich sei, hält sich der Mensch vom Trubel frei." Stille Zeit ist eine gute Sache, die „Sorge für die eigene Seele" notwendig. Aber wir bleiben bei uns selbst. Wir drehn uns um die eigene Achse. Weihnachten ist kein Fest der Innerlichkeit. Darum haben uns die Hirten viel zu sagen. Sie *hörten* die Botschaft, trafen eine *Entscheidung, gingen* hin und *fanden.* Was hätte wohl ein Gruppe von Philosophen getan? Reflektieren ist gut, hingehen ist besser. Die entscheidenden Schritte christlicher Nachfolge werden von den Hirten exakt vorgelebt: Hören, sich entscheiden, hingehen und finden. Daher schrieb der Philosoph und Theologe Sören Kierkegaard: „Christus hat keine Dozenten angestellt, sondern Nachfolger."
Ist es Zufall, daß die Bibel von den schlichten, praktischen und zupackenden Hirten spricht? Was fangen wir mit der Weihnachtsbotschaft an, und welche Entscheidung werden wir treffen?

Die Nacht ist schon im Schwinden, macht euch zum Stalle auf! Ihr sollt das Heil dort finden, das aller Zeiten Lauf von Anfang an verkündet, seit eure Schuld geschah. Nun hat sich euch verbündet, den Gott selbst ausersah. Amen. (Jochen Klepper)

Was ihr für einen meiner geringsten Brüder getan habt, das habt ihr für mich getan. Matthäus 25, 40

Karin Eckermann hat ein Gedicht verfaßt „Weihnacht' 69". Es lautet: „Weihnacht, heilige Nacht, Friede auf Erden — ist jeden Tag geboten. — Wir haben das Gebot kalendarisiert, familiär traditioniert, kitschig verziert, konsumiert — alle Jahre wieder süßer die Glocken nie klingen als zu der Weihnachtszeit, stille Nacht, heilige Nacht, holder Knabe im lockigen Haar. — Deinen Hungerschrei Neugeborener überhören wir, lassen dich sterben irgendwo in der Welt. Jeden Tag in der heiligen Nacht."

Weihnachten ist der Geburtstag unseres Herrn. Er hat uns nicht irgendwelche Geschenke gemacht, er hat sich uns selbst geschenkt. Karin Eckermann hat recht: Wir haben Weihnachten pervertiert, familiär traditioniert und konsumiert. Unsere Geschenke füreinander sind ein verschrobenes Abbild seines Geschenkes an uns. Reiche beschenken Reiche. „Deinen Hungerschrei Neugeborener überhören wir!" Tausende verhungern auf der Welt jeden Tag. Geringste Brüder, Christusse, für die wir nichts getan haben.

Professor Mitscherlich formuliert so: „Weihnachten ist ein Fest der Begehrlichkeit geworden. Die Begehrlichkeit hat den ursprünglichen Sinn von Weihnachten ganz ausgezehrt, ausgelaugt. Geblieben ist eine tote Form, eine leere, ausgebrannte Hülse, deren Vakuum man mit ‚organisierten Bedeutungslosigkeiten' aufzufüllen versucht."

Woran wollen wir uns beteiligen, an der weihnachtlichen Geschenkejagd oder am Dankabstatten für die „geringsten Brüder", in denen Christus uns begegnet? Er hat uns zu Weihnachten reich gemacht. Wollen wir den Reichtum für uns behalten?

Es ist ja, Herr, dein Geschenk und Gab mein Leib und Seel und was ich hab in diesem armen Leben. Damit ichs brauch zum Lobe dein, zu Nutz und Dienst des Nächsten mein, wollst mir dein Gnade geben. Amen. (Martin Schalling)

17. Dezember

Die Hirten gingen zu ihren Herden zurück, lobten Gott und dankten ihm für das, was sie gesehen und gehört hatten. Lukas 2, 20

Die Rundfunk- und Fernsehzeitschrift „Hörzu" hatte ihre Leser aufgerufen, sich zu dem Thema „Warum laufen so viele vor Weihnachten davon?" zu äußern. In Bergen von Briefen schickten die Leser ihre Beiträge. Eine Frau schrieb: „Auch wir ‚laufen davon' – aber nicht vor Weihnachten, sondern vor der Verwandtschaft bzw. der älteren Generation. Trotz Berufstätigkeit waren wir vom Heiligabend bis zum 2. Weihnachtstag eingesperrt in Besuche mit teuren Geschenken und Verpflichtungen. Es blieb uns nur der Ausweg ‚davonzulaufen'."
Und aus Hamburg schrieb ein Einsender: „Auch ich würde nach 39 deprimierenden Heiligen Abenden Weihnachten lieber woanders verbringen als in der Familie, die sich nach über 50 Jahren nichts mehr zu sagen hat."
Wir wollen uns zum Weihnachtsfest nicht in erster Linie etwas sagen, sondern uns vom Geburtstagskind, dem Herrn der Welt, etwas sagen lassen. Vom Kind in der Krippe redet kaum ein Beitrag. Alle sind mit sich beschäftigt, mit Geschenken, Besuchen, viel zu üppigen Mahlzeiten, mit gegenseitiger Unzufriedenheit, Gereiztheit und strapazierten Nerven. Wer um seine Probleme kreist, wird von seinen Problemen aufgefressen. Die Hirten hatten offene Augen, Ohren und Herzen für die Freudenbotschaft. Sie kehrten nicht „fix und fertig" an ihre schwere Arbeit zurück, sondern „lobten Gott und dankten für das, was sie gehört und gesehen hatten. Wer flieht, hat Weihnachten mißverstanden. Wir selbst und sonst niemand auf der Welt sind für Geschenkzwang, Konsumzwang, Erschöpfung, übervolle Mägen und Unzufriedenheit verantwortlich. Wer sich zu Weihnachten zum Kind in der Krippe aufmacht, die Botschaft des Kindes hört und annimmt, wird – wie die Hirten – fröhlich zurückkehren und dem lebendigen Gott danken.

Ich will dir all mein Leben lang von Herzen sagen Preis und Dank, daß du, da wir verloren, für uns bist Mensch geboren. Amen. (Johann Rist)

Als die Engel von ihnen gen Himmel gefahren waren, da sprachen die Hirten zueinander: „Lasset uns doch nach Bethlehem gehen . . .“ Lukas 2, 15

In seinem Buch „Der Sinn des Lebens“ schreibt der große Psychologe und Psychotherapeut Alfred Adler: „So bleibt nur ein einziges Maß übrig, an dem wir den Menschen messen können: *seine Bewegung gegenüber den unausweichlichen Fragen der Menschheit.*“ Individualpsychologische Therapie besteht darin, das *Bewegungsgesetz* eines Menschen herauszufinden. Adler geht davon aus, daß im Verhalten die Meinung und Überzeugung eines Menschen am besten zum Ausdruck kommen.
Nicht die schönen Worte überzeugen, sondern die Bewegung, die Tat. Die Bibel spricht von Früchten, vom Tun. Die Hirten *gehen.* Sie diskutieren nicht, sie zweifeln, grübeln, reflektieren nicht — sie gehen. Das *Bewegungsgesetz* eines Menschen ist entscheidend. Im Tun kommt seine wahre Absicht zum Ausdruck. Es gibt ungezählte Menschen, die sind bis unters Dach ihres Kopfes mit Theologie, mit Wort Gottes, mit Sprüchen und Bibelstellen vollgestopft. Aber sie handeln nicht. Sie theoretisieren. Sie wissen, wie alles kommen muß. Sie haben die geistlichen Rezepte im Kopf. Und das reicht nicht. Unser Glaube lebt von der Bewegung, von der Tat, vom Gehen. Die schlichten Hirten sind uns ein Vorbild. Konkrete Frage: Wie weit ist unser Glaube Theorie? Wieviel Prozent werden in Tat — in Gehen — umgesetzt?

Lieber Herr Jesus Christus! Wir erleben die Weihnachtszeit oft als eine schöne, gefühlsselige Zeit. Wir lassen uns egoistisch stimulieren. Hilf, daß wir auch gehen und dich anbeten. Hilf, daß wir gehen und anderen deine Liebe mitteilen. Amen.

19. Dezember

Was ihr für einen meiner geringsten Brüder getan habt, das habt ihr für mich getan. Matthäus 25, 40

Der Wuppertaler Pfarrer Helmich macht in der Sonntagszeitschrift „Der Weg“ einen bemerkenswerten Vorschlag, um Weihnachten richtig zu schenken. Bei ihm hieß es: „Suchen Sie noch ein Weihnachtsgeschenk? Ich empfehle Ihnen nicht, sich noch schnell an ein Kinderheim zu wenden, damit Sie zum Christfest ein Waisenkind einladen. Wenn so etwas geschieht, dann ist das etwas sehr Schönes. Solch eine Entscheidung darf aber nichts Krampfhaftes, Gewolltes an sich haben. Nein, das Weihnachtsgeschenk, das ich meine, kann man irgendwann an den Feiertagen, zwischen den Feiertagen abgeben. Sich selbst – als kleinen Dank für Weihnachten, weil wir beschenkt wurden. So eine Gabe wäre ein Besuch von einer halben oder einer Stunde. Wenn da einer merkte: ‚Da hat ja jemand wahrhaftig Zeit für mich‘, wie schön wäre das.“

Weihnachten werden wir beschenkt. Das Kind in der Krippe ist das größte Geschenk aller Zeiten. Gott wird Mensch, um für uns auf dieser Erde sein Leben hinzugeben. Ist es nicht selbstverständlich, seine Liebe zu uns weiterzugeben? Als Beschenkte schenken wir. Als Bereicherte bereichern wir andere. Christus begegnet uns in den anderen, den Kranken und Sterbenden, in Alten und Gebrechlichen, den Gesunden und Verwirrten. Wir sind seine Füße, seine Hände und sein Mund. Was wir getan haben, haben wir ihm getan; was wir nicht getan haben, haben wir ihm auch nicht getan.

Der Geschenkvorschlag ist in der Tat gut. Wir werden Weihnachten reich beschenkt. Ist es da unangemessen zu fragen: Welche Freude machen wir anderen Menschen?

Herr, du bist Weihnachten auf die Welt gekommen, um uns zu bereichern. Mein Dank kann nur Gestammel sein. Hilf, daß ich von diesem Geschenk an andere weitergebe. Amen.

Dies geschah, damit in Erfüllung ging, was Gott durch den Propheten vorausgesagt hatte: „Die Jungfrau wird einen Sohn zur Welt bringen, der Immanuel heißen wird." Dieser Name bedeutet „Gott ist mit uns."

Matthäus 1, 22—23

Rainer Sürig hat in einem Gedicht „Im Grab geboren" die Geburt Jesu Christi mit Golgatha verknüpft und die Aussagen des Theologen Paul Tillich aufgegriffen: „Wer anders als der Messias kann in einem Grab geboren werden?" Auszugsweise heißt es in dem Gedicht: „Weihnacht für Weihnacht die Verehrung des Säuglings im Futtertrog. Und Tag für Tag die Schreie mißhandelter Kinder. In jener Nacht geschah in Bethlehem das Wunder für diese Welt: Gott erschien unerkannt als Mensch für Menschen. Sein erster Schrei wird sich ungehört verlieren, wenn man nicht den letzten Schrei vernimmt, den Schrei des Todes.
Denn Christus wurde am Kreuz auf Golgatha und im Grab geboren."
Über den tausend glitzernden Sternen, dem Lametta und den „gläsernen Kerzen mit 20 Watt", wie Sürig schreibt, vergessen wir, daß Christus auf Golgatha und im Grabe zum Messias wurde. Ohne Golgatha und Ostern ist Weihnachten ein sentimentales Fest ohne weltgeschichtliche und heilsgeschichtliche Bedeutung. In Bethlehem erfüllte sich die Voraussage der Propheten. In Jerusalem zu Ostern wurde die Erfüllung abgeschlossen. Gott hat Wort gehalten. „Gott ist mit uns."
Weihnachten feiern wir den Geburtstag dieses größten Retters aller Zeiten. Es stimmt: Ohne Ostern wäre uns kein Retter geboren. Ob wir in der Weihnachtszeit Grab, Kreuz und Krippe als zusammengehörig verstehen können? Sind wir bereit, das Kind als König der Welt und als Herrn aller Herren anzubeten?

Herr, du bist in Bethlehem geboren und unser Retter geworden. Für uns bist du über diese Erde gegangen, für uns hast du am Kreuz gelitten, für uns bist du gestorben und auferstanden. Deine Liebe ist unermeßlich! Amen.

21. Dezember

Denn es ist erschienen die heilsame Gnade Gottes allen Menschen. Titus 2, 11

Zur *Weihnachtszeit* öffnen sich in vielen Ländern der Welt Gefängnisse. Menschen werden freigelassen durch „Gnadenerlaß". Für viele verbindet sich damit eine übergroße Freude. Der „Gnadenerlaß" hat sie freigesprochen.

Der Theologe Bonhoeffer, der im KZ starb, unterscheidet zwischen „billiger Gnade" und „heilsamer" oder „teurer Gnade". Er schreibt: „Billige Gnade ist der Todfeind unserer Kirchen. Unser Kampf heute geht um die teure Gnade. Billige Gnade heißt Gnade als Schleuderware, verschleuderte Vergebung, verschleuderter Trost, verschleudertes Sakrament; Gnade ist unerschöpfliche Vorratskammer der Kirche, aus der mit leichtfertigen Händen bedenkenlos und grenzenlos ausgeschüttet wird; Gnade ohne Preis, ohne Kosten ... Teure Gnade ist das Evangelium, das immer wieder gesucht, die Gabe, um die gebeten, die Tür, an die geklopft werden muß. Teuer ist sie, weil sie in die Nachfolge ruft, Gnade ist sie, weil sie in die Nachfolge Jesu Christi ruft. Teuer ist die Gnade vor allem darum, weil sie Gott teuer gewesen ist, weil sie Gott das Leben seines Sohnes gekostet hat."

Weihnachten ist nicht das Fest der billigen Gnade, der Gnade zu Discountpreisen. Die heilsame Gnade Gottes wird uns nicht nachgeworfen. Sie kostet uns einiges. Darauf hat Bonhoeffer zu Recht aufmerksam gemacht. Die heilsame Gnade ist erschienen. Wer anbetet, wer anklopft, wer sie sucht und erbittet, dem wird sie zuteil. Die Weihnachtstage, der Geburtstag unseres Herrn, sind Anlaß genug, über die billige und die heilsame Gnade nachzudenken. Die heilsame Gnade führt in die Nachfolge. Haben wir das bedacht?

Herr, wir feiern deinen Geburtstag, weil du als der gnädige Retter auf diese Erde gekommen bist. Vergib, wenn wir deine Gnade leichtfertig in Anspruch genommen haben. Vergib, wenn wir sie zu selbstverständlich hinnehmen. Amen.

Als die Engel in den Himmel zurückgekehrt waren, sagten die Hirten zueinander: „Kommt, wir gehen nach Bethlehem und sehen uns an, was Gott uns bekannt gemacht hat." Lukas 2, 15

Der Schriftsteller Armin Juhre hat die Weihnachtsgeschichte mit seinen Worten wiedergegeben und in die Zeit von heute übersetzt. Bei ihm heißt es: „Es begab sich aber zu der Zeit, da die Bibel ein Bestseller war, übersetzt in 197 Sprachen, und das Neue Testament noch 60 mal mehr, daß alle Welt sich fürchtete: vor selbstgemachten Katastrophen, Inflationen, Kriegen, Ideologien, vor radioaktiven Regenwolken und Raumschiff-Flotillen, die spurlos verglühen. Als die Menschenmenge auf dem Wege war, ungeheuer sich vermehrend, hinter sich die Vernichtungslager der Vergangenheit, vor sich die Feueröfen des Fortschrittes, und alle Welt täglich geschätzt und gewogen wurde, ob das atomare Gleichgewicht stimmt, hörte man sagen: ‚Laßt uns nach Bethlehem gehen!'"
Mir fällt auf: Die Hirten zerreden die Botschaft nicht. Sie streiten sich nicht, ob das Ganze ein ausgemachter Schwindel sei. Sie nehmen die Sache in Augenschein und überzeugen sich. Die Hirten gehen. Sie prüfen, was Gott ihnen sagen will.
Und wir? Hinter uns liegen die Vernichtungslager und vor uns ein geplünderter Planet, auf dem die Hungerbombe tickt. Wollen wir uns aufmachen oder über Weltprobleme diskutieren? „Christ, der Retter, ist da." Er ist auf die Erde gekommen, um mit der zerfallenen Welt Frieden zu schließen. Wer nach Bethlehem geht, schließt sich Gottes weltumspannenden Rettungswerk an, Gerettetsein gibt Rettersinn. Weihnachten ist die Zeit, in der der Ruf durch die Welt geht: „Kommt, wir gehen nach Bethlehem und sehen uns an, was Gott uns bekannt gemacht hat."

Ich steh an deiner Krippen hier, o Jesu, du mein Leben; ich komme, bring und schenke dir, was du mir hast gegeben. Nimm hin, es ist mein Geist und Sinn, Herz, Seel und Mut, nimmt alles hin und laß dirs wohlgefallen. Amen. (Paul Gerhardt)

Sie brachte einen Sohn zur Welt, ihren Erstgeborenen, wickelte ihn in Windeln und legte ihn in eine Futterkrippe im Stall. Eine andere Unterkunft hatten sie nicht gefunden. Lukas 2, 7

Der Dichter und Schriftsteller Hermann Hesse hat ein Gedicht geschrieben mit dem Titel: „Jesus und die Armen." Da heißt es: „Du bist geboren, lieber Bruder Christ, wo aber sind die, für die du gestorben bist? — Du bist gestorben für aller Sünder Not, aus deinem Leibe ward das heilige Brot, — das essen sonntags die Priester und die Gerechten, an deren Türen wir Hungrigen fechten. — Bruder Christ, du hast vergebens gelitten — gib du den Satten, um was sie dich bitten! Wir Hungrigen wollen nichts von dir, Christ! Wir lieben dich bloß, weil du unser einer bist."
Gott wurde arm, geboren in einer Futterkrippe. Seine Armut ist sein Programm. Jesus philosophierte nicht über die Armut, Gott in Jesus wählte selbst ein Leben in Armut. Geboren als armer Leute Kind, in einem armen Winkel des vorderen Orients — in einem Stall. Die ersten Besucher sind Hirten, zwielichtige Gestalten am Rande der damaligen Gesellschaft.
Der ehemalige Landesbischof Claß kommentiert diese Armut so: „Das wird rasch deutlich, wenn wir zwei Kurven miteinander vergleichen. Die eine stellt unsere Einkünfte der letzten Jahre dar und steigt stetig nach oben. Die andere stellt den Grad unserer Zufriedenheit dar und geht ständig nach unten. Wir verlieren alles, wenn wir entschlossen sind, auf nichts zu verzichten. Verzichten kann nur der Mensch, der — wie Jesus einmal gesagt hat — ‚reich ist in Gott'." Hat Hermann Hesse recht, ist Jesus vergeblich geboren und gestorben? Werden wir mit unserem Wohlstand zu Feinden Jesu?

Herr, hab Dank, du bist arm in die Welt gekommen, um uns reich zu machen. Vergib, wenn wir zwar dein Geschenk mit Worten preisen, aber in der Tat gering achten. Amen.

24. Dezember
Heiligabend

Der Engel aber sagte zu ihnen: „Fürchtet euch nicht! Denn wisset wohl: Ich verkündige euch große Freude, die dem ganzen Volke widerfahren wird; denn euch ist heute ein Retter geboren, welcher ist Christus."

Lukas 2, 10—11

Der volkstümliche Evangelist und ehemalige Berliner Stadtmissionar, Heinrich Giesen, schrieb über diese Stelle: „Und schon mischt der Teufel mit, während wir die sensationelle Botschaft hören: ‚Siehe, ich verkündige euch große Freude.' Denn der Teufel ändert unseren Gedankenflug, bringt ihn in falsche Richtung; wie eine Brieftaube, die auf den Heimatschlag zufliegt, abgelenkt wird, so lassen wir uns ablenken zu einem falschen Ziel. Denn die teuflische Botschaft lautet: Siehe, ich verkündige euch große Probleme."

Wir haben es teuflisch gut gelernt, nur noch problembewußt zu denken und zu leben. Weihnachten heißt: Der Retter ist da, der Erlöser als Lösung für unsere Probleme. Für viele ist Weihnachten das Fest der kaputten Nerven. Wir machen uns selbst verrückt. Wir schauen auf unseren Erfolg, auf unsere Karriere, auf Leistung und Fortkommen. Angst und Furcht heizen den Problemen zusätzlich ein.

Weihnachten ruft uns der Engel zu: „Habt keine Angst! Ich verkündige euch große Freude." Wer in die zerrissene Welt schaut, in die Krisen- und Kriegsgebiete, in die Hunger- und Notgebiete, den überfallen die Probleme. Wer auf das Kind in der Krippe schaut, findet den Retter der Welt. Wer ihn anbetet, wer nicht vor Problemen kapituliert, wird selbst Freude empfangen, und er wird in seinem Namen mithelfen, Freude in die unheilvolle Welt zu tragen. Ob wir von der Krippe ohne Resignation aufstehen und seine Freude zuversichtlich in die kaputte Welt tragen helfen?

Herr, wir danken dir, daß du der Freudenbringer bist. Die Weihnachtszeit soll Freudenzeit sein. Vergib, daß wir nur noch problematisieren und oft resignieren. Mach uns froh, daß wir andere mit deiner Freude beglücken. Amen.

25. Dezember

1. Weihnachtstag

So will es das herzliche Erbarmen unseres Gottes, mit dem uns der Aufgang aus der Höhe besuchen wird, um denen Licht zu spenden, die in Finsternis und Todesschatten sitzen. Lukas 1, 78—79

Am 25. Dezember wurde in der römischen Welt der Kult des Sol Invictus, der unbesiegbaren Sonne, deren Verkörperung der Kaiser darstellte, besonders festlich begangen. Im Rhythmus des Jahres nimmt die Sonne jetzt wieder zu und stellt den Fortbestand und den Weitergang des Lebens dar.

Christus wurde mit Sicherheit nicht am 25. Dezember geboren. Aber die junge Christenheit wollte missionarisch bezeugen: Geht nicht zum Sol Invictus, zum unbesiegbaren Sonnengott, sondern kommt zu dem Herrn aller Herren, der selbst das Licht ist und *wie* der Aufgang der Sonne in die Finsternis der Welt hineinleuchtet.

Licht fasziniert, erhellt und erwärmt. Das Licht der Weihnachtskerzen auf Christbäumen und Adventskränzen ist ein symbolischer Hinweis auf das Licht der Welt, das uns aus „der Höhe" besuchen wird, um die Finsternis hell zu machen. Weihnachten bedeutet mehr als Wintersonnenwende, bedeutet mehr als Sieg des Lichtes über die Dunkelheit. Kein wunderbares Naturereignis, sondern der lebendige Gott hat seinen Wohnsitz verlassen, um uns zu besuchen. Weihnachten wurde der Retter geboren, der Licht, Heil und Leben schenkt. Wir müssen nicht länger im Todesschatten und in der Finsternis sitzen. Unsere persönlichen Dunkelheiten, Ängste, Zerrissenheit und Nöte will er auf sich nehmen. Sein Kommen in die Welt garantiert ewiges Leben. An seinem Geburtstag feiern wir den Sieg über unsere Finsternis, über unsere Sünde und Schuld und über unseren Tod. Und ein solcher Sieg kann nicht festlich genug begangen werden!

Ich lag in tiefster Todesnacht, du warest meine Sonne, die Sonne, die mir zugebracht Licht, Leben, Freud und Wonne. O Sonne, die das werte Licht des Glaubens in mir zugericht, wie schön sind deine Strahlen. Amen. (Paul Gerhardt)

26. Dezember
2. Weihnachtstag

Aber der Engel sagte: „Habt keine Angst! Ich bringe gute Nachricht für euch, über die sich alle Menschen freuen werden. Heute wurde in der Stadt Davids euer Retter geboren — Christus, der Herr!“ Lukas 2, 10—11

Der Hamburger Professor Thielicke schrieb in einem Beitrag „Warum ich Christtag feiere“ folgende Gedanken nieder: „Was soll der übliche religiöse Schaum, der sich auch um dieses Fest gebildet hat? Oder was geht es mich an, wenn ich in Gott nur den Schöpfer der Milchstraßen und Sonnensysteme oder der Mikrokosmen der Atomwelt sehe? Was schert mich dieser Gott des Größten und Kleinsten, wenn mich mein Gewissen peinigt, wenn ich an meiner Einsamkeit ersticke, wenn die Lebensangst mich würgt? Was habe ich davon, wenn mir einer sagt: ‚Es gibt eine höchste Intelligenz, die die Weltschöpfung konzipiert, die das Kausalgesetz erfunden und die Planeten in ihre Bahnen hineinmanövriert hat?‘ Da kann ich nur antworten: ‚Ach, was du nicht sagst?‘ Denn das wäre keine Botschaft, von der ich leben könnte.“
Das ist das Unvorstellbare des Weihnachtsfestes: Der Gott Himmels und der Erden, der Schöpfer, Initiator und Erhalter des Makrokosmos und Mikrokosmos wird Mensch und wird unser Retter. Meine Probleme sind seine Probleme, meine Ängste sind seine Ängste. Meine Schuld ist seine Schuld. Nicht durch Milchstraßensysteme von uns getrennt, er kommt zum Greifen nahe in unsere Nachbarschaft. Das heißt Weihnachten: Gott ist nicht himmelweit von uns weg. Er ist in Rufnähe gekommen. Nicht nur für die „oberen Zehntausend“, sondern für dich und mich. Er interessiert sich für mein Schicksal und teilt es mit mir. Ich bete ihn an, und mein Leben ist vom Tode gerettet. Der Engel hat recht: In dieser verrückten Welt muß ich keine Angst mehr haben. Ich weiß mich in seiner Hand.

Wir suchen dich nicht, wir finden dich nicht. Du suchst und du findest uns, ewiges Licht. Wir können dich, Kind in der Krippe, nicht fassen, wir können die Botschaft nur wahr sein lassen. Amen.
(Albrecht Goes)

27. Dezember

Ein Zweifler ist unbeständig in allen seinen Wegen.
Jakobus 1, 8

Der *Zweifel* kennt viele Verhaltensweisen. Eine Form ist die *Überempfindlichkeit.* Es ist ein Unterschied zwischen Sensibilität und Überempfindlichkeit. Sensibilität ist Feinfühligkeit, auch Fingerspitzengefühl. Der Überempfindliche dagegen reagiert hellhörig in allem, was sich auf ihn selbst bezieht. Er ist taub gegen andere. Sein Wesen ist ichhaft, hochgradig selbstbezogen. Er ist schnell reizbar und kränkbar, beleidigt und eingeschnappt. Die andern müssen ihre Worte auf die Goldwaage legen.
Die Forschung nimmt an, daß Überempfindlichkeit nicht konstitutionell bedingt ist. Sie ist aus einer mißlungenen Sozialisation erwachsen. Weil der Mensch an sich und den anderen zweifelt, ist er unbeständig. „Trau keinem Menschen, sie sind doch alle Halunken! Die ganze Welt ist mies, ich befinde mich in Feindesland." Er stellt alles in Frage. Keiner meint es gut mit ihm, auch der lebendige Gott nicht.
Was kann er dagegen tun? Antwort: Seinen eigenen Zweifel, seine eigene Überempfindlichkeit in Frage stellen. Wer den Zweifel für das Gewisseste hält, beleidigt seinen Herrn. Wer den Zweifel über den Glauben stellt, vertraut sich mehr als Gott. Wer den Zweifel kultiviert, erstickt den Glauben. Der Zweifel ist eine Anfechtung. Wir können sie nicht einfach mit einer Handbewegung ausradieren. Aber wir können den *Glauben* an den lebendigen Gott darüber stellen. Der Zweifel ist eigene Besserwisserei; der Glaube Vertrauen auf den, der stärker ist. Der Zweifler tritt auf der Stelle. Wir sollten zusehen, daß wir vorankommen.

Lieber Herr! Ich weiß es genau: Mit dem Zweifel verbaue ich mir das Wagnis des Glaubens. Mißtrauisch und unbeweglich trete ich auf der Stelle. Schenk mir den Mut, zu gehen und zu glauben. Amen.

28. Dezember

Selig sind, die nicht sehen und doch glauben.

Johannes 20, 29

Der Dichter und Schriftsteller Edzard Schaper hat die Tagebücher eines Gefängnisinsassen, Petter Moen, der sie auf WC-Papier geschrieben hatte, veröffentlicht. Er schildert das verzweifelte Ringen eines Menschen um Glauben.

„55. Tag: Der Zweifel nagt an mir. Ist es richtig zu beten, ohne zu glauben? ... 189. Tag: Wenn auch das Exekutionskommando auf mich wartet, ich kann mir kein Credo (kein Glaubensbekenntnis) abzwingen. Ich versuchte das in der äußersten Not in der Einzelzelle. Es war vergebens."

Der Zweifel hält den Menschen zurück, sich gläubig fallen zu lassen. Der Glaube ist ein Wagnis. Der Zweifel verhindert das Wagnis. Paul Tillich schreibt über den Zweifel: „Da ist keine Festung des Glaubens, in die nicht Elemente des Zweifels eingedrungen sind." Machen wir nicht ständig ähnliche Erfahrungen?

Der Text aus dem Johannesevangelium ist eine Geschichte gegen den Zweifel. Thomas, der Zweifler, gehörte zum Jüngerkreis. Jesus hat ihn *trotzdem* gern gehabt. Wir sollten es offen sagen: Unter den Christen gibt es viele strahlende, gewisse Leute. Sie haben eine beneidenswerte kindliche Gläubigkeit. Und dann gibt es die Thomas-Christen, Menschen, denen der Zweifel zur zweiten Natur geworden ist. Sie hinterfragen alles. Sie stellen ihren Glauben, ihre Ernsthaftigkeit, ihre Seligkeit und Rettung in Frage.

Jesus sagt zu Thomas: „Selig sind, die nicht sehen und doch glauben." Entscheidend ist: Jesus hat auch den Zweifler lieb. Die Frage bleibt jeden Tag für uns: Geben wir dem Zweifel Raum, oder wagen wir den Sprung des Glaubens – über den Zweifel hinweg?

Lieber Herr! Ich glaube, hilf meinem Unglauben. Ich möchte auch wie der Thomas ständig handfeste Beweise. Hilf, daß ich glauben kann, ohne die Bestätigung zu sehen. Amen.

29. Dezember

Jesus aber reckte alsbald die Hand aus und ergriff ihn und sprach zu ihm: „O du Kleingläubiger, warum zweifelst du?" Matthäus 14, 31

Bei William R. Inge fand ich ein treffendes Zitat über den *Zweifel:* „Du zweifelst an Gott? Es ist ganz natürlich und selbstverständlich, daß, wenn du sechzehn Stunden am Tag über die Angelegenheiten der Welt nachdenkst und nur fünf Minuten über Gott, diese Welt dir als eine zweihundert mal größere Realität erscheinen muß als Gott."

Das trifft den Kern der Sache. Die Realitäten in dieser Welt erdrücken die paar Eindrücke aus Gottes Welt. Die Bibel nennt den Zweifler *dipsychos.* Das ist der Mensch mit zwei Seelen. Mit der Seele für das Diesseitige und mit der Seele für das Jenseitige. Der Erfolg: Die harten Tatsachen um uns her zwingen uns auf den Boden der Realität. Die sogenannte unwirkliche, himmlische Welt löst sich in Wohlgefallen auf.

Jesus spricht den Petrus an. Keinen Randsiedler. Er hat *alles* im Stich gelassen, Heimat, Beruf, Familienbande. Petrus hat in Jesus den Sohn des lebendigen Gottes erkannt. Jesus kommt den Jüngern über die Wellen entgegen. Petrus hat Glaubensmut und geht dem Herrn entgegen.

Und dann bricht der Zweifel los. Die Realitäten der Welt, hier die tobende See, fegen den Glaubensmut des Petrus beiseite. Er sieht nur noch gefährliche Wellen, alte Fischererfahrungen brechen auf, panische Angst vor der Tiefe überkommt ihn. Der Zweifel regiert, er schaut auf das brodelnde Wasser und verliert den Herrn aus den Augen. Er schaut auf die sogenannten Tatsachen und beginnt zu sinken. Kleinglaube und Zweifel triumphieren. Bis Christus selbst eingreift.

Lieber Herr! Kleinglaube und Zweifel packen einen deiner getreusten Gefolgsleute. Die Szene auf dem See zeigt uns: Wenn wir von dir wegsehen, zieht uns der Zweifel in die Tiefe. Amen.

Jesus antwortete ihnen: „Ich versichere euch: wenn ihr Vertrauen habt und nicht zweifelt, könnt ihr nicht nur tun, was ich mit diesem Feigenbaum getan habe."

Matthäus 21, 21

Eines Tages erscheint eine Dame in der Beratung. Sie will mit mir über ein wichtiges Problem sprechen. Sie sagt: „Ich spüre keine Glaubensgewißheit. Irgendwie muß ich doch fühlen, daß diese Gewißheit in mir ist. Ich erlebe im Gespräch mit Gläubigen, daß sie diese Gewißheit wie eine gefühlsmäßige Beglückung erfahren haben."
Hier begegnet uns der Zweifel im Gewande der Glaubensungewißheit. Glaubensgewißheit ist *kein Gefühl.* Meine Gefühle sind wetterwendisch. Heute bin ich hochgestimmt, morgen deprimiert.
Billy Graham schreibt unmißverständlich, wie die Dinge zusammenhängen: „Merke dir diese drei Worte, die dir den Weg aus der Unsicherheit zu einem zuversichtlichen, christlichen Leben zeigen werden. Sie heißen *Tatsache, Glaube* und *Gefühl.* Sie erscheinen in dieser Reihenfolge, das ist sehr wichtig. Christi Auferstehung ist ein *Tatsache* ... Der *Glaube* steht an zweiter Stelle in dieser Reihenfolge. Der Glaube muß einen Gegenstand und ein Ziel haben. Der Gegenstand ist Christus. Der Glaube bedeutet praktisch Übergabe an die Forderungen Christi ... Das *Gefühl* ist das letzte der drei Worte. Sicherlich gibt es bei dem erlösenden Glauben auch Raum für das Gefühl, aber wir werden auf keinen Fall dadurch gerettet."
Mit anderen Worten: Ich kann niedergeschlagen sein, die Tatsache der Auferstehung kommt damit nicht ins Wanken. Ich kann am Boden liegen, verzweifelt und unglücklich sein, ich halte im Glauben und im Vertrauen an meinem Herrn fest. Wer vertraut und nicht zweifelt, sagt Jesus, kann gewaltige Dinge tun. Meine Gefühle sind dabei unwichtig.

Lieber Herr, du machst uns klar, daß wir Glaubenszweifel bekommen, weil wir zu stark auf unsere Gefühle achten. Du ergreifst unsere Hand und hältst uns fest. Wir danken dir. Amen.

31. Dezember
Silvester

Dieses ist Christus, in welchem alle Schätze der Weisheit und Erkenntnis verborgen liegen. Kolosser 2, 3

Ein *neues Jahr* mit unerschöpflichen Schätzen und Möglichkeiten liegt vor uns. Wir können die Schätze vergraben, liegenlassen oder heben. Das Liegenlassen praktiziert einer der reichsten Männer der Welt, der Nizzam von Haiderabad in Indien, der ein Vermögen in Höhe von einigen Milliarden Dollar besitzt. Allein seine Juwelen schätzt man auf viele Millionen Dollar. Aber er fängt nichts damit an. Er selbst lebt wie ein Geizhals, trägt abgetragene Schuhe und Kleider, setzt sich einen schmierigen Turban auf den Kopf und geht an einem alten Spazierstock. Bettelarm hockt er auf seinem Perlenhaufen. Reich und doch unvorstellbar arm.
Vielleicht sind wir arm (äußerlich) und doch reich. Wie können wir im neuen Jahr Schätze sammeln, die nicht der Inflation unterliegen? Wie können wir uns die Schätze der Weisheit und Erkenntnis einverleiben? Ja, es geht ums Einverleiben. Die Bibel nennt die Vereinigung von Mann und Frau, die Vereinigung von Christus und seinen Gläubigen „erkennen". Auf den ersten Blättern der Bibel heißt es: „Adam *erkannte* sein Weib." Dieses Erkennen, diese Leib-geist-seelische Vereinigung, wird in der Bibel zum Gleichnis für die Erkenntnis Christi, die dem Menschen widerfährt, wenn er eins wird mit Christus. Die Erkenntnis Christi, das Einswerden mit ihm, bringt uns Lebenserfüllung und legt verborgene Schätze frei. Er in mir und ich in ihm, das *ist* Erkenntnis. Er in mir und ich in ihm, das ist ein guter Kurs für das vor uns liegende Jahr.

Herr, ein neues Jahr liegt vor uns. Wir können die Zeit totschlagen und können sie in dir und mit dir gestalten. Sei du Tag für Tag unsere Erkenntnis und unsere Weisheit. Amen.

Bibelstellenverzeichnis

Stichwortverzeichnis